目 录

公司法案例研究

秦守勤　编著

世界图书出版公司

广州·上海·西安·北京

图书在版编目（CIP）数据

公司法案例研究 / 秦守勤编著 . -- 广州 : 世界图
书出版广东有限公司 , 2014.12
ISBN 978-7-5100-9094-3

Ⅰ . ①公… Ⅱ . ①秦… Ⅲ . ①公司法—案例—中国
Ⅳ . ① D922.291.915

中国版本图书馆 CIP 数据核字 (2014) 第 288075 号

公司法案例研究

策划编辑：李　平

责任编辑：廖才高　王梦洁

封面设计：彭　琳

出版发行：世界图书出版广东有限公司

地　　址：广州市新港西路大江冲 25 号

电　　话：020-84459702

印　　刷：虎彩印艺股份有限公司

规　　格：787mm×1092mm　1/16

印　　张：21.5

字　　数：300 千字

版　　次：2014 年 12 月第 1 版　2015 年 7 月第 2 次印刷

ISBN　978-7-5100-9094-3/D・0103

定　　价：40.00 元

上篇：公司设立法律制度

专题一：设立中的公司人格

一、法律知识点

（一）公司人格概述

1. 公司人格的概念

人格者，民事权利主体资格之称谓也[1]。公司人格，就是指公司作为民事权利主体的资格。公司具有人格即意味着公司具有民事权利能力和民事行为能力，可以以自己的名义独立从事法律行为，独立享有民事权利、承担民事义务。

2. 公司人格的要素

公司人格要素，是指公司取得人格所必须具备的因素。通说认为公司人格由三个要素组成。

（1）独立意思。与自然人相比，公司意思是一种团体意思。团体乃财产与人的有机集合体，此处的"人"是指构成团体的成员，在公司即指股东。公司的独立意思就是由全体股东形成的共同意思，区别于单个股东或经营者的个人意思。至于公司意思的执行，则由公司机关完成。

（2）独立财产。公司财产包括两部分：公司资本和公司存续期间积累的财产。公司资本来源于股东出资，股东以丧失出资财产权为代价取得股权，而公司取得股东的财产从而享有公司法人财产权。公司法人财产权是公司法人独立享有的综合性财产权利，包括物权、债权、股权、知识产权等。公司财产具有独立性，是指公司的财产独立于任何人的财产，尤其是独立于股东的财产。

（3）独立责任。公司独立责任是指公司以其全部法人财产独立承担责任。公司独立责任的含义有二：对公司自身而言是一种无限责任，即以公司的全部法人财产承担责任；对股东而言是一种有限责任，即以股东出资为限对公司债务承担责任。

---

[1] 李建伟：《公司法学》，中国人民大学出版社 2008 年版，第 99 页。

3. 公司人格的具体表现形式

（1）公司机关。公司人格与自然人人格最大的不同就在于它是一种团体人格，公司意思的形成和执行都有赖于法人机关。因此，公司机关是公司人格不可缺少的组成部分。

（2）公司名称。公司名称是公司在经营活动中用来表彰自己的标识，是公司人格的外在标志，也是公司人格独立和特定化的具体体现。

（3）公司住所。公司住所对公司的设立和存续具有重要的法律意义：是公司登记管辖、税收管辖和司法管辖的依据；公司因营业所生债权债务的接受地和履行地；公司涉诉时送达司法文书的场所。所以，住所是公司设立的法定条件之一，是章程的绝对必要记载事项之一。

（4）公司国籍。公司作为法律上的主体，自然应该有其国籍。公司有其国籍具有重要的法律意义，在涉外民事法律关系中，公司国籍是确定管辖法院和准据法的重要依据。

（二）设立中公司概述

1. 设立中公司概念

设立中公司指公司发起人（或称设立人）订立设立公司的合同或协议，根据《公司法》及相关法律法规的规定着手进行公司成立的各种准备工作过程中形成的特殊组织。它是以有效的公司设立合同为基础，将公司发起人联系起来，并建立其相应的权利义务关系而形成的未来公司之雏形。

公司作为一种内有治理机构，外以独立法律身份与各种主体发生法律关系的团体机构，其设立过程就如组建一个和谐运行的肌体，是一个渐次发展的过程。按照大陆法系学者的观点，公司的实体于成立前已在其内部和外界均发生各种法律关系，这就是设立中公司。

在现代公司法对公司的设立采严格准则主义的大背景之下，各国的《公司法》几乎都对于公司的成立条件做出了详尽而严格的规定，我国也不例外，尤其是募集设立的股份有限公司，其设立过程包括了从订立章程、确定股东、缴纳出资、设置机关直至设立登记的许多步骤，一般会持续数月，在此过程中，该设立中的公司会为其成立而为各种设立行为，如签订发起人协议、制定公司章程、缴款认股、召开创立大会、租赁厂房、雇佣职员等。

2. 设立中公司的特点

设立中公司的存在是客观事实，在法学界也已获普遍承认，但是如何对其进行界定，学者们观点不一。从其外观上分析，可以总结出如下特点：

（1）设立中公司的存在目的具有单一性。使得公司成立并取得法人资格。公司设立的实质就是使一个尚不存在或正在形成中的公司雏形逐渐具备条件并取得民事（或商事）主体资格。设立中公司的各项活动，从订立公司章程到出资或者认缴股份，从设置公司组织机构到申请开业登记，都是围绕着获得独立的市场法人资格之目的而开展的。

（2）公司设立的主体是发起人以及其他相关人员。发起人是公司设立行为主要的具体实施者，是设立中公司的执行机关，对公司设立的法律后果承担法律责任。其他相关人员是指在公司设立过程中由发起人聘任而来的协助发起人开展相应工作的工作人员。

（3）存续的时间问题。各国立法和判例一般认为设立中公司成立于公司章程的订立，终止于公司登记的成立或不成立。我国则一般是以公司名称的预先核准登记作为公司设立的起点。作为公司存续起点的制度应该具备的基本素质是，将公司的发起设立行为进行公示，让交易第三方得知，以维护交易的安全。

3. 设立中公司的法律性质

关于设立中公司的法律性质，即其能否在法律上作为一个独立的民事主体并享有特定的权利、承担特定的义务，公司法理论至今没有一个统一而明确的认识。学者在理论认识上各不相同，主要有以下四种观点：

（1）合伙说。此说认为，公司设立发起人在公司成立前为合伙人，发起人所形成的团体为合伙，"若公司未经核准登记，即不能认为其有独立人格"，而由发起人对该团体的债务负无限连带责任。

（2）无权利能力之社团说。此说为传统大陆法理论，以同一体说为基础。公司作为营利的社团法人，享有独立人格，而设立中公司为将成立之公司的前身和基础，则其应具有社团属性，但尚未取得法人资格，不具有权利能力，所以属于无权利能力的社团。

（3）非法人团体说。这是英美法国家一些学者的观点，认为设立中公司是一种非法人团体，是为了某种合法目的而联合为一体的，可以享有一定的权利和承担一定的义务，其财产受法律保护。

（4）具有自身特性的非法人团体说。此说认为，设立中公司是一种具有自身特性的非法人团体。在设立公司的活动中具有相对独立性，具有有限的法律人格。该学说以民事能力理论为基础，认为设立中公司作为公司的雏形，在接受了股东出资之后已经有相应的财产承担责任；建立了相应的组织机构之后，已经具有了行为能力和意思能力，能够以团体的意思去从事一定行为。但从法律形式上看，由于其未履行登记，因此未获法律人格。

至于设立中公司的民事权利问题，需要明确法律是否赋予团体以民事权利能力，并不仅仅是基于一般的法理精神和原则，而是要充分考虑其是否具有民事行为能力和民事责任能力。设立中公司的团体性特征使得其具备了一定程度的意思能力，从而奠定了其行为能力的主观基础；从客观方面来看，设立中的公司因发起人的出资或认缴股份而形成了一定的财产基础，故设立中的公司兼具一定的意思能力和责任能力，法律赋予其权利能力在逻辑上是成立的。这也是前述第一种和第二种学说不符合学理之处。

第三种和第四种学说都承认设立中公司的某种法律地位，两者区别在于是否认为设立中公司的构成要件有不同于一般非法人组织构成要件的特殊性。统观之，具有自身特性的非法人团体说更能把握设立中公司的性质，而且符合公司法立法发展的潮流。

从各国判例学说的发展趋势不难发现，各国从交易的稳定性和法律的经济性出发，已越来越倾向于承认设立中的公司具有与设立行为相关的有限的权利能力。对于"与设立行为有关"，可界定为仅仅以完成设立行为并最终获得法律人格为必要，而超出此范围的行为，则不属于与设立有关的行为。另外，为维护交易安全，各国立法对设立中公司的意思能力、行为能力和责任能力均有严格的限制。

我国《公司法》虽然未对设立中公司的具体行为能力做出较为详细的规定，但根据我国现行法规定，设立中公司为进行筹备活动可以到银行开立账户、刻制公章、刊登广告、签订合同。与此相对应，在这过程当中发生合同上纠纷或者侵权纠纷时，可将设立中公司的诉讼地位与我国民事诉讼法中的"其他组织"对应起来，使得该理论与法律实践能够较好的衔接。

4. 设立中公司的行为

同公司成立后的正常运营状态相比，公司的设立过程是公司的非常状态。按照设立中公司行为的目的和法律主体的不同，将设立中公司行为分为发起行为和设立中公司的交易行为。

（1）发起行为。发起行为是指发起人按照法律规定的条件和程序而采取的完成组建公司的行为，其核心在于这些行为是以设立公司为目的的。有学者称之为前公司行为，认为它是公司运营行为的准备行为，对成立后的正常营运行为有举足轻重的意义。

纵观各国公司立法,大概包括(但不限于):订立发起人协议、订立公司章程、选举董事会和监事会、募集股份、出资、认股、缴纳认股款、召开公司创立会议和申请成立登记。就其性质而论,申请设立审批、申请发行股票、申请成立登记等因涉及行政主体而属于行政行为,其余部分为民事法律行为。发起行为的特征在于:限于发起人与设立登记机关之间,发起人与认股人之间以设立公司为目的而发生的法律关系,一般不包括与第三人之间的交易行为。

(2)交易行为。在商法中,交易是指商主体以营利为目的的商事行为,是一种动态的流转活动,大多表现为订立商事契约,履行相关商法上义务的过程。设立中公司的交易行为与发起行为最大的不同在于:发起行为完全是按照法律规定履行公司设立的程序,而交易行为则都是与其他商事主体进行的,并且是以"谋取超出资本的利益"为目的。

①概述。从某种意义上讲,各国公司设立中交易行为制度主要着眼于经济和社会效果,而把法律因素放在次要地位,因为按照传统民法法律行为规则,民事法律行为主体是不能以一个尚未获得完备资格的法律主体的名义订立合同,而由此导致的是自始的绝对的无效合同,也不存在通过对合同的更新或承担而使之有效的途径。

而公司法理论之所以对公司成立前的交易行为提出与合同法不同的观点,有条件的承认公司成立前非必要交易行为的存在,原因在于考虑到发起人与公司的特殊关系,以及公司成立前交易行为的特点,目的在于使公司通过对发起人在公司成立前交易的接收,达到节省交易成本的目的,并且也符合发起人交易时的初衷。因此单纯从合同法角度寻求对公司成立前交易的解决途径是行不通的,应该跳出民法的严格规则,从商事法的视角来寻求解决。

②分类。设立中公司的交易行为是指在公司具有独立的法人资格之前,发起人以其公司的名义与其他经济主体所为的合同行为,依其行为的目的和特征,大体上可以分为两类:其一是属于设立行为范畴的设立附属行为和开业准备行为,即公司设立中的必要交易行为;其二是与未来公司业务有关的公司成立前的交易行为,即公司发起行为以外的非必要交易行为。前者因其为公司设立所必要,因而存在归属于成立后的公司的基础,而后者并非公司设立所必要,原则上并不当然具有约束公司的效力。两种行为的性质不同,法律后果也不同。

A.必要交易行为。主要包括公司设立中为完成设立过程中的法律事务,聘用律师事务所出具法律意见书、聘用会计师事务所出具验资报告;公司设立时为发行股票而与证券公司订立的包销代销协议、与股款代收银行签订代收协议、制作募股广告等法律行为。与设立固有行为（即发起行为）相比较而言，设立附属行为超出了前者的主体范围，表现为与发起人、认股人之外的第三方的民商事合同行为，并且在公司成立前，合同已履行完毕，因此，对成立后公司而言，该设立行为大多以公司设立费用的形式存在。

B.非必要交易行为。除必要交易行为以外，发起人还可能为公司设立行为以外的交易行为，通常是指发起人为保有商业机会而以设立中公司的名义与第三人进行商业买卖的行为。与必要交易行为不同的是，非必要交易行为通常不是或不仅是以公司的成立为目的而进行的。这种行为的法律效力又该如何界定？我国的《公司法》没有明确的相关规定，《中华人民共和国公司登记管理条例》第三条第二款规定："自本条例实施之日起设立公司，未经公司登记机关核准登记的，不得以公司名义从事经营活动。"由此可见目前我国法律是不允许或者说不赞成一个未取得独立法律地位的主体从事仅当其获得相应资质后才能作为的行为。

但是，由于我国公司的设立采取准则主义和行政审批主义相结合，公司从发起人签订发起协议到其取得《企业法人营业执照》正式获得从事营业行为的资格，往往需要经过一段时间，在这期间，公司尤其是有限责任公司和发起设立的股份有限公司往往已经实际上具备了其成立所需要的发起人、章程、资本三大要件，已经是公司的雏形。如果此时出现适宜的交易机会，在商业行情瞬息万变的经济社会，一个合适的营利机会不应为一个理性的商事主体所错过。并且如果交易相对人基于对该设立中公司的实力和发展前景的考虑，愿意与其为交易行为，该交易就是符合商事法的营利原则以及交易迅捷原则的。如果法律规定一律不允许设立中公司从事交易行为，所签订的合同无效，会使得设立中的公司丧失许多相关交易机会，进而经济利益受到损害。

商事交易之目标在于充分利用现有资源以追求最大经济效益，各国立法都将交易简便、迅捷作为商事立法的一个重要原则。而且，商法还以鼓励交易为基本原则之一，目的在于通过最大化的优化和利用资源，最大可能地促成社会经济的交往，对于有失误或者瑕疵的交易，最大可能地为当事人提供补救的机会，对于发起人为了保有交易机会而为的为了设立公司以外的交易行为，立法不应该持禁止的态度，这样才能给设立中的公司提供更有利的发展环境，促进经济的发展，这是世界各个商事立法比较成熟的国家的普遍做法。

二、相关案例分析

案例1 公司筹备过程中的责任能力
——金徽金鼎锅炉股份有限公司诉四川明星化工有限公司买卖合同纠纷案 [1]

（一）案例简介

原告金徽金鼎锅炉股份有限公司（以下简称金鼎公司）与被告四川明星化工有限公司（以下简称四川明星公司）买卖合同纠纷一案，原告于 2007 年 8 月 8 日向本院提起诉讼。原告金鼎公司诉称：2004 年 2 月 25 日，原告前身芜湖金鼎锅炉有限公司与被告签订《芜湖金鼎锅炉有限公司锅炉设备买卖合同》及《锅炉设备安装合同》各一份，约定原告向被告供应 CFB25-2.5/400-M 型锅炉一台及配套辅机，由原告代办运输并负责安装，总货款 2020000 元、运费 60000 元，安装费 60000 元，合同总金额 2680000 元。合同履行中，双方于 2004 年 10 月 21 日签订《合同变更协议书》一份，约定由原告向被告增供价值 5400 元的鼓风机消音器一台，总货款增加为 2025400 元，合同总金额也随之增加为 2685400 元。合同签订生效后，被告自始即未按约定履行义务：应于合同签订后七日内（即 2004 年 3 月 3 日前）支付的 786000 元定金（其中设备货款部分 606000 元，安装费部分 180000 元）被告直到 2004 年 3 月 26 日才支付给原告，迟延付款 23 天；应于 2004 年 5 月 20 日（按合同约定发货日前十天）支付的发货款 846000 元（其中设备款 606000 元、运费 60000 元、安装款 180000 元），被告直到 2004 年 8 月 10 日才支付给原告，迟延付款 92 天。原告收款后即于 2004 年 8 月 16 日将锅炉发运给被告（于 2004 年 11 月 3 日全部发运到位），并投入安装。2005 年 4 月 22 日原告与锅炉实际使用单位桐柏明星化工有限公司就锅炉设计及安装的有关问题达成一致意见，并以《会议纪要》

---

[1] 案例来源：河南省南阳市中级人民法院 2009 年 11 月 18 日关于金徽金鼎锅炉股份有限公司诉四川明星化工有限公司买卖合同纠纷一案一审民事判决书，载 http://www.110.com/panli/panli_252397.html，2014 年 2 月 11 日访问。

的形式予以确定。2005 年 5 月 10 日锅炉安装验收合格交付使用，被告此后仍继续违约，拒不按"安装调试合格后一个月起，分十二个月"向原告付清全部款项（即每月付货款 67000 元、安装费 20000 元，余款在最后一月内付清）的合同约定履行，至今分文不付。原告虽多方催要，均无成效。

《芜湖金鼎锅炉有限公司锅炉设备买卖合同》第七条第 2 项约定:乙方（即原告）逾期交货或者甲方（即被告）逾期付款或逾期提货的，违约方应按延误部分金额万分之四／天的比例向对方支付逾期违约金；而《锅炉设备安装合同》则未对原告逾期安装验收交付锅炉和被告逾期支付安装费约定违约责任。因此，被告应按《芜湖金鼎锅炉有限公司锅炉设备买卖合同》第七条第 2 项的约定向原告偿付逾期 23 天支付 606000 元货款部分定金的违约金 5575.20 元、逾期 92 天支付 606000 元发货款的违约金 22300.80 元以及自 2005 年 7 月 10 日至今（暂计至 2006 年 10 月 10 日）未按约定分十二个月支付剩余货款的违约金 93505.20 元，合计 121381.20 元；原告则应按《芜湖金鼎锅炉有限公司锅炉设备买卖合同》第七条第 2 项的约定向被告偿付自 2004 年 8 月 20 日（收到被告发货款后十一天起）至 2004 年 11 月 3 日迟延交货 76 天的违约金 61572.16 元。双方所应承担的违约金相抵后，被告尚应向原告偿付违约金 59809.04 元，加上应付货款 813400 元和应付安装费 240000 元，被告总计应向原告付款 1113209.04 元。故请求：1. 判令被告立即向原告支付锅炉货款 813400 元及安装费 240000 元。2. 判令被告向原告偿付违约金冲抵余款 59809.04 元。3. 判令被告向原告偿付自本案起诉之日起至判决付款之日止的逾期付款违约金。

四川明星公司答辩称：2004 年 2 月河南省桐柏明星化工有限公司（以下简称桐柏明星公司）尚在筹建阶段，为完成公司的筹建，答辩人于 2004 年 2 月 25 日代桐柏明星公司与金鼎公司签订了《锅炉买卖合同》和《锅炉设备安装合同》。此后，金鼎公司未按约定的时间、型号、规格交付标的，安装后虽经长达 5 个月的改造，仍达不到要求，金鼎公司的行为给桐柏明星公司造成巨大损失。桐柏明星公司向四川省眉山市中级人民法院提起诉讼，四川省眉山市中级人民法院判决金鼎公司给付桐柏明星公司违约赔偿款 2685400 元。答辩人与金鼎公司不存在买卖关系，应驳回金鼎公司对答辩人的全部诉讼请求。

金鼎公司向本院提交五组证据：第一组证据共 4 份，1.《芜湖金鼎锅炉有限公司锅炉设备买卖合同》一份；2.《芜湖金鼎锅炉工程技术有限公司锅炉设备安装合同》一份；3.《回复函》;4.《芜湖金鼎锅炉有限公司合同变更协议书》一份；第二、三组证据为三份汇款凭证；第四组证据为《会议纪要》一份；第五组证据为《锅炉安装改造修理监督检验证书》一份。

四川明星公司对原告提交证据的真实性没有异议,但认为合同签订后所进行的事项是桐柏明星公司实施的。四川明星公司向本院提交了(2007)眉民初字第 15 号民事判决书和(2009)川民终字第 187 号民事判决书。金鼎公司对四川明星公司提交的证据真实性没有异议,但表示其不服该两份判决,准备申诉。

综合以上质证意见,本院认证如下:原告金鼎公司和被告四川明星公司提交的证据均客观真实,与本案具有关联性,能够证明本案有关事实,本院对原、被告双方提交的证据均予以采信。

经审理查明,桐柏明星公司成立时间是 2004 年 3 月 15 日,在此之前,桐柏明星公司均是以桐柏明星公司筹备处的名义对外处理事务。2004 年 2 月 3 日,桐柏明星公司筹备处(乙方)与四川明星公司(甲方)在四川省眉山市签订了《工业锅炉买卖合同》,该合同约定乙方向甲方购买工业锅炉一台,交货地点为河南省桐柏县安棚镇乙方指定地点。2004 年 2 月 25 日,四川明星公司与金鼎公司签订了一份《锅炉设备买卖合同》,约定由金鼎公司根据 JB/T10094-2002《工业锅炉通用技术条件》制造一台 CFB25-2.5/400-M 型循环流化床锅炉,设备单价为 2020000 元,运费 60000 元,交货日期为 2004 年 5 月 30 日,收货单位为桐柏明星公司。2004 年 10 月 21 日,四川明星公司与金鼎公司又签订了《合同变更协议书》,四川明星公司要求增加购鼓风机消音器一台,价格 5400元,锅炉设备合同总价变更为 2025400 元(不含运输费用 60000 元)。2004 年3 月和 8 月,桐柏明星公司分两次向金鼎公司支付了锅炉设备款、安装费、运费共计 1632000 元。在涉案锅炉的整个安装、使用过程中,因锅炉无法达到设计要求和合同约定,不能满足生产需要,桐柏明星公司在 2004 年 8 月至 2006年 11 月期间多次以“工程异议通知单”、“工程联系单”、“关于质量问题的函”等形式向金鼎公司提出书面异议,双方也多次就锅炉存在的质量问题进行磋商。2005 年 9 月 1 日、12 月 22 日,金鼎公司向桐柏明星公司发函,就桐柏明星公司使用锅炉出现的质量问题、改造维护方案以及保修期延长等事宜提出了建议和方案。2006 年 4 月和 9 月,河南省南阳市锅炉压力容器检验所对桐柏明星公司使用的 CFB25-2.5/400-AI 型循环流化床锅炉进行了两次检验,并出具检验报告两份,在两份检验报告中均指出该锅炉存在多处质量问题,要求整改。同年 11 月 6 日,河南省南阳市质量技术监督局向桐柏县质量技术监督局发函,该函载明了对该锅炉检验中发现的多处问题,并要求桐柏县质量技术监督局立即调查,并责令桐柏明星公司停用锅炉以接受进一步检验。2007 年 11 月 11

日桐柏明星公司对四川明星公司和金鼎公司提起诉讼。2009年1月19日，四川省眉山市中级人民法院作出（2007）眉民初字第15号民事判决，认定桐柏明星公司与四川明星公司为委托买卖关系，四川明星公司与金鼎公司不存在买卖关系。判令金鼎公司给付桐柏明星公司违约赔偿款2685400元，驳回了桐柏明星公司对四川明星公司的诉讼请求。金鼎公司不服该判决，提起上诉。四川省高级人民法院于2009年8月18日作出（2009）川民终字第187号民事判决，驳回金鼎公司上诉，维持原判。

本院认为，2004年2月3日桐柏明星公司与四川明星公司签订的《工业锅炉买卖合同》虽然名为买卖，但实为委托。四川明星公司接受桐柏明星公司委托后，以自己名义与金鼎公司于2004年2月25日签订了《锅炉设备买卖合同》。在委托人桐柏明星公司分两次支付了3163200元价款后，金鼎公司将CFB25-2.5/400-AI型循环流化床锅炉交付并安装到桐柏明星公司。从《锅炉设备买卖合同》的签订、履行过程以及载明内容来看，四川明星公司并未向桐柏明星公司转移标的物的所有权，也未收取价款，而是金鼎公司直接向桐柏明星公司交付并安装了锅炉，收取了价款，桐柏明星公司也是直接向金鼎公司交付价款。同时在《锅炉设备买卖合同》的履行过程中，一直都是桐柏明星公司与金鼎公司在履行合同的权利义务。在桐柏明星公司与金鼎公司关于锅炉质量问题的往来函件中也多次提到产品是由桐柏明星公司向金鼎公司订购的。故四川明星公司不是本案适格主体，对金鼎公司要求四川明星公司因买卖合同承担责任的诉讼请求，本院不予支持。依据《中华人民共和国合同法》第三百九十六条、《中华人民共和国民事诉讼法》第一百零八条之规定，判决如下：

驳回原告安徽金鼎锅炉股份有限公司对被告四川明星化工有限公司的诉讼请求。

本案受理费15576元由原告安徽金鼎锅炉股份有限公司承担。

如不服本判决，可在判决书送达之日起十五日内向本院递交上诉状，并按对方当事人的人数提出副本，上诉于河南省高级人民法院。

（二）争议焦点

公司筹备处能否作为合同一方当事人存在？

（三）法理评析

根据民法的基本原理，民事法律关系的主体包括自然人、法人和其他组织，该"其他组织"就包括公司设立中的"筹备处"。

本案中，2004年2月3日桐柏明星公司筹备处与四川明星公司签订的《工业锅炉买卖合同》，虽然名为买卖，但实为委托。四川明星公司接受桐柏明星公司筹备处委托后，以自己名义与金鼎公司于2004年2月25日签订了《锅炉设备买卖合同》。在委托人桐柏明星公司分两次支付了3163200元价款后，金鼎公司将CFB25-2.5/400-AI型循环流化床锅炉交付并安装到桐柏明星公司。从《锅炉设备买卖合同》的签订、履行过程以及载明内容来看，四川明星公司并未向桐柏明星公司转移标的物的所有权，也未收取价款，而是金鼎公司直接向桐柏明星公司交付并安装了锅炉，收取了价款，桐柏明星公司也是直接向金鼎公司交付价款。同时，在《锅炉设备买卖合同》的履行过程中，一直都是桐柏明星公司与金鼎公司在履行合同的权利义务。在桐柏明星公司与金鼎公司关于锅炉质量问题的往来函件中也多次提到产品是由桐柏明星公司向金鼎公司订购的。另外，桐柏明星公司的前身是桐柏明星公司筹备处，其设立的目的就是为了成立公司。所以该筹备处可以作为合同主体存在。

案例2　筹建处的诉讼主体认定

——青岛新万源物业发展有限公司因与杭州富春湾开发区春江花园项目筹建处、香港太鹏有限公司商品房产买卖合同纠纷案[1]

（一）案例简介

上诉人青岛新万源物业发展有限公司因与被上诉人杭州富春湾开发区春江花园项目筹建处、原审被告香港太鹏有限公司商品房产买卖合同纠纷一案，不服山东省高级人民法院（1997）鲁经初字第3号民事判决，向本院提起上诉。

原审查明：1992年12月28日，青岛新万源物业发展有限公司（以下简称新万源公司）出具委托书，委托吴宝富先生为其代表，签署公司对外一切合同、协议及有关文件、文本。1993年1月2日，新万源公司出具另一份委托书，委托香港太鹏有限公司（以下简称太鹏公司，新万源公司之合资外方）为该公司

---

[1] 案例来源：中华人民共和国最高人民法院民事判决书（1997）经终字第256号，载http://www.110.com/panli/panli_47373.html，2014年5月12日访问。

自行建造之物业青岛四方商贸大厦之商场、写字楼、公寓销售总代理。同年3月8日，香港丽通发展有限公司（以下简称丽通公司）与太鹏公司签订了一份购买四方商贸大厦多功能厅的《认购书》，约定买方于第二日支付5万元人民币的订金，正式合同于同年3月18日签订。同年3月15日，丽通公司与杭州富春湾开发区春江花园项目筹建处（以下简称筹建处）签订一份协议书，其主要内容是筹建处替代丽通公司履行《认购书》项下之全部权利义务并向丽通公司支付其已付给新万源公司的订金5万元人民币。同年3月16日，丽通公司致函吴宝富先生称《认购书》的买方改为筹建处。同年3月18日，筹建处与太鹏公司签订了一份《商品房产买卖合同》，合同约定：1. 新万源公司为业主，太鹏公司为新万源公司销售总代理；2. 筹建处购买青岛四方商贸大厦多功能厅，其建筑面积为2586.68平方米，总价款为16037416元人民币，筹建处于签订合同时已交付手续费1万元人民币；3. 筹建处应于合同签订日交付楼价的30%，即4811225元人民币；于1993年5月10日交付楼价的20%，即3207483元人民币；1993年10月9日前筹建处到卖方指定银行办理银行按揭手续，按揭楼价的50%；4. 卖方应于1994年12月30日将买方所购房屋交付使用，如非"人力不可抗拒的自然灾害，施工中遇到异常困难及重大技术问题不能及时解决、战争、暴乱及其他非卖方所能控制的事件"而延期交房，卖方将按应交房日的第二天起至实际交房日止，以当时青岛市银行贷款利率计算利息，以补偿买方损失。筹建处和太鹏公司在该合同上盖了章，新万源公司在合同附件的平面图、主体图上盖了章。上述买卖合同与认购书所涉标的物及价款一致。

买卖合同签订后，筹建处依约向太鹏公司交付了面额为500万元人民币的支票一张，扣除双方约定的购房手续费26000元人民币以及车位、库房订金162775元人民币，筹建处实际向新万源公司支付4811225元人民币作为第一期付款，太鹏公司出具了相应的收据。同年5月6日，徐富（丽通公司之法定代表人）向太鹏公司交付了一张由深圳塔里木石油实业公司开具的面额为50万元人民币的汇票，太鹏公司于同日出具的收据载明："收到深圳塔里木石油公司人民币50万元整，系付购买四方商厦六楼酒楼订金（代徐富先生）。"同年5月18日，筹建处向太鹏公司汇去2494708元人民币，并同时传真称：汇去人民币2494708元、原第一期多付人民币162775元、原购楼订金人民币5万元、原徐富先生付的款人民币50万元共四项款项的和转为第二期20%的购楼预付款3207483元。对此，太鹏公司和新万源公司未提出异议。新万源公司收到筹建处前两期购房款后，由于未能办理有关按揭手续，亦未向筹建处通知其指定的办理按揭的银行，致使筹建处未能依照合同约定的时间按揭楼价的 50%。

1996 年 3 月 5 日，筹建处向太鹏公司交付了面额为 50 万元港币的本票一张，太鹏公司同日出具的收据载明："收到浙江杭州富春江开发区春江花园项目筹建处港币 50 万元整，系付购青岛四方商贸大厦应付未付逾期利息之一部分，5 月 30 日（1996 年）前将其余逾期利息及本金一次付清。"同年 5 月 28 日，杭州鸿富房地产开发有限公司（以下简称鸿富公司）以筹建处的名义传真新万源公司称："关于买卖青岛四方商贸大厦多功能厅一事，因此项目是买方可在卖方指定银行按揭 50% 楼价之基础上签订的，后来贵方一直未落实按揭办理问题而拖延下来，项目至今未确定交付使用日期，经双方多次交谈，由于贵方提供不出确切的交付使用时间及青岛银行贷款保证，我方欲将此项目交还贵方，双方协商解决利益问题。我方具体意见如下，贵方退还我方 1993 年以来所交款项计人民币 8044708 元、港币 50 万元；卖方对我方所交款项按时间差给予利息补偿和损益赔偿；上述两项款额结清后解除原合同。"同年 8 月 30 日，筹建处和鸿富公司又传真新万源公司，要求尽快协商解决退赔款项事宜，但新万源公司一直未予答复。同年 12 月 27 日，筹建处致函吴宝富先生称："今天收到贵公司开出的关于 50 万港币的收据，此款是香港兆丰公司代付筹建处与吴宝富先生谈其他项目的预付款额，而不是购青岛四方商贸大厦应付未付逾期利息，我处也未承诺在五月三十日前付任何款项，要求将所付款额港币 50 万元整及利息立即返还香港兆丰公司。"

1996 年 12 月 27 日，筹建处向原审法院提起诉讼，请求判令终止合同，判令新万源公司和太鹏公司返还人民币 8034708 元、港币 50 万元及相应利息。

山东省高级人民法院经审理认为：筹建处与新万源公司、太鹏公司之间的诉讼标的为房地产，按照《中华人民共和国民法通则》第一百四十五条第二款之规定，本案应适用中华人民共和国法律。新万源公司依法办理了《国有土地使用证》《建设工程规划许可证》《商品房预售许可证》，是商贸大厦的业主，也是预售多功能厅合同的民事主体，太鹏公司经新万源公司授权代理销售，太鹏公司没有超越代理权限，筹建处对此是明知的。筹建处与新万源公司、太鹏公司之间预售多功能厅合同，符合法律规定，当事人意思表示真实，合同有效。筹建处按约交付了第一、二期购房款，履行了第一、二期义务。按照合同约定的付款方式，筹建处应于 1993 年 10 月 9 日前到卖方指定银行办理银行按揭楼价的 50%，因新万源公司没有办好有关手续，筹建处也未能办理按揭，致使合同无法继续履行。对此，新万源公司负有主要责任，筹建处负有一定责任。

由于新万源公司已逾期两年半仍不能交付多功能厅,筹建处提出终止履行合同,该院予以支持。新万源公司和太鹏公司收取筹建处 50 万元港币,没有按口头约定改变多功能厅的商业性质。新万源公司和太鹏公司主张 50 万港元为筹建处逾期付款利息的证据不足,新万源公司和太鹏公司收取 50 万港元系不当得利,应该返还并赔偿银行利息。该院根据《中华人民共和国经济合同法》第二十九条第一款,最高人民法院《关于审理房地产管理法施行前房地产开发经营案件若干问题的解答》第三十六条之规定,判决:一、筹建处与新万源公司、太鹏公司之间的《商品房产买卖合同》终止履行;二、新万源公司退还筹建处 8034708 元,利息(至 1997 年 6 月)为 4214749 元,由新万源公司付给筹建处 3161062 元,筹建处自行承担 1053687 元;三、新万源公司和太鹏公司返还筹建处 50 万港元,利息 54168 港元;四、以上二、三项新万源公司和太鹏公司应付款在判决生效后十日内付清,逾期按《中华人民共和国民事诉讼法》第二百三十二条的规定办理。案件受理费 74222 元,由筹建处承担 7000 元,新万源公司承担 63722 元,太鹏公司承担 3500 元。

新万源公司不服原审判决,其中一个理由是筹建处为一临时机构,并不具备我国民事诉讼法规定的"其他组织"的条件,其不具备本案诉讼的主体资格。于是向本院提起上诉。最终审理结果是驳回上诉,维持原判。

(二)争议焦点

作为临时机构的筹建处是否具备诉讼主体资格?

(三)法理评析

筹建处是鸿庆开发集团(台湾)与富春江房地产开发公司共同申办的,于 1992 年 11 月 30 日由浙江省富阳县对外经济贸易委员会、浙江省富阳县富春湾开发区管理委员会批准成立的临时机构,其目的是为了开发春江花园项目。

筹建处虽然不具备法人资格,亦未领取营业执照,但其经批准后是以自己的名义对外签订合同,并以自己的名义对外付款,从其成立的目的以及成立以后运作的过程来看,确认筹建处的主体资格是符合当时我国民事诉讼法第四十九条规定的。当事人,是指在民事诉讼中起诉和应诉,有相应的诉讼行为能力,能承担诉讼后果的人。该条款规定:公民、法人和其他组织可以作为民事诉讼的当事人。其中,法人由其法定代表人进行诉讼。其他组织由其主要负责人进行诉讼。

案例3 筹建处的开办单位如何承担责任

——三门峡工行与三门峡市建设工程有限公司、三门峡银丰集团中心筹建处施工合同纠纷案[1]

（一）案例简介

上诉人中国工商银行三门峡分行（下称三门峡工行）因与被上诉人三门峡市建设工程有限公司（下称市建公司）、原审被告三门峡银丰集团中心筹建处（下称筹建处）建设工程施工合同纠纷一案，不服三门峡市中级人民法院（2002）三民初字第22号民事判决，向本院提起上诉，本院依法组成合议庭，公开开庭审理了本案，三门峡工行的委托代理人齐军正、段杰，市建公司的委托代理人王进领、杨晓伟均到庭参加诉讼，筹建处经合法传唤未到庭，本案现已审理终结。

原审查明，1998年5月8日，筹建处与市建公司签订"银丰主楼续建部分"建设工程施工合同，约定：承包方式包工包料，合同工期为60天（1998年5月20日开工，同年7月20日竣工），合同价款确认为42万，工程竣工以实结算及工程价款的结算办法、工程款拨付办法、质量问题等。同年5月13日，双方又签订"锅炉房、仓库续建工程"施工合同，约定：承包方式包工包料，工期为140天（1998年5月15日—1998年9月30日），工程质量为市优，合同价款为48万元及工程款的结算、工程款的拨付、时间和金额、事故的承担等内容。上述合同签订后，市建公司依约分别进驻工地进行施工，1999年12月16日两工程竣工后，筹建处未组织验收即投入使用，2000年5月14日，市建公司向筹建处提出"主楼土建签证及配楼签证"结算报告，筹建处土建预（结）算员张超签字复核，但该筹建处负责人未签字，也未加盖筹建处公章。同年7月26日、8月24日，市建公司向筹建处分别提出"变电所土建"、"鸿志大酒店主体仓库、锅炉房"工程结算报告，筹建处未对两报告审批。同年10月，筹建处委托河南省光华会计事务所对该处主楼及附属设施工程结算审计验证，但该所在原审审理过程中未出具正式审计报告，筹建处先后向市建公司支付工程款847280.85元(包括代扣材料费和酒店消费款)、815194.90元(包括酒店消费款)和提供材料价款194617.22元，下欠工程款至今未付。

[1] 案例来源：河南省高级人民法院民事判决书（2002）豫法民一终字第551号，载http://www.110.com/panli/panli_24052.html，2014年7月11日访问。

原审另查明：2000年4月17日，经三门峡市建设委员会研究决定，同意三门峡市建设总公司改制为有限责任公司，原有债权、债务继续承担。三门峡市建设总公司及其十公司分别被三门峡市工商行政管理局核准注销。2000年6月5日，三门峡市建设工程有限公司成立，并领取企业法人营业执照。1997年4月10日，三门峡工行作出"关于成立银丰集团中心筹建处的通知"，决定成立筹建处，吴峡燕任筹建处主任。筹建处未办理营业执照和筹建许可证。原审法院根据双方当事人的申请，委托三门峡城建造价咨询有限公司对双方争执的本案工程造价问题进行鉴定，结论为：工程造价总计为3195549.7元。

原审法院认为，筹建处与市建公司先后签订的两份建设工程施工合同，是双方的真实意思表示，内容合法，依法有效。市建公司依约组织施工，完工后已向筹建处提交工程结算报告。筹建处收到报告后未按约审查批准并办理工程款拨付，即开始使用本案工程，违反合同约定，应承担违约责任。按照原审法院委托三门峡城建工程造价咨询有限责任公司所作的鉴定数额3195549.7元，扣除筹建处已付工程款1662475.75元和194617.22元材料款后，筹建处应向市建公司支付下欠工程款1338456.73元。因筹建处与市建公司一直未就工程结算达成一致，故对市建公司请求筹建处支付逾期付款违约金，不予支持。但筹建处应从使用本案涉诉工程之日即1999年12月16日向市建公司支付下欠工程款的利息。市建公司与原市建总公司系更名关系，市建公司承受了原市建总公司及其十公司的债权债务，故筹建处应向市建公司履行以上合同债务。因筹建处系三门峡工行设立的不具备法人资格的内设机构，不具有独立承担民事法律责任的能力，故筹建处的上述法律责任由三门峡工行承担。因筹建处在本案工程完工后，未组织验收，未对市建公司提交的结算报告进行审核批准，未按约办理完所有工程款拨付，即开始使用本案工程，应承担违约责任，故对筹建处提出的没有付清工程款，双方均有责任，其不应承担违约责任的抗辩理由，不予采纳。对三门峡工行提出的应由三门峡鸿志大酒店和三门峡鸿志投资有限公司承担本案法律责任的抗辩理由，因筹建处系三门峡工行决定成立，理应由三门峡工行承担法律责任。故对这一抗辩理由不予采纳。依照相关法律规定，该院判决：1.中国工商银行三门峡分行于本判决发生法律效力之日起十五日内，向三门峡市建设工程有限公司支付工程款1338456.73元本金及利息（从1999年12月16日开始，按同期中国人民银行关于贷款利息的计算办法，计算至全部款项付清之日）。2.驳回三门峡市建设工程有限公司的其他诉讼请求。案件受理费17760元，其他诉讼费5320元，鉴定费15000元，三项合计38080元，由中国工商银行三门峡分行承担。

三门峡工行不服原审判决，向本院上诉，其中一个理由是三门峡工行不应承担支付工程款的责任，应追加三门峡鸿志投资有限公司、三门峡鸿志大酒店有限公司为被告参加诉讼。

本院经审理另查明：三门峡鸿志投资有限公司成立于 1999 年 3 月 10 日，注册资本 500 万元，法人股东情况：三门峡市城市金融学会，出资额 200 万元，中国工商银行三门峡分行职工思想政治研究会，出资额 300 万元。三门峡鸿志大酒店有限公司成立于 1999 年 7 月 21 日，注册资本 200 万元，法人股东情况：三门峡鸿志投资有限公司，出资额 112 万元，三门峡市工商银行工会，出资额 88 万元。1999 年 8 月 19 日三门峡工行与鸿志投资有限公司达成协议，约定：银丰集团中心筹建处的一切债权债务由鸿志投资有限公司承担。其他事实与原审查明事实一致。

本院最终判决：驳回上诉，维持原判。

（二）争议焦点

三门峡工行是否应承担支付工程款的责任？是否应追加三门峡鸿志投资有限公司、三门峡鸿志大酒店有限公司为被告参加诉讼并承担责任？

（三）法理评析

筹建处与市建公司先后签订的两份建设工程施工合同，是双方的真实意思表示，内容合法，依法有效。因筹建处只是三门峡工行为接收、管理抵贷资产而成立的临时机构，其不具备独立承担民事责任的能力，其实施的民事行为所引起的民事责任应由三门峡工行承担。鸿志投资有限公司、鸿志大酒店有限公司成立的时间晚于本案所涉合同签订的时间，上述二公司不是合同的当事人。根据二审查明的事实，三门峡工行与鸿志投资有限公司签订协议，筹建处的一切债权债务由鸿志投资有限公司承担，该债务转移未经市建公司同意。根据合同法的有关规定，债务的转移应当经债权人同意，三门峡工行将筹建处的债务转移给鸿志投资有限公司没有征得债权人市建公司的同意，该债权债务转移协议对市建公司不发生效力。所以，不应追加三门峡鸿志投资有限公司、三门峡鸿志大酒店有限公司为被告参加诉讼并承担责任。

案例4 公司筹备过程中的权利能力范围及责任承担

——华储公司与五指山公司等返还购股款纠纷案[1]

（一）案例简介

上诉人湖南省华储公司（以下简称华储公司）与被上诉人海南五指山开发股份有限公司（以下简称五指山公司）、被上诉人交通银行海南分行（以下简称海南交行）、被上诉人海南省旅游总公司（以下简称旅游总公司）、被上诉人海南长江旅业公司（以下简称长江旅业公司）、被上诉人海南琼中县旅游公司（以下简称琼中县旅游公司）、被上诉人海南万山食品加工发展有限公司（以下简称万山食品公司）、被上诉人海南招商总公司（以下简称招商总公司）、原审第三人海南海正会计师事务所（以下简称海正事务所）返还购股款纠纷案，不服海口市中级人民法院（1998）海中法经初字第412号民事判决，向本院提起上诉，本案现已审理完结。

原审法院查明：1993年9月1日，海南省招商总公司、旅游总公司、万山食品公司、海南省琼中黎苗族自治县政府共同签署了一份关于设立海南五指山公司的"发起人协议书"，约定共同发起设立五指山公司。还约定，为便于公司的筹建工作顺利进行，发起股东共同指定由海南省招商总公司牵头组建五指山公司筹委会，筹备公司成立的一切事宜，筹委会由各发起人委派代表组成。同年12月31日海南省证券委员会以琼证〔1993〕102号文件批复同意上述发起人发起设立五指山公司。1994年1月，五指山公司筹委会同海南交行签订了"总承销合同书"和"补充协议"，约定委托海南交行代理发行股权证，海南交行应根据筹委会提供的认股对象名册发行，并负责收款后开出收据。1995年7月6日，海南省证券管理办公室琼证办〔1995〕58号文件对筹委会调整发起人的请求批复，同意长江旅业公司、旅游总公司、琼中县旅游公司和海南万山食品公司不再作为发起人。

1994年9月27日华储公司与五指山公司签订一份"法人股认购协议书"，约定：华储公司认购五指山公司法人股100万股，共计股金100万元；协议签订后半月内，华储公司须将股金款一次性汇入五指山公司指定账户，即成为五指山公司合

[1] 案例来源：海南省高级人民法院民事判决决书（2000）琼经终字第50号，载 http://sifaku.com/falvanjian/1/zapw109e88f9.html，2014年7月16日访问。

法股东；五指山公司收到华储公司股金款后，一周之内必须通知华储公司到承销商处领取股金收据，并在发行期结束后依照有关政策规定与总承销商协同办理股权证事宜。9月28日华储公司按要求将100万购股金转至招商公司账上，之后五指山公司与海南交行共同向原告出具了100万元的股金收据。1995年8月22日，五指山公司经工商注册登记成立，其股东中没有华储公司。还查明，海正事务所接受筹委会委托并依据其提供的资料出具了设立公司的验资报告。

原审法院认为：（一）筹委会在五指山公司筹建期间即以五指山公司的名义对外签订募股协议虽然不妥，但其在《筹建许可证》范围内以五指山公司名义从事于筹建相关的活动并不违法，且与华储公司签订的认股协议系双方的真实意思表示，该协议内容也未违反有关法律法规的规定，因此该协议为有效协议应受法律保护。（二）认股协议签订后，华储公司依约履行了义务，缴付了100万元的认股金。但是筹委会却未按照约定将华储公司的100万元作为认股金提供给会计事务所进行验资，并最终确立原告的股东地位，筹委会的行为已构成违约。由于五指山公司早已登记成立，原告订约时的目的已无法实现，因此原告要求退还认股款的诉请有理，应解除原告与筹委会签订的认股协议，筹委会应当退还原告100万元认股金并赔偿利息损失。（三）筹委会是为设立公司而组成的临时机构，五指山公司依法登记设立后，筹委会已不存在，公司设立过程中发生的债务应当由成立后的公司继承，因此，五指山公司负有返还华储公司100万元并支付利息的责任。（四）海南交行作为本次募股的承销商，在承销过程中虽有不当行为，但与筹委会未将华储公司缴付的100万元列为五指山公司的股本金，致使华储公司的股东地位未得到确认的后果之间不存在直接的因果关系，主观上亦没有过错，故对华储公司要求海南交行承担责任的请求不予支持。（五）根据《中华人民共和国公司法》第九十七条第一项规定之精神，五指山公司成立后，发起人不再对公司设立过程中的债务承担责任。（六）海正事务所依据筹委会提供的材料出具验资报告，其报告本身是真实的，华储公司所付的100万元未被纳入验资报告，海正事务所没有过错。根据《中华人民共和国经济合同法》第二十六条之规定判决如下：一、解除华储公司与五指山公司筹委会签订的《法人股认购协议书》；二、五指山公司于本判决生效后十日内向华储公司返还100万元并支付利息（自1994年9月29日起至本判决限定的清偿之日止，按中国人民银行规定的同期一年期流动资金贷款利率计算）。若逾期给付，则按中国人民银行规定的同期流动资金贷款最高利率加倍支付迟延履行期间的债务利息；三、驳回华储公司的其他诉讼请求。案件受理费 21010 元，由五指山公司负担并径付华储公司。

华储公司不服上述判决，向本院提起上诉称，华储公司的认股行为，是被上诉人之间恶意串通，欺骗误导所致，其权益是被上诉人共同侵害，不能人为分解割裂；海南交行系主要共同侵权人，因为其与五指山公司恶意串通，隐瞒事实真相，采取超期发行手段向社会募售法人股，另外由于海南交行未对募股说明书进行审查，其应承担连带责任；其他所列的当事人，虽然 1995 年退出了发起人行列，但仍应依权结果承担连带责任。请求二审法院依法改判。

二审法院根据进一步查证的事实和相关法律规定，最终判决：驳回上诉，维持原判。

（二）争议焦点

筹委会在五指山公司筹建期间即以五指山公司的名义对外签订募股协议是否有效，最终责任由谁承担？

（三）法理评析

根据法律规定，公司成立的标志是工商局对其营业执照的颁发。从形式上来说，在五指山公司筹建期间，该公司还没有合法成立，当然不能以其名义对外签约；但从另一角度来说，为了保护善意第三人利益，维护正常的交易秩序，五指山公司筹委会以五指山公司名义所签契约应得到认可。正如本案原审判决书认为：筹委会在五指山公司筹建期间即以五指山公司的名义对外签订募股协议虽然不妥，但其在《筹建许可证》范围内以五指山公司名义从事与筹建相关的活动并不违法，且与华储公司签订的认股协议系双方的真实意思表示，该协议内容也未违反有关法律法规的规定，因此该协议为有效协议应受法律保护。对于最终责任的承担问题，由于公司的设立涉及环节很多，需要很长时间，甚至跨年度，于是先成立一个临时机构具体负责，待公司成立完备，该临时机构的一切行为及其所涉的权利义务则由该公司承继下来。伴随着五指山公司的诞生，筹委会的使命即告完成，其最终责任由该公司承担，所以法院的判决正确。

专题二：公司设立中政府有关部门的责任 [1]

一、法律知识点

（一）公司设立登记制度

公司设立登记是指公司设立人按法定程序向公司登记机关申请，经公司登记机关审核并记录在案，以供公众查阅的行为。规定公司设立登记制度，旨在巩固公司信誉并保障社会交易的安全。在我国，公司进行设立登记，应向各级工商行政管理机关提出申请，并应遵守《公司登记管理条例》的有关规定。

1. 公司设立登记的程序

我国《公司登记管理条例》列专章具体规定了公司登记程序。根据《条例》第八章的规定，公司设立登记程序包括申请、受理、审查、核准登记、公告几个不同阶段。

第一，申请。公司设立登记程序须先由公司设立人提出创设公司的书面申请。在提出方式方面规定，可直接到公司登记机关提交，还可通过信函、电报、电传、传真、电子数据交换和电子邮件等方式；可本人提交，也可委托他人提交。从上述规定看，我国公司设立登记申请制度也是朝着方便市场主体、符合市场经济方向发展的。

第二，受理。国家工商行政管理机关接受申请人提交有关公司登记一系列法律文件的行为。

第三，审查。审查包括形式审查和实质审查。前者包括文件是否符合法定形式，是否需要补正档案材料，书写格式是否规范等。后者包括该公司的设立是否具备法定条件，须经事先批准的是否提交了法定形式的许可证件或者批准文件等。

第四，决定。经审查设立人提供的材料、文件符合法定要求，公司登记机

---

[1] 此处围绕"公司设立中的登记和审批制度"进行阐述。

关应当作出准予登记的决定。在行政机关作出登记决定的时间上，《公司登记管理条例》以不同的申请方式做了不同的规定。

第五，公告。工商行政管理机关对符合设立条件的公司进行设立登记后，应及时公告。根据我国公司登记法相关规定，公司登记公告发布的主体只可以是登记主管机关，其他任何单位未经主管机关批准无权公告，《企业法人登记公告管理办法》中也仅允许股份有限公司可以自行发布公告，并须在法定期限内将公告报送登记机关备案。不过在公告的具体操作方式上，我国却无具体规定。

2．公司设立登记的条件

设立有限公司，应当具备的条件是：股东符合法定人数；股东共同制定章程；有公司名称，建立符合有限公司要求的组织机构；有公司住所。设立股份有限公司，应当具备的条件是：发起人符合法定人数；股份发行、筹办事项符合法律规定；发起人制定公司章程，采用募集方式设立的要经创立大会通过；有公司名称，建立符合股份有限公司要求的组织机构；有公司住所。

3．公司设立登记的法律效力

《公司登记管理条例》第二十五条规定："依法设立的公司，由公司登记机关发给《企业法人营业执照》。公司营业执照签发日期为公司成立日期。公司凭公司登记机关核发的《企业法人营业执照》刻制印章，开立银行账户，申请纳税登记。"由此可见，公司经设立登记的法律效力就是使公司取得法人资格，进而取得从事经营活动的合法身份。

4．公司设立登记制度的性质

公司设立登记制度体现了国家公权力对私法领域活动的干预和对公司自治原则的限制，"体现了私法公法化的重要特征，是国家机关与私的利益主体之间以及权力的彰显与权利的取得之间平衡的结果"。公司设立登记制度在公司法这一私法部门当中体现了浓厚的公法色彩，它也是国家对经济宏观调控的手段之一。

然而笔者认为，不应当将公司设立登记法律制度从商法中剥离，而应当将其作为商法之特别法。公司设立登记法律制度更深层的意义是确认公司法人的民事权利和商事资格，其是为了和《公司法》相配套而存在的，目的是为了保障《公司法》的顺利实施和便于公司设立登记的实践操作，体现了很强的程序法特征。

23

（二）公司设立的行政审批、许可制度

1. 行政审批许可的含义

行政审批许可是指行政机关根据当事人申请，经依法审查，准许其设立企业并从事特定经营活动的行为。具体内容包括：

第一，产业管制政策专属审批。如 2007 年 3 月 20 日银监会批准汇丰、渣打、东亚、花旗四家银行在中国设立有限公司法人银行。另外，如证监会、保监会对证券、保险、期货、信托公司的审批，发改委、国务院对新建大型工业企业项目的审批等。

第二，特殊行业经营资格确认审批。主要适用于对公共利益有特别重大影响的企业设立，如文物经营、食盐生产经营、药品生产经营、航空、铁路、烟草、通信等企业的设立。

第三，对外资企业的专项审批。

第四，对依法设立的企业进入须经国家批准的特种行业从事营业活动的审批许可。

2. 行政审批许可的作用

（1）积极作用

第一，事前防范风险。这是行政审批许可最主要、最基本的作用。通过事前控制市场主体进入特定市场交易的资格和机会，可以排除概率较大的市场风险，进而从源头上减少危害社会利益的事件的发生。

第二，有效配置资源。在特定领域，资源较为稀缺，完全靠市场机制自发调节，不仅会导致资源配置的不公平，而且会导致资源配置的低效率，并形成垄断。依据公开、公平和公正原则进行行政审批许可，可将资源配置给最有能力的经营者，从而实现资源利用最大化。

第三，预防过度竞争。对于不适宜全面放开竞争的领域，通过行政审批许可，可以控制市场竞争者的数量，避免出现竞争者之间无序、过度竞争的现象。

第四，遏制信息不对称。对于信息不对称严重的行业，如金融业，通过审批，在确保经营者具备营业能力的前提下，赋予其相应资格，从而具有向公众提供营业活动视力的作用，减少因信息不对称而给对方造成的损害。

（2）消极作用

第一，行政审批过多过滥会限制经济自由，并演化为行政垄断。

第二，可能利用行政审批滥收费，甚至寻租。

第三，可能导致重审批轻监管。

第四，可能因审批环节过多、时限过长、手续繁杂，在程序上形成进入的壁垒。

3. 行政审批许可的原则

第一，合法原则。一定要按照有关的法律、法规进行审批。

第二，公开、公平、公正原则。行政机关实施行政审批许可的活动，除涉及国际机密、商业秘密、个人隐私等情形外，都应向社会公开。实施行政审批许可时，对符合条件的人不能有歧视性待遇，要一视同仁。符合法定条件、标准的，申请人有依法取得平等的权利。

第三，便民原则。行政审批许可机关及其工作人员，应方便当事人办事，提高办事效率，提供优质服务。

第四，信赖利益原则。相对人对行政权力的合理信赖利益应当保护，不得擅自改变已生效的许可；确需改变的，由此给对方造成的损失应予赔偿。

二、相关案例分析

案例1 文化部关于同意北京钱袋网（北京）信息技术有限公司设立为经营性互联网文化单位的批复 [1]

（文市函〔2009〕1388 号）

北京市文化局：

你局京文市发〔2009〕251 号请示收悉。

经研究，北京钱袋网（北京）信息技术有限公司符合经营性互联网文化单位的设立条件，同意核发《网络文化经营许可证》，经营范围为：利用互联网经营游戏产品。

此复。

二〇〇九年七月二十三日

---

[1] 案例来源：法邦网，载 http://www.code.fabao365.com/law_237782.html，2013 年 3 月 12 日访问。

案例 2 中国保险监督管理委员会关于中盛融安国际保险经纪（北京）有限公司设立的批复 [1]

（保监中介〔2007〕217 号）

北京杰西工贸有限责任公司、北京江海胜业电力科技有限公司：

你们提交的关于中盛融安国际保险经纪（北京）有限公司设立申请材料收悉。经审核，批复如下：

一、批准设立中盛融安国际保险经纪（北京）有限公司。

二、公司注册资本：人民币 1000 万元。其中，北京杰西工贸有限责任公司出资 700 万元，出资比例为 70%；北京江海胜业电力科技有限公司出资 300 万元，出资比例为 30%。

三、公司业务经营区域：中华人民共和国行政辖区（不含港、澳、台）。

四、公司住所：北京市海淀区大柳树路富海中心 3 号楼（富海国际港）1501 室。

五、公司可经营下列业务：

（一）为投保人拟订投保方案、选择保险人、办理投保手续；

（二）协助被保险人或受益人进行索赔；

（三）再保险经纪业务；

（四）为委托人提供防灾、防损或风险评估、风险管理咨询服务；

（五）中国保监会批准的其他业务。

六、核准邢玉英的董事长和总经理任职资格，王海的副总经理任职资格。

七、公司须持本批复及中国保监会颁发的《保险经纪机构法人许可证》，到工商行政管理部门办理有关工商登记手续，方可开业。

八、公司应依法经营，并执行中国保监会的有关政策，相关内容可登录中国保监会网站查询。

二〇〇七年三月九日

---

[1] 案例来源：广东合同范本案例网，载 http：//www.925100.com/Artcle_38497.aspx，2013 年 3 月 18 日访问。

案例3 公司设立的依据认定

——明光家具有限公司设立被拒案[1]

（一）案例简介

1994 年 5 月，飞腾商业公司与另外六家企业达成协议，决定共同投资成立"明光家具有限公司"，飞腾商业公司草拟了公司章程，并经七家企业审核后予以认可，章程中确定新公司的注册资本为 200 万元。七家企业按照法定的要求缴足出资，并委托某会计事务所进行验资，出具了验资证明。同年 11 月，明光家具有限公司筹备处向工商管理局申请设立登记，并向其提交了公司登记申请书、公司章程、验资证明等文件。市工商局经审查后认为，明光家具有限公司的法定资本和生产经营条件是合格的，但是本地已有 4 家家具厂，市场容量已趋饱和，再设立一家家具公司对本地经济无大的促进作用，因此不予登记。飞腾商业公司等发起人不服，以市工商局为被告，向人民法院提起行政诉讼，要求市工商局对其设立新企业的申请予以登记。

（二）争议焦点

工商局拒绝登记是否有道理？

（三）法理评析

首先看公司登记的意义。

公司登记管理是国家通过制定公司登记法规，把公司登记和对公司实行行政监督统一起来，依法行使经济管理职能的全过程。公司登记有两种，一种是法人登记，另一种是营业登记，其意义在于保护交易安全，同时实施市场准入控制。

其次看公司登记的原则。

我国《公司法》对于有限公司的成立，原则上采取登记准则主义。根据《公

---

[1] 案例来源：赵旭东主编：《〈公司法学〉配套教学案例分析》，高等教育出版社 2009 年版，第 46 页。

司法》的规定,我国设立有限责任公司应当具备下列条件:1.股东符合法定人数,在一般情况下,50 个以下的股东可以共同出资设立有限责任公司。一个自然人股东或者是一个法人股东也可以依法设立有限责任公司。2.股东出资达到法定资本最低限额(原《公司法》规定)。3.股东共同制定公司章程。4.有公司名称,建立符合有限责任公司要求的组织机构。5.有公司住所。

本案中要设立的明光家具有限责任公司已具备上述条件,而且不属于政府要进行市场准入控制的领域,因此公司登记机关应该予以登记。我国《公司法》第六条规定,符合《公司法》规定的设立条件的,由公司登记机关登记为有限责任公司或者股份有限公司,当公司登记机关拒绝为符合条件的公司进行设立登记时,当事人可依法申请行政复议或提起行政诉讼,据此,飞腾商业公司等提起的行政诉讼的做法是恰当和正确的。除此之外,根据我国《公司法》第二百零九条的规定,公司登记机关对不符合本法规定条件的登记申请予以登记,或者对符合本法规定条件的登记申请不予登记的,对直接负责的主管人员和其他直接责任人员,依法给予行政处分。

专题三：公司设立中发起人的责任

一、法律知识点

发起人在公司设立阶段一方面要以设立中公司机关名义对外发生民事交往；另一方面，发起人之间因为出资等义务的履行也可能发生纠纷。这带来了公司设立阶段发起人责任的多样性：既有发起人之间的违约责任，还包括发起人与设立中公司的责任、发起人与债权人之间的责任、发起人与认股人之间的责任等。

（一）发起人之间的违约责任

设立公司时，发起人有出资的义务。所谓"出资义务"是指发起人应当依照发起人协议足额缴纳各自所认缴的出资额。如果发起人未按规定缴纳所认缴的出资，即构成出资违约。

1. 发起人出资违约形态

其一，完全不履行。是指设立人在出资协议订立后又表示拒绝出资或已为给付后又撤回出资的行为。这种表示可以是明示的，也可以是默示的。

其二，不适当履行。即设立人虽然出资，但不符合出资协议的宗旨。如在货币出资情形下的出资金额不足，或者非货币出资的实物存有瑕疵，如品种、规格、型号等不符合规定，以不动产出资，该不动产上又设有权利负担等。

其三，迟延履行。即未按规定的期限缴纳出资。

其四，不能履行。因客观条件变化丧失履约能力，如用以出资的房屋毁灭，或用以出资的知识产权权利证书被撤销或被宣告无效等。

2. 违约责任的依据

公司设立阶段，发起人的出资是基于设立协议。因此，对其他足额出资的股东而言，出资违约的股东应当承担违约责任。

（二）发起人对设立中公司的责任

在设立阶段，如果发起人拒绝出资，可以由设立中公司宣告该人丧失权利。这项权利相当于设立中公司享有的单方面解除认股协议。但对于不完全履行与迟延履行，违约的出资人似并不因此当然丧失设立人资格。可以采用其他变通手段，如经全体设立人同意可免除其尚未履行的出资义务，但应相应减少其认股份额。对于迟延履行，可以采用给予一定的宽限期的补救方式，但迟延出资人须赔偿他人因此而遭受的损失。

（三）发起人对债权人的责任

最高人民法院复[1994]4号文件作出的《关于企业开办的其他企业被撤销或者歇业后民事责任承担问题的批复》规定："企业开办的其他企业已经领取了企业法人营业执照，其实际投入的自有资金虽与注册资金不符，但达到了《中华人民共和国企业法人登记管理条例实施细则》第十五条第（七）项或其他有关法规规定的数额，并且具备了企业法人其他条件的，应当认定其具有法人资格，以其财产独立承担民事责任。但如果该企业被撤销或者歇业后，其财产不足以清偿债务的，开办企业应当在该企业实际投入的自有资金与注册资金差额范围内承担民事责任。""企业开办的其他企业虽然领取了企业法人营业执照，但实际没有投入自有资金，或者投入的自有资金达不到《中华人民共和国企业法人登记管理条例实施细则》第十五条第（七）项或其他有关法规规定的数额，以及不具备企业法人其他条件的，应当认定其不具备法人资格，其民事责任由开办该企业的企业法人承担。"上述批复为人民法院在司法审判中对此类企业是否行使法人资格否认原则提供了法律依据。如果设立人出资不到位，但是公司自筹注册资金，公司破产时，设立人是否要承担该公司的债务责任？法院的观点是这种情况仍然归于设立人虚假出资，仍应当由设立人承担出资不到位的责任。

（四）公司设立失败时，发起人对认股人的责任

设立失败是指公司未能够完成设立行为的情形。如因投资环境发生变化；公司设立瑕疵导致登记机关未予以登记等。

我国《公司法》第九十五条规定了股份有限公司不能成立时，发起人应当承担下列责任：对设立行为所产生的债务和费用负连带责任；对认股人已缴纳的股款，负返还股款并加算银行同期存款利息的连带责任。

二、相关案例分析

案例 1 股款返还中的责任范围
——宋 × 福与宋 × 祥、宋 × 成、宋济民股款返还纠纷案 [1]

（一）案例简介

有关宋 × 福诉宋 × 祥、宋 × 成、宋济民一案，本院作出（2008）固民初字第 907 号民事判决后，宋 × 祥提出上诉，信阳市中级人民法院以认定事实不清，违反法定程序为由发回本院重审。本院依法另行组成合议庭，公开开庭进行了审理。

审理中，原告诉称，2006 年 7 月与被告等发起成立公司，制定了公司章程，原告已出资 17 万元交付宋 × 祥，后公司未能成立。宋 × 祥仅退还 6 万元，下欠 11 万元推诿不付。请求清偿并支付利息。

被告宋 × 祥辩称，原告所诉属实，但公司在成立过程中有花费未结算。同时已通过存款单的形式退还宋 × 成、宋 × 福 15 万元，可是宋 × 福没得到钱，让宋 × 成拿去了。

被告宋 × 成未作答辩。

被告宋济民辩称，在筹办公司过程中包括办理有关手续等支出都是自己出的，宋 × 祥根本就没有什么花费。如果有花费，可以凭据结算。自己出资 2.8 万元至今还没得到。

经审理查明，2006 年 7 月原、被告四人决定发起成立固始县新科投资有限责任公司，从事教育、商贸、房地产业务。同年 9 月 18 日签署公司章程。约定宋 × 祥现金出资 700 万元，其他三人各现金出资 100 万元。注册资本为 1000 万元。于是原告宋 × 福等人先后缴纳出资，均交由宋 × 祥保管。其中原告宋 × 福分五次缴纳出资现金 17 万元。后因贷款无着，缺乏注册资本等公司未能成立。随后宋 × 祥仅退还原告 6 万元，尚有 11 万元未退。原告诉请本院依法处理。

以上事实有当事人陈述、公司章程、收据等证据证明。

---

[1]　案例来源：2008 年固始县有关宋 × 福诉宋 × 祥、宋 × 成、宋济民一案的判决书，载 http://www.110.com/ziliao/article-503828.html，2013 年 5 月 1 日访问。

本院认为，当公司不能成立时，认股人享有请求返还已缴纳的股款的权利。被告宋×祥作为发起人之一，并占有其他认股发起人缴纳的股款，因公司未能成立，应当负责返还，由此产生了债权债务关系。原告宋×福诉请被告宋×祥返还尚未退还的股款，依法予以支持。至于宋×祥提出通过存款单退款的辩解主张，同时承认宋×福没有得到该退款，对退还宋×福股款的事实不具有证明力。关于宋×祥抗辩在公司成立过程中有花费未结算一项，本院给予了充分的时间，现仍未提供任何花费依据。但是考虑到在筹备公司成立过程中势必会有花费，结合出资比例等因素，本着公平、合理的原则，为平衡当事人利益，酌定原告宋×福负担1500元。原告要求支付利息，缺乏事实和法律依据，不予支持。依照《中华人民共和国民法通则》第一百零六条、第一百零八条、第四条、《中华人民共和国民事诉讼法》第六十四条、第一百三十条的规定，判决如下：

一、被告宋×祥返还原告宋×福股款11万元。

二、原告宋×福负担被告宋×祥在成立公司过程中产生的费用1500元。

三、以上两项相抵被告宋×祥于本判决生效后十日内支付原告宋×福108500元。

四、驳回原告宋×福的其他诉讼请求。

诉讼费2500元，由被告宋×祥承担。

（二）争议焦点

原告要求支付利息，是否应当？

（三）法理评析

《公司法》第九十五条规定："股份有限公司的发起人应当承担下列责任：……（二）公司不能成立时，对认股人已缴纳的股款，负返还股款并加算银行同期存款利息的连带责任。"本案中，由于原、被告设立的是有限责任公司，而非股份有限公司，所以不存在发起人向认股人返还股款及相应利息的问题，但是，设立中的公司所收取的发起人的股款还是应当返还各发起人。当然，如果设立公司产生了费用和债务，在向发起人返还股款之前，还应当首先偿还设立中公司的债务和费用，清偿完毕后还有剩余的，才在发起人之间按照约定的比例或者实际出资比例返还股款。所以，原告要求返还出资款的要求是合理合法的；被告作为财产的保管人，其法律地位相当于设立中公司的代表，他没有提出抗辩并举证证明存在设立费用及其他债务，则法院支持原告的请求是正确的。

案例 2 公司设立失败时的责任承担

——崔文娟、吴礼友、王永红、吴恢庆与刘运省公司设立纠纷案 [1]

（一）案例简介

原告崔文娟、吴礼友、王永红、吴恢庆（以下简称四原告）诉被告刘运省公司设立纠纷一案，于 2011 年 7 月 26 日向本院起诉。本院受理后，根据四原告的申请，本院于 2011 年 10 月 31 日追加罗晓丰、彭明、李春华、刘隆璜、王积春、李智德、涂新启、曾庆武、陆魁贤为本案共同原告，并于 2011 年 12 月 9 日、2012 年 3 月 14 日公开开庭进行了审理。

四原告诉称，包括原、被告在内的十四位发起人于 2010 年 12 月 8 日签订《共同投资协议书》，约定按照该协议中《股东出资明细表》各发起人认缴的出资额，出资设立衡阳旺通管业有限公司；并约定如有发起人违反投资协议，则由违约方承担支付 500000 元违约金的违约责任。由于被告在 2011 年 1 月 10 日股东会议上明确表示不参加公司组建，导致公司设立失败。请求判令解除原、被告双方于 2010 年 12 月 8 日签订的《共同投资协议书》；被告向四原告支付违约金 500000 元；本案诉讼费由被告承担。

经审理查明，2010 年 12 月 6 日，原告崔文娟、吴礼友、王永红、吴恢庆、罗晓丰、彭明、李春华、刘隆璜、王积春、李智德、涂新启、曾庆武、陆魁贤与被告刘运省共十四人，为设立水泥涵管生产企业，以被告的名义在华融湘江银行股份有限公司衡阳雁峰支行设立账号为 8308009800002××××的公司账户。该账户存折由被告保管，另由被告等共五人在银行对该账户设定密码，必须五人的密码齐全方可取款。账户设立后，自 2010 年 12 月 6 日至 12 月 8 日，包括原、被告在内的十四位发起人共在该账户投资存款 2317000 元。2010 年 12 月 8 日，原、被告签订《共同投资协议书》约定，各自认缴的出资额足额存入该账户内；认缴的出资额存入该账户后，即成为包括原、被告在内的十四位发起人共同共有的财产和预设立公司的注册资本；如有发起人违反投资协议，则由违约方承担支付 500000 元违约金的违约责任。同日，在被告的主持

---

[1] 案例来源：2011 年 8 月 31 日衡阳市蒸湘区人民法院有关原告崔文娟、吴礼友、王永红、吴恢庆诉被告刘运省公司设立纠纷一案民事判决书，载 http://www.110.com/panli/panli_44433159.html，2014 年 7 月 22 日访问。

下召开第一次股东会。会议选举被告等五名董事会成员。同日，还在被告的主持下召开第一次董事会会议，会议选举被告为董事长兼总经理；2010 年 12 月 15 日，原、被告形成一致决议，确定公司名称为衡阳旺通管业有限公司，注册资本按照各股东认缴的出资额比例，投资总金额 13800000 元，公司住所地为衡阳市雁峰区岳屏镇茶园村楼下塘组，经营范围为水泥制品生产、加工及销售，经营期限为永续经营；在 2010 年 12 月 25 日制定的《公司章程》上有十三个原告及案外人李新良的签名（案外人李新良在 2011 年 1 月 10 日前已退出合伙），但没有被告的签名；2010 年 12 月 28 日，全体股东共同委托董事罗晓丰办理公司设立登记事项；2010 年 12 月 29 日，经衡阳市工商行政管理局预先核准，下发衡名私字 [2010] 第 1870 号《企业名称预先核准通知书》，预先核准的衡阳旺通管业有限公司名称保留至 2011 年 6 月 29 日。2011 年 1 月 10 日，被告在股东会议上表示不再参加公司组建。同日，全体股东对公司设立期间的各种费用进行了清算，其全部开办费按各股东出资比例分摊，并由负责财务管理的董事罗晓丰造表，各股东签名予以确认。同时，除被告以外的股东从 8308009800002××××账户全部退回了各自的投资款，共计 2260565.78 元，账户余额 56759 元。被告用现金投资 100000 元，扣除分摊的开办费，被告应退回投资款为 56759 元。因四原告未为被告输入账户密码，被告的投资款 56759 元至今仍未退回，酿成纠纷。2011 年 5 月 30 日，刘运省以本案的四原告为被告向本院提起诉讼，请求确认原、被告共同设立的 8308009800002×××× 账户的 56759 元存款归其所有。该案在审理过程中，四原告向本院提起本案诉讼。

另查明，按照《共同投资协议书》第一条第一款约定，全体股东第一次投资时间为 2010 年 12 月 7 日，应交投资款共计 4140000 元，第二次投资时间为 2010 年 12 月 17 日，应交投资款共计 4140000 元，第三次投资时间为 2011 年 1 月 31 日，应交投资款共计 5520000 元，投资总金额 13800000 元。按照共同投资协议约定，至 2010 年 12 月 17 日止，投资总金额应达到 8280000 元，截至 2011 年 1 月 10 日各股东退回投资款前，账户投资总额为 2317000 元，包括原告崔文娟用其生产许可证作价 800000 元抵作投资款和被告用其生产许可证作价 900000 元抵作投资款，尚有 4163000 元投资款未到位，共同投资协议约定的第一次投资款尚未足额到位，第二次投资款分文未付。

本院认为，原、被告为设立公司签订的共同投资协议，是当事人各方真实意思表示，其内容未违反法律、行政法规禁止性规定，合法有效。公司在设立期间，因各股东之间的意见不一致和投资款未按时足额到位，导致公司在设立期间解散，本案符合公司设立纠纷的法律特征。至于原告主张的责任承担，根据以上事实和相关法律规定，本院不予认可，最后判决：驳回原告崔文娟、吴礼友、王永红、吴恢庆的诉讼请求。

本案受理费8800元，由原告崔文娟、吴礼友、王永红、吴恢庆负担。

（二）争议焦点

四原告要求被告支付违约金500000元的主张是否成立？

（三）法理评析

根据各方签订的共同投资协议，如有发起人违反，则由违约方承担支付500000元违约金的责任。该协议是各方真实意思表示，并且不违背法律法规的强制性规定，因此有效。但关键是被告是否有违约的事实。根据四原告与被告提供的证据以及当事人双方的陈述证明，被告已依约履行了第一次投资款的足额交付义务，第二次投资款尚有200000元未予交付。但四原告提供的《对私储蓄账户明细账》和《共同投资协议书》载明，至2010年12月17日止，投资总金额应达到8280000元，但截至2011年1月10日，账户投资总额为2317000元，除去原告崔文娟和被告的生产许可证作价抵作投资款外，尚有4163000元投资款未到位，部分原告第一次投资款亦未足额到位，除原告崔文娟以外的其他原告第二次投资款分文未付（崔文娟第二次投资款亦未足额到位）。上述事实证明，导致公司设立难以继续进行的主要原因，是全部发起人未履行足额交付投资款义务所致。根据《中华人民共和国民法通则》第一百一十三条"当事人双方都违反合同的，应当分别承担各自应负的民事责任"的规定，公司在设立期间的各种费用已进行清算，并按出资比例分摊，各发起人已分别承担了各自应负的民事责任，四原告仍要求被告支付500000元违约金，即使被告违约，也不应仅由被告承担，更何况该案有关问题已经处理完毕。所以，四原告要求被告支付违约金500000元的主张不成立。

案例3 发起人的责任主体及责任范围

——A 公司与 B 公司、C 公司发起人责任纠纷案 [1]

（一）案例简介

再审申请人 A 公司因与被申请人 B 公司、一审被告 C 公司发起人责任纠纷一案，不服湖北省武汉市中级人民法院（2011）武民商终字第 1357 号民事判决，向本院申请再审。

湖北省武汉市武昌区人民法院一审查明：2007 年 5 月 28 日，C 公司决定，为做好武大印刷厂改制工作，妥善分流安置职工和内部退养人员，由 A 公司作为出资人，出资人民币 860 万元，与桑田彩印公司共同组建"武汉华奥印务有限公司"。2007 年 5 月 31 日，桑田彩印公司与 A 公司签订了《武汉华奥印务有限公司发起人协议》，协议约定：为妥善安置武大印刷厂改制职工，发起人拟共同出资设立武汉华奥印务有限公司。桑田彩印公司与 A 公司一致同意共同出资设立公司，并以接收武大印刷厂产权和安置在岗及内退职工为公司设立目的。公司拟注册名称为：武汉华奥印务有限公司。双方约定公司注册资本拟为 2413.77 万元，桑田彩印公司以经评估后的实物资产评估价值 1433.77 万元及人民币 120 万元作为出资，出资额为 1553.77 万元，占公司注册资金的 64.37%，A 公司出资 860 万元，占公司注册资金的 35.63%。A 公司以现金作为出资。股东以货币出资的，应当在公司临时账户开设后 10 天内，将货币出资足额存入公司临时账户。以实物出资，应当经有资质的评估机构评估作价，在公司注册资本验证同时，依法办理其财产权的转移手续。发起人的权利和义务：按其实际投入公司的出资额占公司注册资本额的比例享有所有者的资产权益；公司不能成立时，对公司设立期间所产生的有关费用和债务按出资比例由各发起人承担；不能按约定的期限、方式、数额履行出资义务时，对守约的发起人进行补偿和赔偿。全体发起人同意指定李艾华为委托代理人，向公司登记机关申请公司名称预先核准登记和设立登记。

协议签订后，桑田彩印公司按协议要求开展了一系列的工作。另外，分别于 2007 年 7 月 25 日，桑田彩印公司向 A 公司发出《关于请求及时履行武汉

[1] 案例来源：湖北省高级人民法院民事判决书（2013）鄂民监三再终字第 00011 号，载 http：//www.court.gov.cn/zgcpwsw/hub/ms/201405/t20140506_993760.htm，2014 年 5 月 11 日访问。

华奥印务有限公司发起人协议的函》和 2007 年 8 月 14 日，桑田彩印公司向 A 公司寄发《关于再次请求及时履行武汉华奥印务有限公司发起人协议的函》。此后双方就本案诉争协议的履行协商未果，故引起讼争。

湖北省武汉市武昌区人民法院一审认为，桑田彩印公司与 A 公司签订的发起人协议是双方当事人真实意思的表示，不违反法律法规的禁止性规定，合法有效。B 公司在协议签订后的第三个工作日在工商行政机关取得了武汉华奥印务有限公司的名称预先核准登记，此后也办理了印刷许可证的变更手续。根据《人民币银行结算账户管理办法》第二章的规定，临时账户需要提供相关的企业法人营业执照正本、税务部门颁发的税务登记证、有关部门的批文等资料。目前没有证据证明 A 公司向"公司筹备工作组"提供了上述资料以供开户所用。从桑田彩印公司 2007 年 7 月 25 日、8 月 14 日两次致函 A 公司要求提供上述相关资料、通知被告履行协议的有关内容也能证明截至此日 A 公司没有为履行协议有所作为。此时 A 公司已经以其行为表明了不履行协议的意思表示，实际是 A 公司一再拖延履行其主要义务。故本案诉争合同系 A 公司违约的事实应当予以确认。

关于 B 公司诉请解除本案诉争的发起人协议，本案中桑田彩印公司直接向法院起诉要求解除发起人协议，且发起人协议已不具备履行条件，合同目的已不能实现，对桑田彩印公司请求解除本案诉争合同予以确认。关于桑田彩印公司 2007 年度亏损，武汉正兴会计师事务有限责任公司出具的武正兴审字（2008）1022 号审计报载明 B 公司 2007 年度"净利润本年累计数为 –2094085.17元"，由于该公司为了履行双方签订的发起人协议，在 2007 年度将主要精力投入到该协议的履行过程之中，且与桑田彩印公司于 2006 年度盈利的事实有明显差异。根据《最高人民法院关于当前形势下审理民商事合同纠纷案件若干问题的指导意见》的精神，应当综合运用可预见规则、减损规则、损益相抵规则以及过失相抵规则等，从中扣除违约方不可预见的损失、非违约方不当扩大的损失、非违约方因违约获得的利益以及必要的交易成本进行酌定，按 30% 计算 62822.55 元为宜。关于辞退员工损失 41472 元，系桑田彩印公司为了履行发起人协议，积极配合职工安置，辞退自己的员工是必然之举，由于 A 公司违约使桑田彩印公司的上述积极履行合同的行为成为无用之举措，由此造成的损失应当由 A 公司承担。关于 B 公司变卖设备损失 618400 元，桑田彩印公司转租房屋损失 560000 元，桑田彩印公司支出的相关设计费用 420000 元，桑田彩印公司提供的证据并不足以证明其损失。关于桑田彩印公司提供的证明其为积极履行协议支出的汽油费、汽车维修费、交通费、车贴等支出证明单，上述单据不能证明其与"积极履行协议"之间的关联性，就目前证据而言，不能予以确认。综上所述，根据公平合理原则，兼顾各方当事人的利益，酌情确认B公司的上述损失共计628225.55元＋41472元=669697.55元。桑田彩印公司就其他损失如有新的证据，可以另行主张权利。关于桑田彩印公司诉请被告C公司承担连带赔偿责任，本案诉争合同的相对方是B公司与A公司，B公司不能证明本案诉争合同对C公司产生约束力，本案诉争合同仅在合同相对方之间发生效力，因此对于B公司的诉请，不予支持。综上，湖北省武汉市武昌区人民法院作出（2009）武区民二初字第495号民事判决：一、确认解除桑田彩印公司与A公司签订的发起人协议；二、A公司于本判决生效之日起十五日内赔偿桑田彩印公司损失669697.55元；三、驳回桑田彩印公司其他诉讼请求。案件受理费35629元由A公司负担。

一审宣判后，A公司与B公司均不服，向湖北省武汉市中级人民法院提起上诉。二审法院除对一审查明的事实予以确认外，另查明，武汉博信联合会计师事务所出具的武博信审字（2007）第S012号审计报告载明，桑田彩印公司2006年度净利润为2634080.33元，桑田彩印公司2007年度《公司年检报告书》载明，该年度B公司全年净利润为42813.27元，该报告书上有李艾华的签名。

另外还查明，武大印刷总厂于2007年12月29日变更为武汉华汉新华文化发展有限公司，并于当时完成了改制工作。

湖北省武汉市中级人民法院二审认为，B公司与A公司签订的发起人协议是双方当事人真实意思的表示，并不违反法律法规的禁止性规定，对双方当事人均产生法律约束力，双方均应按照合同约定履行义务。但在合同履行过程中，A公司未严格履行自身义务，最终导致合同目的没有实现。故应对B公司承担相应违约责任。原审法院对于B公司的2007年度经营损失的认定，是根据一定法律规则进行的自由裁量，该认定一方面考虑到A公司应就其违约对B公司可得利益损失进行赔偿，另一方面也照顾到了B公司可得利益损失计算的合理性，故由A公司赔偿B公司2007年度亏损的30%即628225.5元，符合公平原则，应予以维持。对于A公司与国资公司提出B公司在2007年工商年检报告书中登记为盈利42813.27元而不是亏损的抗辩，该院认为B公司主张的2007年度亏损，是基于审计报告提出的，该报告是由第三方武汉正兴会计师事务有限责任公司经审计作出，相对于工商年检报告书更具有客观性，应予以采信。C公司并非发起人协议的订立主体，发起人协议对其不具有约束力。尽管 C 公司系 A 公司的股东，但两公司均系独立法人，B 公司未能证明 C 公司滥用公司法人独立和股东有限责任逃避债务，继而侵犯了 B 公司的利益。因此 B 公司主张 C 公司应当就 A 公司的违约责任承担连带责任无事实和法律依据，不应予以支持。经湖北省武汉市中级人民法院审判委员会讨论决定，该院作出（2011）武民商终字第 1357 号民事判决：驳回上诉，维持原判。

A 公司申请再审称，原一、二审法院认定事实不清，缺乏证据证明，且适用法律错误。

B 公司辩称，原审判决认定事实清楚，适用法律正确，请求维持。

C 公司称，对 A 公司的申请再审理由及请求表示同意。

本院再审过程中，A 公司、B 公司及 C 公司均未提交新证据，本院对原一、二审查明的基本事实予以确认。

虽然 B 公司在 2007 年工商年检报告书中登记为盈利 42813.27 元，但该登记行为系行政相对人基于行政法律关系向行政管理部门所作的单方面陈述，其客观性和真实性均未经确认，不能以此为由对抗第三方审计结论。综上，原一、二审判决认定事实清楚，适用法律正确，实体处理恰当。判决如下：维持湖北省武汉市中级人民法院（2011）武民商终字第 1357 号民事判决。

（二）争议焦点

A 公司是否违反发起人协议？对于 B 公司的损失，C 公司是否应承担连带责任？

（三）法理评析

关于 A 公司是否违反发起人协议的问题。首先看该协议是否有效：从本案查明的事实，B 公司与 A 公司签订的发起人协议系双方真实意思的表示，内容不违反法律法规的禁止性规定，根据我国合同法理论，应认定合法有效。再看 A 公司是否有违约的事实：本案查明，在发起人协议履行过程中，B 公司先后两次致函 A 公司要求其依约提供新设公司的相关手续，组成新公司筹备组、提供资料共同到银行开设新设公司临时账户，A 公司均未予回复，且武大印刷厂在未经 B 公司参与下于 2007 年 12 月 29 日更名为武汉华汉新华文化发展有限公司，相应改制及职工安置分流工作完成，最终导致 B 公司与 A 公司订立发起人协议之合同目的不能实现。由此判断，A 公司不但有违约的事实，而且造成了合同目的落空。

关于 C 公司是否应承担连带责任旳问题。首先，根据合同的相对性原理，C 公司并非发起人协议的订立主体，发起人协议对其不具有约束力。其次，根据公司人格否认理论，尽管 C 公司系 A 公司的股东，但 B 公司未能证明 C 公司滥用公司法人独立和股东有限责任逃避债务，继而侵犯了 B 公司的利益。因此 B 公司主张 C 公司应当就 A 公司的违约责任承担连带责任无事实和法律依据，C 公司不应承担连带责任。

专题四：公司设立时准股东的责任

一、法律知识点

（一）准股东的含义

此处的准股东是指公司设立时除了发起人以外的为公司设立购买股份的人或组织。由于公司还没有成立，所以把该部分人称为准股东。

（二）准股东出资瑕疵的表现

依据我国《公司法》和《公司登记管理条例》的规定，目前出资形式主要包括以下几种：货币、实物、土地使用权、知识产权、股权等。因而，瑕疵出资具体表现如下：

1. 货币出资情形下的瑕疵

货币出资是指股东直接用法定货币出资以换取将成立的公司的股权或股份的一种出资形式。它可以确保公司资本的真实性，可以直接据以计算出出资者的股权比例。正因为如此，货币出资被立法认为是最完美的出资形式。即使这种被认为是最完美的出资形式，仍然存在出资瑕疵的问题，例如股东根本不出资，或者根据我国现行《公司法》的规定，股东没有按照承诺的要求履行出资。

2. 实物出资情形下的瑕疵

以实物出资设立公司的情形十分普遍。作为有形财产的实物，最为常见且重要的有建筑物、厂房、机器设备、车辆、原材料等。在许多情况下，这些财产的确为公司经营所需，在公司设立后必须购进，若出资者恰好有之，该财产所有人就可以直接出资其财产，省却了公司设立后自行购买的麻烦，并能够节省公司购买的交易成本，这就是实物出资的长处。但这些问题带来了瑕疵出资的潜在危险。如出资物存在数量或者质量的瑕疵，出资物价值在折算时被高估，他人对出资物物权享有某种权利，随时可以主张等等。

3．土地使用权出资情形下的瑕疵

股东以土地使用权出资时，可能存在下列多种瑕疵情形：出让手续上存在瑕疵、评估作价过高、存在交付或过户登记瑕疵等。

4．知识产权出资情形下的瑕疵

知识产权属于无形财产，是有用的社会财富。我国《公司法》明确规定知识产权作为股东出资形式之一。股东以知识产权出资的，应当向公司提交所投资的知识产权的技术资料和权属文件，并分别依专利法、商标法和著作权法等相关规定办理转移手续。但实践中，知识产权出资同样存在风险，股东用知识产权出资时，可能存在用于出资的知识产权存在权利瑕疵，也可能股东以知识产权出资时，仅向公司提供有关知识产权的技术资料和权属文件，但未按规定向相关登记机关办理权利转移手续，或者已经在相关登记机关办理权利转移手续，但没有向公司提供有关知识产权的技术资料。

5．股权出资情形下的瑕疵

我国《公司法》虽未明确规定股东可以用股权出资，但却对出资方式有一个概括性的规定，即"可以用货币估价并可以依法转让的非货币财产"均可作价出资。股权可以用货币估价，并可依法转让，同时实际生活的需要也决定了股权出资具有合理性。但股权出资实践中，常常出现以未出资或出资不足的股权出资或出资股权作价偏高等。

（三）准股东瑕疵出资的民事责任承担

1．瑕疵出资时对公司的出资违约责任

准股东根据设立中公司的要求进行出资，体现的是两者之间的一种协议。从合同法的角度来看，出资人有义务按照该协议要求按时、保质保量的出资，否则即构成对设立中公司的违约，当然要承担违约责任。实践中，其责任承担主要有以下几种方式：当准股东未依照认股协议约定或法律规定实际缴纳出资时，设立中的公司可以要求有履约可能的股东继续缴纳出资；认股人未按照认股协议缴纳出资而给公司造成损失时，必须进行赔偿。

2．瑕疵出资时对公司债权人的民事责任

瑕疵出资行为致使公司资本金显著不足，依"揭开公司面纱"制度，公司法人人格被否认，股东对公司债务负无限连带责任。瑕疵出资行为没有达到否认公司的人格程度，瑕疵出资股东在出资不实或抽逃出资的范围内对公司债权人承担责任，其他股东与瑕疵出资股东负连带责任。

二、相关案例分析

案例1 出资股东向谁承担连带责任

——张金祥股东出资纠纷案[1]

（一）案例简介

作为公司债权人的张金祥因股东出资纠纷一案，不服天津市滨海新区人民法院（2012）滨汉民初字第4429号民事裁定，向本院提起上诉。本院于2014年5月22日依法组成合议庭，公开开庭审理了本案。本案现已审理终结。

原审法院认为：上诉人并非为本案适格的主体。上诉人依据2005年修订的《中华人民共和国公司法》第三十一条之规定向法院诉请作为天津市天发精细化工有限公司股东的本案诸被上诉人对其虚假注资承担连带责任。

被上诉人承担连带责任的前提在于其虚假注资的事实，该事实在法院作出的（2000）津汉法执字第756-1号民事裁定书中将本案被上诉人刘春芬、张金山、吴志强、华钟新、吴桂庆、钱金元虚假出资的事实予以确认。

该事实确认的时间早于2005年修订的《中华人民共和国公司法》实施的时间，依据《最高人民法院关于适用〈中华人民共和国公司法〉若干问题的规定（一）》第一条之规定：《公司法》实施后，人民法院尚未审结的和新受理的民事案件，其民事行为或事件发生在《公司法》实施以前的，适用当时的法律法规和司法解释，本案应当适用2005年修订之前的《公司法》。2005年修订之前的《公司法》第二十八条规定：有限责任公司成立后，发现作为出资的实物、工业产权、非专利技术、土地使用权的实际价额显著低于公司章程所定价额的，应当由交付该出资的股东补交其差额，公司设立时的其他股东对其承担连带责任。

经对比分析，该条规定与2005年修订的《公司法》第三十一条的规定立法本意相同，这一规定所针对的权利主体并非是公司的债权人，而是公司本身。公司的债权人在无法定事由的情况下，无权绕过公司，直接向公司股东主张该

---

[1] 案例来源：北京市第二中级人民法院民事判决书（2008）二中民终字第09605号，载http://www.lawtime.cn/info/gongsi/gsfanli/2010121480961.html，2014年8月1日访问。

条所规定的权利。债权人并非此条款所规定的权利义务直接相对方。

故本案上诉人作为案外人天津市天发精细化工有限公司的债权人，无权直接诉请作为天津市天发精细化工有限公司股东的诸被上诉人承担连带责任。

依据《中华人民共和国民事诉讼法》第一百一十九条第（一）项之规定，裁定如下：

驳回上诉人张金祥的起诉。

宣判后，张金祥不服，提起上诉，请求依法撤销（2012）滨汉民初字第4429号民事裁定书，依法确认天津市天发精细化工有限公司股东虚假出资的连带责任。

本院认为，上诉人依据《中华人民共和国公司法》第三十一条的规定，作为债权人要求七位被上诉人作为债务人的股东依法承担补足出资差额及连带责任。

而《中华人民共和国公司法》第三十一条的立法本意在于股东在设立有限责任公司时，应当按期足额地缴付公司章程所规定的各自的出资额。

如果在有限责任公司成立后，发现股东在设立公司时所交付的非货币财产的价额显著低于公司章程所定价额的，该以非货币财产出资的股东仍然应当承担补足缴付其差额的责任，为了维持公司资本的充实，从而保证股东之间利益分配的平衡。因此该条实际是公司对非货币出资不足额的股东行使权利的依据。

故上诉人作为公司的债权人无权依据该条起诉被上诉人，原审法院裁定正确，予以维持。

依照《中华人民共和国民事诉讼法》第一百七十条第一款第（一）项的规定，裁定如下：驳回上诉，维持原裁定。

（二）争议焦点

出资股东向谁承担连带责任？

（三）法理评析

根据公司资本原则中的"资本维持原则"理论，公司在其存续过程中，应经常保持与其资本额相当的财产。因为，资本是公司对外交往的一般担保和从事生产经营活动的物质基础，公司拥有足够的现实财产，可在一定程度上减少股东有限责任给债权人带来的交易风险。一般而言，在公司成立时，公司资本即代表了公司的实有财产，但这一财产并非恒量，尤其在公司的存续过程中，它可能因公司经营的盈余、亏损或财产本身的损耗而在价值量上发生变动，当公司实有财产的价值高于其向外明示的公司资本的价值时，其偿债能力增强，对社会交易安全自然有利，当其实有财产价值大大低于公司资本价值时，必然使公司无法按照其所标示的价值承担责任，从而对交易安全和债权人利益构成威胁。为了贯彻资本维持原则，我国《公司法》第二十八条规定："股东应当按期足额缴纳公司章程中规定的各自所认缴的出资额。股东不按照前款规定缴纳出资的，除应当向公司足额缴纳外，还应当向已按期足额缴纳出资的股东承担违约责任。"第三十一条规定："有限责任公司成立后，发现作为设立公司出资的非货币财产的实际价额显著低于公司章程所定价额的，应当由交付该出资的股东补足其差额；公司设立时的其他股东承担连带责任。"但该条的权利主体是公司，所以，出资股东应向公司承担连带责任。

案例2 股东出资期限的认定
——蔡某某与张某、张某某、李某出资纠纷案[1]

（一）案例简介

上诉人蔡某某因与张某、张某某、李某出资纠纷一案，不服北京市朝阳区人民法院（2007）朝民初字第09282号民事判决，向本院提起上诉。

张某、张某某、李某在原审中诉称：2006年7月，张某、张某某、李某和蔡某某商定共同出资400万元准备成立北京天地福餐饮有限责任公司（下称天地福餐厅），计划张某出资40万元、张某某出资80万元、李某出资80万元、蔡某某出资200万元，并约定由蔡某某负责公司组建事宜和日常事务。据此，各方于2006年7月签署一份公司章程。履行过程中，张某实际出资836438元、张某某实际出资406438元、李某实际出资829136元。但是，蔡某某并没有按照公司章程规定足额出资。蔡某某作为负责人，强令会计在财务账册中报销大量可疑白条。为此，张某、张某某、李某要求进行财务审计。但蔡某某对此断然拒绝。因蔡某某出资问题和财务混乱等原因，天地福餐厅至今没有设立。张

[1] 案例来源：北京市第二中级人民法院民事判决书（2008）二中民终字第09605号，载http://www.lawtime.cn/info/gongsi/gsfanli/2010121480961.html，2014年8月1日访问。

某、张某某、李某请求人民法院判令蔡某某依照公司章程履行 200 万元出资义务,并承担诉讼费用。

蔡某某在原审中辩称:起诉状中所述蔡某某没有按照章程约定足额出资与事实不符,蔡某某实际出资 218 万元左右,包括装修费 1068000 元、土建工程部分花费 531142 元、借款 16 万元、25 万元变压器、69000 余元电缆线、房租 58600 元、房租 60700 元、地热款 55000 元。在天地福餐厅未正式注册的筹备期间,因发生了装修、设备购置等与天地福餐厅相关联的费用,不可避免地采取了白条拢账的方式。张某、张某某、李某也采取白条方式进行报账。根据天地福餐厅现有的规模,不是张某、张某某、李某的 200 万元能够支撑的。请求人民法院驳回张某、张某某、李某的诉讼请求。

原审法院查明:2006 年 7 月,张某、张某某、李某、蔡某某签订天地福餐厅章程。章程约定 4 人出资设立有限责任公司性质的天地福餐厅;天地福餐厅住所地北京市朝阳区黑庄户乡双树南村 1 号;公司注册资本 30 万元;总投资额为 400 万元,股东认缴情况为蔡某某 200 万元、李某 80 万元、张某某 80 万元、张某 40 万元。天地福餐厅章程签订后,蔡某某作为负责人办理筹建事务。天地福餐厅至今没有依法设立,但曾于 2006 年 9 月 16 日至 2006 年 12 月 18 日进行过 3 个月的试营业。天地福餐厅在筹建过程中,曾以"天地福酒楼"、"康城餐厅"、"康城工地"等名义对外发生经济往来。

2006 年 12 月 20 日,蔡某某向张某出具收据,内容为张某自 2006 年 7 月 2 日至 2006 年 12 月 5 日,分 4 次向蔡某某交付现金共计 836438 元。

2006 年 12 月,蔡某某向张某某出具收据,内容为张某某自 2006 年 4 月下旬至 2006 年 7 月中旬期间,陆续向蔡某某交付现金 406438 元。

李某提交了 2006 年 3 月 23 日夏炉银出具的康城工地装饰工程款 20 万元收据、2006 年 3 月 18 日北京李唐环保技术开发有限公司出具的天地福餐厅 3000 元收据、2006 年 3 月 10 日中国民生银行借记卡 83000 元存(取)款回单、2006 年 12 月 22 日北京传声广告有限公司出具的广告费 260 元发票,用以证明李某除了投资价值 52 万元的土建部分外,还以为天地福餐厅对外支付费用的方式出资 286260 元。张某、张某某对李某的上述出资情况予以认可。蔡某某认可李某实际出资 817980 元,其中实际到账数额为 94720 元、52 万元土建部分、20 万元给付夏炉银工程款、3000 元环保费、260 元广告费。

在案件审理过程中,原审法院应张某、张某某、李某的申请,对天地福餐厅的 3 本账册、10 本凭证采取了证据保全措施。因各方当事人对于蔡某某的出资情况意见不一致，故决定对天地福餐厅的 3 本账册、10 本凭证进行审计。受原审法院委托，北京天正华会计师事务所进行审计工作。最后原审法院确认蔡某某的出资为 1380066.68 元。

原审法院认为：张某、张某某、李某、蔡某某签订的天地福餐厅章程为出资协议性质，系各方当事人的真实意思表示，内容不违反法律、行政法规的强制性规定，合法有效。各方当事人均应按照章程的内容履行各自的义务。章程中记载，蔡某某认缴 200 万元，但目前蔡某某实际出资 1380066.68 元，尚有 619933.32 元未出资。虽然章程中没有约定出资期限，但是章程于 2006 年 7 月签订，而天地福餐厅至今未依法设立，且各方当事人对天地福餐厅至今未能依法设立的原因表述不一。原审法院认为，蔡某某尚有 619933.32 元未出资属于超过了合理期限，系违约行为。虽然张某某也未按照章程的约定交齐认缴的出资额，但法律没有规定张某某因此而丧失向蔡某某主张违约责任的权利。故张某、张某某、李某有权要求蔡某某补交 619933.32 元出资。于是判决：一、蔡某某于本判决生效之日起十日内向张某、张某某、李某、蔡某某共同设立的账户补交六十一万九千九百三十三元三角二分出资；二、驳回张某、张某某、李某的其他诉讼请求。

蔡某某不服原审法院判决，向本院提起上诉，请求二审法院撤销原审法院判决，发回原审法院重新审理，或查清事实后依法改判。

本院认为，天地福餐饮有限公司章程系张某、张某某、李某、蔡某某四人作为出资人为设立天地福餐饮有限公司而订立的，该章程对订立的各方均具有约束力。在该章程中，张某、张某某、李某、蔡某某四人作为股东只约定了各自的出资数额，对出资时间、出资方式等均没有约定。根据《中华人民共和国民法通则》中的自愿原则，在规范民事主体的行为方面，应当体现意思自治。张某、张某某、李某、蔡某某四人对出资时间、出资方式未作约定，至今本案当事各方亦未就出资时间、出资方式达成合意，故张某、张某某、李某提出由蔡某某补齐出资的诉求并无合同依据和法律依据，张某、张某某、李某的该请求应予驳回。原审法院判决关于蔡某某出资未全部到位属于超过了合理期限，系违约行为的认定，既无合同依据，又无法律依据，本院应予纠正。判决如下：一、撤销北京市朝阳区人民法院（2007）朝民初字第 09282 号民事判决书；二、驳回张某、张某某、李某的诉讼请求。

（二）争议焦点

蔡某某出资未全部到位是否属于超过了合理期限？

（三）法理评析

首先看法律依据。根据我国《公司法》第二十八条规定：股东应当按期足额缴纳公司章程中规定的各自所认缴的出资额。股东以货币出资的，应当将货币出资足额存入有限责任公司在银行开设的账户；以非货币财产出资的，应当依法办理其财产权的转移手续。股东不按照前款规定缴纳出资的，除应当向公司足额缴纳外，还应当向已按期足额缴纳出资的股东承担违约责任。其次看事实依据。原审法院认为，虽然章程中没有约定出资期限，但是章程于 2006 年 7 月签订，蔡某某尚有 619933.32 元未出资属于超过了合理期限，系违约行为。二审法院认为，张某、张某某、李某、蔡某某四人对出资时间、出资方式未作约定，至今本案当事各方亦未就出资时间、出资方式达成合意，故张某、张某某、李某提出由蔡某某补齐出资的诉求并无合同依据和法律依据，张某、张某某、李某的该请求应予驳回。显然，法律依据是有的；而事实依据也是有的，章程于 2006 年 7 月签订，天地福餐厅至今没有依法设立，但曾于 2006 年 9 月 16 日至 2006 年 12 月 18 日进行过 3 个月的试营业。天地福餐厅在筹建过程中，曾以"天地福酒楼"、"康城餐厅"、"康城工地"等名义对外发生经济往来。由此看来，原审法院认为蔡某某尚有 619933.32 元未出资属于超过了合理期限，系违约行为，更符合事实。

案例 3 抽逃出资行为的认定

——兰州西部科技开发公司与甘肃省科技风险投资有限公司出资纠纷案 [1]

（一）案例简介

上诉人兰州西部科技开发公司（以下简称：西部公司）与被上诉人甘肃省科技风险投资有限公司（以下简称：科技公司）出资纠纷一案，不服兰州市中级人民法院于（2010）兰法民二初字第 62 号民事判决，向本院提起上诉。本案现已审理终结。

原审法院查明：2001 年 7 月 30 日，包括西部公司在内的 9 位法人股东

---

[1] 案例来源：甘肃省高级人民法院民事判决书（2011）甘民二终字第 70 号，载 http://www.chinagscourt.gov.cn/detail.htm?id=221646，2014 年 6 月 11 日访问。

组成公司股东大会，决定共同出资 1 亿元设立科技公司，其中西部公司出资
1500 万元；同年 8 月 8 日，科技公司成立，注册资本金 1 亿元，其中西部公
司出资 1500 万元，占公司注册资本金的 15%。

2001 年 10 月 23 日，经时任科技公司董事长刘长缨及总经理朱世明和财
务人员的签字同意，西部公司从科技公司借支 1500 万元。2003 年期间，科技
公司与西部公司签订《协议书》一份（该协议书无落款日期，庭审中，双方认
可签订于此期间）。在该协议书中，双方就签订协议书的原由表述为："鉴于
乙方（西部公司）为甲方（科技公司）的出资人之一，乙方在 2001 年 8 月甲
方设立时向其出资 1500 万元，但于同年 10 月乙方因故从甲方借款 1500 万元，
至今尚未归还，致使乙方对甲方的出资事实上未能到位，为解决此问题，甲乙
双方经充分协商达成如下协议：'1. 乙方向甲方支付补偿金 50 万元，以补偿
乙方因占用甲方资金所造成的损失及为处理此事而形成的其他费用。同时甲方
不再追究乙方的其他责任……3. 前述款项支付后，甲方须将乙方所拥有的占
甲方的出资 1500 万元以原值回购或由乙方向甲方认可的其他受让者转让，同
时乙方不再享有作为甲方出资人的权利，亦不再承担相应的义务，但乙方应向
甲方提供协助办理因甲方回购或转让出资所需全部过户手续及法律文件……'"
上述协议签订后，西部公司于 2004 年元月 19 日向科技公司支付补偿金 50 万元。
庭审中，西部公司认为其实际通过科技公司的回购行为合法退出股东身份，但
未提供科技公司就此形成的股东会决议。

2010 年 3 月 29 日，科技公司召开股东会议并形成决议，认为股东西部公
司自公司于 2001 年成立后，即将其出资 1500 万元全部予以抽逃，并再未予归
还，该行为已严重侵害了公司及各股东的合法权益，故决定请公司尽快通过法
律途径追究西部公司的责任，要求西部公司立即归还、补足出资，并赔偿因抽
逃行为给公司及各股东所造成的损失。

另查明，科技公司《章程》第十八条规定："公司在下列情况下，经董事
会提议，股东会决议通过并报国家有关主管机构批准后，可以通过向全体股东
按照相同比例发出购回要约来购回本公司的出资：（一）为减少公司资本而注
销出资；（二）与持有本公司股权的其他公司合并。"第二十七条第（四）项规
定："在公司办理登记注册手续后，股东不得抽回投资。"截至目前，工商登记
反映科技公司注册资本金仍为 1 亿元，西部公司仍为科技公司股东，出资额为
1500 万元，占公司注册资本金的 15%。

原审法院认为，根据科技公司诉称及西部公司辩由，本案双方争议的主要

焦点问题为西部公司是否存在抽逃出资行为，即西部公司是否以股权回购方式合法退出科技公司。

《中华人民共和国公司法》第三十六条规定："公司成立后，股东不得抽逃出资。"而抽逃出资，一般是指公司的发起人、股东在公司成立后，抽逃其出资，但保留公司股东身份和出资额的行为。西部公司认为通过实际履行《协议书》中约定的公司回购方式，其已退出科技公司股东身份，不存在抽逃出资的行为。科技公司认为《协议书》违反《公司法》和公司《章程》的有关规定，属无效协议，西部公司存在抽逃出资行为。对此，原审法院认为，依照《公司法》第七十五条第一款的规定："有下列情形之一的，对股东会该项决议投反对票的股东可以请求公司按照合理的价格收购其股权：（一）公司连续五年不向股东分配利润，而公司该五年连续盈利，并且符合本法规定的利润分配条件的；（二）公司合并、分立、转让主要财产的；（三）公司章程规定的营业期限届满或者章程规定的其他解散事由出现，股东会会议通过决议修改章程使公司存续的。"该条规定系公司回购股东股权的法定事由，但双方回购行为显然不存在有符合上述规定的情形。同时，从公司章程的性质上看，公司章程是规定公司组织及行为的基本规则的重要文件，订立公司章程是股东的共同行为。《公司法》第十一条规定："设立公司必须依法制定公司章程。公司章程对公司、股东、董事、监事、高级管理人员具有约束力。"故西部公司作为科技公司股东，对公司《章程》第十八条规定的回购情形和条件以及必经程序应当知晓，依法应受该条规定的制约。在无证据证明其所称公司回购符合该条规定的情形下，应认定该回购行为亦违反公司《章程》的规定，故不存在以真实意思表示产生约束力的前提。因此，由于西部公司与科技公司签订的《协议书》所涉内容违反了《公司法》和公司《章程》的强制性规定，应确认无效。另外，由于回购行为违反公司《章程》的规定，实际上也无法得到具体实施履行。从目前公司工商登记情况反映，科技公司注册资本金及西部公司股东身份均未发生变化。据此，从案件中借据、协议书、公司《章程》及公司登记等证据看，西部公司首先存在以往来款名义将其出资1500万元从科技公司全部予以借支并再未归还的行为；其次又存在签订违反《公司法》及公司《章程》强制性规定的协议书，且无法就协议约定事项予以实际实施履行的事实。上述事实表明西部公司存在以所谓股权回购来掩盖其因借支而直接导致出资实际不到位的行为，该行为应认定为构成抽逃出资，西部公司应就此承担相应的责任。故西部公司关于已不是科技公司股东，不存在抽逃出资的抗辩理由，本院不予采信。对于西部公司抽逃出资的数额，因双方在《协议书》中约定西部公司支付科技公司 50 万元补偿金，在《协议书》认定无效情形下，该补偿金应视为返还的出资款，故西部公司实际抽逃出资额应为 1450 万元，其应返还科技公司出资款 1450 万元。由于科技公司在无股东会决议的情形下签订《协议书》，其本身也存在一定过错行为，亦未在对《协议书》有不同认识时采取积极措施，难免存在造成损失扩大的情形，故对科技公司主张的利息损失，原审法院不予支持。

至于西部公司认为科技公司起诉已超过诉讼时效，其诉讼请求应依法驳回，以及其从未参与过公司经营决策，从未享受过股东权利，科技公司对此亦认可等问题。原审法院认为，最高人民法院《关于审理民事案件适用诉讼时效制度若干问题的规定》第一条规定："当事人可以对债权请求权提出诉讼时效抗辩，但对下列债权请求权提出诉讼时效抗辩权的，人民法院不予支持：……。（三）基于投资关系产生的缴付出资请求权；……。"本案争议系因西部公司抽逃出资导致科技公司要求返还而引起，符合该条规定不受诉讼时效限制的情形，故西部公司认为科技公司起诉已超过诉讼时效的抗辩理由，该院不予支持。从西部公司提供的科技公司《情况通报》及双方往来函件看，事实上科技公司始终未认同西部公司所谓通过公司回购退出股东身份的行为主张，且就公司经营中出现的问题及经营决策仍向西部公司进行通报并要求其履行相关职责。出于双方就《协议书》不同认识产生的异议，科技公司曾对西部公司履行相关职责行为（即为办理科技公司 2004 年工商年检和法人变更手续，要求西部公司在相关文件和材料上加盖公章）做出过说明，但该说明并不能否定上述行为系股东权利的属性。故西部公司认为科技公司认可其已不是股东、未享受过股东权利的辩称理由，与事实不符，原审法院亦不予采信。

综上，原审法院依照《中华人民共和国公司法》第十一条、第三十六条、第七十五条第一款、最高人民法院《关于审理民事案件适用诉讼时效制度若干问题的规定》第一条之规定，判决：1. 西部公司向科技公司返还出资款 1450 万元；2. 驳回科技公司其他诉讼请求。案件受理费 151389 元，由西部公司承担 100000 元，科技公司承担 51389 元。

一审判决送达后，西部公司不服该判决提起上诉称：1. 本案已超过诉讼时效，判决适用法律不正确。2. 一审判决明显超出科技公司的诉讼请求，违反了民事诉讼法"不告不理"的基本原则。3. 一审判决违背客观事实，适用法律不当，导致错判产生。4. 西部公司的行为是符合法律规定的。

本院对原审法院的判决从事实和法理角度进行审核，最终认为：一审法院认定事实清楚，程序合法，判处正确，上诉人的上诉理由不能成立。依照《中华人民共和国民事诉讼法》第一百五十三条第一款（一）项之规定，判决如下：驳回上诉，维持原判。

（二）争议焦点

西部公司是否存在抽逃出资行为？

（三）法理评析

股东出资以后，资产就变成了公司的财产，股东是不能撤回出资的，只能通过转让的方式收回自己的出资，而不能直接撤回自己的资本，这是公司制度的基本原则。西部公司认为通过实际履行《协议书》中约定的公司回购方式，其已退出科技公司股东身份，不存在抽逃出资的行为。此时的关键点就是要看该协议是否有效。首先看公司章程。科技公司《章程》第十八条规定："公司在下列情况下，经董事会提议，股东会决议通过并报国家有关主管机构批准后，可以通过向全体股东按照相同比例发出购回要约来购回本公司的出资：（一）为减少公司资本而注销出资；（二）与持有本公司股权的其他公司合并。"第二十七条第（四）项规定："在公司办理登记注册手续后，股东不得抽回投资。"其次看法律规定。《公司法》第七十五条第一款的规定："有下列情形之一的，对股东会该项决议投反对票的股东可以请求公司按照合理的价格收购其股权：（一）公司连续五年不向股东分配利润，而公司该五年连续盈利，并且符合本法规定的利润分配条件的；（二）公司合并、分立、转让主要财产的；（三）公司章程规定的营业期限届满或者章程规定的其他解散事由出现，股东会会议通过决议修改章程使公司存续的。"再次，看公司的资本结构。工商登记反映科技公司注册资本金仍为1亿元，西部公司仍为科技公司股东，出资额为1500万元，占公司注册资本金的15%。

据此判断，该协议既是无效的，也没有真正履行完毕。上述事实表明西部公司存在以所谓股权回购来掩盖其因借支而直接导致出资实际不到位的行为，该行为应认定为构成抽逃出资。

案例 4 股东补缴责任的适用依据

——安阳益科制冷剂有限公司与荷兰益科公司股东出资纠纷案 [1]

（一）案例简介

原告安阳益科制冷剂有限公司（以下简称安阳益科公司）与被告荷兰益科公司股东出资纠纷一案，于 2010 年 8 月 27 日向本院提起诉讼，本案现已审理终结。

原告安阳益科公司诉称：安阳益科公司 2006 年 10 月 13 日在安阳成立，依照公司章程规定，荷兰益科公司应向安阳益科公司出资 16.625 万美元，以法律规定上述资金至迟应在公司成立后两年内缴足，经安阳益科公司催缴，荷兰益科公司至今仍分文未交。特诉至法院，请求判令：1. 荷兰益科公司交付认缴出资款 16.625 万美元到安阳益科公司账户，否则，解除荷兰益科公司对安阳益科公司的股东资格及投资关系，并协助安阳益科公司办理工商变更登记手续；2. 承担本案诉讼费、律师费及与本案有关的一切费用。

经审理查明：2006 年 8 月 25 日，北京中荷益科环保科技有限公司（以下简称北京益科公司）、安阳绿清源制冷剂有限公司（以下简称安阳绿清源公司）与荷兰益科公司共同签订了安阳益科公司合资合同（以下简称合资合同）。合同第九条注册资本及出资期限约定：安阳益科公司的注册资本为 66.5 万美元，由合资的三方按出资比例缴付。北京益科公司现金出资 16.9575 万美元，占注册资本的 25.5%；安阳绿清源公司现金出资 32.9175 万美元，占注册资本的 49.5%；荷兰益科公司以现汇出资 16.625 万美元，占注册资本的 25%。安阳益科公司认缴注册资本在工商营业执照签发后三个月到位认缴注册资本的 20%，其余部分在工商营业执照签发后两年内全部缴清。合同第五十一条约定，本合同的订立、效力、解释、履行受中华人民共和国法律的管辖。第五十二条约定，凡因执行本合同所发生的或与本合同有关的一切争议，三方应通过友好协商解决，如协商不能解决，应提交北京中国国际贸易促进委员会对外经济贸易仲裁委员会根据该会的仲裁程序暂行规则进行仲裁。同日，安阳益科公司章程通过，章程规定的注册资本与出资比例与合资合同约定内容一致。

---

[1] 案例来源：河南省新乡市中级人民法院民事判决书（2010）新民三初字第 47 号，载 http://ipr.court.gov.cn/hen/qt/201406/t20140625_1710742.html，2014 年 3 月 5 日访问。

2006 年 10 月 13 日，安阳益科公司取得了中华人民共和国外商投资企业批准证书，该批准证书对安阳益科公司的投资者及出资额进行了确认。同日，安阳益科公司完成工商登记取得企业法人营业执照。

2007 年 9 月 7 日，河南同欣会计师事务所有限公司出具了同心验字（2007）第 67 号验资证明，该验资证明记载，截止 2007 年 9 月 6 日，安阳益科公司已收到第 2 期缴纳的注册资本即安阳绿清源公司的出资合计人民币 110 万元，折合注册资本币种美元 145869.25 元，其中实收资本美元 145744.47 元，资本公积美元 124.78 元，出资全部为货币资金，连同第 1 期出资人民币 145 万元，折合美元 183430.53 元，安阳益科公司共收到股东缴纳的实收注册资本合计美元 329175 元，累计实收资本占注册资本总额的比例为 49.5 %，该实收资本均为安阳绿清源公司缴纳，荷兰益科公司与北京益科公司第 1 期与第 2 期实缴注册资本均为 0 美元。

2012 年 11 月 22 日，安阳市工商行政管理局出具的《外资企业基本注册信息查询单》显示：安阳益科公司企业状态为"在业"，注册资本 66.5 万美元，实缴资本 32.9174 万美元。

本院审理中遇到的法律问题：

一是本案案由与法律的适用。

本案中原告安阳益科公司系在中国境内注册的有限公司，为中外合资经营企业，被告荷兰益科公司系在荷兰注册的公司，本案纠纷系中外合资经营企业股东出资纠纷，为涉外股东出资纠纷。安阳益科公司合资合同第五十一条明确约定，该合同的订立、效力、解释、履行受中华人民共和国法律的管辖。安阳益科的股东出资义务（包括注册资本、出资数额、出资比例及出资期限）是由该合资合同约定的，故本案应适用中华人民共和国的实体法。

二是本案法院的管辖与仲裁条款的排除。

《最高人民法院〈关于合营企业起诉股东承担不履行出资义务的违约责任是否得当及合资经营合同仲裁条款是否约束合营企业的请示的答复〉》（2004）民四他字第 41 号，在合营企业成立之后，合资一方未按合资经营合同履行出资义务的行为，既损害了合资他方的权益，也损害了合资经营企业的权益。在合资他方未依约对违约方提请仲裁或者诉讼的情况下，合营企业有权以自己的名义提起诉讼，要求未履行出资义务的一方股东承担民事责任。因合营企业不是合资经营合同的签约主体，未参与订立仲裁条款，因此，合资经营合同中的仲裁条款不能约束合营企业。关于本案纠纷，合营企业安阳益科公司有权以自己的名义提起诉讼，而不受合资合同中关于仲裁条款的约束。

三是荷兰益科公司未履行出资义务的法律性质与法律后果。

安阳益科公司合资合同约定，安阳益科公司的注册资本为 66.5 万美元，由合资的三方按出资比例缴付。北京益科公司现金出资 16.9575 万美元，占注册资本的 25.5%；安阳绿清源公司现金出资 32.9175 万美元，占注册资本的 49.5%；荷兰益科公司以现汇出资 16.625 万美元，占注册资本的 25%。安阳益科公司认缴注册资本在工商营业执照签发后三个月到位认缴注册资本的 20%，其余部分在工商营业执照签发后两年内全部缴清。荷兰益科公司以现汇出资 16.625 万美元，占注册资本的 25%。2006 年 10 月 13 日，安阳益科公司获得外商投资企业批准证书，同日取得企业法人营业执照，公司成立。在安阳益科公司的外商投资企业批准证书中对上述投资者及出资额进行了确认。根据同心验字（2007）第 67 号验资证明，截止 2007 年 9 月 6 日，荷兰益科公司第 1 期与第 2 期实缴注册资本均为 0 美元，安阳绿清源公司的出资折合美元 183430.53 元，安阳益科公司共收到股东缴纳的实收注册资本折合美元 32.9174 万元，累计实收资本占注册资本总额的比例为 49.5%，该实收资本均为安阳绿清源公司缴纳。根据 2008 年 9 月 12 日安阳市工商行政管理局《警示出资通知书》的记载，在该时间点之前荷兰益科公司仍欠缴出资 16.625 万美元；根据 2012 年 11 月 22 日，安阳市工商行政管理局出具的《外资企业基本注册信息查询单》，安阳益科公司截止到当日其注册资本为 66.5 万美元，实缴资本为 32.9174 万元。因此，可以确定，荷兰益科公司在 2012 年 11 月 22 日之前没有向安阳益科公司缴纳任何出资。

《中华人民共和国公司法》第二十六条规定，有限责任公司的注册资本为在公司登记机关登记的全体股东认缴的出资额。公司全体股东的首次出资额不得低于注册资本的百分之二十，也不得低于法定的注册资本最低限额，其余部分由股东自公司成立之日起两年内缴足。《中外合资经营企业合营各方出资的若干规定》第七条第一款规定，合营一方未按照合营合同的规定如期缴付或者缴清其出资的，即构成违约。守约方应当催告违约方在一个月内缴付或者缴清出资。逾期仍未缴付或者缴清的，视同违约方放弃在合营合同中的一切权利，自动退出合营企业。守约方可以依法要求违约方赔偿因未缴付或者缴清出资造成的经济损失。本案中荷兰益科公司没有按合资合同的约定缴付其出资额，在安阳益科公司向其发函催告后仍未缴付，其行为违反了上述法律、法规关于缴付出资的相关规定，构成对合资合同的违约，应视同其放弃在合资合同中的一切权力，自动退出合营企业。对于已经自动退出合营企业的荷兰益科公司，判令其缴付出资款，或判令解除其投资关系已无实际意义，故应当驳回安阳益科公司关于"判令荷兰益科公司交付认缴出资款 16.625 万美元到安阳益科公司账户，否则，解除荷兰益科公司对安阳益科公司的股东资格及投资关系，并协助安阳益科公司办理工商变更登记手续"的诉讼请求。安阳益科公司可径行向外商投资企业审批机关申请办理相关手续。综上所述，依照《中华人民共和国涉外民事关系法律适用法》第三条、《中华人民共和国公司法》第二十六条、第二百一十八条、《中外合资经营企业合营各方出资的若干规定》第七条第一款之规定，判决如下：

驳回原告安阳益科制冷剂有限公司的诉讼请求。

案件受理费 14795 元，由原告安阳益科制冷剂有限公司负担。

（二）争议焦点

该案是否适用股东的补缴责任？

（三）法理评析

该案主体是中外合资企业，企业形式是有限公司，在法律适用上存在竞合，即适用外资法，也适用公司法，但按照特别法优于一般法的规定，优先使用外资法。《中外合资经营企业合营各方出资的若干规定》第七条第一款规定，合营一方未按照合营合同的规定如期缴付或者缴清其出资的，即构成违约。守约方应当催告违约方在一个月内缴付或者缴清出资。逾期仍未缴付或者缴清的，视同违约方放弃在合营合同中的一切权利，自动退出合营企业。守约方可以依法要求违约方赔偿因未缴付或者缴清出资造成的经济损失。本案中荷兰益科公司没有按合资合同的约定缴付其出资额，在安阳益科公司向其发函催告后仍未缴付，其行为违反了上述法律、法规关于缴付出资的相关规定，构成对合资合同的违约，应视同其放弃在合资合同中的一切权利，自动退出合营企业。对于已经自动退出合营企业的荷兰益科公司，判令其缴付出资款，或判令解除其投资关系已无实际意义。因此，该案不适用股东的补缴责任。

专题五：公司设立时验资人的责任

一、法律知识点

（一）虚假验资的内涵

对于虚假验资的界定，我们必须坚持主客观相统一的原则，即在客观上，验资报告与实际不相符合，主观上，验资机构或注册会计师存在故意或过失。虚假验资，从静态上说，只要会计师出具的验资报告与被审单位的实有资产不相符合，即可界定之；但从动态上说，虚假验资反映的是会计师在进行验资活动时的主观心理活动，即明知出资人虚假出资而为其出具出资适当的证明或以其专业知识应知出资人虚假出资，但因过失而没有注意到出资人虚假出资，进而为其出具出资适当的证明。基于主客观相统一的原则，以下几种情形可以界定为虚假验资：

1. 验资机构明知出资人虚假出资而出具验资报告；

2. 验资机构与出资人共谋出具虚假验资报告；

3. 验资机构因过失而出具虚假验资报告。

（二）验资机构虚假验资民事责任的性质

我国《民法通则》第一百零六条规定："公民、法人违反合同或者不履行其他义务的，应当承担民事责任。公民、法人由于过错侵害国家的、集体的财产，侵害他人财产、人身的，应当承担民事责任。没有过错，但法律规定应当承担民事责任的，应当承担民事责任。"由此可以看出，我国《民法通则》明确地将民事责任分为违反合同的民事责任和侵权的民事责任。这是从性质上对民事责任的最基本的区分。

在西方，英美法系和大陆法系对违约责任和侵权责任达成如下共识：违约行为侵害的是相对权，而侵权行为侵害的是绝对权。所谓相对权，是指义务人是特定的人,这种权利的权利人须通过义务人实施一定的行为才能实现其权利;而绝对权是指义务人不确定,权利人无需义务人实施一定的行为即可以实现的权利。换句话说,在违约行为中义务主体针对特定的主体,而侵权行为中则不针对特定的主体。

由于会计师事务所与审计委托人之间签订了审计业务委托书,双方之间存在合同关系,而与其他利害关系人之间没有这种关系。因此,如何确定第三人与验资机构之间的民事责任性质,是学界讨论的热点,也是司法界关心的问题,因为它涉及归责原则和举证责任分配等关键问题。目前主要有以下两种观点。

1. 契约责任

这是以德国为代表的大陆法系国家的观点,是在契约理论已经得到充分发展并超越契约责任相对性局限的基础上产生的。此说认为,注册会计师与委托人之间签订的委托契约是一种具有保护第三人效力的契约,根据诚实信用原则将第三人纳入契约债务人所负担的保护义务的保护领域之内。也可以理解为第三人基于对契约内容的信赖所受到的损失应当由所信赖信息提供者承担其损害责任。这一"公众看家狗"的角色要求会计师自始至终保持与客户之间的独立性,不辜负公众对他们的信赖。

上述学说是建立在德国等大陆法系国家的深厚契约传统之上,其契约观念十分发达,推行广义的契约解释模式,承认事实契约关系,从而可通过司法活动将契约的触角延伸到社会的每个角落:无论是物权关系、债权关系,还是亲属关系,都可以用契约法来规制和衡量。我国系采法定的狭义契约解释观念,合同立法对契约当事人、契约的内容、契约的形式、契约订立的过程和契约的效力给予比较严格的规范,尽管在新《合同法》中,为贯彻鼓励交易的目的,规范基准有所松动,但尚未发展到随意将合同效力扩张解释到第三人的地步。因此,采取类似于德国的判例法思维方法,以契约责任观解决注册会计师对第三人的责任,在我国还是比较困难的。

2. 侵权责任

与德国等大陆法系国家流行的契约责任观念相对立,在英美法国家中,依侵权行为责任追究专家民事责任的较多。判例和学说一般主张注册会计师提供不实信息致第三人损害应承担侵权责任。解释者认为,第三人与注册会计师之间并无严格意义上的契约关系,虽然对会计师而言,使用信息的第三人存在合理的可被预见性,但该第三人毕竟是不可确定的集体(多数人),此与契约责任存在于特定当事人之间的观念不相吻合。因此,注册会计师的不实信息提供行为所侵犯的是对世权、绝对权，表现为违反法定义务，只能依侵权行为责任诉请赔偿。

我国司法界也倾向于这种责任承担形式。

（三）验资机构虚假验资民事责任的构成要件及抗辩事由

1. 构成要件

（1）过错，包括故意和过失。所谓故意，是指行为人预见到自己的行为可能导致损害后果，但仍然希望或者放任损害后果发生的一种心理状况。具体到会计师在审计执业过程中的故意，是指会计师明知自己违反法律法规、执业准则或职业道德的行为会给委托人或第三人造成损害，仍然希望或放任这种结果的发生。

会计师对故意违法行为必须承担责任，这是各国立法的共识。

过失，一般理解为行为人应注意并能注意而不注意，或者对构成侵权行为之事实，虽预见其能发生而确信其不发生的心理状态。判定会计师在审计业务中是否存在过失的标准是，会计师是否在审计过程中违反了其必须要遵守的法定最低义务。

（2）第三人的范围

对照国际上证券市场的法律责任对象规定，结合我国实际情况，一般认为，第三人至少应该具有如下特征：①是注册会计师合同之外的人，即委托注册会计师进行验资活动的合同当事人之外的人。②合理依赖委托人所提供信息及注册会计师执业成果的人。这里强调第三人是市场中的"理性人"，具有一定的判断能力，能合理依赖委托人和注册会计师所提供的信息和成果进行决策。③利害关系人，只有合理信赖而遭受一定损失的人才可能成为严格意义上的第三人。具体到司法实践中，即并不是所有提起诉讼的投资人都能获得赔偿，只有其投资损失与注册会计师有瑕疵的验资报告有因果关系的投资人，才可能享有胜诉权。因此，对第三人范围可作如下界定：一切合理信赖委托公开信息及注册会计师执业成果的，委托人与注册会计师合同之外的利害关系人。

会计师对第三人的法律责任，归根结底是一个公平分配商业活动风险的问题，它牵涉到客户、会计师、投资人三方主体。只有跳出会计师与第三人两极对立的思维模式，回到三个主体共同分担风险的基础上，才能很好地解决会计师对第三人的民事责任。最高人民法院《关于金融机构为企业出具不实或者虚假验资报告资金证明如何承担民事责任问题的通知》（法 [2002]21 号文件，以下简称《通知》）规定验资机构在虚假验资范围内，根据过错程度承担补充责任就是一个良好的开端。《中华人民共和国公司法》第二百零八条规定，验资机构在其证明不实的金额范围内承担赔偿责任。

（3）因果关系及证明条件

法官首先考察行为人的行为是否在事实上造成了损害的发生，如果这一判断成立，则进一步分析已构成事实原因的行为是否在法律上也被视为对该损害负责的原因。只有这两者都符合的情形下，才能认定行为与损害结果之间的因果关系成立。

在侵权之诉中，损失应当是加害人在行为时可以预见到的其行为可能带来的结果。在虚假验资诉讼案件中，原告的哪些损失属于"可预见"的范围，需要依个案的具体情节来判断。在一个具体案件中，一方面，第三人需证明因注册会计师的执业过失给自己造成了法律上认定的损害，另一方面，还需证明其损失是会计师执业过失的自然、直接的结果，即会计师的行为或不行为是第三人所遭受的损害的事实上的原因。从司法实践来看，事实因果关系的确立，需要原告证明存在"依赖或信赖"因素。公司的成立以及正常的营业活动应该可以看作第三人合理信赖的因素。

2. 抗辩事由及标准

（1）抗辩事由概述。抗辩事由，又称为免除或减轻责任的事由，是指被告针对原告的诉讼请求而提出的证明原告的诉讼请求不成立或不完全成立的事实。

（2）注册会计师对第三人的抗辩事由。注册会计师对第三人的抗辩事由和其举证责任紧密相连，且息息相关。从抗辩事由的主要指向上，与其举证责任相同：无因果和无过错关系。

第一，无因果关系的抗辩。主要有：第三人损害在前，注册会计师虚假陈述在后；第三人对注册会计师的审计意见没有合理信赖；注册会计师对第三人的损害不应当预见或不可能预见；注册会计师的审计报告并没有成为第三人的决策依据，或者虽然是第三人的决策依据，但此种决策没有导致第三人所诉求赔偿的损失；第三人并不是注册会计师应当负法定义务之人等等。

第二，无过错的抗辩。主要有：注册会计师按照法律、法规、职业准则的要求出具审计意见，并尽到了应有的勤勉谨慎；委托人单独或者串通他人舞弊，在现有审计技术水平下，很难或不可能发现；第三人运用审计意见不当，存在共同过错；出具审计意见过程中，受到行政干预等外界难以抗拒的压力，审计意见非真实意思表示等等。

当然，还可能有其他事由的抗辩，比如因不可抗力或意外事件，导致审计工作底稿等其他重要证据的毁损或灭失等等。

（四）我国现行法律制度关于虚假验资法律责任的归责原则

我国《民法通》则第一百零六条规定："公民、法人由于过错侵害国家的、集体的财产，侵害他人财产、人身的，应当承担民事责任。"这是侵权适用过错原则的一般规定。最高人民法院在《关于会计师事务所为企业出具虚假验资证明应如何承担责任问题的批复》（法释[1998]13号）第一条中规定："会计师事务所为企业出具验资证明，属于依据委托合同实施的民事行为。依据《中华人民共和国民法通则》第一百零六条第二款规定，会计师事务所在1994年1月1日之前为企业出具虚假验资证明，给委托人、其他利害关系人造成损失的，应当承担相应的民事赔偿责任。"这也肯定了会计师事务所的过错责任。在其《关于会计师事务所为企业出具虚假验资证明应如何承担责任问题的批复》（法释[1998]13号）的解释说明中进一步明确了过错责任的观点："会计师事务所为虚假验资行为承担民事责任的构成要件有二：第一个要件是会计师事务所在主观上负有过错。发生虚假验资的原因较为复杂。有的是出于委托人的授意，也有的是会计师事务所故意所为。但无论哪一种，会计师事务所均存在过错。前者，会计师事务所违背了职业道德，与委托人构成共同故意，后者，会计师事务所是故意违法。如非会计师事务所主观上的过错，如因银行出具的假进账单，委托人提供的假发票、假单据等，会计师事务所限于职权或者专业技术手段的局限无法鉴别其真伪造成的虚假验资，会计师事务所不承担民事责任。"2005年修订的《中华人民共和国公司法》第二百零八条、2005年修订的《中华人民共和国证券法》第一百七十三条规定会计师事务所对不实陈述承担过错推定责任，进一步降低了会计师承担责任的门槛。

（五）验资机构虚假验资诉讼的举证责任

2003年1月19日，最高人民法院发布了《关于审理证券市场因虚假陈述引发的民事赔偿案件的若干规定》（以下简称《规定》）中已借鉴了国外先进经验，对注册会计师民事责任的承担规定为过错推定责任，将民事责任的主观要件的举证负担以否定的形式分配给注册会计师，从而避免了投资者因不能证明注册会计师的过错而无法获得赔偿的情形。这样，投资者不需要寻找证据证明注册会计师在职责范围内知道或者应当知道存在虚假陈述，而是由注册会计师进行抗辩，由其寻找证据证明自己不存在虚假陈述造成投资者损失的行为。

（六）验资机构虚假验资民事责任的限度

最高人民法院在《关于会计师事务所为企业出具虚假验资证明应如何承担责任问题的批复》（法释[1998]13号）的解释说明中认为："会计师事务所与合同当事人没有直接的法律关系。但会计师事务所出具虚假验资证明的行为，又确实间接损害了合同当事人的合法权益。因此，在民事责任的承担上，本批复第二条明确规定，应当先由债务人负责清偿，不足部分，再由会计师事务所在其证明金额的范围内承担赔偿责任。"这里的"证明金额"指的是会计师事务所虚假验资的金额。如"证明金额"不完全虚假，只有部分虚假，会计师事务所则仅在证明的虚假部分金额内承担民事责任。另外，如果债务人自身财产足以清偿债务，债权人的利益并未受到损害，会计师事务所也无需承担民事责任。总之，会计师事务所为企业设立出具虚假验资报告（证明），所承担的民事责任是一种补充责任。这一点，最高人民法院法函[1996]56号复函已经予以体现，该批复第二条规定是更进一步加以明确。验资单位对一个或多个债权人在验资不实部分之内承担的责任累计已经达到其应当承担责任部分限额的，对于公司其他债权人则不再承担赔偿责任。对于多个债权人同时要求受偿的，验资单位应当在其出具的被验资单位不实的注册资金、证明金额内，就其应当承担责任的部分按比例分别承担赔偿责任。根据最高人民法院法释[1997]10号批复精神，会计师事务所为企业设立出具虚假验资报告（证明），所承担的民事赔偿责任应当是有限的。有限性需从两个方面来把握，即一是会计师事务所应当在其证明的虚假资金范围内承担民事赔偿责任；二是会计师事务所若在其证明的虚假资金范围内承担的责任一次或者累计已经达到其应承担责任部分限额的，对于建立在虚假验资基础上的企业法人的其他债权人即不再承担赔偿责任。我国新修订的公司法和证券法都规定了验资机构在其验资不实范围内承担赔偿责任。这一方面为验资机构的生存和发展提供了良好的制度支持，另一方面，也加重了出资不实的股东的责任。应该肯定这一制度安排更好地体现了法律的公平与正义。

二、相关案例分析

案例1 验资人的责任类别

——南方航空旅游公司与玉龙旅行社等代销合同纠纷案 [1]

（一）案例简介

原告海南南方航空旅游公司（以下简称旅游公司）因与被告海南玉龙旅行社（以下简称玉龙社）、海南玉龙工贸实业公司（以下简称玉龙工贸）、中国建设银行海南省分行直属海府支行（以下简称海府建行）、海南中华会计师事务所（以下简称会计所）发生代销机票合同纠纷，向海南省海口市新华区人民法院提起诉讼。

原告旅游公司诉称：被告玉龙社没有完全履行与原告签订的机票销售代理协议，截至1995年9月止，已累计拖欠原告机票款526610元。当原告向玉龙社追索拖欠款时，该社和其开办单位玉龙工贸均下落不明。原告经调查发现，玉龙社是凭被告海府建行出具的虚假存款证明和被告会计所出具的虚假验资证明，才得以在工商行政管理部门登记注册的，因此海府建行和会计所对玉龙社给原告造成的损害负有不可推卸的过错责任。请求判令玉龙社和玉龙工贸偿还拖欠原告的票款，并向原告支付违约金；判令海府建行和会计所对玉龙社和玉龙工贸的上述债务负连带责任。

被告玉龙社和被告玉龙工贸没有答辩。

被告海府建行辩称：工商部门给企业办理法人开业登记，是依据会计师事务所或审计师事务所出具的验资证明，不依据银行的存款证明书。银行的存款证明书不是企业法人开业登记的必备文件，不能等同于验资证明或者资金信用证明。况且原告起诉所持的是50万元存款证明书，而本行给玉龙社出具的只是10万元存款证明，不是一回事。因此，玉龙社的注册资金实与不实，与本行无关，本行不应当对此承担责任。

被告会计所辩称：本所当初是凭一张银行《进账单》和海府建行出具的

---

[1] 案例来源：海口市新华区人民法院民事判决书（1997）新民初字第360号及二审民事判决书，载 http://www.110.com/panli/panli_61694.html，2014年6月11日访问。

50万元存款证明书，才给玉龙社出具了50万元的验资证明。此事是玉龙社和海府建行相互勾结，出具虚假的存款证明蒙骗本所，本所也是直接受害者之一。在此验资过程中，本所既无意作假，也无工作失误，故不应承担任何责任。

海口市新华区人民法院经审理查明：

1994年12月22日，原告旅游公司与被告玉龙社签订《销售代理协议》一份，约定：玉龙社为旅游公司开展国内客票销售代理业务，代售机票款的万分之四按旅游公司三、玉龙社七分成。旅游公司根据每日航班座位情况，负责发放客票并灵活机动地提供一定的座位配额，收取销售日报表和营业款；玉龙社指定两名专人负责客票的领取，领取的客票如有丢失，应按每张2000元予以赔偿，每天的售票款应于当天（或次日）付给旅游公司，若不能及时给付，则按应付款项的每天5%计付违约金。

合同签订初期，被告玉龙社尚能主动履行合同各项义务，票款亦能按时给付，后期由于经营不善，便不再给付票款。1996年11月18日，经原告旅游公司和玉龙社共同清查，最后确认玉龙社尚欠旅游公司票款526611元（包括丢失客票3张和保险费收据一本所应赔偿的1万元）。

被告玉龙社是由被告玉龙工贸申请开办，1993年2月经海南省旅游局批准筹建的三类旅行社。按《旅行社管理暂行条例》的规定，开办经营第三类旅行社的，应有3万元以上的注册资本。1993年3月27日，玉龙工贸借给玉龙社10万元，至同年5月10日，玉龙社账面上还有535.5元。被告海府建行于1993年5月10日为玉龙社出具建存证NO.0009296号存款证明书，证明玉龙社当日在该行263273账户内的存款余额为10万元。随后，玉龙社将作为转款凭证的一张中国农业银行《进账单》上的数额以及海府建行出具的存款证明上的10万元数额，都改写成50万元，一并交给被告会计所验资。会计所据此于5月12日出具了验资证明书，证明玉龙社有以现金方式投入的注册资本50万元。

1997年4月23日，海南省旅游局下文取消了被告玉龙社。

海口市新华区人民法院认为：

原告旅游公司与被告玉龙社签订的《销售代理合同》合法有效。因玉龙社违约，旅游公司请求按照双方的约定，由玉龙社向其支付违约金，符合法律规定。

《中华人民共和国民法通则》第三十七条规定，法人应当有必要的财产或者经费，能够独立承担民事责任。行政规章规定，第三类旅行社应当有3万元以上的注册资本。被告玉龙社虽然领取了《企业法人营业执照》，但由于其在申请开业登记和验资时，自有资金仅为 535.5 元，达不到行政规章规定的注册资本最低限额，故玉龙社不具有法人资格，其民事责任应由其申请开办单位、被告玉龙工贸承担。

被告玉龙社 1993 年 5 月 10 日在被告海府建行的即日存款余额是 535.5 元，海府建行却为玉龙社出具了当日有存款余额 10 万元的证明，引起验资不实，根据最高人民法院法复〔1996〕3 号《关于金融机构为行政机关批准开办的公司提供注册资金验资报告不实应当承担责任问题的批复》的规定，海府建行应当在虚假证明金额以内承担与其过错相应的连带赔偿责任。被告会计所作为开业验资的审计部门，对验资报告的真实性负有责任。会计所在为被告玉龙社验资时，对当事人提供的证据不进行核实，轻率地为玉龙社出具了 50 万元的验资报告，从而使玉龙社有条件给他人造成较大的经济损失，应当负验资不实的过错责任，依法在验资不实的范围内为玉龙社承担连带赔偿责任。

据此，海口市新华区人民法院于 1998 年 6 月 18 日判决：

一、被告玉龙社尚欠原告旅游公司的售票款 526611 元及逾期付款违约金 120330.6 元，由被告玉龙工贸负责偿还；

二、被告海府建行在虚假证明金额 99464.5 元的范围内，对被告玉龙工贸的债务负连带赔偿责任；

三、被告会计所在不实验资金额 499464.5 元的范围内，对被告玉龙工贸的债务承担连带赔偿责任；

四、上述款项在判决生效后十日内履行。

第一审宣判后，被告海府建行不服，向海口市中级人民法院提起上诉。

海口市中级人民法院经审理，除查明一审认定的事实属实以外，另查明：1993 年 2 月 27 日，原审被告玉龙工贸向原审被告玉龙社在上诉人海府建行的 263273 账户内转入的 10 万元，明确为玉龙社的开办费用。1993 年 5 月 20 日，玉龙社在海南省工商行政管理局登记注册，注册资金为 50 万元，而玉龙工贸自投入 10 万元的开办费用以后，再无资金向玉龙社投入。

海口市中级人民法院认为：被上诉人旅游公司与原审被告玉龙社签订《销售代理协议》委托玉龙社代销机票，并无违法之处，但双方约定的违约金标准超出法律规定的最高限，其超出部分应属无效。

最高人民法院法复〔1994〕4 号《关于企业开办的其他企业被撤销或者歇业后民事责任承担问题的批复》第一条第（二）项规定："企业开办的其他企业已经领取了企业法人营业执照，其实际投入的自有资金虽与注册资金不符，但达到了《中华人民共和国企业法人登记管理条例实施细则》第十五条第（七）项或者其他有关法规规定的数额，并且具备了企业法人其他条件的，应当认定其具备法人资格，以其财产独立承担民事责任。但如果该企业被撤销或者歇业后，其财产不足以清偿债务的，开办企业应当在该企业实际投入的自有资金与注册资金差额范围内承担民事责任。"原审被告玉龙社的注册资金是 50 万元，原审被告玉龙工贸向玉龙社投入开办费 10 万元，虽未达到玉龙社的注册资金数额，但已达到国家有关经营第三类旅行社应有 3 万元以上注册资本的规定，且玉龙社也实际领取了企业法人营业执照，故玉龙社具备法人资格，应当独立承担民事责任。现玉龙社已被撤销，其财产不足以清偿债务，开办单位玉龙工贸应当在实际投入资金与注册资金差额 40 万元的范围内承担民事责任。原审认定玉龙社不具备法人资格，其民事责任全由玉龙工贸承担不妥。

最高人民法院法释〔1997〕10 号《关于验资单位对多个案件债权人损失应如何承担责任的批复》规定："金融机构、会计师事务所为公司出具不实的验资报告或者虚假的资金证明，公司资不抵债的，该验资单位应当对公司债务在验资报告不实部分或者虚假资金证明金额以内，承担民事赔偿责任。"上诉人海府建行作为金融机构，在原审被告玉龙社进行工商登记注册时出具虚假的存款证明，应当在虚假证明数额的范围内，为玉龙社不能清偿的到期债务承担赔偿责任。海府建行的存款证明是给工商行政管理部门出具的，说明海府建行是要以此向工商行政管理部门证明玉龙社的资金实力。虽然该存款证明没有直接在工商局使用，但事实上已经为玉龙社起到证实资金的作用。该证明上的数额被玉龙社擅自涂改成 50 万元，虽然玉龙社的这一造假行为不能由海府建行负责，但也不能掩盖海府建行出具虚假资金证明的违法性，海府建行还应在虚假资金数额内承担连带赔偿责任。玉龙社 1994 年有了 48 万余元的净资产，并不说明该社从成立时起就具有合法的法人资格。海府建行上诉称并非自己出具虚假证明书使玉龙社得以成立并从事经营活动，二者之间没有因果关系，不应当连带为玉龙社承担责任的理由，不能成立，应予驳回。

最高人民法院法释〔1998〕13 号《关于会计师事务所为企业出具虚假验资证明应如何承担责任问题的批复》规定："会计师事务所系国家批准的依法独立承担注册会计师业务的事业单位。会计师事务所为企业出具验资证明，属于依据委托合同实施的民事行为。依据《中华人民共和国民法通则》第一百零六条第二款规定，会计师事务所在 1994 年 1 月 1 日之前为企业出具虚假验资证明，给委托人、其他利害关系人造成损失的，应当承担相应的民事赔偿责任。""会计师事务所与案件的合同当事人虽然没有直接的法律关系，但鉴于其出具虚假验资证明的行为，损害了当事人的合法权益，因此，在民事责任的承担上，应当先由债务人负责清偿，不足部分，再由会计师事务所在其证明金额的范围内承担赔偿责任。"1993年5月12日，原审被告会计所不经核实，就以当事人提交的材料为根据给原审被告玉龙社出具验资证明，现已查明该验资证明上的数额是虚假的，会计所应当在虚假证明数额的范围内对玉龙社所欠被上诉人旅游公司的到期债务连带承担赔偿责任。会计所出具的50万元验资证明，其中10万元有上诉人海府建行的存款证明为依据，责任应当由海府建行承担，其余40万元验资不实的责任，由会计所承担。

原审判决对事实的认定基本正确，但在实体处理中，对原审被告玉龙工贸和原审被告会计所应当承担的责任认定有误，应予纠正。另外在实体处理中，还应将被上诉人旅游公司与原审被告玉龙社约定的代销机票手续费，从玉龙社拖欠旅游公司的票款中扣除。据此，海口市中级人民法院于1998年11月20日判决：

一、维持一审民事判决的第二、四项。

二、撤销一审民事判决的第一项。

三、原审被告玉龙社向被上诉人旅游公司支付拖欠的票款512146元，以及该款从1996年11月18日起至还清之日止按每日万分之五计算的违约金。玉龙社的财产不足以清偿的债务，由原审被告玉龙工贸在40万元的范围内承担连带赔偿责任。

四、变更一审民事判决的第三项为：原审被告会计所应在验资证明不实的40万元范围内承担连带赔偿责任。

（二）争议焦点

会计事务所应承担连带责任还是按份责任？

（三）法理评析

本案会计师事务所出具的验资报告两审法院都认定是虚假的，理由是会计师事务所对玉龙社提交的《进账单》及存款证明书未经核实。玉龙社持变造的《进账单》及存款证明书验资，从注册会计师专业胜任能力和执业应有的谨慎角度看，注册会计师未经核实委托人所提交资料的真伪是有过失的。本案一审判决会计师事务所在验资不实金额49948.5元的范围内，对被告玉龙工贸的债务负连带赔偿责任；二审改判会计师事务所应在验资证明不实的40万元范围内承担连带赔偿责任。二审认为会计师事务所出具的 50 万元验资证明，其中 10 万元有上诉人海府建行的存款证明为依据，责任应当由海府建行承担，其余 40 万元验资不实的责任，由会计师事务所承担。

从法理上说，无意思联络的数人侵权是指数个行为人事先并无共同的意思联络，而致同一受害人损害。其特征在于：一是须有两个以上的侵权行为人存在；二是数个行为人之间无意思联络；三是各行为共同造成受害人损害，缺少任何一个行为都不致产生损害。此时，侵权人承担各自过错而造成受害者损害的责任，属于按份责任。

本案中，海府建行与会计师事务所对旅游公司的侵权属无意思联络的数人侵权。应按无意思的行为人对自己的行为后果负责的原则，确定各方过错程度，海府建行应对出具的虚假存款证明书负责，而会计师事务所应对出具的虚假验资报告负责。由于海府建行已在虚假证明金额 99464.5 元的范围内，对被告玉龙工贸的债务负连带赔偿责任，会计师事务所在验资不实的 499464.5 元内扣掉 99464.5 元对被告玉龙工贸的债务负连带赔偿责任。

该判例在认定注册会计师虚假验资报告民事责任上，对验资不实部分采用了按份责任原则，而不是连带责任原则，正是基于无意思联络数人侵权的责任原则。

案例 2 金融机构虚假验资责任的承担
——大秦公司与玉秦公司、工行咸阳分行借款合同纠纷案 [1]

（1）案情简介

1994 年至 1995 年，陕西省咸阳市玉秦石油联销公司（以下简称玉秦公司）先后向农行咸阳渭城区支行借款 109 万元，咸阳市石油贸易公司为上述借款提供了连带责任保证。履行期限届满后，玉秦公司未能偿还上述借款本息。2000 年 5 月，农行咸阳渭城区支行将上述债权转让给长城资产管理公司西安办事处，玉秦公司、咸阳市石油贸易公司均在债权转移书上盖章确认。2006 年 1 月，长城资产管理公司西安办事处再次将上述债权转让给咸阳大秦投资咨询有限公

---

[1] 案例来源：陕西高院关于大秦公司诉玉秦公司、工行咸阳分行借款合同纠纷案判决书，载 http：//www.110.com/ziliao/article-133232.html，2014 年 6 月 13 日访问。

司（以下简称大秦公司）。

玉秦公司成立时，工行咸阳分行为其出具验资报告，证明其150万元注册资金已到位，注册资金来源为咸阳市政府经济研究中心。该中心亦作为上级主管部门向工商局出具资金证明，证明玉秦公司实有资金150万元。但在该中心向工商局出具的企业法人登记申请书及玉秦公司的章程中，对注册资金的来源均表述为企业集资、自筹。据此，大秦公司在诉请主债务人玉秦公司和保证人咸阳市石油贸易公司承担责任的同时，要求工行咸阳分行承担虚假验资的赔偿责任。

陕西省咸阳市中级人民法院经审理认为：本案借款及保证事实清楚，玉秦公司依法应承担清偿责任，咸阳市石油贸易公司在保证范围内承担连带责任。大秦公司无证据证明工行咸阳分行出具了虚假的验资报告，且其请求已超过诉讼时效，故大秦公司要求工行咸阳分行承担虚假验资责任的主张不能成立。

一审宣判后，大秦公司提起上诉称：第一，玉秦公司注册资金全部来源于集资、自筹。工行咸阳分行在验资报告中虚构其来源为玉秦公司上级主管单位咸阳市政府经济研究中心的投资，明显属于虚假验资，应承担虚假验资的清偿责任。第二，原债权人长城资产管理公司西安办事处于2004年12月16日查阅工商档案时才得知玉秦公司的验资报告与事实不符，大秦公司受让债权后于2006年8月向法院提起诉讼，并未超过2年诉讼时效。故请求改判工行咸阳分行承担验资不实的民事赔偿责任。

陕西省高级人民法院经审理认为：首先，大秦公司所主张的工行咸阳分行在验资报告中对玉秦公司注册资金来源确定不当的情形，并不牵涉玉秦公司本身的注册资金状况及偿债能力，或者影响第三人在正常交易过程中对其资金状况及偿债能力的合理依赖，应不属于金融机构应当承担虚假验资责任的情形。其次，金融机构承担虚假验资责任的前提是，债权人已对债务人企业及出资人主张债权并经人民法院强制执行，债权仍得不到实现。大秦公司在未追究出资人出资不实责任的情况下，直接诉请追究金融机构的虚假验资责任，缺乏相应诉权。再次，债权人追究验资单位虚假验资责任的诉讼时效，应从其知道或者应当知道债务人不能偿还其债务时起算。至本案2006年一审起诉前十余年间，债权人一直未向验资单位工行咸阳分行主张虚假验资的民事责任，已明显超过法定的2年诉讼时效期间。遂二审判决：驳回上诉，维持原判。

（二）争议焦点

验资单位虚假验资承担的是连带责任还是顺位责任？

（三）法理评析

验资单位作为法律关系主体之一，承担民事责任的法律依据除《中华人民共和国民法通则》、《中华人民共和国注册会计师法》等相关规定外，最高人民法院作出的司法解释尤为重要。最高人民法院于 2002 年 2 月 9 日以法（2002）21 号《关于金融机构为企业出具不实或者虚假验资报告资金证明如何承担民事责任问题的通知》（下称 21 号通知）规定：一、出资人未出资或者未足额出资，但金融机构为企业提供不实、虚假的验资报告或者资金证明，相关当事人使用该报告或者证明，与该企业进行经济往来而受到损失的，应当由该企业承担民事责任。对于该企业财产不足以清偿债务的，由出资人在出资不实或者虚假资金额范围内承担责任。二、对前项所述情况，企业、出资人的财产依法强制执行后仍不能清偿债务的，由金融机构在验资不实部分或者虚假资金证明金额范围内，根据过错大小承担责任，此种民事责任不属于担保责任。三、未经审理，不得将金融机构追加为被执行人。四、企业登记时出资人未足额出资但后来补足的，或者债权人索赔所依据的合同无效的，免除验资金融机构的赔偿责任。五、注册会计师事务所不实或虚假验资民事责任案件的审理和执行中出现类似问题的，参照本通知办理。

由此可见，对于债务人和出资人而言，验资机构承担的是一种补充责任、后位责任。

案例 3 验资行为的认定
——环球电器灯饰厂与冼军明等虚假验资纠纷案 [1]

（1）案情简介

上诉人广州市海珠区环球电器灯饰厂（下称环球厂）与被上诉人冼军明、黄伦、广东公信会计师事务所有限公司（下称公信会计师公司）因虚假验资纠纷一案，不服广东省佛山市禅城区人民法院（2003）佛禅法民一初字第 63 号

---

[1] 案例来源：佛山市中级人民法院民事判决书（2006）佛中法民 2 终字第 283 号判决书，载 http://www.panjueshu.com/guangdong/foshan/zhongyuan/m2006052320062283.html，2014 年 7 月 16 日访问。

民事判决，向本院提起上诉，本案现已审理终结。

原审查明：车牌号牌为粤 E·44388 凌志牌 400 型小车为冼军明所有，该车于 1993 年 5 月 4 日入户，于 2000 年 1 月 6 日报失，于同年 9 月 18 日被佛山市中级人民法院查封。公信会计师公司于 1999 年 2 月 8 日对冼军明所有的拟作投资的凌志 400 型小车的价值评估为 558700 元。佛山市禅泰实业有限公司（下称禅泰公司）于 1999 年 2 月 9 日由冼军明、黄伦共同出资 100 万元设立，为有限公司，其中黄伦出资 10 万元货币资金，冼军明出资 90 万元（货币资金 35 万元、实物即汽车 55 万元，实物在企业成立半年内过户到禅泰公司）。

环球厂于 2001 年 9 月 20 日向广州市海珠区人民法院起诉，请求禅泰公司清偿货款及利息。该法院于 2002 年 4 月 17 日作出（2001）海经初字第 1241 号民事判决，判决禅泰公司在该判决生效之日起 10 日内向环球厂清付价款 69 万元及支付利息。

2003 年 4 月 9 日，环球厂向原审法院提起诉讼，认为其在申请执行（2001）海经初字第 1241 号民事判决过程中，发现禅泰公司资不抵债，无力偿还债务，经查工商登记，发现该司股东冼军明出资不足额为 558700 元，公信会计师公司为冼军明出具虚假的验资证明书，损害了环球厂的合法权益，应承担相应的赔偿责任，故起诉请求冼军明、公信会计师公司赔偿环球厂损失 558700 元，并承担诉讼费。在诉讼中，原审法院依职权追加黄伦为被告参与本案诉讼。

原审认为：禅泰公司与环球厂的承揽合同纠纷已由法院审理作出判决，双方的权利义务已在该案中明确，冼军明、黄伦作为禅泰公司的股东是否应承担公司的债务，环球厂可在上述判决的执行阶段提出主张，不应在本案中处理。公信会计师公司出具的资产估价证明虽没有注明被评估的冼军明拥有的凌志 400 型小车的车牌号码，但从环球厂及公信会计师公司提供的证据已证实冼军明在评估时确实拥有一辆凌志 400 型小车，因此，公信会计师公司的评估是有事实基础的。对于公信会计师公司对上述车辆评估得出的价值，环球厂未能提供证据予以否认，因此，公信会计师公司并没有虚假不实验资的行为。冼军明没有按禅泰公司章程的规定在该公司成立半年内将其作为出资的汽车过户到公司的行为，属于冼军明与禅泰公司内部的问题，与公信会计师公司的验资行为无关。故环球厂主张公信会计师公司出具虚假不实的验资证明的事实没有证据证明，法院不予认定。另环球厂在诉讼过程中没有提供证据证明其已向法院申请执行广州市海珠区人民法院（2001）海经初字第 1241 号民事判决及执行的结果，即环球厂未能证明其有损失及损失的实际数额。综上，环球厂请求公信

71

会计师公司赔偿损失缺乏事实依据，法院不予支持。公信会计师公司提出环球厂的起诉没有事实和法律依据的抗辩理由成立，法院予以采纳。据此，依照《中华人民共和国民事诉讼法》第六十四条第一款的规定，判决：驳回环球厂的诉讼请求。案件受理费 10597 元，财产保全费 3314 元，共计 13911 元由环球厂负担。

上诉人环球厂不服原审法院上述判决，向本院提起上诉。本院经审理查明：本院对原审法院查明的事实予以确认。最终判决驳回上诉，维持原判。

（二）争议焦点

公信会计师公司为冼军明的出资作验资是否存在违规情况？

（三）法理评析

从法理的角度来看，注册会计师应当以国家法律、行政法规、财务会计制度的规定和有关协议、合同、章程为依据来验证企业的资金、负债和投入资金等项目，并据以确定企业所有者权益额的真实性、合法性。对于国家法律、行政法规、财务会计制度及协议、合同、章程没有规定的项目，可以按照项目的性质和习惯的会计分类方法予以验证。

本案禅泰公司由股东冼军明、黄伦出资设立，冼军明出资 90 万元，其中货币出资 35 万元，实物凌志小汽车作价出资 55 万元，该车经公信会计师公司评估价值为 558700 元。虽然公信会计师公司出具的资产估价证明没有注明冼军明所有的凌志 400 型小汽车的车牌号码及发动机号码，但根据车管部门出具的证明，冼军明只有一辆凌志 400 型小汽车，因此，应认定冼军明是以该车作为实物出资的。由于公信会计师公司具有从事资产评估和验资的业务资格，其依据行业规章制度及禅泰公司章程为冼军明的实物出资凌志小汽车作评估并出具验资证明书，在没有证据证明其存在故意或重大过失的情况下，应认定为有效。至于冼军明未按公司章程规定在公司成立半年内将其作为出资的凌志小汽车过户到公司名下的行为，是其对禅泰公司及另一足额出资股东的违约行为，与公信会计师公司的评估验资行为无关。因此，公信会计师公司为冼军明的出资作验资是合法有效的。

案例 4 验资机构承担责任的法定要件

——美国蓉美企业公司与四川捷信会计师事务所验资报告效力及损失赔偿案[1]

（一）案例简介

四川省成都市中级人民法院经审理查明：1995 年 10 月 8 日，美国蓉美公司与成都冶炼厂签订了《合资合同》并约定，美国蓉美公司与成都冶炼厂合资成立成都蓉美公司，成都蓉美公司的投资总额为 1294 万美元，注册资本为 670 万美元；成都冶炼厂出资相当于 370 万美元的人民币（按汇率 8.5 计算），占注册资本的 55%，其中现金相当于 48.2 万美元的人民币，机械设备相当于 60.6 万美元的人民币，工业建筑及厂房共折相当于 146 万美元的人民币，土地使用权相当于 115.2 万美元的人民币。成都冶炼厂的出资额以国有资产管理局评估为准。成都冶炼厂在本合同得到批准后，向国有资产管理局办理将评估的出资额的财产所有权转移至成都蓉美公司的有关法律手续。并应在领取营业执照后 8 个月内全部投入完毕。美国蓉美公司出资为 300 万美元的现汇，占注册资本的 45%。该合同于 1995 年 11 月 18 日经四川省成都市人民政府批准，成都蓉美公司于 1995 年 11 月 28 日在中华人民共和国国家工商行政管理局领取了《企业法人营业执照》，至此成都蓉美公司成立。成都蓉美公司成立时工商登记的董事长为张乐（成都冶炼厂厂长），副董事长为陈·斯月华（美国蓉美公司董事长），斯家章为外方董事。

1995 年 11 月 28 日，成都冶炼厂向成都蓉美公司交付了包括固定资产、在建工程、财务费用、无形资产在内的出资，共计价值 2612.641396 万元人民币，且该出资附有详细科目、金额，并由成都蓉美公司确认接收。1996 年 4 月 2 日，成都蓉美公司与四川捷信会计师事务所签订了验资约定书，委托四川捷信会计师事务所对其股东的出资进行审验。接受委托后，四川捷信会计师事务所收到了成都蓉美公司提供的"1996 年 3 月末账面余额明细表"、彭州会计师事务所出具的彭会评（1994）字第 25 号资产评估报告、1994 年 9 月 5 日国有资

---

[1] 案例来源：一审判决书：四川省成都市中级人民法院（2001）成经初字第 516 号。二审判决书：四川省高级人民法院（2005）川民终字第 319 号，载 http://www.linklaw.com.cn/chinacase/al_content.asp?id=3675，2014 年 8 月 8 日访问。

产管理局出具的成国资（94）第 42 号文件、4 份国有土地使用权证等审验材料，并采取审查财务账册、查验实物、现场勘查等方式进行了审验。1996 年 4 月 6 日，四川捷信公司向成都蓉美公司出具了郫注会验字（1996）57 号验资报告，该验资报告载明：截至 1995 年 12 月 31 日止，成都蓉美公司已收到其股东投入资本 359.344322 万美元。该验资报告附件一为成都冶炼厂及美国蓉美公司的投入资本明细表，该表详细写明了成都冶炼厂及美国蓉美公司投入资本的种类、金额。中方厂长张乐和外方代表斯家章于 1996 年 4 月 10 日在该表上签字，确认了双方投资。该验资报告附件二验资事项说明载明：成都冶炼厂合计投入 2612.641396 万元人民币，按 1995 年 11 月 28 日实际投入日，中国人民银行基准汇价 1 美元折合人民币 8.3114 元折算为 314.344332 万美元。上述资产、负债经彭州会计师事务所评估，成都市国有资产管理局以成国资（94）第 42 号文确认。成都蓉美公司已于 1995 年 11 月 28 日确认接收。此后双方均未继续投入合同所约定的全部注册资本。

1999 年 5 月 14 日，美国蓉美公司因与成都冶炼厂在履行《合资合同》的过程中产生纠纷，而向仲裁委员会提起仲裁，请求终止 1995 年 10 月 8 日签订的《合资合同》，要求成都冶炼厂返还美国蓉美公司先期投入的本金 45 万美元，赔偿美国蓉美公司经济损失 20 万美元。2000 年 3 月 8 日，仲裁委员会作出了（2000）贸仲裁字第 0071 号裁决书认定：截至 1995 年 12 月 31 日，美国蓉美公司与成都冶炼厂各自依约出资 45 万美元和 314 万美元，但此后双方均未按照《合资合同》所约定的出资期限继续投入剩余出资额，由此美国蓉美公司与成都冶炼厂均构成违约，并应承担相应的违约责任，成都蓉美公司的建设未能继续进行下去的责任应由双方当事人共同承担。鉴于成都蓉美公司已亏损，双方投资长期不到位，贷款未落实，资金严重不足，成都蓉美公司应予解散，《合资合同》应当终止。成都蓉美公司解散并依法清算，由美国蓉美公司与成都冶炼厂按实际出资比例分配盈余，分担亏损。由于《合资合同》未能得以全面履行的责任在于合资双方，双方均为违约方，因此美国蓉美公司不能以成都冶炼厂的违约来主张由成都冶炼厂承担赔偿的责任，故裁决，终止《合资合同》，解散成都蓉美公司并依法进行清算，亏损由双方按实际出资比例承担，驳回美国蓉美公司的其余仲裁请求。

2002 年 1 月 28 日，美国蓉美公司与成都冶炼厂在（2000）贸仲裁字第 0071 号裁决书所定下的框架范围内经过协商并签订了清算事宜和解备忘录约定：成都蓉美公司的全部实物资产（包括土地使用权和建筑物、构筑物、机器设备等）归成都冶炼厂分得，自 2002 年 2 月 15 日起，成都冶炼厂取得所有权，美国蓉美公司投入的资本金 45 万美元，尚余 23 万美元归美国蓉美公司分得；关于合资双方利益的平衡，成都冶炼厂愿意向美国蓉美公司补偿 80 万元人民币（其中美国蓉美公司资本金损失 22 万美元补偿 40 万元人民币，美国蓉美公司来华考察、协商和国外组织矿石供应所付费用补偿 30 万元人民币，缴付仲裁费用 10 万元人民币）；30 万元人民币应在 2002 年 3 月 31 日前给付，50 万元人民币应在 2002 年 6 月 30 日前给付；合资双方保证，在作了上述补偿后，任何一方均不得以任何理由主张对补偿金额、支付时间及方式进行变更、撤销或要求有关部门确认其无效。

另查明：会计所已于 2000 年 1 月 12 日改制为四川捷信公司，会计所的全部债权债务由四川捷信公司承担。

四川省成都市中级人民法院根据上述事实和证据在对管辖问题、法律适用问题、四川捷信公司是否为本案适格被告问题、诉讼时效问题进行认定后，又对下面两个问题进行了深入研判：

一是验资报告的证明效力。根据《中华人民共和国注册会计师法》第十四条第一款第（一）项、第二款关于注册会计师承办审查企业会计报表，出具审计报告的业务，注册会计师依法执行审计业务出具的报告，具有证明效力的规定。以及第二十一条关于注册会计师执行审计业务，必须按照执业准则、规则确定的工作程序出具报告的规定。注册会计师只要按照执业准则、规则确定的工作程序出具报告，该报告就具有证明效力。参照中国注册会计师协会发布的《独立审计实务公告第 1 号——验资》第四条的规定，注册会计师执行验资业务，应当恪守独立、客观、公正的原则，并对验资报告的真实性、合法性负责。首先，关于验资报告的真实性。美国蓉美公司以《57 号验资报告》所涉的国有土地使用权未过户到成都蓉美公司，其他财产没有载有产品、规格、数量、金额的交接手续为由，主张在成都冶炼厂未投入任何注册资本的情况下，认定成都冶炼厂合计投入 2612.641396 万元人民币的《57 号验资报告》与客观事实不符，不具有真实性。第一，成都冶炼厂确未将本案诉争的国有土地使用权过户到成都蓉美公司名下，但根据《合资合同》的约定，成都冶炼厂应在领取营业执照后 8 个月内全部投入完毕。因成都蓉美公司成立时间为 1995 年 11 月 28 日，故成都冶炼厂应当在 1996 年 7 月 27 日前办理完毕变更土地登记的手续，成都蓉美公司在 1996 年 4 月 2 日委托验资前，接收成都冶炼厂交付的前述土地作为出资，但未办理变更土地登记手续并不违反上述约定，且四川捷信公司在验资报告的附件二上公开说明"土地使用权转移手续待办"，故应当认定四川捷信公司恪守了客观原则,其针对上述国有土地使用权作出的验资结论与客观事实相符,具有真实性。第二,成都冶炼厂所投入的财产,均记载于由成都蓉美公司签署"确认接收",并加盖公章的"1996 年 3 月末账面余额明细表"之上,因此美国蓉美公司关于成都冶炼厂投入的注册资本没有载有产品、规格、数量、金额的交接手续的主张与法院查明的事实不符,法院不予支持。第三,1996 年 4 月 10 日,美国蓉美公司代表斯家章在《57 号验资报告》的附件一,即成都冶炼厂及美国蓉美公司的投入资本明细表上签字,确认了双方投资。且生效的(2000)贸仲裁字第 0071 号裁决书对此事实也予以了认定。综上,因美国蓉美公司未能举证证明成都冶炼厂没有实际出资的事实,故法院不能认定《57 号验资报告》关于成都冶炼厂已经投入了 2612.641396 万元人民币资本的结论与出资人实际出资的客观事实不符,即"虚假"的事实。其次,关于验资报告的合法性。美国蓉美公司主张四川捷信公司在未审查美国蓉美公司是否同意委托验资的情况下,接受成都冶炼厂的单方委托进行验资,且四川捷信公司与成都冶炼厂签订的验资约定书未采用法定格式的行为,违反了相关法律、法规关于注册会计师事务所接受当事人验资委托的程序性规定。第一,本案所涉验资约定书的"委托方"系由成都蓉美公司加盖的公章,故委托会计所验资并作出《57 号验资报告》的单位是成都蓉美公司,而非美国蓉美公司所主张的成都冶炼厂。同时,1996 年 4 月 10 日,美国蓉美公司代表斯家章在《57 号验资报告》的附件一上签名的行为,也表明美国蓉美公司对成都蓉美公司委托会计所验资的行为予以了认可。第二,美国蓉美公司还主张四川捷信公司依据成都冶炼厂提供的一份超过时效的无效的资产评估报告,认定成都冶炼厂出资到位,其行为违反了合法的验资程序。《国有资产评估管理办法》第三条规定:国有资产占有单位在与外国公司、企业和其他经济组织或者个人开办中外合资经营企业或者中外合作经营企业时,应当进行资产评估;《关于资产评估立项、确认工作的若干规范意见》第二十条规定:经国有资产管理行政主管部门确认的资产评估结果,作为确定有关资产价值的底价或作价依据,该资产评估结果自评估基准日起 1 年内有效。四川捷信公司确定成都冶炼厂投入注册资本价值的依据之一为经国有资产管理局确认的彭会评(1994)字第 25 号资产评估报告。因该资产评估报告的评估基准日为1994 年 7 月 31 日,距验资报告的作出时间已有一年零八个月,超过了一年的有效期,四川捷信公司将一份无效的资产评估报告作为验资的依据之一违反了上述规定,也违反了《独立审计实务公告第 1 号——验资》所规定验资程序,故因验资报告的出具程序不具有程序的合法性,致使验资报告不具有证明效力。

四川捷信公司辩称彭会评（1994）字第25号资产评估报告并非验资过程中的作价依据，但又未说明和举证证明成都冶炼厂的投资是否经过了合法的资产评估，以及验资过程中确定价值的依据，故法院对四川捷信公司的此项主张不予支持，对美国蓉美公司的相反主张予以支持。

二是四川捷信公司是否应当承担赔偿损失的民事责任。美国蓉美公司主张成都冶炼厂凭借不具有证明效力的《57号验资报告》，拒不全面、适当地履行《合资合同》所约定的出资义务，致使成都蓉美公司不能正常运作并形成亏损，美国蓉美公司在成都蓉美公司根据（2000）贸仲裁字第0071号生效裁决书的要求进行清算、解散后，只从成都蓉美公司分得了23万美元的剩余财产，尚有22万美元资本金不能收回，同时成都冶炼厂出于平衡双方的经济利益，针对上述情况又向美国蓉美公司补偿了40万元人民币。故美国蓉美公司实际损失折合120万元人民币的资本金，该损失应由出具无效验资报告的四川捷信公司承担。根据《中华人民共和国注册会计师法》第四十二条"会计师事务所违反本法规定，给委托人、其他利害关系人造成损失的，应当依法承担赔偿责任"的规定，以及最高人民法院《关于会计师事务所为企业出具虚假验资证明应如何承担责任问题的批复》第二条"鉴于其出具虚假验资证明的行为，损害了当事人的合法权益，因此，在民事责任的承担上，应当先由债务人负责清偿，不足部分，再由会计师事务所在其证明金额的范围内承担赔偿责任"的规定，会计师事务所因出具不具有证明力的验资证明，而向委托人、其他利害关系人承担的赔偿责任，属于侵权责任的范畴。即只有在会计师事务所主观上存在过错，出具验资报告的行为违反法律规定，委托人、利害关系人存在损失，会计师事务所违法出具验资报告的行为与委托人、其他利害关系人遭受损失之间存在因果关系，且债务人不能清偿的情况下，会计师事务所才承担赔偿责任。因美国蓉美公司主张其120万元人民币资本金的损失，系由于成都冶炼厂出资不到位，成都蓉美公司在成立后无法继续经营，被依法清算、解散，且成都蓉美公司经清算后的剩余财产低于美国蓉美公司与成都冶炼厂已经投入的注册资本所直接引起的。至于成都蓉美公司不能继续经营的原因，（2000）贸仲裁字第0071号生效裁决书认定为美国蓉美公司与成都冶炼厂均未按照《合资合同》所约定的出资期限继续投入剩余出资额，致使成都蓉美公司的建设未能继续进行下去，即美国蓉美公司与成都冶炼厂在1995年11月28日，向成都蓉美公司投入合资合同所约定的第一笔注册资金后，均未依约投入剩余注册资金，致使成都蓉美公司资金不足，无力经营，形成亏损。该生效裁决书还认为，美国蓉美公司与成都冶炼厂在履行《合资合同》的过程中均已违约，双方当事人均应承担相应的违约责任，美国蓉美公司不能以成都冶炼厂的违约来主张由成都冶炼厂承担赔偿的责任。同时该裁决书还裁决成都蓉美公司的亏损应由美国蓉美公司与成都冶炼厂按照实际出资比例承担。因美国蓉美公司既未举出相应证据以推翻上述生效裁决书所认定的事实，也未举证证明成都冶炼厂没有向成都蓉美公司投入注册资金的事实，更未证明美国蓉美公司所主张的损失与《57号验资报告》不具有证明效力之间具有因果关系。故法院认为美国蓉美公司主张的损失与《57号验资报告》不具有证明效力之间没有因果关系，对美国蓉美公司关于四川捷信公司应当赔偿120万元人民币的主张不予支持，对四川捷信公司的相反主张予以支持。于是，四川省成都市中级人民法院判决：1. 郫注会验（1996）第57号验资报告不具有证明效力；2. 驳回美国蓉美公司的其余诉讼请求。

美国蓉美公司提出上诉，最终二审驳回上诉，维持原判。

（二）争议焦点

会计师事务所出具了具有真实性但不具有合法性的验资报告后，应否承担民事赔偿责任？

（三）法理评析

根据民事侵权理论，侵权民事责任的构成要件有四个：第一，行为的违法性。此处的违法性是广义的，包括违反法律、行政法规、地方法规、司法解释等。第二，违法行为人主观上有过错。法律将侵权行为中的故意和过失统称为过错。我国《民法通则》第一百零六条第二款规定："公民、法人由于过错侵害国家的、集体的财产，侵害他人财产、人身的，应当承担民事责任。"第三，有损害的事实存在。损害事实是指人身权利和财产权受到某种损失的客观现象。损失既包括财产方面的，也包括生命、健康和精神方面的，有些生命健康和精神损失，还会转化为财产损失。第四，违法行为和损害结果之间有因果关系。如果违法行为与损害事实之间没有任何联系，除法律另有规定外，违法行为人是不承担民事责任的。

根据我国民事责任的相关规定，会计师事务所出具不具有证明力的验资证明承担赔偿责任的责任性质应属于侵权责任。本案中，一、二审法院均认定，美国蓉美公司主张其120万元人民币资本金的损失，系由于成都冶炼厂出资不到位，成都蓉美公司在成立后无法继续经营，被依法清算、解散，且成都蓉美公司经清算后的剩余财产低于美国蓉美公司与成都冶炼厂已经投入的注册资本所直接引起的。而成都蓉美公司不能继续经营的原因，已由生效仲裁裁决书认定为美国蓉美公司与成都冶炼厂均未按照《合资合同》所约定的出资期限继续投入剩余出资额，致使成都蓉美公司的建设未能继续进行下去，对此，双方当事人均已违约，应承担相应的违约责任。因此，本案中，因美国蓉美公司不能证明其损失与《57号验资报告》之间具有因果关系，一、二审法院均判决四川捷信公司在本案中不应承担民事赔偿责任是正确的。

案例5 验资机构承担连带责任的法定条件

——创隆工程橡塑公司与汉中同心会计师事务所、科达新型建材公司等纠纷案[1]

（一）案例简介

2012年2月29日，原告创隆公司与被告科达公司签订加工定作合同一份，总价款554400元，科达公司仅支付了50000元，至今仍有大部分定作款未支付。从被告科达公司应支付定作款之日即定作物交付后十日开始计算，原告创隆公司主张的逾期付款利息损失以中国人民银行公布的人民币贷款基准利率为基础加收50%计算的逾期罚息标准。截至起诉前，原告创隆公司的利息损失已超过30000元。

被告张署平2008年7月22日发起设立南郑县科达新型建材有限公司，股东有张署平、韩俊，申请注册资本100万元，货币出资。2008年7月22日被告张署平认缴出资90万元，实缴出资20万元，剩余70万元承诺在2010年7月22日之前到账，但其并未如期认缴。被告韩俊认缴出资10万元，实缴出资10万元。被告张署平2010年12月31日申请变更注册资本为500万元，新增资本470万元，由被告张署平认缴，其中人民币120万元，实物资产350万元。被告张署平、韩俊2008年7月22日入股的注册资本人民币30万元，2008年7月28日即从被告科达公司账户转入案外人谢湘名下；被告张署平2010年12月31日认缴新增的注册资本人民币120万元，2011年1月2日即从被告科达公司账户取出，用途为"还借款"，90万元存入案外人陈建桦名下，30万元存

[1] 案例来源：河北省衡水市中级人民法院民事判决书（2013）衡民二终字第312号，载 http：//www.court.gov.cn/zgcpwsw/heb/hbshsszjrmfy/ms/201405/t20140522_1185711.htm，2014年8月1日访问。

入案外人靳梅名下。

同心会计师事务所于 2010 年 12 月 30 日作出汉同会价报字（2010）39 号资产评估报告书，对五台挖掘机估价 3633750 元。作为认定设备价值和产权依据的购置发票显示，这五台挖掘机购货单位均为被告科达公司，购置时间依次为 2009 年 3 月 12 日、2009 年 10 月 19 日、2010 年 3 月 21 日、2010 年 6 月 30 日、2010 年 9 月 16 日。被告同心会计师事务所于 2010 年 12 月 31 日作出汉同会验报字（2010）172 号验资报告，认定被告张署平实际缴纳新增人民币出资 120 万元、以该五台挖掘机作为新增实物出资 350 万元。据此被告科达公司注册资本由 100 万元变更为 500 万元。

原审法院认为：创隆公司按照合同约定完成工作，向科达公司交付了工作成果，履行了合同约定义务。被告科达公司应按约定在收到货后十日内支付报酬，但被告科达公司至今未支付原告创隆公司大部分定作款，因此，原告创隆公司要求被告科达公司支付其应付未付的定作款 494320 元，应予支持。根据《最高人民法院关于审理买卖合同纠纷案件适用法律问题的解释》第二十四条关于"买卖合同没有约定逾期付款违约金或者该违约金的计算方法，出卖人以买受人违约为由主张赔偿逾期付款损失的，人民法院可以中国人民银行同期同类人民币贷款基准利率为基础，参照逾期罚息利率标准计算"的规定，原告要求被告科达公司以中国人民银行公布的人民币贷款基准利率为基础加收 50% 逾期罚息标准，计收逾期付款损失，应予支持。

被告张署平、韩俊是被告科达公司的股东，被告张署平将公司设立、增资时的出资 140 万元、被告韩俊将出资 10 万元转入公司账户验资后即转出，抽逃出资。根据《最高人民法院关于适用〈中华人民共和国公司法〉若干问题的规定（三）》第十四条第二款的规定："公司债权人请求抽逃出资的股东在抽逃出资本息范围内对公司债务不能清偿的部分承担补充赔偿责任、协助抽逃出资的其他股东、董事、高级管理人员或者实际控制人对此承担连带责任的，人民法院应予支持。"原告创隆公司要求被告张署平、韩俊在抽逃出资本息范围内对被告科达公司的债务承担补充赔偿责任，应予支持。被告黄汉红和被告韩俊系夫妻关系，被告韩俊对原告创隆公司所负债务应为夫妻共同债务，故被告黄汉红应对被告韩俊所负债务承担连带清偿责任。被告科达公司在 2010 年增资时，张署平以其不具有产权的科达公司的资产进行投资，变更了工商登记，实际其并未履行出资义务，根据上述司法解释第十三条第二款的规定："公司债权人请求未履行或者未全面履行出资义务的股东在未出资本息范围内对公司债务不能清偿的部分承担补充赔偿的，人民法院应予支持。"原告创隆公司要求被告张署平在未出资本息范围内对被告的债务承担补充赔偿，应予支持。

被告同心会计师事务所在明知股东张署平虚假出资的情况下，仍然为被告科达公司出具不实的资产评估报告和验资报告，从而使科达公司据此办理了增资的工商登记手续，其注册资本由100万元增加到了500万元。原告创隆公司基于对被告科达公司营业执照上记载的注册资金的信赖而与其交易，造成损失。根据《最高人民法院关于审理涉及会计师事务所在审计业务活动中民事侵权赔偿案件的若干规定》第一条、第二条、第四条、第五条的规定，对被告科达公司所欠原告债务，被告同心会计师事务所应与被告科达公司承担连带赔偿。判决如下：一、被告南郑县科达新型建材有限公司支付原告河北创隆工程橡塑有限公司定作款494320元；被告南郑县科达新型建材有限公司给付原告河北创隆工程橡塑有限公司从应付未付之日起到起诉前的利息损失3万元，并以中国人民银行公布的人民币贷款基准利率为基础加收50%逾期罚息标准给付从2013年1月8日起到被告科达公司实际给付之日的逾期付款利息损失。二、被告汉中同心有限会计师事务所对被告南郑县科达新型建材有限公司上述债务向原告河北创隆工程橡塑有限公司承担连带赔偿。三、被告张署平在其抽逃出资及未出资490万元本息范围内对被告南郑县科达新型建材有限公司上述债务向原告河北创隆工程橡塑有限公司承担补充赔偿。四、被告韩俊在其抽逃出资10万元本息范围内对被告南郑县科达新型建材有限公司上述债务向原告河北创隆工程橡塑有限公司承担补充赔偿。被告黄汉红对被告韩俊前述债务承担连带清偿。

原审法院判决后，同心会计师事务所不服，向本院提起上诉。

本院二审确认一审法院查明事实。

另查明：一审判决后，科达公司支付定作物款10万元。

还查明：上诉人同心会计师事务所提供的五张购买挖掘机零售发票（复印件），经汉中市国家税务局核查，该局证明称："1. 陕西省汉中市国家税务局从未监制发出发票代码为161071022331的零售普通发票；2. 陕西省汉中市国家税务局管辖内，无纳税识别号为6107021960659732（汉中市明扬建筑机械有限公司）的纳税人。"

综合以上事实，最终，科达公司支付定作物款10万元后，维持了一审判决。

（二）争议焦点

同心会计师事务所对科达公司涉案债务应否承担连带赔偿责任？

（三）法理评析

根据我国相关法律规定，注册资产评估师在执行资产评估业务时，应勤勉尽责，恪守独立、客观、公正的原则，通过收集评估资料、现场调查、临盘实物等程序，验证其产权归属，审验其权属转移情况，并由所在机构出具评估报告。本案中，根据当事人所举证据以及本院查证情况，五张挖掘机零售发票并非税务机关印发，其辖区内亦不存在名称为"汉中市明扬建筑机械有限公司"的销售单位，因此，五张发票不合法，仅凭该五张零售发票（复印件）不能证实真实的交易关系，也不能证实增资时挖掘机实物的存在。报告中没有挖掘机实物的照片资料，不能说明增资实物的真实性。评估报告记载：五台挖掘机系2009年至2010年陆续购入，工作人员实际查对了设备编号、设备名称、规格、型号、制造厂商、投入时间等，并查阅了订货合同、购货发票。诉讼中，同心会计师事务所仅陈述履行职务过程没有过错，未举证证明。报告中已注明评估过程中查阅了订货合同，但同心会计师事务所及资产评估委托方均不能向法庭提供挖掘机的订货合同。同心会计事务所作为验资机构，其应当知道科达公司申报的重要事项有不实内容而不予指明，却仍然为科达公司出具不实的评估和验资报告，致使该公司据此办理了工商登记变更手续，其注册资本由100万元增加到了500万元，具有明显过错。根据《最高人民法院关于审理涉及会计师事务所在审计业务活动中民事侵权赔偿案件的若干规定》第五条："注册会计师在审计业务活动中存在下列情形之一，出具不实报告并给利害关系人造成损失的，应当认定会计师事务所与被审计单位承担连带赔偿责任：（一）与被审计单位恶意串通；（二）明知被审计单位对重要事项的财务会计处理与国家有关规定相抵触，而不予指明；（三）明知被审计单位的财务会计处理会直接损害利害关系人的利益，而予以隐瞒或者作不实报告；（四）明知被审计单位的财务会计处理会导致利害关系人产生重大误解，而不予指明；（五）明知被审计单位的会计报表的重要事项有不实的内容，而不予指明；（六）被审计单位示意其作不实报告，而不予拒绝。"对被审计单位有前款第（二）至（五）项所列行为，注册会计师按照执业准则、规则应当知道的，人民法院应认定其明知。同心会计事务的行为显然属于该条第（四）、（五）项。最后法院判决：对科达公司所欠创隆公司不能清偿的债务，同心会计师事务所应与科达公司承担连带赔偿是正确的。

中篇：公司经营法律制度

专题一：公司经营中的社会责任

一、法律知识点

（一）公司社会责任的含义 [1]

1. 公司社会责任的有无

长期以来，公司要不要承担社会责任，在我国一直争论不休。然而，随着2005年10月新《公司法》的颁布，争论终于画上了一个句号。新《公司法》第五条规定："公司从事经营活动，必须遵守法律、行政法规，遵守社会公德、商业道德，诚实守信，接受政府和社会公众的监督，承担社会责任。"该规定首次在法律中明确了企业的社会责任主体地位，这意味着对传统企业的角色或目标定位的突破。

然而，新《公司法》第五条毕竟是一个原则性条款，旨在宣示一种价值取向，对公司社会责任的含义、性质、特征、内容等并没有明确地进行规定。因此，有进一步深入探讨的必要。

2. 国内学者对公司社会责任的认识

1999年，刘俊海先生在其所著的《公司的社会责任》一书中指出："所谓公司（企业）的社会责任，是指公司（企业）不能仅仅以最大限度的为股东们营利或赚钱作为自己的唯一存在目的，而应当最大限度的增进股东利益之外的其他所有社会利益。这种社会利益包括职工利益、消费者利益、债权人利益、中小竞争者利益、当地社区利益、环境利益、社会弱者利益及整个社会公共利益等内容。"2002年，卢代富先生在其所著的《企业社会责任经济学与法学分析》一书中指出："所谓企业社会责任，乃指企业在谋求股东利润最大化之外所负有的维护和增进社会利益的义务。"

2006年1月13日至14日，"企业社会责任"国际研讨会在北京大学法学

[1] 此处公司社会责任与企业社会责任具有同等含义。

院模拟法庭隆重召开。王全兴教授认为，在现代理念中，企业不只是投资者的企业，而且是全社会的企业，故应当对社会公益、社会公平、社会安全、社会和谐承担责任，此即企业的社会责任。广义的企业社会责任包括对劳动者、消费者、交易对象、竞争对手、社区、后代人等各种利益相关主体承担的环境和自然资源保护、劳动和社会保障、人力资源开发、交易安全、市场秩序等方面的责任，涉及环境保护法、自然资源法、劳动法、社会保障法、经济法等多个法律部门。狭义的企业社会责任主要是劳动法和社会保障法方面的责任，即《SA8000社会责任标准》所规定的内容。常凯教授指出，企业的社会责任并非是一个创新的概念。这一概念是在上世纪二十年代，随着资本的不断扩张而引起一系列社会矛盾，如贫富分化、社会穷困，特别是劳工问题和劳资冲突等而提起的。所谓企业的社会责任是指在市场经济体制下，企业的责任除了为股东追求利润外，也应该考虑相关利益人，即影响和受影响于企业行为的各方的利益。其中，雇员利益是企业社会责任中最直接和最主要的内容。

由此可见，"企业（公司）社会责任"是一个含意模糊、范围不很确定的概念。正因为其内涵的不确定性，企业社会责任的倡导者们干脆直接罗列出一些可视为是履行企业社会责任的行为，来勾画其轮廓。如美国经济开发委员会在1971年发表的题为《商事公司的社会责任》的报告中，列举了为数众多的（多达58种）旨在促进社会进步的行为，并要求各商事公司付诸实施。这些行为主要涉及以下十个方面，它们是：（1）经济增长与效率；（2）教育；（3）用工与培训；（4）公民权利与机会均等；（5）城市建设与开发；（6）污染防治；（7）资源保护与再生；（8）文化与艺术；（9）医疗服务；（10）对政府的支持。

（二）公司社会责任的特征

1. 公司社会责任是对传统的股东利益最大化企业理念的修正

传统的企业理论和企业法以个人为出发点，认为最大限度的盈利从而实现股东利润最大化是企业最高甚至是唯一的目标。而公司社会责任论则以社会本位为出发点，认为企业的目标应是二元的，除最大限度的实现股东利益外，还应尽可能的维护和增进社会利益。对公司来说，利润和社会利益任一目标都将受到另一目标的制约，二者在相互约束的条件下实现其各自的最大化，以便在企业目标上达到一种均衡状态。

2. 公司社会责任是一种关系责任或积极责任

"责任"一词常常包含两层含义，一曰关系责任，二曰方式责任。前者是指一方主体基于他方主体的某种关系而负有的责任;后者是指负有关系责任(即义务)的主体不履行其关系责任所承担的否定性后果。前者为第一性义务,后者为第二性义务。依多数学者的理解,第二性义务并未纳入企业社会责任这一范畴。可以说,企业社会责任中的"责任"就是指义务(包括法律义务和道德义务)。此外,就第一性义务而言,企业社会责任不仅要求企业负有不威胁、不侵犯社会公共利益的消极不作为义务,更要求企业应为维护和增进社会公共利益的积极作为义务,而后者才是企业社会责任的真谛。从这一角度说,企业社会责任表现为一种积极责任。

3. 公司社会责任是一种角色——任务性责任

所谓角色——任务性责任,是指责任主体从自己所扮演的角色、所承担的任务以及所认可的契约或协议中分配得来的那种责任。在现代社会里,任何个人和组织都不可能游离于社会生活的体系之外,企业作为一种社会组织,从其诞生的那天起,就进入了人类共同生活这一相互作用的系统之中,社会生活的共同规则和秩序强加在它身上的责任要求便提出来了,它若以不负责任的行为来挑战社会的规则和秩序,漠视社会期望和批评,那它很快就会丧失其作为企业组织的角色和资格。

4. 公司社会责任的主体是企业及其经营者

企业作为有别于自然人的组织体,是否具有主体资格,曾经存在三种学说:法人拟制说、法人否认说和法人实在说。20世纪以来,关于法人本质的法人实在说已为法学界绝大多数学者所接受。该说认为,法人并非法律的虚构,也并非没有团体利益和意志,而是一种客观存在的主体。

企业本身具有独立人格,能够承担企业的社会责任,那么企业的经营者个人要不要承担呢?传统企业主流理论认为,企业经营者仅仅是股东的代理人或受托人,因此企业经营者只需对股东负责。企业社会责任理论则要求企业经营者要平衡企业不同利害关系人之间的不同利益要求,在企业利害关系人之间进行资源的分配和再分配。因此,企业经营者就应该履行该义务,企业对社会的义务转化为企业经营者对社会的义务。

5. 公司社会责任以社会公众,具体而言是企业的非股东利益相关者,为社会义务的相对方

企业的社会责任对谁承担?这是企业社会责任相对人的问题。按照各国的通常理解,企业社会责任的相对方是企业的非股东利益相关者,系指在股东以外,受企业决策与行为现实的和潜在的、直接的和间接的影响的一切人,具体包括雇员、消费者、债权人、所在社区,以及资源和环境的受益者等方面的群体。

6. 公司社会责任在内容中既有法律义务也有道德义务

法律义务是指法定化的并以国家强制力保障其实施的那部分企业社会责任（义务）。道德义务是指未经法律化的那部分社会责任（义务），这种社会义务由义务主体自愿履行，通过义务人的道德责任感，以及道德评价、教育、鼓励等手段作为其履行保障。显然，法律义务是对义务人的"硬约束"，是维护基本社会经济秩序的最低要求；而道德义务对义务人来说则是一种"软约束"，是对企业提出的更高要求。值得注意的是，企业社会责任中法律义务和道德义务的边界是动态的，随着社会经济的发展，一些原本只是道德要求的义务被纳入法律调整的范围，或者，随着人们道德觉悟的不断提高，法律强制已经失去意义，一些原本是法律义务的内容退出法律领域，重新回归于道德，由人们自觉自愿的遵守、履行。

（三）公司社会责任的主要内容

1. 维护与增进劳动者权益之责

（1）保障劳动者获取合理合法的劳动报酬，这是企业对劳动者承担的最基本的社会责任。

（2）为劳动者提供安全、健康的工作环境，这是对劳动者生命与健康权利的保障与维护，是企业对劳动者承担的重要社会责任。

（3）为劳动者提供平等的就业机会、升迁机会、接受教育机会，这是企业对劳动者作为人之个体所具有的自由、平等权利的尊重与维护，也是企业必须对劳动者承担的社会责任。

此外，企业对劳动者的社会责任还体现在企业对劳动者人格尊严的维护上，如保护劳动者的隐私权不受侵犯、保障劳动者具有自由发表言论的权利和没有正当理由不被解雇的权利等等。

2. 对消费者的产品质量与安全之责

（1）企业对消费者的最基本的责任——向消费者提供安全可靠的产品（服务）。

（2）企业对消费者的第二个责任——向消费者提供准确、清晰、充分的产品信息，这是对消费者知情权和自由选择权的尊重和维护。

3. 环境资源的保护与合理利用之责

（1）合理有效的利用自然资源。

（2）控制污染，保护环境。

4. 参与社会公务、提升与促进社会公益之责

（1）对社区的责任。

（2）对社会福利、公益事业的责任。

二、相关案例分析

案例1 合同签订的自由与约束

——出售月球土地被处罚，"月球大使馆"状告北京工商局案[1]

（一）案例简介

原告北京月球村航天科技有限公司（大中华区月球大使馆）诉称，原告是经工商登记注册成立的合法公司，经美国月球大使馆公司授权，为其在中国代理外层空间地区销售业务，主要是出售月球土地。经法院审理查明，2005年10月14日，朝阳工商分局因其叫卖月球土地而进行立案调查，调查认定："月球村"公司向33人出售"月球土地"48英亩，每英亩价格298元，销售款共计14304元。10月28日，北京市工商局朝阳分局以"涉嫌投机倒把"为由，暂扣了公司的经营执照、财务票据、月球土地所有权证以及1万多元经营款。同年12月，北京市工商局作出行政处罚，认为"月球大使馆"违反《投机倒把行政处罚暂行条例》的规定，罚款5万元、吊销营业执照，责令退还所售月球土地销售款。

原告的诉请理由具体包括：第一，原告不存在违法事实。原告是经过合法注册成立的公司；原告所出售的物品没有违反法律规定；原告的经营行为本身也没有违反国家的禁止性规定；原告销售的标的物不属于国家特许经营商品，不应受特别规制。第二，原告与其客户之间的买卖合同合法有效。第三，被告对原告实施强制措施事实认定不清，证据不足。第四，被告的行政行为适用法律依据错误，没有法律依据。原告不存在投机倒把行为，不存在适用《投机倒把行政处罚暂行条例》的事实基础。《投机倒把行政处罚暂行条例》虽未被明令废止，但不应被作为执法依据：1.该条例与市场经济体制相悖，已失去其存在的经济基础。2.该条例的出台没有法律依据。3.该条例的主要内容已被相关法律取代。4.该条例的处罚种类、程序与我国现行的行政处罚法规相抵触。根据法规适用与效力的相关规定，该条例也应立即撤销或废止。该条例在客观上

---

[1] 案例来源：2005年11月14日，北京海淀区人民法院受理北京月球村航天科技有限公司起诉北京市工商行政管理局一案的判决书，载http://www.chinacourt.org/index.shtml，2014年8月10日访问。

为违法行政提供了保护伞。

综上，原告作为一个企业法人，只要现行国家法律法规没有禁止的规定，完全可以自主决定从事任何行为，即干什么都行。于是，向北京海淀区人民法院起诉，请求法院撤销被告作出的京工商朝扣字（2005）245763 号扣留（封存）财物通知书；判令被告返还扣留的营业执照、公章、经营款、月球村土地所有权证书等财产。

法院经审理认为，李捷销售的月球土地并不具有合法的所有权。市工商局认定月球村公司销售月球土地的行为构成投机倒把嫌疑并无不当。鉴于此，法院判决驳回原告北京月球村航天科技有限公司的诉讼请求。

随后，北京月球村航天科技有限公司向北京一中院提起上诉。

一中院审理认为，我国于 1983 年 12 月 30 日加入《外层空间条约》，该条约规定：探索和利用外层空间（包括月球和其他天体），应为所有国家谋福利和利益……各国不得通过主权要求、使用或占领等方法，以及其他任何措施，把外层空间（包括月球和其他天体）据为己有。

从该条约规定可知，任何国家均不能对月球主张所有权。作为国家内的公民及组织，亦无权主张月球所有权。北京市工商局据此认定月球村公司销售月球土地的活动属于投机倒把行为。

据此，一中院驳回了李捷的诉讼请求。

（二）争议焦点

针对虚幻的标的物，买卖双方自愿就可以交易吗？

（三）法理评析

虽然从法理的角度来说，合同法属于典型的私法，遵循“私法自治、契约自由”的原则，但这里的“自治、自由”不是绝对的，而是有限制的。根据我国《公司法》第五条的规定，公司从事经营活动，必须遵守法律、行政法规，遵守社会公德、商业道德，诚实守信，接受政府和社会公众的监督，承担社会责任。从本案来看，公司出售虚幻的标的物，是有悖社会公德、商业道德等社会伦理的。所以，尽管少数人是自愿购买的，但从法律针对普通社会主体来说，是不允许的。

案例 2 公益诉讼的理想与现实

——吉化"11·13"特大爆炸事故及松花江特别重大水污染事件 [1]

（一）案例简介

2005 年 11 月 13 日，中国石油天然气股份有限公司吉林石化分公司双苯厂硝基苯精馏塔发生爆炸，造成 8 人死亡，60 人受伤，直接经济损失 6908 万元，并引发松花江水污染事件。国务院事故及事件调查组认定，中石油吉林石化分公司双苯厂"11·13"爆炸事故和松花江水污染事件是一起特大生产安全责任事故和特别重大水污染责任事件。

关于事故原因：

1. 爆炸事故的直接原因是：硝基苯精制岗位外操人员违反操作规程，在停止粗硝基苯进料后，未关闭预热器蒸气阀门，导致预热器内物料气化；恢复硝基苯精制单元生产时，再次违反操作规程，先打开了预热器蒸汽阀门加热，后启动粗硝基苯进料泵进料，引起进入预热器的物料突沸并发生剧烈振动，使预热器及管线的法兰松动、密封失效，空气吸入系统，由于摩擦、静电等原因，导致硝基苯精馏塔发生爆炸，并引发其他装置、设施连续爆炸。

2. 爆炸事故的主要原因是：中国石天然气股份有限公司吉林石化分公司及双苯厂对安全生产管理重视不够、对存在的安全隐患整改不力，安全生产管理制度存在漏洞，劳动组织管理存在缺陷。

3. 污染事件的直接原因是：双苯厂没有事故状态下防止受污染的"清净下水"流入松花江的措施，爆炸事故发生后，未能及时采取有效措施，防止泄漏出来的部分物料和循环水及抢救事故现场消防水与残余物料的混合物流入松花江。

4. 污染事件的主要原因：

一是吉化分公司及双苯厂对可能发生的事故会引发松花江水污染问题没有进行深入研究，有关应急预案有重大缺失。

二是吉林市事故应急救援指挥部对水污染估计不足，重视不够，未提出防控措施和要求。

三是中国石油天然气集团公司和股份公司对环境保护工作重视不够，对吉

---

[1] 案例来源：找法网，载 http://china.findlaw.cn/info/anquan/aqsgal/273352.html，2014 年 8 月 11 日访问。

化分公司环保工作中存在的问题失察，对水污染估计不足，重视不够，未能及时督促采取措施。

四是吉林市环保局没有及时向事故应急救援指挥部建议采取措施。

五是吉林省环保局对水污染问题重视不够，没有按照有关规定全面、准确地报告水污染程度。

六是环保总局在事件初期对可能产生的严重后果估计不足，重视不够，没有及时提出妥善处置意见。

（二）争议焦点

公司如何承担环境责任？

（三）法理评析

所谓公司环境责任，即指公司在其营利目的之外，应当承担保护环境的法律责任和道德责任，不得违反保护环境的法律规范和社会规范。使公司承担一定的环境责任，不仅是公司不得滥用其经济力量损害股东以外的其他相关者之利益这一公司法基本信条的具体化，也是当前全球环境问题愈益严重、人类的基本生存条件和健康发展条件受到威胁这一紧迫形势的要求，更是从效率、公平和正义角度贯彻公司法和环境法的基本价值、促进人类可持续发展的必然选择。

2005 年 11 月 13 日，中国石油天然气股份有限公司吉林分公司双苯厂的苯胺车间因操作失误发生剧烈爆炸，致使 100 吨苯类污染物进入松花江水体，导致整个松花江流域严重的生态环境破坏。2005 年 12 月 7 日，北京大学法学院汪劲、甘培忠、贺卫方、王社坤、严厚福、于谨源及自然物鲟鳇鱼、松花江、太阳岛以中国石油天然气集团公司、中国石油天然气股份有限公司、中国石油天然气股份有限公司吉林石化分公司为共同被告，以松辽流域水资源保护局、吉林省环保局、黑龙江省环保局、吉林省水利厅、黑龙江省水产局、哈尔滨市太阳岛风景区管理局为第三人向黑龙江省高级人民法院提起民事诉讼。要求法院判决被告消除对松花江的未来危险并承担恢复原状责任；赔偿 100 亿元人民币用于治理松花江流域污染和恢复生态平衡；责令第三人共同或分别设立并管理松花江流域污染治理基金，以便作出基本的政府投入以及接受被告赔付的资金，由该基金持续性安排资金恢复松花江流域的生态平衡；判令被告支付本案诉讼费。同时，鉴于本案标的额巨大，且涉及公益，原告方同时提出了减免诉讼费用的申请。黑龙江省高级人民法院立案庭以"原告不适格；案件不属于人民法院受案范围"等原因拒绝受理本案。

具体责任的承担途径：环境公益诉讼的构建。

我国通说认为，环境公益诉讼作为一种新型的权益救济方式，是指行政机关或其他公共权力机构、公司、企业或其他组织及公民个人的违法行为或不行为，使环境公共利益遭受侵害或有侵害之虞时，国家、社会组织和公民为维护环境公共利益而依法向法院提起诉讼的制度。与其他诉讼制度相比其特征表现为：

第一，环境公益诉讼的目的旨在保护环境公共利益。根据环境问题产生的经济学分析，在市场经济下经济人追求利益最大化的负外部性导致了环境公益的淹没。因而环境公益诉讼与传统的环境侵权私益诉讼有着根本的区别，其诉讼的目的是为了有效地保护环境公共利益。

第二，环境公益诉讼具有显著的预防性，同时兼具补救功能。与传统的私益诉讼相比，环境公益诉讼的提起不以发生实质性的损害为条件，只要能够根据有关情况合理判断存在损害社会环境公共利益的潜在可能，即可提起诉讼，由违法行为人承担相应的法律责任，把违法行为消灭在萌芽状态之中。此外，对于已发生的环境公共利益损害，环境公益诉讼又体现了其补救功能的一面，通过民事赔偿和国家赔偿以补救被损害的环境公共利益。

第三，环境公益诉讼的当事人具有特殊性。环境公益诉讼的当事人应设定为无直接利害关系的任何组织和个人，均可代表社会公共利益起诉违法者。

此外，在起诉条件上也与传统诉讼制度也有所不同，在环境公益诉讼上，由于环境侵权所造成的损害具有长期性、隐蔽性、复杂性，因此在起诉时既可以是损害结果已经发生也可以是损害结果尚未发生。

案例3 企业社会责任的抽象与具体

——39家跨国制药商撤诉南非"克隆"艾滋病药无罪 [1]

（一）案例简介

由于西方公司长期以来拒绝降低艾滋病防治药物的价格，早在曼德拉担任

---

[1] 案例来源：2001年4月20日12：45新闻晚报，载 http：//news.sina.com.cn/w/236191.html，2014年8月11日访问。

南非总统期间，南非政府就签署了一项法律，授权卫生部从印度等国进口廉价、有效、不属于西方公司专利的艾滋病防治药物。于是一些从国外进口的药物在揭去其外包装之后就被"模仿"生产，之后又被廉价地出售给了艾滋病患者；这一"土政策"出台之后，立即引起了全球各大药品生产商的强烈不满，特别是西方国家的生产商。他们认为，南非政府如此规定实际上是侵犯了他们公司的知识产权。他们认为生产药物费用不大，但是研制和开发的过程却耗资惊人，药品的价格应该反映出其含有研制和开发的劳动成本的基本概念。在争端长期得不到解决的情况下，2001年3月12日，英美等国的39家大型医药公司联名将南非政府告上法庭。南非最高法庭在比勒陀利亚开庭审理。

尽管一拖就是近3年，但是这桩跨国诉讼案事实上已经成为让西方制药商陷入骑虎难下的案件。一方面，这些跨国制药商不断受到种种指责和谩骂，被称为是赤裸裸的资本主义。更严重的是，他们还被指责为把商业利益放在无数人的生命之上，因为发展中国家的上千万，甚至更多的艾滋病患者会因为购买不起昂贵的药品而失去医疗的机会。在南非，当此案开庭时，这些药商代表下榻的地方总能看到许多的示威者静坐抗议。在诉讼期间，医药公司不断出面否认这些指称，但是仍然是徒劳的，南非人开始敌视这些世界上知名的制药厂商。制药商们最终终于明白了，他们损失的还不仅仅是利益和利润。

最后，出于各种考虑，39家制药商放弃针对南非政府的法律诉讼，同时宣布支付此次诉讼的法律费用。

（二）争议焦点

拯救生命还是保护专利艾滋病药品？

（三）法理评析

1.利益冲突的审视：从艾滋病药物研制者的角度，新药的研发必须投入其大量的时间和精力，可谓成本高、周期长、风险大。通过授予新药研发者所研制药品的专利权，新药研发者对该药品可获得一定时期的市场独占权，使其凭借此种合法的垄断地位收回成本并可获得丰厚的回报，从而继续投入到新的研发活动中去。如果没有专利制度的保护，耗费了巨大成本研制出来的新药就很容易被他人仿制，这样发明人可能连成本都难以收回，则难以激发人们开发新药的热情。

然而，专利保护独占的结果难以避免地导致了垄断利润的产生，从而造成专利药品价格的大幅度上扬。而受药品专利保护影响最大的往往是药品支付能力较弱的、疾病多发地段的发展中国家和最不发达国家。据 WHO 统计，全世界约有 1/3 人口无力支付基本药品；在非洲和亚洲的最不发达地区，1/2 人口无法支付基本药品。

2. 冲突处理的基本原则：公共利益优先，兼顾商家利益原则

健康权是基本人权，这种权利是人生存与发展的前提条件。由于健康权涉及到每一个人，它所反映的利益则是一种公共利益。若个人权益的过分主张会导致公共利益的明显缺失，则出于公共利益目标，或出于对基本人权的尊重，在一定情况下应对知识产权进行必要限制，以保证社会公众对于知识产品的合理利用。当然，为了兼顾商家利益，政府可给予其优惠政策。例如，政府对药品价格限价的同时，对制药公司给予相应税费的减免；或给正在研制急需药物的制药公司不给予专利权的保护，但对其发放研发津贴等，借以弥补制药公司因满足公共利益需求所做的、却不能从市场上弥补的这些付出。

3. 冲突解决的具体措施：

（1）强制实施许可。世贸组织总理事会通过的有关文件曾指出，"世贸组织发展中成员和最不发达成员在国内因艾滋病、疟疾、肺结核和其他流行疾病而发生公共健康危机时，可通过援引该文件，基于公共健康目的，在未经专利人许可的情况下，在其国内通过实施专利强制实施许可制度，生产、销售和使用有关专利药品"。

（2）平行进口。允许平行进口，可防止持有人在区域或国际范围内分割市场或实行价格歧视。一旦同一专利药品在两个不同国家的市场上存在价格差异时，当价高的国家有大量地药品需求时，就可以考虑从价低的市场购买进口至国内，满足更多患者的需求。因此，允许平行进口，对于发展中国家来说，不失为解决健康生命权与特殊药品专利权冲突的一种措施。

（3）差别定价。差别定价指对同一产品针对不同的顾客、不同的市场制定不同的价格。例如，对发达国家、富裕地区和富裕人群制定相对较高的价格，对发展中国家、贫困地区和贫困人群制定相对较低的价格。差别定价在解决专利权与公共健康权的冲突时具有重要意义。例如对艾滋病药物的差别定价可以在既不损害医药公司利益也不影响发展中国家病人的健康权的前提下提供一种发展中国家的患者接近有效的治疗措施的途径。

由此看来，南非作为一个艾滋病肆虐的国度，其在 1997 年政府通过的《药品和相关物品控制修正案》，其中第十五条 C 款规定，在遇有国内紧急状态时

赋予了卫生部长可以使用平行进口，以及对某一受保护的专利药品为非商业的政府利用、不经与专利权人协商即可直接采取强制许可进行生产的权利，以获得更廉价的药品。这一规定与TRIPS协议第八条第一款和第三十一条（b）款相一致。1998年2月，39个跨国医药公司对南非政府提起诉讼，既不符合国际公约的规定，也不符合公司尽社会责任的伦理要求。

专题二：公司的独立人格

一、法律知识点

（一）公司独立人格的含义

公司作为一种商事组织体，虽然像合伙组织一样，以自然人作为其设立、营运的基础，以营利作为其终极目标，但是，各国公司法并不因此而把公司看作是自然人之聚合体，更不会把它仅仅看作是商事契约的一种表现形式，而是把它看作是独立于公司股东和公司董事的一种拟制人、拟制体，因而是一种法人。此种法人能够像一个真正的自然人那样以自己的名义从事订立合同、转让和受让财产等各种商事活动；可以以自己的名义拥有法人财产，可以对外以自己的名义起诉和应诉，并以自己的财产和资本为限承担独立的责任，这就是公司法所谓的公司人格独立理论。

（二）公司独立人格的实质

公司人格独立在实质上需要两大支柱的支撑：财产独立与意思独立。离开或者说是背离了这两大要素，公司人格独立之大厦将无以支撑，公司人格独立与股东有限责任将失去根基。财产独立是指公司拥有足够的、与股东的股权和其他财产权相分离的、由公司所独立支配的法人财产，这是公司能够独立承担责任的首要的条件。一方面，拥有足够的法人财产是公司作为独立的民事主体参与经济活动的前提，另一方面，公司的法人财产是公司债务的担保，它直接决定着公司相对人风险的大小。

各国公司法都有相应的规定以确保公司有相当的清偿债务的能力，其中最重要的就是公司资本制度。例如我国公司法就规定了各类公司的最低资本额、提取法定公积金、限制转投资等具体的保障公司拥有、维持其法人财产的制度。

意思独立主要是指公司的意思与股东的意思相分离，任何股东不得以自己的意思直接等同于公司的意思，这是公司能够独立承担责任的另一个必要条件。只有意思独立，才能行为独立、责任独立，这是"意思自治"原则的题中之意。公司法对于公司意思的形成有严格的规定，如股东只能通过公司机关表达自己的意思，并由公司机关按照一定的程序做出决议，从而形成区别于股东意思的公司意思；公司的意思只能由固定的公司机关来表达，股东个人不能直接代表公司行为等等。

（三）公司独立人格的意义：股东有限责任制度

首先，有利于鼓励投资，加速资本积聚。这种制度将投资者的经营风险限制在其出资额的范围内，有效地保障了投资者的安全，活跃了投资者的神经，成为刺激投资者的有力杠杆。诚如马克思所言：假如必须等待积累去使某些单个资本增长到能够修建铁路的程度，那么恐怕直到今天世界上还没有铁路。但是，集中通过股份公司转瞬之间就把这件事完成了。

其次，股东有限责任制度决定了公司的本质特征——资合性。在有限责任下，由于股东不以出资额以外的财产对公司债务承担责任，公司资产成为公司债务唯一总担保，这决定了公司信用基础只能是公司的资产总额，而与股东个人信用无关。使公司信誉彻底摆脱了股东信誉的阴影，促进了证券市场的形成和发育，使实现资源的优化配置成为可能。

再次，股东有限责任制度决定了现代公司必须遵循所有与经营相分离的原则。它表现为公司财产与股东财产的彻底分离，也因为投资风险的事先确定性和有限性，吸引了大量股东，使得许多股东没有机会也没有必要直接参与公司经营，股东财产权和公司经营权彻底分离，在实际的经营中，由股东组成股东会产生董事会来对公司的业务活动进行指挥和管理，有利于公司面对瞬息万变的市场，灵活迅速地做出反映，创造更多更好的经济效益。

二、相关案例分析

案例1 股东与公司人格的区分
——萨洛蒙诉萨洛蒙公司案 [1]

（一）案例简介

　　萨洛蒙是一个多年从事皮靴业务的商人，开了一家鞋店。1892年，他根据英国的公司法，成立了萨洛蒙有限责任公司，当时萨洛蒙公司仅有7位股东，为萨洛蒙及其妻子、女儿和4个儿子，公司董事由萨洛蒙及其两个儿子担任。公司成立后，萨洛蒙便将他的鞋店作价38782英镑移转于该公司，公司付给萨洛蒙现金8782英镑，另10000英镑为公司欠萨洛蒙的债款，由公司发行给萨洛蒙10000英镑有担保的公司债，其余则作为萨洛蒙认购公司股份的价款。此后，公司发行了每股1英镑的股份20007股，他的妻子和五个子女各拥有1股，萨洛蒙本人拥有20001股，这主要是为了达到当时法律规定的最低股东人数7人。

　　公司不久陷入困境，一年后公司进行清算。经清算，公司债务为17773英镑，公司资产为10000英镑，若公司清偿了萨洛蒙的有担保的债权，其他的无担保的债权人就将一无所获。公司清算人主张公司的鞋店实际上是萨洛蒙自己的事业，公司组织不过是萨洛蒙预计事业不顺利，为逃避债务而设，因此请求萨洛蒙清偿公司债务，否认萨洛蒙对公司之担保债的求偿。初审法院和上诉法院都认为，萨洛蒙公司只不过是萨洛蒙的化身、代理人，公司的钱就是萨洛蒙的钱，萨洛蒙没有理由还钱给自己，从而判决萨洛蒙应清偿无担保债权人的债务。但是，上议院推翻了初审法院和上诉法院的判决，英国上议院一致认为，萨洛蒙公司是合法有效成立的，因为法律仅要求有7个成员并且每人至少持有1股作为公司成立的条件，而对于这些股东是否独立、是否参与管理则没有做出明文规定。

---

[1]　案例来源：北京法院网，载 http://bjgy.chinacourt.org/article/detail/2011/09/id/883211.shtml，2014年8月11访问。

从法律角度讲，该公司一经正式注册，就成为一个区别于萨洛蒙的法律上的法人，拥有自己独立的权利和义务，以其独立的财产承担全部责任，股东不对债权人承担无限责任，而仅以其出资额为限承担有限责任，故萨洛蒙对于公司及公司债权人并不负任何责任。本案中，萨洛蒙既是公司的股东，也是公司的享有担保债权的债权人，具有双重身份，其所持有的有担保的公司债应优先于公司的无担保债权受清偿。虽然毫无疑问萨洛蒙是为了享受有限责任的优惠而设立公司，公司股东中除萨洛蒙外，均名不副实，但是股东负有限责任，这是法律赋予股东的合法权益。只要符合公司设立条件，则公司便与它的股东相分离而成为独立的法律主体，股东与公司间的权利、义务关系，由公司章程加以确定。最后，法院判决萨洛蒙获得公司清算后的全部财产。

（二）争议焦点

萨洛蒙是否有义务清偿公司债务？

（三）法理评析

该判例确立了这样一个原则：依照法律规定设立有限公司，该公司依法取得独立人格，即使公司的控制权仅操纵于一位或少数股东手中，其余股东对公司仅具有象征性利益，亦不影响公司的独立的法人地位。由于公司的财产独立，股东仅以其出资额负有限责任的思想在判例上获得了最高体现，使得萨洛蒙诉萨洛蒙公司案成为公司法上最重要的案例之一。然而正是基于同一原因，该判决也经常被视为一个后患无穷的不幸判决，它为个别股东或少数股东牟取法外利益提供了机会，对公司的债权人有失公平。为了克服这一弊端，纠正公司法人人格的滥用，美国法院于20世纪初创立了"刺破公司面纱"原则。

"刺破公司面纱"在大陆法系国家被称为公司法人人格否认制度，是指对于已具独立资格的法人组织，在具体的法律关系中，如果其社员出于不正当目的滥用公司法人人格，并因此而对债权人利益造成损害的，法院可基于公平正义的价值理念，否认该法人的独立人格，而责令法人的社员直接对法人的债务承担连带责任的一种法律制度。

案例 2 公司独立人格的存续时间

——王民子与洛阳轴承集团有限公司破产管理人等人格权纠纷案[1]

（一）案例简介

本院于 2009 年 11 月 9 日立案受理了原告王民子诉被告洛阳轴承集团有限公司破产管理人（以下简称洛轴破产管理人）、洛阳轴承集团有限公司设备附件制造厂（以下简称洛轴制造厂）为一般人格权纠纷一案，现已审理终结。

经审理查明，1970 年 1 月 5 日，原告王民子在被告洛轴制造厂参加工作。1997 年 5 月 23 日，洛阳轴承（集团）公司作出洛轴公司人劳解字（1997）018 号解除劳动合同通知一份，载明："设备附件制造厂：你单位上报解除王民子、王本星、侯丰克劳动合同的决定收悉。王民子、王本星、侯丰克三人因犯盗窃罪于 1996 年 5 月 8 日被依法逮捕，并于 11 月 12 日由洛阳市涧西区人民法院刑事判决书涧刑公初字第 208 号判处王民子有期徒刑三年，判处王本星有期徒刑二年零六个月，判处侯丰克有期徒刑一年零六个月，缓刑两年。经审核，符合公司解除劳动合同条件，同意解除王民子、王本星、侯丰克的劳动合同。"原告王民子服刑完毕后，向被告要求转移劳动档案。2009 年 7 月 6 日，洛阳轴承集团有限公司出具证明一份，载明："王民子、王本星、侯丰克原系我厂职工，王民子 1970 年 1 月 5 日参加工作，王本星、侯丰克 1970 年 10 月 8 日参加工作。三人因盗窃罪于 1997 年 5 月 23 日被我厂解除劳动合同。三人档案丢失，特此证明。"2009 年 11 月 3 日，洛阳市劳动争议仲裁委员会不予受理通知书，决定不予受理王民子的仲裁申请。身份证证明原告王民子系河南省新安县城关镇人。

另查明，被告洛轴制造厂是洛阳轴承集团有限公司的分公司，不具有法人资格。

本院认为，档案是公民取得就业资格、交纳社会保险、享受相关待遇所具备的重要凭证，档案的存在以及其记载的内容对公民的生活有重大影响。被告洛轴破产管理人、洛轴制造厂作为原告王民子的原档案管理人，在与原告王民

---

[1] 案例来源：洛阳市涧西区人民法院 2010 年三 3 月 15 日关于王民子诉洛阳轴承集团有限公司破产管理人、洛阳轴承集团有限公司设备附件制造厂一般人格权纠纷一案一审民事判决书，载 http://www.110.com/panli/panli_9264442.html，2014 年 8 月 11 日访问。

子解除劳动关系后，应当按照有关规定将原告的档案及时转移至相关部门或者妥善保管。现因被告洛轴破产管理人、洛轴制造厂未尽到转移或者妥善保管的义务，造成原告档案遗失，影响了原告王民子就业及享受相关待遇，给原告王民子造成了经济损失，应承担民事责任。原告王民子请求单位补办档案及赔偿经济损失，符合法律规定，本院应予以支持。被告洛轴破产管理人、洛轴制造厂应一次性赔偿原告王民子各项经济损失5万元。根据《中华人民共和国民法通则》第一百零六条的规定，判决如下：

一、洛阳轴承集团有限公司设备附件制造厂为原告王民子补办档案。

二、洛阳轴承集团有限公司设备附件制造厂一次性赔偿原告王民子各项经济损失5万元。

三、被告洛阳轴承集团有限公司破产管理人对上述一、二款承担连带责任。

（二）争议焦点

已经进入破产状态的洛阳轴承集团有限公司是否承担连带责任？

（三）法理评析

从案件事实看，洛轴制造厂是洛阳轴承集团有限公司的分公司，不具有法人资格。根据《公司法》第十四条规定：公司可以设立分公司。分公司不具有法人资格，其民事责任由公司承担。但在责任顺位上，先由分公司承担，分公司承担不了时，总公司承担最后的责任，也就是最终的责任。目前，总公司已进入破产状态，原领导班子不能再行使原来的权力，而让位于破产管理人行使，通常只进行与破产有关的工作，包括责任承担。所以，此时洛阳轴承集团有限公司仍具有独立的人格，仍有承担连带责任的资格。

专题三：公司经营中的人格否认

一、法律知识点

（一）公司人格否认制度的含义和特征

1. 公司人格否认制度的含义

公司人格否认制度，又称"刺破公司的面纱"或"揭开公司面纱"，指为阻止公司独立法人人格的滥用和保护公司债权人利益及社会公共利益，就具体法律关系中的特定事实，否认公司与其背后的股东各自独立的人格及股东的有限责任，责令公司的股东（包括自然人股东和法人股东）对公司的债权或公共利益直接负责，以实现公平、正义目标之要求而设置的一种法律措施。

2. 公司人格否认制度的特征

其一，公司已合法地取得了法人资格。只有这种合法公司的法人才能成为法人人格否认制度的作用对象，也是法人人格否认制度与法人瑕疵设立的责任制度相区别的基本依据。也只有这样的公司，股东才享有公司的独立人格，其人格才有滥用的可能，才有适用公司人格否认的必要。

其二，公司的股东滥用了公司人格。股东滥用了公司制度的一些特权，如利用公司制度规避法律或债务、损害公司的独立性等，致使法律承认公司法人制度的实效性受到损害。法律赋予了公司独立的人格，股东享有有限责任的优惠。但股东享有权利的同时，必须维护公司的独立人格，保证其行为的合法性。如果股东无视公司的行为规范，危害公司及债权人利益，则可能导致公司人格否认的适用。

其三，公司人格的滥用侵害了债权人的合法权益或者社会公共利益。法律在承认公司的独立性尤其是承认公司有限责任的同时，也对股东与公司的关系作了一系列限制，以维护交易安全、债权人利益和社会公共利益。倘若股东滥用了债权人的合法权益或社会公共利益，客观上已实施有悖债权人利益或社会公共利益的行为，背离了公司制度的社会性和公共性，则必然有悖于设计公司制度的初衷，此时没有必要承认其人格。

其四，公司人格否认是一种对公司法人人格的个案否定。在这种情况下，对法人人格的否定不是对公司人格彻底的、终极性的否定，不是对公司人格全面的永久的剥夺，而是在特定的法律关系中对公司人格暂时的否定。公司的独立人格在某些方面被否认，并不影响承认公司在其他方面还是独立的法人。这种法律关系如果没有法律规定的取消公司人格的情形出现，公司人格将继续存在。

（二）公司法人人格否认制度的意义

1. 公司法人人格否认制度是对公司法人制度的必要、有益的补充。公司法人人格否认制度的本质，是当法人运用背离法律赋予法人人格的原始初衷（即公平、平等、正义）而为他人控制和操纵，已不再具有独立性质，法律将无视法人的独立人格而追究法人背后的操纵者的法律责任。因此，这种法人人格否认所引起的从法人人格确认向法人人格否认的复归，并非是对整个法人制度的否定，恰恰是对法人人格的严格恪守。因为运用法人人格否认制度所否认的法人，实际上是一个被控制了的、失去人格独立性的法人空壳。法人人格否认制度作为在特定条件下对社会公共利益，特别是公司债权人利益的合理与必要的保护手段，有效地维护了法人制度的健康发展，防止法人制度的价值目标不致发生偏向和被异化。从这个意义上讲，法人人格否认制度不仅不是法人制度的否认，反而是法人制度的补充与升华。正是法人人格否认制度，证明并捍卫了法人制度的公平、合理与正义。

2. 法人人格否认制度是法人制度的完善与发展。如同自然人的独立人格除有自然死亡之外尚有宣告死亡制度予以取消一样，法人之独立人格除有消灭制度之外也有否认制度，法人人格之确认与法人人格之否认构成了法人制度的辩证统一、不可分离的两个方向。法人人格否认制度弥补了法人人格确认制度的缺陷，可以有效地防范不法分子滥用法人的人格和有限责任的特性逃避法定或约定的义务，保护了社会公共利益和公司债权人的利益，使法律从形式上的公平合理走向了实质上的公平合理，极大地丰富了公司法人理论，使法人制度更加丰富、完善。

（三）公司法人人格否认制度的适用条件

1. 前提条件

公司人格否认制度适用的前提条件是公司的合法存在。只有公司通过合法设立而存在，股东和公司才得以分离，公司人格才得以独立，股东才能享有有限责任制带来的好处，公司独立人格才有被滥用的可能，从而才有适用公司人格否认制度的必要。

2. 主体条件

（1）公司人格的滥用者

公司人格的滥用者应限定为公司法律关系的特定群体，即必须是公司中具有实际支配能力的股东，它既可以是自然人，也可以是控股股东等法人。这类股东能积极参与公司的经营管理，并对公司的主要决策施加影响，使公司丧失独立意志而反映其意志。因此，在公司中，只有支配股东才有机会滥用公司独立人格。非参与公司经营管理的股东以及非支配股东则不可能成为公司人格的滥用者。

值得一提的是，在公司中，滥用公司人格的不仅仅限于公司股东，不具有股东身份的公司董事、经理或其他高级职员也有为牟取私利而滥用公司人格的可能。但对于后者，可按照公司法的有关规定处理，而不能适用公司人格否认制度。因为根据公司人格否认制度的界定，该制度所处理的是公司股东与公司之间的关系，而不涉及不具有股东身份的董事、经理等公司经营管理者与公司之间的关系。

（2）公司人格否认的主张者

适用公司人格否认制度涉及的另一方主体为公司人格否认的主张者，即因公司人格被滥用遭受损害，并有权提起适用公司人格否认之诉的当事人，主要为公司债权人或社会公共利益的代表。从某种意义上讲，公司人格否认制度是一项严格责任制度，其创设目的在于阻止和制裁滥用法人人格的行为，以及对受害人给予司法救济。因此，能够主张否认特定法律关系中公司人格的，也只能是遭受实际损害的当事人。

3. 客观条件

（1）客观上存在滥用公司人格的行为

在现实生活中，支配股东滥用公司人格的行为，可谓类型多样，五花八门，但概括起来，无外乎三类，具体表现为：

第一，人格混同。即此公司与彼公司或股东个人之间在财产、业务、责任等方面没有严格的区分，在实践中的主要表现有：①在公司集团里，母公司利用其在子公司中的控股地位，非法获取子公司的经营成果，并利用子公司逃避法律责任。如利用子公司避税港的地位偷、漏税款。还有的母公司成立数家子公司，在子公司或母子公司之间转移财产，把优质资产转移到某些公司而让其他公司破产。②公司之间及公司与个人之间的产权不清晰，有的公司甚至是一套班子几块牌子，人事、财产、业务混为一体，当其中一个公司受到债权人追索债权时，立即将财产转入旗下的另一公司，使债权人的权利落空。③公司人格形骸化，公司与股东在人格、财产、业务上混同，公司成为股东的代理机构或工具。如公司法修改前的实质上的"一人公司"。当公司财产被逐步转换为股东个人所有后，公司将逐步失去履行义务的能力。

第二，不当控制。股东因出资或持股较多而控制一家公司，并且利用对公司的绝对控制优势，实施了某种不正当的行为，公司在股东的操纵下，实际丧失了独立的法人人格。如以公司名义承担其并未受益的债务，随意挪用公司的财产，或让公司为其贷款提供担保，使其负担与经营无关的巨大风险，甚至以公司名义从事非法活动。

第三，规避义务。主要是指股东利用公司人格实施规避法律、逃避契约义务和社会责任的行为。①控股股东为了分散经营风险和责任财产，可能将公司分割成多个性质相同的小公司，每一公司资产只达到法定的最低标准，承担责任时以公司独立人格、有限责任规定为抗辩理由，最大限度地回避责任。②股东为了享受特定地区的税收优惠政策，在该地注册成立一个并不实际营业的"信箱"公司，采取"价格转移"和"税收留滞"的手段，使股东的所得利润避免在高税区纳税，结果导致国家税收的大量流失。③负有契约上特定的不作为义务（如竞业禁止义务）的当事人，为回避这一义务而设立新公司，或利用旧公司掩盖其真实行为。④利用公司对债权人进行欺诈以逃避合同义务，如以公司名义买进不动产，除支付定金外，其余价款均以公司名义签发支票给付，当不动产产权转移到公司后，马上将不动产转移至个人名下，这是利用公司名义的欺诈。⑤公司的经营或服务规模远超过其经济能力，违反诚信义务，当债权人要求公司偿还债务时，公司早已失去了偿债能力，而股东则以公司有限责任为由拒绝承担责任。

（2）滥用公司人格的行为造成了实际损害的结果

损害事实的存在，是公司人格否认制度适用的另一个客观要件。公司人格否认制度是对失衡的利益关系的一种矫正措施。如果支配股东实施规避法律义务行为、规避契约义务的行为以及人格混同的行为客观上造成了一定的民事损害，就需要通过适用公司人格否认来追究滥用公司人格的股东之责任，给予受害者以司法上的救济，通过利益补偿来实现一种利益平衡关系。当然，这种民事损害，既可能是现实的，也可能是潜在的；既可能是国家利益和社会公共利益，也可能是公司债权人的利益。而如果支配股东虽有违背公司人格独立和股东有限责任宗旨的行为，但并无任何损害事实的发生，没有影响到平衡的利益体系，则不必适用公司人格否认制度。即"无损害，则无救济"。

（3）公司人格滥用行为与民事损害结果之间应具有因果关系

因果关系的存在是适用公司人格否认制度，追究滥用公司人格者责任的基础，这就意味着要适用公司人格否认制度，公司人格滥用行为与民事损害结果之间必须存在引起与被引起的关系。如果当事人的损失是由其他原因而非滥用公司人格行为引起的，则不得适用公司人格否认制度。有鉴于此，遭受损失的当事人必须能够证明其所受损害与滥用公司人格行为之间存在因果关系，否则，则不能向法院提起否认公司人格的诉讼请求。

4. 主观条件

支配股东滥用公司独立人格的行为主观上具有故意是适用公司人格否认制度的主观条件。关于适用公司人格否认制度是否以行为人具有主观故意为条件，一直存有争议。目前，西方国家主要采用客观过错法，即只要原告能证明行为人实施了公司人格滥用行为就视为行为人主观上存在故意。西方国家之所以采取如此做法，是因为行为人滥用公司人格的手段花样繁多，形式相当隐蔽，受害人对行为人主观故意的举证极其困难。其实，公司人格滥用行为往往源于行为人的处心积虑和既定目的，就这点而言，已足以表明行为人主观上具有故意，过失不会导致公司人格否认制度的适用。

（四）中国的法律规定

2005 修订的《公司法》第二十条规定："公司股东应当遵守法律、行政法规和公司章程，依法行使股东权利，不得滥用股东权利损害公司或者其他股东的利益；不得滥用公司法人独立地位和股东有限责任损害公司债权人的利益。

公司股东滥用股东权利给公司或者其他股东造成损失的，应当依法承担赔偿责任。

公司股东滥用公司法人独立地位和股东有限责任，逃避债务，严重损害公司债权人利益的，应当对公司债务承担连带责任。"

二、相关案例分析

案例1 滥用股权行为及其责任承担
——通联公司与高港中行、泰州钇利沣公司、上海钇利沣公司借款合同纠纷案 [1]

（一）案例简介

上诉人通联资本控股有限公司（以下简称通联公司）因与被上诉人中国银行股份有限公司泰州高港支行（以下简称高港中行）、原审被告钇利沣光电科技（泰州）有限公司（以下简称泰州钇利沣公司）、上海钇利沣国际贸易有限公司（以下简称上海钇利沣公司）借款合同纠纷一案，不服江苏省泰州市中级人民法院（2006）泰民二初字第19号民事判决，向本院提起上诉。

原审法院经审理查明：

2004年10月19日，高港中行与泰州钇利沣公司分别签订了二份借款合同，合同编号为2004年高中贷字1019001号和2004年高中贷字1019002号。依据2004年高中贷字1019001号合同的约定，高港中行应向泰州钇利沣发放贷款20000000元；依据2004年高中贷字1019002号合同的约定，高港中行应向泰州钇利沣公司发放贷款12000000元。两合同约定的年利率均为5.841%，还款日期均为2005年10月18日。合同同时约定，如泰州钇利沣公司逾期还款，高港中行有权按每日万分之二点一计收利息；高港中行为实现债权的费用，如诉讼费用、执行费用及律师代理费用等均由泰州钇利沣公司承担。为保证上诉债务的履行，双方还于同日签订了《房地产抵押合同》和《国有土地使用权抵押合同》各一份。《房地产抵押合同》约定，泰州钇利沣公司以其坐落于泰州高港科技创业园的编号为泰房权证高字第006979号的房屋所有权为第一份借款合同设定抵押；《国有土地使用权抵押合同》约定，泰州钇利沣公司以其坐落于泰州市高港区刁铺镇泗路北侧的编号为国用（2004）第02043040号国有土地使用权为第二份借款合同设定抵押；该二份抵押合同签订后均依法办理了

---

[1] 案例来源：江苏省高级人民法院（2006）苏民二终字第201号民事判决书，载http://blog.sina.com.cn/s/blog_602981da01017krd.html，2014年8月11日访问。

抵押登记手续，并领取了他项权证。2004 年 10 月 20 日，高港中行依约向泰州钇利沣公司发放了贷款 32000000 元。借款期内，泰州钇利沣公司依约给付了贷款利息。但在贷款到期后，泰州钇利沣公司未能依约归还借款本金，也没有继续支付利息。

泰州钇利沣公司是由上海钇利沣公司与太平洋科技有限公司共同出资于 2003 年 7 月设立的中外合资企业。公司设立时的法定代表人系李世春。根据泰州钇利沣公司章程的记载，上海钇利沣公司应出资 7000000 美元，占注册资本的 70%。太平洋科技有限公司应出资 3000000 美元，占注册资本的 30%。2003 年 8 月 26 日，上海钇利沣公司汇入泰州钇利沣公司 80000000 元，其中 58100000 元折合 7000000 美元作为出资，余款 21900000 元泰州钇利沣公司的账面记载为"资本公积"（2004 年 4 月 15 日，刘铁呆、李世春、林文山在上海钇利沣公司会议室召开由上述三人参加的泰州钇利沣公司的董事会，又决议将"资本公积金 21900000 元"转入"其他应付款——上海钇利沣公司"）。2003 年 8 月 27 日，泰州钇利沣公司以收购华禹光谷公司在华禹阿加波公司的股权的名义，汇入华禹光谷公司 62572608 元。2003 年 8 月 28 日，泰州钇利沣公司分别与华禹光谷公司、香港浩德实业有限公司签订股权转让协议，华禹光谷公司和香港浩德实业有限公司分别将自己持有的华禹阿加波公司 51% 和 12% 的股权全部转让给泰州钇利沣公司。股权转让后，泰州钇利沣公司持有华禹阿加波公司 63% 的股权。股权转让前，华禹阿加波公司的董事长为刘铁呆；股权转让后，华禹阿加波公司的董事长仍为刘铁呆，李世春为副董事长兼总经理，并办理了工商变更登记。但事后查证这一切都是假的。

原审法院另查明：2004 年 3 月 31 日，华禹光谷公司上海分公司以往来款的形式汇入泰州钇利沣公司 67000000 元。2004 年 4 月 21 日，泰州钇利沣公司又转入上海钇利沣公司 41014460.57 元，以购设备预付款的名义转入华禹镁业公司 24267941.24 元。

2005 年 7 月 2 日，上海钇利沣公司与通联公司签订股权转让协议一份，约定由上海钇利沣公司将其所持有的泰州钇利沣公司 70% 的股权全部转让给通联公司，转让价款为 1 元人民币。协议经双方签字盖章，并经外经贸部门批准后生效。2005 年 7 月 7 日，泰州市对外贸易经济合作局作出泰外经贸发（2005）116 号批复，同意上述股权转让协议。协议生效后，泰州钇利沣公司至泰州市工商行政管理局办理了变更登记，法定代表人同时由李世春变更为赵琦。

综上，该院判决：一、泰州钇利沣公司于本判决生效后十日内偿还高港中行借款本金 32000000 元及逾期付款的违约金（自 2005 年 10 月 20 日起至本判决确定的还款之日止，利率按日万分之二点一计算）；并支付高港中行因诉讼而支出的律师代理费用 327996.8 元；二、通联公司对泰州钇利沣公司的上诉债务在其受让的股权范围内（折合人民币 58100000 元）承担连带清偿责任；三、上海钇利沣公司对泰州钇利沣公司的上诉债务在通联公司不能清偿的范围内承担补充赔偿责任；四、高港中行对泰州钇利沣公司设定的抵押房屋在 20000000 元借款本金及其逾期罚息、抵押土地在 12000000 元借款本金及其逾期罚息的范围内享有优先受偿权。

通联公司不服一审判决，向本院提起上诉。本院审理查明：原审法院查明的事实正确，本院予以确认。

本院另查明：上海钇利沣公司受让股权之后与泰州钇利沣公司全体股东制定的公司章程中明确其认缴的出资额为 7000000 美元。

本院认为：关于上海钇利沣公司转让股权后应否对泰州钇利沣公司的债务承担责任及其责任方式。

泰州钇利沣公司的账面反映上海钇利沣公司投入的资金 80000000 元，其中的 62572608 元资金在泰州钇利沣公司账户的停留时间仅为一天，次日即被转移，在验资基准日账户资金已不足 7000000 美元。2004 年 4 月 15 日，泰州钇利沣公司的董事会决议又将上海钇利沣公司 80000000 元资金扣除 7000000 美元（折合人民币 58100000 元）的余额 21900000 元，从泰州钇利沣公司的资本公积转为泰州钇利沣公司对上海钇利沣公司的投资。之后，上海钇利沣公司利用其与华禹光谷公司、华禹阿加波公司及华禹镁业公司等关联公司之间的控制关系，以股权转让、购买设备等名义调度资金，通过频繁的资金往来，掩盖其抽逃出资的目的。原审法院根据上述事实综合认定上海钇利沣公司构成抽逃出资，上海钇利沣公司对此并未提起上诉，本院对此亦予以维持。

最高人民法院复［1994］4 号《关于企业开办的其他企业被撤销或者歇业后的民事责任承担问题的批复》第二条规定：企业开办的其他企业已经领取了企业法人营业法人执照，其实际投入的自有资金虽与注册资金不符，但达到法定注册资本最低限额，并且具备了企业法人其他条件的，应当认定其具备法人资格，以其财产独立承担民事责任。但如果该企业被撤销或者歇业后，其财产不足以清偿债务的，开办单位应当在该企业实际投入的自有资金与注册资金差额范围内承担民事责任。

本案中出资人上海钇利沣公司对泰州钇利沣公司的注册资本被抽逃的情形

与上述批复中的开办单位出资不足的情形类似，而且上海钇利沣公司投入资金80000000元，其中的62572608元资金于投入的次日被转移，其余资金仍留在泰州钇利沣公司账户，泰州钇利沣公司实际控制并使用上述资金，直至2004年4月15日泰州钇利沣公司的董事会决议将21900000元从泰州钇利沣公司的资本公积转为泰州钇利沣公司对上海钇利沣公司的应付款，该资金的性质才发生变化，故可以认定泰州钇利沣公司已经具备法人资格。因此本案可以参照适用上述批复第二条的规定，在泰州钇利沣公司的财产不足以清偿债务时，由出资人上海钇利沣公司在抽逃资金的范围内对泰州钇利沣公司的债务承担赔偿责任。

虽然上海钇利沣公司与通联公司签订了股权转让协议，已将其所持有的泰州钇利沣公司的股权转让给通联公司，但上海钇利沣公司抽逃出资的行为违反了《中华人民共和国公司法》关于股东应当按章程规定足额缴纳出资的法定义务，其对泰州钇利沣公司补足出资的义务不能因股权转让而免除。

关于股权受让人通联公司对泰州钇利沣公司的债权应否承担责任及其责任方式。

上海钇利沣公司与通联公司于2005年7月2日签订的股权转让协议，约定上海钇利沣公司以1元人民币的价格将其于2003年9月投资7000000美元取得的泰州钇利沣公司70%的股权转让给通联公司，通联公司实际支付1元对价，取得上述股权；自股权转让至今，通联公司作为泰州钇利沣公司的股东，对泰州钇利沣公司的经营和资产状况应当有所了解。但在本案诉讼中，通联公司既未主张其受让上海钇利沣公司的股权系被欺诈，也未向法院申请撤销股权转让协议。综合以上因素，本院认为，通联公司对上海钇利沣公司抽逃出资的事实应当知道。上海钇利沣公司受让股权之后与泰州钇利沣公司全体股东制定的公司章程中明确其认缴的出资额为7000000美元，但通联公司在受让股权后，未按照其在章程中作出的承诺对泰州钇利沣公司补足出资，使得泰州钇利沣公司注册资本不足的情况处于持续状态，其行为也构成对泰州钇利沣公司的法人财产的侵权行为，故应与上海钇利沣公司连带承担补充赔偿责任。

综上，原审法院认定事实清楚，但对上海钇利沣公司和通联公司的责任顺序和责任方式确定不当，本院予以纠正。判决如下：

一、维持江苏省泰州市中级人民法院（2006）泰民二初字第19号民事判决第一、四项；

二、撤销江苏省泰州市中级人民法院（2006）泰民二初字第19号民事判决第二、三项和案件受理费部分。

三、上海钇利沣公司在泰州钇利沣公司财产不足清偿高港中行的债务时，在 7000000 美元（折合人民币 58100000 元）范围内，对高港中行的上述债务承担赔偿责任。

四、通联公司与上海钇利沣公司连带承担对泰州钇利沣公司所欠高港中行债务的补充赔偿责任。

（二）争议焦点

上海钇利沣公司转让股权后应否对泰州钇利沣公司的债务承担责任？

（三）法理评析

首先，我国《公司法》第三十六条规定，公司成立后，股东不得抽逃出资，这是股东的法定义务。作为泰州钇利沣公司的大股东，在该公司经营中，上海钇利沣公司滥用了自己的股东权利。首先是出资的次日即抽逃资本，然后又利用与华禹光谷公司、华禹阿加波公司及华禹镁业公司等关联公司之间的控制关系，以股权转让、购买设备等名义调度资金，通过频繁的资金往来，掩盖其抽逃出资的目的。这一过程的实施使出于独立地位的泰州钇利沣公司失去了独立的人格，也损害了其债权人高港中行的权利。

其次，根据《公司法》第二十条第二款和第三款的规定：公司股东滥用股东权利给公司或者其他股东造成损失的，应当依法承担赔偿责任。公司股东滥用公司法人独立地位和股东有限责任，逃避债务，严重损害公司债权人利益的，应当对公司债务承担连带责任。此时虽然上海钇利沣公司的股权已经转让，但其责任并不免除。因此，让滥用股东权利的上海钇利沣公司在泰州钇利沣公司财产不足清偿高港中行的债务时，在 7000000 美元（折合人民币 58100000 元）范围内，对高港中行的上述债务承担赔偿责任是合法的。

案例 2　人格混同的认定依据

——信达资产管理公司成都办事处与四川泰来装饰工程有限公司等借款担保合同纠纷案 [1]

（一）案例简介

上诉人四川泰来装饰工程有限公司（以下简称装饰公司）、四川泰来房屋开发有限公司（以下简称房屋公司）、四川泰来娱乐有限责任公司（以下简称娱乐公司）因与被上诉人中国信达资产管理公司成都办事处（以下简称信达成都办）借款担保合同纠纷一案，不服四川省高级人民法院（2007）川民初字第 17 号民事判决，向本院提起上诉。

四川省高级人民法院经审理查明：1999 年 10 月 18 日，装饰公司、房屋公司、娱乐公司与中国银行成都市蜀都大道支行（以下简称中行蜀都支行）签订《债务重组协议》，对装饰公司原在中国银行成都市分行信托部的逾期贷款 2200 万元进行债务重组，约定：由装饰公司向中行蜀都支行承担全部贷款及欠息；装饰公司、房屋公司、娱乐公司共同承诺用装饰公司和房屋公司投资组建的娱乐公司在中国酒城内开发的"西南名商会所"项目形成的各种资产和权益作为装饰公司上述借款的抵押物；同日，装饰公司、房屋公司、娱乐公司共同向中行蜀都支行出具《还本付息计划书》，承诺以装饰公司、房屋公司、娱乐公司的经营收入和其他资金来源履行还款义务。

1999 年 11 月 12 日，装饰公司与中行蜀都支行重新签订《借款合同》，约定：借款金额为 2200 万元，借款期限 1999 年 11 月 17 日至 2002 年 11 月 16 日，其中 500 万元于 2000 年 12 月 16 日偿还，年利率 5.85%；1200 万元于 2001 年 11 月 16 日偿还，年利率 5.94%；500 万元于 2002 年 11 月 16 日偿还，年利率 5.94%。付息方式为按季付息，对借款人到期未付利息按日万分之二点一的比率计收违约金。借款人未按还款计划还款，贷款人有权就逾期贷款部分从贷款逾期之日起按日万分之二点一的比率计收利息。《借款合同》还约定，合同项下全部债务由《最高额抵押合同》提供担保。1999 年 11 月 18 日，双方完成了借款支付手续。

---

[1]　案例来源：最高人民法院（2008）民二终字第 55 号民事判决书，载 http://blog.sina.com.cn/s/blog_5f43c8c90100cf7u.html，2014 年 7 月 11 日访问。

　　同日，装饰公司、房屋公司与中行蜀都支行签订《最高额抵押合同》和《最高额抵押合同补充合同》（以下简称《补充合同》）。《最高额抵押合同》约定，抵押担保范围为中行蜀都支行和装饰公司自 1999 年 11 月 17 日至 2002 年 11 月 16 日期间签订的所有借款合同项下的全部债务，担保最高限额为 2200 万元；抵押财产为建华会计师事务所《资产评估报告书》所列财产及《补充合同》表述的"茵梦湖"城市温泉商务套房和"流金岁月"西餐厅项目经营权。以上借款到期后，装饰公司履行了部分还款义务。截至 2004 年 5 月 17 日装饰公司尚欠借款本金 1991 万元，利息 14173340.44 元。装饰公司签收予以确认，娱乐公司和房屋公司签章承诺继续为上述借款承担连带保证责任。

　　2004 年 6 月 25 日，中行蜀都支行与信达成都办签订《债权转让协议》。中行蜀都支行将涉案债权全部转让给信达成都办，转让清单记载截至 2004 年 5 月 31 日装饰公司尚欠借款本金 1986 万元。2004 年 8 月 19 日，中行蜀都支行向装饰公司送达《债权转让通知》，同时向房屋公司和娱乐公司送达《担保权利转让通知》，告知装饰公司、房屋公司、娱乐公司向信达成都办履行还款义务和担保义务。

　　另查明：装饰公司系 1993 年由沈氏兄弟投资（香港）有限公司（以下简称沈氏公司）投资成立的港商独资企业，注册资本 1032 万元，2004 年经工商登记变更为中外合资经营企业，股东为娱乐公司和沈氏公司。房屋公司于 1992 年由沈氏公司投资成立，企业类别为港商独资企业，注册资本 300 万元。娱乐公司于 1995 年设立，股东为房屋公司和装饰公司，注册资本 50 万元。装饰公司、房屋公司、娱乐公司的法定代表人均为沈华源，三公司地址、电话号码相同，财务管理人员在同一时期内存在相同的情况。

　　装饰公司 2000 年度审计报告反映：装饰公司借款大部分投向其他公司，有少部分不属公司自身经营活动需要，而是代集团内公司筹款。《最高额抵押合同》和（2000）成证内经字第 19314 号《公证书》载明：装饰公司和房屋公司向中行蜀都支行承诺对登记在娱乐公司名下中国酒城内"流金岁月"及"茵梦湖"项目的资产享有所有权和处分权。

　　装饰公司以泰来集团名义致中行蜀都支行函件表明：中国酒城项目的经营收益用于支付泰来集团的房租、水电费、员工工资等；承认支付贷款利息力度下降系因为开发中国酒城项目所致。

　　综上，判决如下：一、装饰公司自本判决生效之日起十日内偿还信达成都办借款本金 1986 万元及利息；二、对装饰公司的上述债务在最高额 2200 万元限额内，信达成都办就建华会计师事务所出具的评（98）第 14 号、第 15 号《资产评估报告书》所附"流金岁月"西餐厅和"茵梦湖"城市温泉商务套房的设备享有抵押权，并有权在其拍卖、变卖后的价款中优先受偿；三、房屋公司和娱乐公司对装饰公司的上述债务承担连带清偿责任；四、驳回信达成都办其余诉讼请求。

装饰公司、房屋公司、娱乐公司均不服原审法院上述民事判决，分别向本院提起上诉。其共同的上诉主张和理由为：一审以"三被告在同一地址办公、联系电话相同、财务管理人员在一段时期内相同的情况"认定本案三上诉人主体人格混同属错判。

综上，原审判决认定事实清楚，适用法律正确。判决如下：驳回上诉，维持原判。

（二）争议焦点

装饰公司、房屋公司、娱乐公司是否存在人格混同？

（三）法理评析

公司人格混同又称为公司法人格形骸化，是指公司与股东人格或其他公司人格完全混为一体，使公司成为股东或其他公司的另一个自我，形成股东即公司或公司即股东的情形。就本案来说，根据原审查明的事实，装饰公司、房屋公司、娱乐公司股权关系交叉，均为关联公司，实际均为沈氏公司出资设立，沈华源作为公司的董事长，同时身兼三公司的法定代表人，其利用对三公司的控制权，将装饰公司贷款大量投入娱乐公司中国酒城项目；在未办理工商变更登记的情况下，将娱乐公司对装饰公司欠款 7392 万元和对房屋公司欠款 1086 万元转为两公司对娱乐公司的投资款；装饰公司、房屋公司、娱乐公司还存在同一地址办公、联系电话相同、财务管理人员在一段时期内相同的情况。上述事实表明，装饰公司、房屋公司、娱乐公司表面上是彼此独立的公司，但各公司之间已实际构成了人格混同。

案例3 人格混同的学理认定

——徐工集团工程机械股份有限公司与成都川交工贸有限公司等买卖合同纠纷案[1]

（一）案例简介

原告徐工集团工程机械股份有限公司（以下简称徐工机械公司）诉称：成都川交工贸有限责任公司（以下简称川交工贸公司）拖欠其货款未付，而成都川交工程机械有限责任公司（以下简称川交机械公司）、四川瑞路建设工程有限公司（以下简称瑞路公司）与川交工贸公司人格混同，三个公司实际控制人王永礼以及川交工贸公司股东等人的个人资产与公司资产混同，均应承担连带清偿责任。请求判令：川交工贸公司支付所欠货款10916405.71元及利息；川交机械公司、瑞路公司及王永礼等个人对上述债务承担连带清偿责任。

被告川交工贸公司、川交机械公司、瑞路公司辩称：三个公司虽有关联，但并不混同，川交机械公司、瑞路公司不应对川交工贸公司的债务承担清偿责任。

王永礼等人辩称：王永礼等人的个人财产与川交工贸公司的财产并不混同，不应为川交工贸公司的债务承担清偿责任。

法院经审理查明：川交机械公司成立于1999年，股东为四川省公路桥梁工程总公司二公司、王永礼、倪刚、杨洪刚等。2001年，股东变更为王永礼、李智、倪刚。2008年，股东再次变更为王永礼、倪刚。瑞路公司成立于2004年，股东为王永礼、李智、倪刚。2007年，股东变更为王永礼、倪刚。川交工贸公司成立于2005年，股东为吴帆、张家蓉、凌欣、过胜利、汤维明、武竞、郭印，何万庆2007年入股。2008年，股东变更为张家蓉（占90%股份）、吴帆（占10%股份），其中张家蓉系王永礼之妻。在公司人员方面，三个公司经理均为王永礼，财务负责人均为凌欣，出纳会计均为卢鑫，工商手续经办人均为张梦；三个公司的管理人员存在交叉任职的情形，如过胜利兼任川交工贸公司副总经理和川交机械公司销售部经理的职务，且免去过胜利川交工贸公司副总经理职务的决定系由川交机械公司作出；吴帆既是川交工贸公司的法定代表

---

[1] 案例来源：江苏省徐州市中级人民法院于2011年4月10日（2009）徐民二初字第0065号民事判决书及2011年10月19日（2011）苏商终字第0107号民事判决书，载 http://www.jxgsfw.com/soccas/n1320.html/1，2014年5月12日访问。

人，又是川交机械公司的综合部行政经理。在公司业务方面，三个公司在工商行政管理部门登记的经营范围均涉及工程机械且部分重合，其中川交工贸公司的经营范围被川交机械公司的经营范围完全覆盖；川交机械公司系徐工机械公司在四川地区（攀枝花除外）的唯一经销商，但三个公司均从事相关业务，且相互之间存在共用统一格式的《销售部业务手册》《二级经销协议》、结算账户的情形；三个公司在对外宣传中区分不明，2008年12月4日重庆市公证处出具的《公证书》记载：通过因特网查询，川交工贸公司、瑞路公司在相关网站上共同招聘员工，所留电话号码、传真号码等联系方式相同；川交工贸公司、瑞路公司的招聘信息，包括大量关于川交机械公司的发展历程、主营业务、企业精神的宣传内容；部分川交工贸公司的招聘信息中，公司简介全部为对瑞路公司的介绍。在公司财务方面，三个公司共用结算账户，凌欣、卢鑫、汤维明、过胜利的银行卡中曾发生高达亿元的往来，资金的来源包括三个公司的款项，对外支付的依据仅为王永礼的签字；在川交工贸公司向其客户开具的收据中，有的加盖其财务专用章，有的则加盖瑞路公司财务专用章；在与徐工机械公司均签订合同、均有业务往来的情况下，三个公司于2005年8月共同向徐工机械公司出具《说明》，称因川交机械公司业务扩张而注册了另两个公司，要求所有债权债务、销售量均计算在川交工贸公司名下，并表示今后尽量以川交工贸公司名义进行业务往来；2006年12月，川交工贸公司、瑞路公司共同向徐工机械公司出具《申请》，以统一核算为由要求将2006年度的业绩、账务均计算至川交工贸公司名下。

另查明，2009年5月26日，卢鑫在徐州市公安局经侦支队对其进行询问时陈述：川交工贸公司目前已经垮了，但未注销。又查明徐工机械公司未得到清偿的货款实为10511710.71元。于是，江苏省徐州市中级人民法院于2011年4月10日作出（2009）徐民二初字第0065号民事判决：一、川交工贸公司于判决生效后10日内向徐工机械公司支付货款10511710.71元及逾期付款利息；二、川交机械公司、瑞路公司对川交工贸公司的上述债务承担连带清偿责任；三、驳回徐工机械公司对王永礼、吴帆、张家蓉、凌欣、过胜利、汤维明、郭印、何万庆、卢鑫的诉讼请求。宣判后，川交机械公司、瑞路公司提起上诉，认为一审判决认定三个公司人格混同，属认定事实不清；认定川交机械公司、瑞路公司对川交工贸公司的债务承担连带责任，缺乏法律依据。徐工机械公司答辩请求维持一审判决。江苏省高级人民法院于2011年10月19日作出（2011）苏商终字第0107号民事判决：驳回上诉，维持原判。

（二）争议焦点

三个公司是否属于人格混同？

（三）法理评析

公司人格混同最为常见的表征是财产混同、组织机构混同和业务混同。

财产混同是指公司的财产不能与该公司的股东及其他公司的财产作清楚的区分。公司财产与其股东和其他公司财产的分离是公司人格独立的基础。只有在财产分离的情况下，公司才能以自己的财产独立地对其债务负责。财产混同违背了公司财产与股东财产相分离、公司资本维持和公司资本不变等基本原则，潜伏着公司财产被隐匿、非法转移或被私吞、挪用的重大隐患，严重影响公司对外清偿债务的能力。

组织机构混同是指公司的股东、董事、经理、负责人与其他公司的同类人员相混同。公司作为独立的民事主体，独立承担民事责任的前提是它具有独立意识。而公司作为拟制的法律主体，其意志是通过公司的股东、董事、经理表达出来的，如果公司的上述人员与其他公司的同类人员完全相同，则很难保证公司能形成独立的完全基于本公司利益而产生的意志，这样公司的独立性将丧失殆尽，独立承担责任的基础也就不复存在。

业务混同是指公司与股东或者其他公司之间的经营业务、经营行为、交易方式等持续混同。业务混同主要表现在：公司与股东或不同公司之间从事相同的业务活动，公司所从事的具体交易行为不单独进行，而是受同一控制股东或同一董事会指挥、支配。股东或其他公司任意干预公司的具体活动，将自己的意志说成是公司的意志，使公司失去了经营自主权和独立人格。

从本案查明的事实来看。一是三个公司人员混同。三个公司的经理、财务负责人、出纳会计、工商手续经办人均相同，其他管理人员亦存在交叉任职的情形，川交工贸公司的人事任免存在由川交机械公司决定的情形。二是三个公司业务混同。三个公司实际经营中均涉及工程机械相关业务，经销过程中存在共用销售手册、经销协议的情形；对外进行宣传时信息混同。三是三个公司财务混同。三个公司使用共同账户，以王永礼的签字作为具体用款依据，对其中的资金及支配无法证明已作区分；三个公司与徐工机械公司之间的债权债务、业绩、账务及返利均计算在川交工贸公司名下。因此，三个公司之间已丧失独立人格，构成人格混同。

案例 4 股东权利的边界及其滥用的预防

——段 ×× 与业之峰公司等装饰装修合同纠纷案 [1]

（一）案例简介

原告段 ×× 与被告仪征业之峰装饰工程有限公司（以下简称业之峰公司）、李 ××、李某女、王 ×× 装饰装修合同纠纷一案，本院于 2012 年 6 月 5 日立案受理。本案现已审理终结。

原告段 ×× 诉称，自 2010 年起被告业之峰公司及其扬州分公司曾在花样年华等小区承接多起房屋装修工程，并将之转包给原告施工，但工程款一直拖欠，截至目前尚欠原告装修款 58446.92 元。被告李 ××、李某女、王 ×× 三人为公司股东，2009 年至 2011 年期间，三人采用营业收入不入账的方法，将公司约 463 万余元的收入据为股东个人所有或转入李 ×× 任法定代表人的江苏远景装饰工程有限公司账户，导致业之峰公司成为空壳公司；被告王 ××、李某女在公司被吊销后怠于履行清算义务。三人的行为侵害了债权人利益，故诉请法院判令被告业之峰公司给付工程款 58466.92 元，被告李 ××、李某女、王 ×× 承担连带责任。

提供主要证据：

1. 原告与业之峰公司工程结算表，业之峰公司扬州分公司结算凭证，证明被告业之峰公司欠原告工程款的事实；

2. 业之峰公司工商登记查询表一份；

3. 业之峰现金会计沈阳证言，主要内容为 2009 年 4 月至 2012 年 4 月间，业之峰公司正常经营，但营业收入不入公司账户，客户交现金就由李某女拿走，刷卡就入远景公司账户，公司账册在李某女处，现在下落不明；

4. 业之峰扬州分公司建行账户和农行账户对账单，显示业之峰公司分公司在 2010 年 3 月至 2012 年 1 月基本无营业收入；

5. 业之峰代理人张木洋调查笔录，主要内容为业之峰账册在李某女处。

证据 4-5 证明被告业之峰公司被吊销营业执照，但被告王 ××、李某女怠于履行清算义务的事实及被告李 ××、李某女、王 ×× 采用营业收入不入

---

[1] 案例来源：江苏省仪征市人民法院（2012）仪民初字第 0705 号民事判决书载 http://www.66law.cn/goodcase/19137.aspx，2014 年 3 月 3 日访问。

账的方法，将公司收入个人所有或转入关联公司从而侵害原告债权的事实。

经审理查明，自 2010 年起，被告业之峰公司及其扬州分公司曾在花样年华等小区承接多起房屋装修工程，并将之转包给原告施工，但工程款一直拖欠，截至目前尚欠原告装修款 58446.92 元。业之峰公司成立于 2008 年 12 月 5 日，公司注册资本为人民币 10 万元，原股东 / 发起人为李某女、李××，认缴出资额分别为 4 万元、6 万元，实际出资 4 万元、6 万元。2011 年 5 月 25 日，公司股东变更为李某女、王××，认缴出资 4 万元、6 万元，实际出资 4 万元、6 万元，法定代表人也变更为王××。2011 年 6 月 21 日，被告王××曾以业之峰公司和李某女为被告向本院起诉，要求解散业之峰公司，本院立案受理后，王××申请保全公司账册，但本院在其提供的地点未能找到，2011 年 9 月 19 日本院以证据不足为由判决驳回王××的诉讼请求。2008 年 12 月 5 日至 2012 年 3 月 31 日被吊销营业执照之前，业之峰公司正常营业，但自 2012 年 3 月 31 日至今一直未进行清算。

上述事实，有原告与业之峰公司工程结算表、业之峰公司工商登记查询表、业之峰现金会计沈阳证言、业之峰扬州分公司建行账户和农行账户对账单、业之峰代理人张木洋调查笔录以及原、被告双方当庭一致陈述等证据予以证实。

最后判决被告仪征业之峰装饰工程有限公司于本判决生效之日起 10 日内给付原告段×× 工程款 58446.92 元，被告李××、李某女、王×× 承担连带给付责任。

（二）争议焦点

本案是否存在人格混同的问题？

（三）法理评析

公司形骸化最主要的表现就是股东对公司的过度控制，也就是股东通过对公司的控制而实施不正当影响，使公司丧失了独立意志和利益，成为为股东谋取利益的工具。

就本案来看，从原告提供的现金会计沈阳的证言、业之峰扬州分公司建行账户和农行账户对账单、原告本人和强贵明等人的结算单等证据已能证明业之峰有营业收入，但公司账册掌握在被告李××、李某女手中，现因二被告的原因，公司账册下落不明，应推定原告主张的被告李××、李某女将业之峰经营收入混同于个人财产或关联公司财产，滥用公司法人独立地位和股东有限责任，逃避公司债务的事实成立，被告李××、李某女的行为已严重损害了原告的利益，因此二人应对该笔债务承担连带责任。从人格混同理论的角度分析，作为公司股东的李××、李某女对公司的经营实施了不正当的控制或影响，导致该公司一定程度的形骸化。

案例 5 公司人格滥用情况下的责任类型
——于爱平与郭胜利、融汇资产管理公司等民间委托理财合同纠纷案 [1]

（一）案例简介

原告于爱平与被告郭胜利、山东融汇资产管理有限公司（以下至判决主文前简称融汇公司）、费县圣大置业有限公司（以下至判决主文前简称圣大公司）民间委托理财合同纠纷一案，本院受理后，现已审理终结。

经审理查明，原告于爱平分别于 2012 年 1 月 17 日、2012 年 2 月 16 日与被告融汇公司签订委托理财协议书二份，均约定：原告将其自有资金委托被告融汇公司做投资理财业务，理财金额为 100000 元，投资期限按实际投资理财期限计算，投资分红率三个月期年分红率 12%，半年期年分红率 13%，一年期年分红率 14%，五年以下年分红率 20%。原告若单方提前终止委托，须提前 10 天向被告融汇公司提出申请，被告融汇公司应全额向原告返还投资款，并按同期分红率向原告支付红利。合同的委托方处有原告于爱平本人签字，受托方处均有被告郭胜利本人签字、捺印，盖有被告融汇公司的公章及其法定代表人杨培永的个人印章。合同签订后，原告分别于 2012 年 1 月 17 日、2012 年 2 月 16 日，各将 100000 元现金汇入被告郭胜利个人账户×××1652，被告融汇公司为原告出具 100000 元委托理财凭证二份。二份理财凭证均载明，委托人为原告于爱平，受托人为被告融汇公司，账号为被告郭胜利个人银行账号×××1652。后原告依约要求被告融汇公司返还投资理财款及分红未果，诉至本院。另查明，被告融汇公司成立于 2011 年 12 月 20 日，法定代表人为

---

[1] 案例来源：山东省费县人民法院（2014）费商初字第 58 号民事判决书，载 http://www.court. gov.cn/zgcpwsw/sd/sdslyszjrmfy/fxrmfy/ms/201404/t20140423_857476.htm，2014 年 8 月 12 日访问。

杨培永，注册资本为 3000 万元，实收资本为 600 万元，股东为杨培永、被告圣大公司、郭士甜，被告圣大公司占股 80%；被告圣大公司成立于 2007 年 6 月 28 日，注册资本为 5000 万元，股东为被告郭胜利、郭胜顺，被告郭胜利占股 95.87%，法定代表人为被告郭胜利。

本院认为，原告与被告融汇公司签订的委托理财合同及被告融汇公司出具的委托理财凭证均系双方的真实意思表示，委托理财合同内容不违反法律、法规的禁止性规定，其委托理财合同合法有效。原告委托被告融汇公司进行投资理财，并将 20 万元现金汇入被告郭胜利个人账户，事实清楚、证据充分，本院予以确认。

最后，依照《中华人民共和国民法通则》第四条、第四十三条，《中华人民共和国公司法》第三条，《中华人民共和国合同法》第六十条，最高人民法院《关于民事诉讼证据的若干规定》第七条，《中华人民共和国民事诉讼法》第一百四十四条之规定，参照《中华人民共和国公司法》第二十条，判决如下：

一、被告山东融汇资产管理有限公司偿还原告于爱平委托理财款 200000 元及分红（其中 100000 元自 2012 年 1 月 17 日起至本判决确定的履行期限届满之日止、100000 元自 2012 年 2 月 16 日起至本判决确定的履行期限届满之日止，均按合同约定分红率计付）。

二、被告费县圣大置业有限公司对被告山东融汇资产管理有限公司的上述委托理财款及分红承担连带清偿责任。

三、驳回原告于爱平的其他诉讼请求。

（二）争议焦点

被告圣大公司是否应对被告融汇公司的债务承担连带清偿责任？

（三）法理评析

公司人格独立是指法律上公司具有主体资格，且这种主体资格独立于它的股东和成员。公司人格独立制度初被提出，曾得到了商界和法律界的广泛赞扬，它像一股神奇的魔力，推动了投资的增长和资本的积累，因为根据该制度股东不像过去在合伙等经济主体中一样要承担无限连带责任，股东仅以其出资对公司债务负责，这样使股东的经营风险具有了确定性和稳定性，从而有利于鼓励投资，加速资本的积累。但公司的人格独立制度并非毫无缺陷，它的最大弊端在于对债权人有失公正，尤其是股东滥用其权利时。于是人们便一直寻找消除公司人格独立制度负面影响的某种理论来防止股东规避法律，侵害债权人的利益。"公司人格否认"适用了这一需要。

就本案而言，被告融汇公司作为委托理财合同的主体，依约享有收取原告20万元理财款的权利，即原告支付的20万元理财款应为被告融汇公司的独立财产。被告圣大公司滥用股东权利，接收该20万元理财款的行为使公司资产未能保持独立地位而与股东财产发生混同，违反了在资本维持和资本不变原则前提下，公司保持独立法人地位承担责任，股东享有有限责任的制度。被告圣大公司这种滥用股东权利，造成被告融汇公司法人独立资产流失，已致被告融汇公司无法对外清偿大量债务的行为，严重损害了原告合法债权的实现。根据我国《公司法》第二十条的规定：公司股东应当遵守法律、行政法规和公司章程，依法行使股东权利，不得滥用股东权利损害公司或者其他股东的利益；不得滥用公司法人独立地位和股东有限责任损害公司债权人的利益。公司股东滥用股东权利给公司或者其他股东造成损失的，应当依法承担赔偿责任。公司股东滥用公司法人独立地位和股东有限责任，逃避债务，严重损害公司债权人利益的，应当对公司债务承担连带责任。所以，被告圣大公司应对被告融汇公司的债务承担连带清偿责任。

专题四：股东资格认定

一、法律知识点

股东资格是股东行使权利、承担义务的基础。根据《公司法》的规定，认定股东资格的标准有两个，即在实质上出资或者认缴出资，在形式上记录在股东名册上并经过登记。如果两个标准都满足，便基本上不存在问题，但是实际情况是比较复杂的，有的是股东没有出资，但是记录在册，有的反之，有的以他人名义出资等等。

（一）股东资格认定的实质标准——依法履行出资义务或者依法继受取得股权

股东身份确定的第一个条件是向公司出资或认购股份，或继受取得股权或股份，即具有实质上的投资关系，投资人应当亲自办理入职手续，保留原始凭据，以证明投资关系。

若股东实际向公司出资或认购股份，或继受取得股权或股份，则依法享有公司股权。根据《公司法》解释（三）第二十三条规定："当事人之间对股权归属发生争议，一方请求人民法院确认其享有股权的，应当证明以下事实之一：（一）已经依法向公司出资或者认缴出资，且不违反法律法规强制性规定;（二）已经受让或者以其他形式继受公司股权，且不违反法律法规强制性规定。"

在股东向公司出资或认购股份后，虚假出资、出资不实或抽逃出资的情况下，那么股东会可以对其限制股东权利或取消股东资格。

（二）股东资格认定形式标准及其原则

从司法实践来看，可以证明股东资格的法律文件一般有以下几项：1. 有关股东出资的证明文件。比如股东之间签署的出资协议、银行相关单据、验资文件等。2. 公司章程。依据《公司法》第二十五条的相关规定，股东的姓名或名称为有限责任公司章程的必载事项。故载有股东名字或名称的公司章程亦可证明股东资格。3. 出资证明书。根据《公司法》第三十二条及第七十四条的相关规定，有限责任公司成立以后，应向股东签发出资证明书。股权转让后，公司应当注销原股东的出资证明书，向新股东签发出资证明书。故当事人可凭出资证明书证明股东资格。4. 股东名册。根据《公司法》第三十三条的相关规定，有限责任公司应当置备股东名册。故当事人可凭股东名册证明股东资格。5. 工商登记资料。根据《公司登记管理条例》的相关规定，有限责任公司股东的姓名或名称属于公司的登记事项，并且当股东发生变更时，因自股权转让之日起 30 日内申请变更登记。

对于依法正常运转的公司而言，依据以上几种证据中的任何一种确认股东资格，得出的结论应当是一致的。然而由于公司运转不规范或处于非正常状态，使得依据以上证据判断股东资格得出的结论是不一致的。在司法实践中如何处理个案中的冲突呢？一般来说应当坚持下列原则：

1. 公司章程的记载具有确认股东资格的最高证据效力

公司章程之所以具有最强效力，是因为有限责任公司的所有股东应当在公司章程上签名盖章，而股东签署章程的行为实质上是股东真实意思的表示。经过股东签署的公司章程还必须经公司登记机关的审查并公布，对外具有公示的效力，是第三人判定股东的依据；对内是确定股东及其权利义务的根据，具有对抗股东与股东之间其他约定的效力。

2. 工商登记相比较出资证明书和股东名册具有较强的证据效力

在我国，公司注册登记是公司成立的必要条件，登记事项产生对抗第三人的效力，登记的内容在客观上具有使出资人成为股东的推定效果，即公司登记材料的记载不具有创设权利的效力，只具有权利推定的效力。因为登记机关是根据公司章程对有关股东姓名或名称进行登记记载的，因此可以根据登记材料认定股东资格，登记机关对公司股东的登记材料可作为证明股东资格并对抗第三人的依据。但是并不是说经注册登记才能取得股东资格，因为并非所有股东都要经过登记机关登记记载，而且登记记载仅仅具有程序上的意义，没有向登记机关办理相关的登记事项，不能有效对抗股东资格的取得。这也是工商登记效力低于公司章程而高于出资证明书和股东名册的理由。

3. 出资证明书的效力低于公司章程和工商登记的效力

出资证明书是有限责任公司股东出资的凭证，是公示对股东履行出资义务和享有股权的证明，这只是股东对抗公司的证明，只具有对内效力，而不具有对外公示的效力。持有出资证明书并不代表持有者享有股权，股东也不能通过转让出资证明书达到股权转让的效力。

4. 股东名册的效力应高于出资证明书

根据我国《公司法》的规定，有限责任公司应当置备股东名册，并且股东发生变动后，公司应当将变动情况记载于股东名册，据此公司股东名册也是认定股东资格的重要的依据。在没有相反证明的情况下，股东名册具有确定股东资格的效力，可以据此推定股东与公司的关系，它在公司内部具有股东对抗公司的证明力。出资证明书在司法实践中只能是一种书面形式的证据，在股东资格认定中不可能产生决定性的效力，出资证明书的持有人不能仅仅以持有出资证明书而向公司主张股东资格。

（三）注意司法解释及地方规范

股东身份确定的第二个条件是，股东姓名或名称被登记在公司章程或股东名册或在公司登记机关登记。若股东股权未经登记，根据《公司法》解释（三）第二十四条规定："当事人依法履行出资义务或者依法继受取得股权后，公司未根据《公司法》第三十二条、第三十三条的规定签发出资证明书、记载于股东名册并办理公司登记机关登记，当事人请求公司履行上述义务的，人民法院应予支持。"股东向公司依法缴纳出资后，就履行了其对公司的义务，股东也应当从公司获得相应的股东权利，公司也应当向股东签发出资证明书，将股东的名称登记记载在相关文件上，这些内容实际上也是公司对股东的义务。

《江苏省高级人民法院关于审理适用公司法案件若干问题的意见（试行）》在2003年的江苏省高级人民法院审判委员会第21次会议上通过。其中《江苏省高级人民法院关于审理适用公司法案件若干问题的意见（试行）》第二十六条至三十三条着重讲述了如何认定有限公司的股东身份。一般情况下，公司股东身份的认定应该根据工商登记文件的记载来确定，但是也有例外的情形：1. 以根本不存在的人的名义或盗用他人的名义出资并登记为股东设立公司的，应认定实际出资人为股东；2. 当事人对股东资格有明确约定，且其他股东对隐名者的股东资格予以认可的；3. 根据公司章程的签署，实际出资，出资证明书的持有以及股东权利的实际行使等事实可以作出相反认定的；4. 股东（包括挂名股东、隐名股东和实际股东）与公司之间就股东资格发生争议，应根据公司章程、股东名册的记载作出认定，章程、名册未记载但已依约实际出资并实际以股东身份行使股东权利的，应认定其具有股东资格；5. 股权转让人、受让人以及公司之间因股东资格发生争议的，应根据股东名册的变更登记认定股东资格。公司未办理股东名册变更登记前，受让人实际已参与公司经营管理，行使股东权利的，应认定受让人具有股东资格。由此可见，目前认定公司股东身份不是单一地、绝对地以工商登记为准。

二、相关案例分析

案例1 股东资格确认的法理依据

——娄某与北京康百杰医疗科技发展有限公司等股东资格确认纠纷案[1]

（一）案例简介

上诉人娄某因与被上诉人北京康百杰医疗科技发展有限公司（以下简称科技公司）、原审第三人温某某、原审第三人宋某股东资格确认纠纷一案，不服北京市西城区人民法院（2012）西民初字第6351号民事判决，向本院提起上诉，本案现已审理终结。

一审法院审理查明：一、科技公司的基本情况：科技公司设立时间为2008年9月17日，系有限责任公司，法定代表人温某某，注册资本为100万元。科技公司股东为温某某与宋某二人，温某某出资额为77万元，宋某出资额为23万元。二、有关股权说明书：2011年10月14日，温某某向娄某出具股权说明书一份，其上载明：科技公司所持原始股权，娄某占40%。

以上事实，有股权说明书、科技设立时相应的验资报告、科技公司在工商行政管理机构备案的企业登记档案及当事人陈述在案佐证。

综上所述，判决：驳回娄某的诉讼请求。

娄某不服一审法院上述民事判决，向本院提起上诉。

本院依法补充查明以下事实：科技公司成立之前，娄某曾以自己的名义向温某某汇款，娄某为法定代表人的威莱森公司曾向北京世纪科力医疗器械有限

---

[1] 案例来源：北京市第一中级人民法院（2012）一中民终字第12053号民事判决书，载http：// www.legal-risk.cn/n3808c11.aspx，2014年3月12日访问。

公司汇款，娄某称上述汇款系其委托温某某成立科技公司使用，但温某某对此予以否认。诉讼中，娄某称其主张享有科技公司40%股权的理由是其系科技公司实际出资人。

本院经审理查明的其他事实与一审法院查明的事实一致。

上述事实，还有各方当事人陈述在案佐证。

本院认为：股东资格确认纠纷，是指股东与股东之间或者股东与公司之间就股东资格是否存在，或者具体的股权持有数额、比例等发生争议而引起的纠纷。最高人民法院《关于适用〈中华人民共和国公司法〉若干问题的规定（三）》第二十三条规定："当事人之间对股权归属发生争议，一方请求人民法院确认其享有股权的，应当证明以下事实之一：（一）已经依法向公司出资或者认缴出资，且不违反法律法规强制性规定；（二）已经受让或者以其他形式继受公司股权，且不违反法律法规强制性规定。"本条司法解释是当事人之间对股权归属发生争议、请求法院确认股权时，应当向法院证明的事实的规定。根据上述司法解释可知，当事人取得股权有两种方式，一是原始取得，即在公司设立或增资中通过向公司出资或者认缴出资取得股权及股东资格；二是继受取得，即从他人处受让股权。就本案而言，娄某上诉请求确认其享有科技公司40%的原始股权，理由是科技公司成立时，其对科技公司进行了出资，故根据上述司法解释的规定，娄某主张其取得科技公司股权的方式应属原始取得。对此本院认为，股东取得完整无瑕疵的股东资格和股东权利，须符合两个要件，即实质要件和形式要件，实质要件是以出资为取得股东资格的必要条件，形式要件是对股东出资的记载和证明，是实质要件的外在表现。就本案而言，娄某主张其在科技公司成立时进行了出资，并且科技公司出具了股权证明书，温某某出具了股权说明书，应当能够证明其享有科技公司40%股权。对此本院认为，虽然科技公司成立之前，娄某曾以自己的名义向温某某汇款，娄某为法定代表人的威莱森公司亦曾向北京世纪科力医疗器械有限公司汇款，但在温某某予以否认的情况下，娄某未能举证证明上述汇款系用于委托温某某成立科技公司，故娄某不具备取得科技公司40%股权的实质要件。就形式要件而言，科技公司的章程及工商登记均未将娄某列为科技公司的股东。虽然温某某向娄某出具了股权说明书，但该股权说明书与法律规定的股东出资证明在形式上存在明显差异，一审法院对此论述清晰、明确，本院予以认同，在此不再赘述。娄某上诉认为其提供的科技公司出具的股权证明书应当予以认定，对此本院认为，在科技公司予以否认的情况下，娄某未能提供股权证明书的原件，虽然娄某在二审诉讼中补充提供了现场勘验邮件截屏打印件和证人证言，但该部分证据并不足以证明股权证明书的真实性，故一审法院对该证据未予采信并无不妥。综上，娄某未能举证证明其在科技公司成立时对科技公司进行了出资，不符合成为公司股东的实质要件，娄某亦未能举证证明其取得了有效的出资证明等形式要件，故其关于请求确认其享有科技公司40%股权的主张，无事实及法律依据，本院不予支持。判决如下：驳回上诉，维持原判。

（二）争议焦点

娄某是否是科技公司的股东？

（三）法理评析

从法理上来说，取得公司股东资格的途径有二：一是原始取得；二是继受取得。本案中所涉争议为娄某是否可以被该院认定为科技公司的原始股东。由此，从以下几方面进行分析：第一，有关公司章程与股东名册：娄某并非公司章程与股东名册中记载的股东。第二，有关实际出资：通过案件的审理，娄某向法庭提交的其与科技公司、温某某之间的款项往来仅能佐证双方之间的债权、债务关系，而无法使法庭作出其向科技公司实际出资的事实认定。第三，有关出资证明：在案件审理过程中，娄某向法庭提供了由温某某向其出具股权说明书一份，其上载明：科技公司所持原始股权，娄某占40%，娄某认为该股权说明书具有持股证明（出资证明）的属性。但根据我国《公司法》第三十二条规定："出资证明书应当载明下列事项：（一）公司名称；（二）公司成立日期；（三）公司注册资本；（四）股东的姓名或者名称、缴纳的出资额和出资日期；（五）出资证明书的编号和核发日期。出资证明书由公司盖章。"由此看来，持股证明是要式证书，必须依法定条件制作，必须记载法律规定的事项。从上述法律特征分析，温某某向娄某出具的股权说明书与法律规定的持股证明（出资证明）在形式上存在明显差异。此外，持股证明只是一种证明股东所持股份或出资的凭证，系认定股东资格的初步证明，而非认定股东资格的唯一要件。股东资格的确认，还必须对相对人的实际出资行为进行审查。而依据法庭查证，娄某现无证据佐证其实际出资行为。第四，有关隐名股东：隐名股东系依隐名出资人与显名人之间的合同关系而产生。而在本案中，娄某并未向法庭提交相关证据佐证其与温某某之间存在此种合同关系。综上，娄某不是科技公司的股东。

案例 2 股东资格的形式表征
——王金莲与鼎立食品有限公司股东资格确认纠纷案 [1]

（一）案例简介

原告王金莲与被告安阳市鼎立食品有限责任公司（以下简称安阳鼎立公司）股东资格确认纠纷一案，本院于 2011 年 9 月 20 日受理后，依法组成合议庭，于 2011 年 11 月 11 日公开开庭进行了审理。

原告王金莲诉称，安阳肉类联合加工厂于 2004 年改制组建成被告安阳市鼎立食品有限责任公司，注册资本为 1816000 元。原告为原肉类联合加工厂职工，根据当时改制方案，原告于 2004 年 3 月 26 日出资 4000 元入股安阳市鼎立食品有限责任公司，被告向原告出具了股权证书，股权证书载明登记日期为 2004 年 4 月 2 日。2011 年初，原告多次向被告主张其股东权利，被告均无答复。后原告到工商局查询，被告并未将原告登记为股东。现请求法院确认原告王金莲为被告安阳市鼎立食品有限责任公司的合法股东，并判令被告履行申请登记义务，将原告载入股东名册，本案诉讼费用由被告承担。

被告安阳鼎立公司辩称，原告王金莲的股权证书真实有效，由于老厂系 2004 年改制，截至目前股东已经更换了五次，五次股东名单上均无原告，每次更换原告均未请求其股权，原告应当对此承担责任。

经审理查明，被告安阳市鼎立食品有限责任公司成立于 2004 年 4 月 2 日，注册资本为 1816000 元。2004 年 3 月 25 日，原告王金莲向河南省安阳市肉类联合加工厂新企业交纳 4000 元为出资额，后被告向原告颁发了股权证书，股权证书载明登记日期为 2004 年 4 月 2 日，注册资本为 1816000 元，编号 0047。在被告 2004 年 3 月 27 日的公司章程股东的出资方式和出资额一栏中，并未记载原告的姓名及出资额。

上述事实，原告王金莲提交的证据为：股权证书、交款单据、被告企业信息查询单、2004 年被告验资档案。被告安阳鼎立公司提交的证据为：2004 年至 2011 年期间 4 份公司章程。上述所有证据经当庭举证、质证，结合当事人

---

[1] 案例来源：安阳市文峰区人民法院 2012 年 4 月 12 日关于王金莲诉安阳市鼎立食品有限责任公司股东资格确认纠纷一案一审民事判决书，载 http://www.110.com/panli/panli_45049168.html，2014 年 2 月 12 日访问。

庭审陈述，可以作为定案的依据。

本院认为，原告王金莲以现金的形式交纳了 4000 元的出资，被告已向原告签发了出资证明书，其已经具备了股东的资格，被告应当将原告的姓名、出资额和出资证明书编号记载于股东名册中，但被告并未履行记载的行为，导致原告未能实现股东的权利。依据《中华人民共和国公司法》第三十二条、第三十三条之规定，判决如下：一、确认原告王金莲系被告安阳市鼎立食品有限责任公司的股东；二、限被告安阳市鼎立食品有限责任公司于本判决生效后三十日内履行王金莲股东登记的义务。

（二）争议焦点

是原告放弃股东权还是被告没有尽到责任？

（三）法理评析

股东向企业投资取得股东地位，目的就是要行使股东权，包括自益权和公益权，否则该股东的投资就是一项慈善行为。从该案一系列证据来看，显然属于前者。再看本案被告的陈述："由于老厂系 2004 年改制，截至目前股东已经更换了五次，五次股东名单上均无原告，每次更换原告均未请求其股权，原告应当对此承担责任。"不禁要问，更换别的股东难道就要取消原告股东权吗？显然该理由是站不住脚的。所以，该案是被告没有尽到应有的法律义务。

案例 3 股东资格确认中的时效问题
——甲商店与董某某股东资格确认纠纷案 [1]

（一）案例简介

上诉人甲商店因股东资格确认纠纷一案，不服兰州市七里河区人民法院（2013）七民初字第 20361 号民事判决，向本院提起上诉。本院受理后，依法组成合议庭审理了本案，现已审理终结。

---

[1] 案例来源：甘肃兰州市中级人民法院（2014）兰民二终字第 21 号民事判决书，载 http://www.court.gov.cn/zgcpwsw/gs/gsslzszjrmfy/ms/201403/t20140328_637502.htm，2014 年 8 月 12 日访问。

原审查明，1999 年，甲商店根据兰州市关于国有企业股份合作制改革的相关意见，从全民所有制企业改制为股份合作制企业。根据改制的实施方案，甲商店在 1998 年 12 月份有在册职工 28 人，整体负担养老，整体买断工龄，不再保留国有职工身份，买断工龄后形成的资产界定到个人名下形成工龄股。本企业员工每人应认购 5000 元的股份可以获得企业股东身份，确有困难的可先付 2000 元。董某某于 1999 年 4 月 27 日、8 月 16 日两次出资 2000 元，甲商店收取了该款，并由其财务人员出具了加盖有公章的收据。2012 年 7 月 20 日，董某某曾给甲商店递交情况说明，要求甲商店对其股东身份予以确认。此后，因经营困难甲商店便承包给了个人。甲商店给员工购买了养老、医疗等基本社会保险后每月发 100 多元的工资，董某某也没有再去上班。2013 年 7 月，董某某发现甲商店在其出资后，并未将其记载于股东出资名册中，故多次交涉，但甲商店拒绝承认其股东身份，遂酿成纠纷。

原审认为，根据甘肃省人民政府颁布实施的《甘肃省城镇股份合作制企业暂行办法》的规定，股份合作制企业实行职工全员入股，以工龄股（即：全体买断工龄，买断国有职工身份使每个职工拥有一份资产，作为改制后个人股份）及资格股（即：职工投资于企业形成的股份。本企业员工每人应认购 5000 元的股份以获得企业股东身份）来参与企业的经营。本案董某某系甲商店的职工，企业改制后，其工龄股的存在董某某与甲商店双方均无异议，在企业改制期间董某某与其他股东一样，交纳了 2000 元的资金，其也具备了股东身份。甲商店以董某某在开股东会议时放弃了自己的权利及现有股东会议决议不认可董某某股东身份的抗辩理由，事实不成立；甲商店提出已过诉讼时效，与法律规定不符，不予采纳。据此，判决：原告董某某具有甲商店股东资格。案件受理费 50 元，由甲商店承担。

宣判后，原审被告甲商店不服，提出上诉。

本院认为：1999 年，甲商店根据甘肃省人民政府颁布实施的《甘肃省城镇股份合作制企业暂行办法》的规定，制定实施方案，从全民所有制企业改制为股份合作制企业。依据实施方案，本企业员工每人应认购 5000 元股份以获得企业股东身份来参与企业的经营，确有困难可先付 2000 元，即为资格股。甲商店的职工除一人交纳了 1000 元其余 12 人均交纳 2000 元。董某某在实施方案后，向该商店分两次共计交纳了 2000 元，并由甲商店分别开出两份收据，注明的收款用途均为"投资股"，据此确立了甲商店收取董某某款项时的性质。现甲商店否认董某某的股东身份，却不能提供有效证据阻断改制实施方案与其以"投资股"的名义两次收取董某某共计 2000 元之间的关系，因此应依法确认董某某为甲商店拥有资格股的股东。综上，上诉人甲商店的上诉理由不能成立。判决如下：驳回上诉，维持原判。

（二）争议焦点

诉讼时效制度是否适用确权案件？

（三）法理评析

诉讼时效的适用范围是指诉讼时效适用哪些权利。对此我国《民法通则》未作明文规定，但依学理解释，诉讼时效主要适用于债权及债权以外的财产权请求权。因为诉讼时效的立法目的在于消灭因权利人不行使权利而导致的法律关系的不稳定状态。因诉讼时效届满丧失的是权利人请求人民法院强制义务人履行义务的权利，因此，只有请求权性质的民事权利才适用诉讼时效，但也不是所有的请求权都适用诉讼时效。其他如所有权、人身权、形成权等权利均不适用诉讼时效。

一般而言，适用诉讼时效的请求权包括：（1）债权请求权；（2）物权请求权中的财产返还请求权、恢复原状请求权。

不适用诉讼时效的请求权包括：（1）排除妨害、消除危险、所有权确认等物权请求权；（2）停止侵害请求权、消除影响等债权请求权；（3）基于身份关系发生的请求权，例如抚养费、赡养费、离婚、解除收养关系等请求权；（4）基于财产共有关系的共有物分割请求权；（5）基于相邻关系发生的请求权；（6）基于储蓄存款、债券关系发生的请求权；（7）非财产性质的保护人身权的请求权。

而按照最高人民法院关于审理民事案件适用诉讼时效制度若干问题的规定："第一条当事人可以对债权请求权提出诉讼时效抗辩，但对下列债权请求权提出诉讼时效抗辩的，人民法院不予支持：（一）支付存款本金及利息请求权；（二）兑付国债、金融债券以及向不特定对象发行的企业债券本息请求权；（三）基于投资关系产生的缴付出资请求权；（四）其他依法不适用诉讼时效规定的债权请求权。因此，诉讼时效制度不适用确权案件。"

案例4 股东资格认定的法律边界
——上海某电磁线厂与王某股东权纠纷再审案 [1]

（一）案例简介

原审上诉人上海某电磁线厂与原审被上诉人王某股东权纠纷一案，本院于 2004 年 12 月 24 日作出的（2004）沪一中民三（商）终字第 350 号民事判决，已经发生法律效力。上海某电磁线厂向本院提出申请再审。经本院审判委员会讨论决定，于 2005 年 12 月 19 日以（2005）沪一中民三（商）监字第 3 号民事裁定，决定对本案进行再审。本案现已审理终结。

原一审认定，王某系上海某电磁线厂（以下简称某厂）的职工。1997 年 8 月，某厂改制为股份合作制企业，注册资本人民币 508.5 万元（以下币种均为人民币），王某拥有其中的 215040 元。某厂的股本总额于 1999 年扩张为 1088 万元，当年 6 月，王某受让股份 32 万元。根据某厂企业的记载，1999、2000、2001年，王某在某厂处拥有的股份分别为 715040 元、855040 元、855040 元，占某厂股本比例分别为 6.57%、7.859%、7.859%。但某厂股本扩张的情况未经工商登记。2001 年 2 月 10 日，王某辞职离开某厂。2003 年 5 月 17 日，某厂召开股东会议并通过了修改章程等决议，修改后的章程规定，股东辞职或者被企业除名即丧失股东资格；股东丧失股东资格的，按其认缴出资金额退还，如资产净值低于出资额的，则按资产净值金额予以退还。王某对修改章程的决议投了反对票。次日，某厂通知王某复工并停止损害某厂利益的行为。同月 27 日，某厂向上海市南汇区经济体制改革办公室请示股权变更，在注册资本 508.5 万元不变的情况下，对内部股权作适当调整。同月 29 日，上海市南汇区经济体制改革办公室向某厂作出同意股权变更的批复。某厂即着手办理工商变更手续，变更后王某在某厂注册资本 508.5 万元中的实缴数登记为 50 万元，占 9.83%。同年 8 月 22 日，某厂就董事会决议内容通知王某：1. 自 2003 年 8 月 9 日始王某不再为某厂股东；2. 按王某实际出资额的股本金全额予以退还，原享有的企业奖励股予以取消；3. 2003 年股利分配之权利不予享有，并要求王某于 2003 年 8 月底之前领取退股本金 35 万元。

---

[1] 案例来源：上海市第一中级人民法院（2006）沪一中民三（商）再终字第 1 号民事判决书，载 http://www.lawkey.net/2012/0216/1768.html，2014 年 8 月 12 日访问。

原一审认为，股东权兼具财产权和身份权即股东资格，股份合作制企业的职工股东的股东权同样受法律保护，企业章程或者股东大会决议无权剥夺职工股东的股东权，2003 年 5 月 17 日章程第六十条第一款第五项规定股东辞职或被企业除名的即丧失股东资格，非法侵犯王某的股东权，应认定为无效。企业法人的资本非经法定程序不得减少，否则将丧失承担民事责任的基础。2003 年 5 月 17 日章程第六十一条第四款规定股东辞职等或按认缴出资金额或按资产净值金额退还出资额的办法，违反了资本维持原则，也应认定为无效。审理中某厂与王某一致明确 2003 年 8 月之前，某厂的注册资本 508.5 万元，其中，王某出资 50 万元，占 9.83%。该结果与工商登记事项相符，应予确认。据此，原一审判决确认某厂 2003 年 5 月 17 日的章程第六十条第一款第五项及第六十一条第四款无效；确认 2003 年 8 月 22 日某厂向王某作出的要求其退股的通知无效；确认王某对某厂的实缴出资额为 50 万元，占注册资本 508.5 万元的 9.83%；案件受理费 13560 元，由某厂负担 9492 元，王某负担 4068 元。

某厂提出上诉，原二审认为，王某系某厂的股东，对此，已有某厂的公司章程及工商登记等证据为证。而某厂在原审庭审中也确认王某的股东身份，并同时明确在 2003 年 8 月之前，某厂的注册资本以 508.5 万元为准，其中王某出资 50 万元，占 9.83%。按《上海市股份合作制企业暂行办法》的规定，股份合作制企业以外的个人可持有该企业的股份。王某于 2001 年 2 月 10 日辞职离开某厂，但其不会因此就丧失股东资格，其在某厂的股份依然存在，并未转让给他人，其作为某厂的股东，仍对某厂享有股东权利。某厂在王某辞职离开后召开股东大会并重新制定公司章程，其形式虽然合法，但在该章程中就有关"股东辞职或者被企业除名的即丧失股东资格"及"股东丧失股东资格的，按其认缴出资额退还，但如资产净值低于出资额的，按资产净值金额予以退还"的规定，剥夺了王某所应享有的股东权利，损害了王某的合法权益，应属无效。判决：驳回上诉，维持原判。二审案件受理费人民币 13560 元，由某厂负担。

本院经再审查明，1999 年 5 月 3 日某厂曾召开董事会一届九次会议，会议制定了《上海某电磁线厂规范股权及股权管理的办法》及《上海某电磁线厂股权管理办法》。上述《上海某电磁线厂股权管理办法》第十三条规定："企业股东所持股份一般情况下不得退股，但股东调出、辞职、除名、退休、死亡等情况，本办法规定一律予以退股，职工个人享受的影子股，全部收回，对擅自离厂者一律退股。"

本院认为，本案系属股份合作制社会福利性企业与其股东之间产生的纠纷。

由于股份合作制企业是由我国国有小企业和集体企业改制而成，其既不是股份制企业，也不是合伙企业，且与一般的合作制企业也不同。某厂既属股份合作制企业，但其企业还具有社会福利性，因此，某厂是属股份合作制社会福利性的企业；对此类企业内部的纠纷，应参照相关的法律法规。其一，根据国务院批准印发的体改生（1997）96号《关于发展城市股份合作制企业的指导意见》的通知及上海市根据国务院意见制定的《上海市股份合作制企业暂行办法》第三条规定："本办法所称的股份合作制企业，是指以企业职工出资为主或者全部由企业职工出资构成企业法人财产，合作劳动，民主管理，按劳分配和按股分红相结合的企业法人。"即是说以企业劳动者出资才能成为企业股东为前提，不是企业劳动者，不能出资成为股东。某厂还是社会福利企业，有固定的残疾职工，享有政府的免税政策，这也不同于普通的股份合作制企业，某厂属于特殊性的社会福利性质的股份合作制企业。其二，《上海市股份合作制企业暂行办法》第二十五条（退股限制）规定："股份合作制企业设立后，股东所持股份不得退股。但遇职工股东调出、辞职、除名、退休、死亡等情况，可由企业按企业章程规定或者股东大会决议处理。"国务院批准印发的体改生（1997）96号《关于发展城市股份合作制企业的指导意见》的通知及上海市根据国务院意见制定的《上海市股份合作制企业暂行办法》，亦即是根据此类不同的企业性质，特别制定了不同部门规章和地方法规，这是本院参照处理本案的依据。其三，王某系属企业的股东，其以股东身份提出的意见，亦应通过股东之间酝酿，再行股东（代表）大会予以争议定夺。《上海市股份合作制企业暂行办法》第二十八条规定："股东大会是股份合作制企业的权力机构。"本院再审中查明某厂在1999年5月3日曾召开董事会一届九次会议，会议制定了《上海某电磁线厂规范股权及股权管理的办法》及《上海某电磁线厂股权管理办法》。会议制作的《会议纪要》，时任副董事长的王某亦签字予以认可。上述《上海某电磁线厂股权管理办法》第十三条规定了股东辞职，即应退股的决议。王某作为股东，亦作为副董事长参加了该董事会，并签字认可。对此，王某再行诉讼争议，缺乏事实与法律的依据。

综上所述，上述不同部门规章和地方法规，对本案的纠纷均有具体而明确的规定，这是本院参照处理本案的依据。原一、二审所作判决不当，本院应予纠正。对于王某的诉讼请求，除双方当事人在原审中确认其对某厂所出资额为人民币50万元、占注册资本人民币508.5万元的9.83%外，王某的其他诉讼请求，均缺乏事实与法律的依据，本院不予支持。据此，判决如下：

一、撤销本院（2004）沪一中民三（商）终字第 350 号民事判决和上海市南汇区人民法院（2004）汇民二（商）初字第 33 号民事判决第一、二项。

二、维持上海市南汇区人民法院（2004）汇民二（商）初字第 33 号民事判决第三项。

三、王某的其他诉讼请求不予支持。

原一、二审的案件受理费共计人民币 27120 元，由王某负担。

（二）争议焦点

如何看待本企业章程或者股东大会决议？

（三）法理评析

本案应从特别法与一般法如何使用的角度加以分析。"特别法优于一般法"是世界各国普遍确立的司法适用的一项基本原则，我国 2000 年通过的《立法法》第 83 规定，同一机关制定的法律、行政法规、地方性法规、自治条例和单行条例、规章，特别规定与一般规定不一致的，适用特别规定。

本案企业是股份合作制社会福利性企业。其既不是通常的股份制企业，也不是合伙企业，且与一般的合作制企业也不同。对此类企业内部的纠纷，应参照相关的法律法规。其一，根据国务院批准印发的（1997）96 号《关于发展城市股份合作制企业的指导意见》的通知及上海市根据国务院意见制定的《上海市股份合作制企业暂行办法》第三条规定："本办法所称的股份合作制企业，是指以企业职工出资为主或者全部由企业职工出资构成企业法人财产，合作劳动，民主管理，按劳分配和按股分红相结合的企业法人。"即是说以企业劳动者出资才能成为企业股东为前提，不是企业劳动者，不能出资成为股东。其二，《上海市股份合作制企业暂行办法》第二十五条（退股限制）规定："股份合作制企业设立后，股东所持股份不得退股。但遇职工股东调出、辞职、除名、退休、死亡等情况，可由企业按企业章程规定或者股东大会决议处理。"其三，《上海市股份合作制企业暂行办法》第二十八条规定："股东大会是股份合作制企业的权力机构。"

根据我国相关法律法规及上述政府的有关规定，结合法院查明的事实，本企业章程或者股东大会决议有法定依据。再审法院判决是对的。

案例5 公司章程对股东资格约束的效力认定

——常州化工设备有限公司与丁琴梅股东资格继承纠纷案 [1]

（一）案例简介

上诉人常州化工设备有限公司（以下简称设备公司）为与丁琴梅股东资格继承纠纷一案，不服常州市钟楼区人民法院（2006）钟民二初字第636号民事判决，向本院提起上诉。本院现已审理终结。

原审法院经审理查明，丁琴梅之夫周祥玉生前系设备公司职工。自2001年起至2005年止设备公司以股本金、投资款等名义向周祥玉收取现金183000元。2005年2月28日周祥玉死亡，留有遗嘱《全家明知事》，遗嘱载明"……，总公司股权由丁琴梅继承……"周祥玉共有法定继承人四人，分别是其母周玉珍（钱玉珍），其子周忠明、周利明，其妻丁琴梅。在原审法院审理中，周玉珍、周忠明、周利明确表示对《全家明知事》的真实性无异议；对丁琴梅继承周祥玉的股权无异议；上述"总公司"即指设备公司。2006年8月9日、8月17日丁琴梅致函设备公司董事会要求设备公司办理周祥玉股权继承的工商变更登记手续，设备公司未予回复。

设备公司2002年5月10日制订的章程第九条载明，周祥玉以货币出资11万元，占注册资本的5.5%，在2002年7月15日前全部出齐。章程第十一条规定，股东死亡情况发生时，其所持股份可予以转让，并由其继承人办理转让手续。2005年5月28日，设备公司在明知周祥玉死亡未通知周祥玉继承人参加的情况下，召开第十次股东会，对2002年5月17日的章程进行了修改，修改后的章程第二条规定，公司股东为设备公司在册职工或公司董事会聘用人员。章程第十一条规定，股东死亡，其所持出资应予转让。章程第九条载明，公司股东周祥玉以货币出资183000元，占注册资本2.35%，在2005年4月22日前全部出齐。在原审法院审理中，丁琴梅坚持其诉讼请求。设备公司以修改后的章程第二条、第十一条规定为由，认为周祥玉的股权只能按修改后的章程规定转让，不能变更到原告名下。由于双方各执己见，致使调解无效。

---

[1] 案例来源：江苏省常州市中级人民法院（2007）常民二终字第1号民事判决书，载 http://www.sh148.org/law04/law03/10457.htm，2014年1月11日访问。

原审法院认为，继承从被继承人死亡时开始。本案所涉继承自被继承人周祥玉 2005 年 2 月 28 日死亡时开始。根据最高人民法院《关于适用〈中华人民共和国公司法〉若干问题的规定（一）》第一条规定，公司法实施后，人民法院尚未审结的和新受理的民事案件，其民事行为或事件发生在公司法实施以前的，适用当时的法律法规和司法解释。第二条规定，因公司法实施前有关民事行为或者事件发生纠纷起诉到人民法院的，如当时的法律法规和司法解释没有明确规定的，可参照公司法的有关规定。本案继承发生在修订后的公司法实施前，按上述司法解释的第一条规定，应适用修订前的公司法。但因修订前的公司法对有限责任公司的股东资格能否继承未作规定，而修订后的公司法对此有明确规定，因此本案纠纷的处理应参照修订后的公司法。修订后的公司法第七十六条规定，自然人股东死亡后，其合法继承人可以继承股东资格。但是，公司章程另有规定的除外。按照此规定，只要在本案所涉继承开始时公司章程未对股东资格的继承作出禁止性规定，继受股份就成为公司股东。2002 年 5 月 10 日设备公司制订的章程规定自然人股东死亡后，其股份可予以转让。以此可看出，该章程对股东资格的继承未作禁止性规定。综上，丁琴梅依据周祥玉的遗嘱及公司法第七十六条的规定要求继承周祥玉的股东资格，并要求设备公司到工商部门办理股东变更登记手续的诉讼请求，符合法律规定，应予支持。丁琴梅作为周祥玉的遗嘱继承人，在周祥玉死亡时即继承周祥玉的股东资格。而设备公司在明知周祥玉已死亡，在未通知周祥玉继承人参加股东会的情形下召开股东会并修改章程，剥夺丁琴梅对周祥玉股东资格的继承权，违反了公司法关于股东会由全体股东组成，修改公司章程的职权由股东会行使的规定。该章程的修改因程序违法而无效。设备公司依据无效的章程对抗丁琴梅的诉请，缺乏法律依据。该院判决：被告设备公司于判决生效之日起十五日内到工商部门将周祥玉名下的全部股权变更至丁琴梅名下。案件受理费 5170 元、其他诉讼费 2030 元，合计 7200 元，由设备公司负担。

设备公司不服原审法院判决，向本院提起上诉，请求撤销原判，依法改判。理由为：不论是按照公司 2002 年的章程还是 2005 年修改后的章程，丁琴梅都不能成为设备公司的股东。1. 公司 2005 年修改后的章程规定："股东死亡，其出资应予转让。"按此规定，丁琴梅只能继承周祥玉的股份转让所得的财产权益，而不能继承其股东资格。2. 2002 年的公司章程对股东资格作了明确规定，第二条：公司实行有限责任公司，股东为常州市化工设备厂职工；第八条：1.符合股东条件，可作为自然人股东，行使权利。2.公司成立后，凡与公司建立正式合作关系的在册职工，符合有关规定，经股东会批准，可认购出资。3.股东不得随意变更。从以上规定可以看出，章程对可以成为股东的自然人的条件作出了明确规定，即必须是本公司的职工。对于 2002 年公司章程第十一条规定，"股东死亡，其股份可予以转让，由其继承者办理转让手续"，原审判决的认定明显错误。转让与继承是两个完全不同的法律概念，且彼此之间应是相斥的而非相容的关系，该条款的实质就是仅肯定了对死亡股东的股份只能转让，而否定了股份可以继承，否则，其表述应为"其股份可予以转让或者继承"。对该条款的理解不能孤立于章程全文来理解。新《公司法》第七十六条"但是，公司章程另有规定的除外"，所指的也应当是公司章程全文中有关内容，而绝非仅片面地某一单独条款。2002 年的公司章程除了上述十一条外，第二条、第八条均对成为公司股东的自然人的条件作了明确规定，这其实就是对继受股份成为公司股东的人的资格作了限制，股份的受让人（包括股东的继承人）如果不是公司的在册职工，不符合章程规定的股东条件，就不能受让股份享有股东资格。所以，"股东死亡后，其股份可予以转让"是指股东死亡后，股份只能转让，且必须转让给本公司的原有股东或者是符合条件的其他在册职工。而"由其继承者办理转让手续"仅指继承人根据继承的有关法律规定就股份转让所得的财产权益办理交接等必须手续而已。

本院经审理查明的事实除了与原审法院查明的事实相同的以外，另查明，2002 年 5 月 17 日设备公司第一次股东大会通过的设备公司章程第二条规定：公司实行有限责任公司，股东为常州市化工设备厂职工，实行入股自愿、同股同权、风险共担、利益共享的原则。第八条规定：一、符合股东条件，可作为自然人股东，行使股东权利……；二、公司成立后，凡与本公司建立正式合同关系的在册职工，符合有关规定，经股东会批准，可认购出资；三、股东不得随意变更等。第十一条规定：……股东向股东以外的人转让出资时，必须经全体股东过半数同意；……。

本院认为，由于周祥玉是于 2005 年 2 月 28 日死亡，故本案的继承事实发生在《公司法》修订之前，但根据当时的法律法规和司法解释，对于股东资格的继承并无明确的规定，故按照有关司法解释的规定，可参照新《公司法》的有关规定，即第七十六条："自然人股东死亡后，其合法继承人可以继承股东资格；但是，公司章程另有规定的除外。"据此，新《公司法》是认可死亡股东的继承人可以继承股东资格的，除非公司章程另有限制。因继承事实发生时，设备公司合法有效的章程为 2002 年 5 月 17 日的章程，而该章程并未对设备公司股东死亡之后继受股份成为公司股东的自然人的资格作出限制性的特别规定，故丁琴梅依法要求继承周祥玉的股东资格并要求办理股东变更登记手续的诉讼请求符合法律规定。上诉人认为章程第二条规定"股东为常州市化工设备厂职工"，即是对继受股东资格的限制，但该规定仅是对出资认缴人身份作出的限制，并非是对股权转让所作的禁止性规定，而且上诉人的理解也与当时制定章程的相关意思表示，即章程第十一条规定"股东可以向股东以外的人转让出资"相矛盾。综上，判决如下：驳回上诉，维持原判。

（二）争议焦点

"股东为常州市化工设备厂职工"是对出资人的要求还是对继承人的要求？

（三）法理评析

公司章程是公司依法制定的、规定公司名称、住所、经营范围、经营管理制度等重大事项的基本文件，也是公司必备的规定公司组织及活动基本规则的书面文件。公司章程是股东共同一致的意思表示，载明了公司组织和活动的基本准则，是公司的宪章。公司章程具有法定性、真实性、自治性和公开性等基本特征。公司章程的内容只要不违背法律法规的强制性规定，就对该公司具有法律约束力。从 2002 年的公司章程的内容来看，对股东资格作了明确规定，第二条：公司为有限责任公司，股东为常州市化工设备厂职工；第八条：1. 符合股东条件，可作为自然人股东，行使权利。2. 公司成立后，凡与公司建立正式合作关系的在册职工，符合有关规定，经股东会批准，可认购出资。3. 股东不得随意变更。从以上规定可以看出，章程对可以成为股东的自然人的出资作出了明确规定，即必须是本公司的职工。2002 年公司章程第十一条规定"股东死亡，其股份可予以转让，由其继承者办理转让手续，股东可以向股东以外的人转让出资"。从"股东死亡，其股份可予以转让，由其继承者办理转让手续"该条来看，也可以不予以转让。由于对其内容双方产生分歧，而作为自然人的继承人一方与作为专业组织的公司一方相比，显然处于弱势。所以法院作出对继承人有利的判决并无不妥。

案例 6 股东资格诞生的时间界限

——冯增文与北京顺途科技有限公司等股东资格确认纠纷案 [1]

（一）案例简介

原告冯增文与被告北京顺途科技有限公司（以下简称顺途公司）、被告关庆海及第三人冯京毅股东资格确认纠纷一案，本院受理后，现已审理完毕。

原告冯增文起诉称："2013 年 3 月 11 日，我与顺途公司股东关庆海经充分协商，签订了《股权转让协议书》，约定关庆海将其持有的顺途公司中 6 万元出资额（占顺途公司 3% 股权）转让给我，转让价格为 9 万元。2013 年 4 月 25 日，我根据约定将股权转让款 9 万元支付给关庆海，并要求顺途公司向我签发出资证明并及时向工商行政管理局办理股东变更登记，确认我的股东身份。但时至今日，顺途公司及关庆海均未履行其上述义务。为维护我的合法权益故诉至法院，请求法院判令：1. 确认冯增文在顺途公司的股东身份及冯增文向顺途公司出资 6 万元并持有顺途公司 3% 股权；2. 诉讼费用由二被告承担。"

被告顺途公司辩称，顺途公司同意为冯增文在工商行政管理局办理股东变更登记，但至今未作变更的原因在于工商行政管理局认为顺途公司无法就涉案股权转让事宜出具完整的转让手续。

被告关庆海的答辩意见与被告顺途公司一致。

第三人冯京毅作了相应陈述。

通过对当事人所提交的证据进行审查，并结合当事人在本案审理过程中的陈述，本院认定以下事实：

一、顺途公司股东包括关庆海与冯京毅二人，二者出资额分别为 180 万元与 20 万元。

公司章程第十条规定：股东转让出资由股东会讨论通过。股东向股东以外的人转让其出资时，必须经全体股东过半数同意，不同意转让的股东，应当购买转让的出资，如果不购买该转让的出资，视为同意转让。转让后的股东人数不得少于二人。

二、2013 年 3 月 13 日，关庆海作为出让方与作为受让方的冯增文签订股

---

[1] 案例来源：北京市西城区人民法院（2013）西民初字第 16598 号民事判决书，载 http://www.bj148.org/zhengfa/zfsfgk/zfcpws/ms/201407/t20140722_625063.html，2014 年 4 月 14 日访问。

权转让协议书，约定冯增文以9万元的价格受让关庆海所持有的6万元顺途公司出资额。该协议第四条约定：本协议经双方签字并按照公司章程规定经公司全体股东过半数同意后生效……

三、2013年3月18日，关庆海向冯京毅发函征求后者就前述股权转让事宜的意见，函件内容包括询问冯京毅是否同意就前述转让股权行使优先购买权等。冯京毅在庭审质证过程中表示其未收到过上述函件。

四、上述股权转让协议签订后，冯增文向关庆海支付了股权转让款9万元。

五、2013年8月21日，关庆海向冯京毅发函告知关于股东会的召开时间与地点，议题为关于关庆海分别向陈乃任、冯增文转让股权及办理工商变更事项。冯京毅对此回复称："我已收到西城法院转给我的关于陈乃任和冯增文起诉你的诉状，我认为在这样的情况下不适合讨论股权转让事宜，请你理解。另，1.上次致函，希望你提供公司的运营状况，一直没有收到你的回复，也不知原因，请你予以回复。2.再次提出，请定期提供公司真实运营情况……"

六、2013年9月11日，顺途公司召开股东会并作出股东会决议，同意关庆海与冯增文于2013年3月13日签订的股权转让协议书，以及关庆海将其所持顺途公司3%的股权以9万元转让给冯增文，并同意就上述股权转让向工商行政管理机关申请工商变更登记。股东关庆海在上述股东会决议及股东会签到表上签字。

七、2013年8月2日，本院将冯京毅追加为本案第三人并向其送达了起诉状与证据。

八、至本案庭审辩论终结之时，冯京毅未作出同意针对涉案转让股权行使优先购买权的意思表示。

本院认为，《最高人民法院关于适用〈中华人民共和国公司法〉若干问题的规定（三）》第二十三条规定："当事人之间对股权归属发生争议，一方请求人民法院确认其享有股权的，应当证明以下事实之一：（一）已经依法向公司出资或者认缴出资，且不违反法律法规强制性规定；（二）已经受让或者以其他形式继受公司股权，且不违反法律法规强制性规定。"现冯增文请求法院确认其享有顺途公司3%的股权，且其已经受让前述3%顺途公司股权，故冯增文请求确认其为顺途公司股东于法有据，本院予以支持。

综上所述，本院判决如下：确认原告冯增文向被告北京顺途科技有限公司出资六万元，为北京顺途科技有限公司股东，持有北京顺途科技有限公司百分之三的股权。

（二）争议焦点

冯增文是否已经取得顺途公司 3% 的股权？

（三）法理评析

具体而言，需要审查关庆海在向冯增文转让前述股权的过程中是否符合法律及公司章程的相关规定。《中华人民共和国公司法》第七十二条第二款规定："股东向股东以外的人转让股权，应当经其他股东过半数同意。股东应就其股权转让事项书面通知其他股东征求同意，其他股东自接到书面通知之日起满三十日未答复的，视为同意转让。其他股东半数以上不同意转让的，不同意的股东应当购买该转让的股权；不购买的，视为同意转让。经股东同意转让的股权，在同等条件下，其他股东有优先购买权。两个以上股东主张行使优先购买权的，协商确定各自的购买比例；协商不成的，按照转让时各自的出资比例行使优先购买权。"顺途公司的章程第十条规定："股东转让出资由股东会讨论通过。股东向股东以外的人转让其出资时，必须经全体股东过半数同意，不同意转让的股东，应当购买转让的出资，如果不购买该转让的出资，视为同意转让。转让后的股东人数不得少于二人。"

根据已查明的事实，自本院将冯京毅追加为本案第三人之后，可以确认冯京毅已经知晓关庆海向冯增文转让出资一事。而后关庆海于 2013 年 9 月 11 日再次召集股东会讨论前述转让出资事宜，冯京毅拒绝出席股东会也未就转让议题作出回复。在 2013 年 9 月 11 日之后的三十日内，冯京毅亦未作出同意针对涉案转让股权行使优先购买权的意思表示。公司股东针对拟对外转让股权所享有的优先购买权属于形成权，不同意对外转让股权的股东因此在合理期间内负有积极行使上述权利的义务。而冯京毅在《公司法》第七十二条第二款所规定的三十日除斥期间内未行使上述形成权的后果即为：关庆海与冯增文可以合理信赖冯京毅已经同意前述股权转让事宜，进而足以认定冯增文已经受让了前述 3% 顺途公司股权。

案例7 股权转让协议履行中的各方义务

——万岩标等诉北京城南诚商贸有限公司确认股东资格案[1]

（一）案例简介

北京市丰台区人民法院经公开审理查明：城南诚商贸公司系有限责任公司，成立于1997年8月25日，注册资金100万元人民币。1999年1月，公司股东发生变更，变更后在工商机关登记的股权结构为：湖北兴发化工集团股份有限公司出资27.1万元，占注册资本的27.1%；北京市环球橡胶厂出资20万元，占注册资本的20%；湖北兴山兴发建设有限责任公司出资11.3万元，占注册资本的11.3%；浙江龙光电器集团有限公司出资14万元，占注册资本的14%；湖北东方事业有限公司出资8万元，占注册资本的8%；自然人黄希法出资8.3万元，占注册资本的8.3%；自然人胡锦乐出资8.3万元，占注册资本的8.3%。

1999年9月29日，城南诚商贸公司分别向万岩标、黄泽华出具股权证明书，载明：根据城南诚商贸公司第二届股东会决议（双方当事人均未提交此决议），万岩标享有城南诚商贸公司0.7%的股权，黄泽华享有城南诚商贸公司0.3%的股权。城南诚商贸公司法人股东及自然人股东在该股权证明书上分别签字盖章，城南诚商贸公司亦予以盖章确认。但城南诚商贸公司未就万岩标、黄泽华享有公司股权的情况向工商机关办理变更登记手续。

1999年10月10日，万岩标向城南诚商贸公司付款70万元，黄泽华向城南诚商贸公司付款30万元。因城南诚商贸公司未偿还借款，万岩标、黄泽华将城南诚商贸公司诉至法院，请求偿还借款。北京市丰台区人民法院以（2001）丰民初字第2227号、2228号民事判决书判决城南诚商贸公司分别向万岩标、黄泽华偿还借款本金及利息。该判决已经执行完毕。

城南诚商贸公司向万岩标、黄泽华出具股权证明书后，公司股权结构又发生了5次变更，均在工商机关登记备案。至万岩标、黄泽华一审起诉时，该公司的注册股东为：宜昌市夷陵国有资产经营有限公司，出资67万元，占注

---

[1] 案例来源：一审判决书：北京市丰台区人民法院（2004）丰民初字第05280号。二审判决书：北京市第二中级人民法院（2004）二中民终字第06770号。载 http://sifaku.com/falvanjian/11/zad56a9f3a53.html，2014年2月11日访问。

册资本的 67%；宜昌市国创投资管理有限公司，出资 23 万元，占注册资本的 23%；北京世纪京都投资有限公司，出资 10 万元，占注册资本 10%。1999 年 9 月 29 日在股权确认书上签字盖章的 7 名法人、自然人股东现无一是城南诚商贸公司股东。

北京市丰台区人民法院根据上述事实和证据认为：万岩标、黄泽华持有的股权证明书能够证明，城南诚商贸公司曾承诺万岩标、黄泽华分别享有公司股权，城南诚商贸公司承诺的原因是万岩标、黄泽华曾为其债权人。城南诚商贸公司因向万岩标、黄泽华借款而形成债权债务关系，但还款义务城南诚商贸公司已经履行完毕，双方间给付金钱的债权债务关系已经消灭。本案，万岩标、黄泽华实际对公司未出资，不符合《公司法》关于股东出资的规定，因此不得成为公司股东。虽然城南诚商贸公司承诺万岩标、黄泽华分别享有公司一定的股权，但因万岩标、黄泽华与城南诚商贸公司是债权债务关系，且已经履行完毕，双方形成的以借款形式来获得一定股权的约定，本身违反《公司法》的强制性规定，应属无效。

一审定案结论：

1. 驳回万岩标的诉讼请求。

2. 驳回黄泽华的诉讼请求。

二审情况：

上诉人（原审原告）万岩标、黄泽华提起上诉。

二审查明事实和证据与一审相同。

二审法院认为，本案涉及以下几个关键问题：

（1）"抛股借款"的性质及效力问题

二审法院认为，虽然双方当事人均未向法院提交"城南诚商贸公司第二届股东会决议"，但根据股权证明书的记载，应当认定该决议当时确实存在。万岩标、黄泽华主张该决议系针对城南诚商贸公司"抛股借款"事宜进行的决议，对此，城南诚商贸公司未提出异议，故本院对万岩标、黄泽华诉称"抛股借款"的事实予以确认。根据双方当事人的陈述，所谓"抛股借款"应认定为万岩标、黄泽华向城南诚商贸公司出借 100 万元，成为公司的债权人，同时，因该借款关系的存在，城南诚商贸公司的全体股东自愿出让 1% 的股权给万岩标、黄泽华。因此，"抛股借款"实际上包含了两个协议，一是万岩标、黄泽华与城南诚商贸公司之间的借款协议，二是万岩标、黄泽华与该公司当时的股东之间的股权转让协议。基于前一个协议的存在，在后一个协议的履行中，城南诚商贸公司的股东负有向万岩标、黄泽华出让 1%股权的义务，而万岩标、黄泽华无须支付股权转让款。城南诚商贸公司的股东自愿为公司的利益而让渡自己的利益，系其自愿所为，并且公司资本并不因该利益的让渡而受到损害，从而影响公司外部第三人的利益。因此，"抛股借款"既是万岩标、黄泽华与城南诚商贸公司及其全体股东的真实意思表示，亦不违反法律、法规的强制性规定，应认定有效。

（2）"抛股借款"协议的履行及万岩标、黄泽华股东身份的确认问题

根据已查明的事实，万岩标、黄泽华向城南诚商贸公司实际支付了 100 万元，城南诚商贸公司已偿还该款，双方之间的借款协议已履行完毕。

关于股权转让协议的履行，城南诚商贸公司向万岩标、黄泽华出具的股权证明书载明，根据城南诚商贸公司第二届股东会决议，万岩标享有城南诚商贸公司 0.7%的股权，黄泽华享有城南诚商贸公司 0.3%的股权，城南诚商贸公司全体股东均在该股权证明书上签字盖章，城南诚商贸公司亦予以盖章确认。据此，应认定城南诚商贸公司全体股东已将 1%的股权出让给了万岩标、黄泽华，至于这些股东之间如何具体分担该 1%的份额，属于这些股东另行协商的问题，对万岩标、黄泽华获得 1%的股权并无影响。

原股东向万岩标、黄泽华交付股权后，万岩标、黄泽华若要实际取得股东身份，尚需得到城南诚商贸公司的确认。根据《公司法》第三十六条规定："股东依法转让其出资后，由公司将受让人的姓名或者名称、住所以及受让的出资额记载于股东名册。"可见，股东名册是有限责任公司确认股东身份的法定文件。但实践中，股东名册的设置尚无统一的形式，本案中，城南诚商贸公司也未提交该公司置备有股东名册的证据，因此，本案不应以有无股东名册记载作为万岩标、黄泽华是否取得股东身份的标志。而城南诚商贸公司出具的股权证明书已明确记明万岩标、黄泽华享有该公司 0.7%、0.3%的股权，这表明城南诚商贸公司已经对万岩标、黄泽华的股东身份予以认可，故万岩标、黄泽华可以据此向城南诚商贸公司主张股东权利。

（3）万岩标、黄泽华的上诉请求应否支持

就城南诚商贸公司内部而言，万岩标、黄泽华的股东身份已经得到确认，万岩标、黄泽华可以向城南诚商贸公司主张股东权利。但是，根据《中华人民共和国公司登记管理条例》第三十一条规定：有限责任公司变更股东的，应当自股东发生变动之日起三十日内申请变更登记。办理工商登记手续具有将股东身份向社会宣示的效力，本案中，由于城南诚商贸公司尚未为万岩标、黄泽华

办理工商变更登记手续，故万岩标、黄泽华的股东身份尚未取得对抗第三人的公信力。在此情况下，城南诚商贸公司原注册股东陆续将股权转让给其他人，并且最终受让人均不是原来的股东，在无充分证据证明最终受让人知道所受让股权中包含万岩标、黄泽华1%的份额，原股东系无权处分的情况下，受让人根据具有公示效力的工商登记情况接受注册股东转让的股权，应认定其受让有效；现受让人的股东身份已经得到了公司的认可，并且已经在工商机关办理了公示登记，故其股东身份和股权份额，均应受法律保护。

万岩标、黄泽华的股权被城南诚商贸公司原股东自行转让给其他人，万岩标、黄泽华如认为该行为侵犯了其权利，可以要求赔偿；但由于该部分股权已被第三人合法取得，万岩标、黄泽华已不再持有该部分股权，故对万岩标、黄泽华要求确认其为城南诚商贸公司股东，并由公司为其办理股东变更登记手续的请求，本院不再支持。

综上所述，原审法院关于万岩标、黄泽华与城南诚商贸公司之间"抛股"协议无效的认定不当，但判决驳回万岩标、黄泽华诉讼请求的结果正确，本院予以维持。

判决：驳回上诉，维持原判。

（二）争议焦点

如何理解股权转让协议的履行？

（三）法理评析

股权转让协议是否履行完毕，应以双方是否各自完成交付义务为标志。实践中，界定受让人的交付行为比较简单，只需审查其是否支付股权转让对价即可，而如何界定转让人的交付行为则尚存较大争议。一种观点认为，转让人转让股权的情况一经向公司申报，即可视为完成交付，至于是否为受让人办理股权名义更换，是公司的事情，并不是转让人有权决定的，因此，此项义务也就不可能由转让人承担；第二种观点认为，转让人是否完成交付应以工商登记是否变更完毕为标志，因为受让人最终取得股权是以工商登记为准的；第三种观点认为，转让人是否完成交付应以公司是否接受受让人为公司新股东为标志。

如何理解以上观点，笔者认为应坚持以下原则：第一，契约自由原则。股权转让是股东权行使的表现，应该加以尊重。第二，法定原则。《公司法》第七十二条规定：有限责任公司的股东之间可以相互转让其全部或者部分股权。

股东向股东以外的人转让股权，应当经其他股东过半数同意。股东应就其股权转让事项书面通知其他股东征求同意，其他股东自接到书面通知之日起满三十日未答复的，视为同意转让。其他股东半数以上不同意转让的，不同意的股东应当购买该转让的股权；不购买的，视为同意转让。经股东同意转让的股权，在同等条件下，其他股东有优先购买权。两个以上股东主张行使优先购买权的，协商确定各自的购买比例；协商不成的，按照转让时各自的出资比例行使优先购买权。公司章程对股权转让另有规定的，从其规定。也就是说，股权转让时遵循了上述法律规定，就应该认定有效。第三，协助原则。股权转让不仅仅涉及当事人双方的私人利益，还涉及到公司利益，还需要办理变更登记，双方协助公司办理变更登记是其原合同的一项附随义务。根据《公司法》第七十四条规定：依照本法第七十二条、第七十三条转让股权后，公司应当注销原股东的出资证明书，向新股东签发出资证明书，并相应修改公司章程和股东名册中有关股东及其出资额的记载。第三十三条规定：有限责任公司应当置备股东名册，记载下列事项：（一）股东的姓名或者名称及住所；（二）股东的出资额；（三）出资证明书编号。记载于股东名册的股东，可以依股东名册主张行使股东权利。公司应当将股东的姓名或者名称及其出资额向公司登记机关登记；登记事项发生变更的，应当办理变更登记。未经登记或者变更登记的，不得对抗第三人。

但实践中，股东名册的设置尚无统一的形式，多数公司并未置备非常明确的、严格意义上的股东名册，因此，在具体案件的审理中，不应严格以是否有股东名册记载作为确认股东身份的唯一标志，而应适当对股东名册作一些扩大理解，或者说，可以将其他能够证明公司对某股东资格予以确认的法律文件作为衡量标准，包括股权证明书、公司章程，甚至董事会决议、记录等。本案中，城南诚商贸公司出具的股权证明书已明确记明万岩标、黄泽华享有该公司0.7％、0.3％的股权，这表明城南诚商贸公司已经对万岩标、黄泽华的股东身份予以认可，股东身份的名义更换应视为已经完成，万岩标、黄泽华可以向城南诚商贸公司主张股东权利。

专题五：股东权利的行使

一、法律知识点

（一）含义

大陆法系传统的公司法理论认为，股权既非债权，又非物权，而是基于股东地位而取得的包括财产权和经营管理权在内的多种权利的集合体。

（二）种类

1. 按照股东权的内容，可以分为自益权和共益权

这是最基本的分类。自益权是指股东以自己的利益为目的而行使的权利，如请求分红的权利，请求分配剩余财产的权利。这类权利无需其他股东的配合即可以行使。共益权是指股东参与公司经营管理的权利，但客观上是有利于公司和其他股东的，故称为共益权，如表决权、查阅权这类权利一般需要结合其他股东一同行使。自益权主要是指财产权，共益权利主要是指管理公司事务的参与权，他们共同构成完整的股东权。自益权表明了股东的财产性请求权，共益权则直接表明股东权的身份性和支配性。

2. 按照股东权的性质，可以分为固有权和非固有权

固有权是指除非得到股东的同意，不得以章程或者股东会决议予以剥夺或者限制的权利，它又叫不可剥夺权；非固有权是指可以依照章程或者股东会决议予以限制或者剥夺的权利，又称为可剥夺权。固有权往往是和股东的基本权益相关的权利，如对股份和出资的所有权，普通股的表决权，因而，这类权利常常由公司法或者商法加以明确规定，以强行法形式赋予股东。

3. 按照股东权的行使方式，可以分为单独股东权和少数股东权

单独股东权是指股东自己就可以行使的权利，自益权和共益权的表决权都是单独股东权。少数股东权是指须持有公司一定比例的股份才可以行使的权利，《公司法》第四十条规定只有持有公司股份十分之一以上有表决权的股东才享有临时股东会召集的请求权。行使少数股东权的，既可以是股东一人亦可以是数人共同去做。法律设置少数股东权的目的在于防止股份多数决的滥用，保护中小股东。

除此之外，股东权还可以分为比例性权利和非比例性权利等。

（三）具体表现

此处以"有限公司股东的权利"为例：

我国《公司法》第四条规定："公司股东依法享有资产收益，参与重大决策和选择管理者等权利。"这是我国《公司法》关于股东权利的基本规定，不管是有限公司还是股份有限公司，倡导"股权文化"思想的新《公司法》都是围绕这一规定而展开。新《公司法》力图通过各项具体的制度安排，让公司股东的权利落到实处。因此，在公司的设立、经营、变更、解散、清算、注销等过程中，股东行使权利的方式各有不同。具体来说，股东的主要权利包括：

1. 制定和修改公司章程

章程被称为"公司自己的宪法，是公司内部的自治法"。设立公司须向工商登记机关提交公司章程公司才能得以成立。公司成立以后，章程对公司、股东、董事、监事、高级管理人员均具有约束力。有权制定公司章程的主体仅限于股东。公司成立以后，股东可以通过形成股东会表决修改章程。因此，股东拥有公司章程的制定和修改权。

2. 显示股东身份

一个自然人或法人如果履行了对公司的出资义务，当然就是公司的股东。公司也有义务在相关资料（比如公司的股东名册）上显示该出资人的股东身份。若出资人的股东资格没有得到公司、其他股东或者公司登记机关的书面确认，该出资人可以向法院提起股权确认诉讼。在司法实践中，证明股东身份的凭证有许多：除了股东名册以外，还有公司章程、股东协议或股权转让协议、股东会决议（这几项法律文书均需要有股东签名）；公司向股东签发的出资证明书；以及工商登记机关的登记资料等。需要指出的是，这几项证明股东身份的文件如果发生冲突的话，该以哪种证据确认定公司的股东资格。

工商登记资料属于对抗证据，它具有对外宣示效力，也就是说，工商登记具有向善意第三人宣示股东资格的证权功能，第三人有理由依赖登记材料的真实性，即使登记内容存在瑕疵，第三人仍可基于对该登记内容的信赖，要求工商登记的股东按登记的内容对外承担责任。

股东名册属于效力证据，它具有推定效力，即在没有相反证据时，股东名册就是股东资格的证明。实质上的权利人在尚未完成股东名册登记或者名义变更前，不能对抗公司主张股东权利。因为新《公司法》第三十三条第二款、第三款规定："记载于股东名册的股东，可以依股东名册主张行使股东权利。公司应当将股东的姓名或者名称及其出资额向公司登记机关登记；登记事项发生变更的，应当办理变更登记。未经登记或者变更登记的，不得对抗第三人。"

股东会决议、股东协议或股权转让协议等术语基础证据，它们可以在公司内部股东之间产生约束力，但对第三人以及公司都不产生效力。实际出资人如果向公司主张股东权利的话，只能根据这些证据首先向法院提起确权诉讼。

3. 出席股东会，行使表决权

股东会是公司的权力机构，《公司法》第三十八条对股东会及其职权作了明确规定，公司最重大的事项均由股东会决定。而股东作为公司老板或真正的主人翁，其行使参与公司决策、选择管理者、决定资产分配方案等股东基本权利的主要途径就是参加股东会。依据《公司法》的有关规定，这些需由股东按资本比例或约定比例集体通过股东会决定的事项包括决定公司的经营方针和投资计划，选举董事会成员，选举监事会成员，审批公司利润分配和亏损弥补方案，增减公司注册资本，决定发行公司债券，公司分立、合并、解散、变更形式等11项职能。

4. 提议召开临时股东会，特定情况下可以召集并主持股东会

虽然每一个股东不管出资数额、股权比例多少，都有权参加股东会行使表决权。但由于公司的控制权往往牢牢掌握在大股东手里，股东会由董事会召集董事长主持，董事会及董事长的话语权同样掌握在大股东手中。为了防止大股东将股东会流于形式，长期不按期召开股东会，或者发生了临时重大事项故意不召开股东会，致使小股东的知情权和参与决策权不能实现，《公司法》从保护小股东利益出发，赋予代表十分之一表决权的股东在特定情况下有权提议召开股东会，并且如果董事会或监事会不召集、不主持股东会会议，代表十分之一以上表决权的股东可以自行召集和主持（见《公司法》第四十一条）。这个规定是新《公司法》修订的一个亮点，对于股东尤其是中小股东的权益维护非常重要。

5. 请求撤销或确认股东会、董事会决议无效

对于股东会或董事会的不当决议，股东有权向法院提起撤销或无效之诉。撤销之诉与无效之诉的区别在于：如果会议决议的内容违反法律、行政法规则可申请确认无效。如果会议召集程序、表决方式违反法律、行政法规或公司章程，

或者决议的内容违反章程则可申请撤销。见《公司法》第二十二条之规定："公司股东会或者股东大会、董事会的决议内容违反法律、行政法规的无效。股东会或者股东大会、董事会的会议召集程序、表决方式违反法律、行政法规或者公司章程，或者决议内容违反公司章程的，股东可以自决议作出之日起六十日内，请求人民法院撤销。"

6. 知悉公司的财务状况和经营状况

为了确证股东的知情权，防止控股股东或者优势股东利用信息不对称而损害中小股东和公司利益的情况发生，2005 年前实施的旧《公司法》就规定有限公司的股东享有股东会议记录和公司财务会计报告的查阅权。而新《公司法》在原有规定的基础上，还增加了股东对公司章程、董事会会议决议、监事会会议决议的查阅权，除此之外，股东对上述各文件还享有复制权。更为关键的是，新《公司法》允许股东有权查阅公司会计账簿，使得股东的知情权无论从广度和深度均有了很大变化。如果股东的上述知情权得不到满足，可以依法向人民法院起诉。

股东行使知情权时需要注意几点：一是股东可以查阅、复制董事会会议决议和监事会会议决议，对于这两会的会议记录是不允许查阅的。二是股东查阅公司会计账簿的权利受到一定限制，即若公司有合理根据认为股东查阅会计账簿有不正当目的的，可拒绝提供查阅，但必须说明理由，股东可请求人民法院要求公司提供查阅。可见，新《公司法》将查阅公司账簿的最终决定权归于法院所有，由法院来判决股东查阅账簿的合理性。三是根据《公司法》的立法精神，公司账册的原始凭证不能被查阅。

7. 转让股权，优先购买公司股权

股东的转股权是说股东不愿持有股份时怎样退出公司。根据《公司法》的有关规定，股东转股的途径有三种：一是向公司的其他股东转让；二是向股东以外的人转让；三是特定情况下，可以要求公司收购股东所持股权。由于有限公司具有人合性和封闭性的特征，以及《公司法》对公司资本不可随意改变的资本规则，上述三种途径中，法律限制最少的是第一种——内部股东转让，只要股东之间达成转让协议，公司、其他股东以及登记机构都不得干涉。完全遵从契约自由的规则。第二种途径受到一定限制：股东向股东以外的人转让股权，应当经其他股东过半数同意。其他股东在同等情况下具有优先购买权。第三种途径则是限制最严的，因为让公司收购股东的股权实际会导致公司的注册资本减少，有违资本法定原则，所以，《公司法》第七十五条规定只有在三种情形下，对股东会该项决议投反对票的股东可以向公司主张出资回购请求权："（一）公司连续五年不向股东分配利润，而公司该五年连续盈利，并且符合本法规定的分配利润条件的；（二）公司合并、分立、转让主要财产的；（三）公司章程规定的营业期限届满或者章程规定的其他解散事由出现，股东会会议通过决议修改章程使公司存续的。"

股东的优先购买权告诉我们当股东希望增加他在公司的出资额或出资比例时，除了购买其他股东的股权以外，还可以采取什么办法。具体来说，股东的优先购买权体现在两个方面：一是在公司新增资本时，除非公司章程有不同规定，则公司股东均享有按照实缴出资比例优先认缴出资的权利。二是股东向股东以外的人转让出资时，公司内部股东有权在同等条件下优先购买。

8. 以自己名义向侵犯公司或股东利益的人提起诉讼

这就是《公司法》第一百五十二条规定的股东代表诉讼和第一百五十三条规定的股东直接诉讼。两者的区别主要在于前者侵犯的是公司的利益，后者侵犯的是股东的利益。相对而言，股东代表诉讼比较复杂，它指的是董事、监事、高级管理人员或其他人侵犯公司利益给公司造成损失，应该承担赔偿责任，但是公司、董事会（执行董事）、监事会（监事）怠于行使权利诉权或者情况紧急，股东可以依法以自己的名义直接向法院提起诉讼。为了防止股东滥用诉权，《公司法》对原告资格设定了一定限制，即必须是连续 180 天以上单独或者合计持有公司 1% 以上股份的股东才具有主体资格，同时《公司法》要求原告应当先竭尽公司的内部救济措施，股东的书面请求只有遭到公司董事会、监事会的拒绝或收到请求后 30 天董事会、监事会不起诉的，股东才能以自己名义代表公司起诉。

9. 分配公司利润，取得公司剩余财产

获得分红是股东出资设立公司的原动力，因此当公司在弥补亏损、提取法定公积金后，股东可以依法分配取得相应的营业利润。股东分多少、公司留多少，股东按什么分配比例，以及什么时间进行利润分配等问题《公司法》均不加干涉，由股东通过公司章程自行约定。

当公司因各种原因决定解散或者被主管部门撤销需要解散的，公司完成清算程序后就可以注销从而终止其民事主体资格，而股东就有权在公司注销前有权依照出资比例，分配公司的剩余财产。

10. 出现公司僵局可以请求法院解散公司

所谓"公司僵局"，是指公司股东、董事之间矛盾激化，公司运行陷入僵局，导致股东会、董事会等公司机关不能按照法定程序作出决策，从而使公司陷入无法正常运转甚至瘫痪的状况。新《公司法》第一百八十三条针对公司僵局作出了股东可以请求强制解散公司的规定："公司经营管理发生严重困难，继续存续会使股东利益受到重大损失，通过其他途径不能解决的，持有公司全部股东表决权 10% 以上的股东，可以请求人民法院解散公司。"

《公司法》并没有直接规定"公司经营管理发生严重困难"以及"通过其他途径不能解决"的认定标准，最高人民法院 2008 年 5 月颁布的《关于适用〈中华人民共和国公司法〉若干问题的规定（二）》规定了股东可以提起解散公司诉讼的四种情况："公司持续两年以上无法召开股东会或者股东大会，公司经营管理发生严重困难的；股东表决时无法达到法定或者公司章程规定的比例，持续两年以上不能作出有效的股东会或者股东大会决议，公司经营管理发生严重困难的；公司董事长期冲突，且无法通过股东会或者股东大会解决，公司经营管理发生严重困难的；经营管理发生其他严重困难，公司继续存续会使股东利益受到重大损失的情形。"这一条既是法院受理这类案件的形式审查依据，也是法院判决是否解散公司时的实体审查标准。

（四）股东权利行使的原则

股东权利行使的必须依法进行，此处的法是广义上的法，既包括法律法规，也包括最高法院的司法解释，甚至包括公司的章程、公司股东会、董事会的决议。

二、相关案例分析

案例 1 股东知情权的边界
——褚洁虹与江苏双江石化制品有限公司股东知情权纠纷案 [1]

（一）案例简介

上诉人褚洁虹与被上诉人江苏双江石化制品有限公司（以下称双江公司）股东知情权纠纷一案，不服靖江市人民法院于 2013 年 10 月 31 日作出（2012）

---

[1] 案例来源：江苏省泰州市中级人民法院（2014）泰中商终字第 0046 号民事判决书，载 http://www.court.gov.cn/zgcpwsw/jiangsu/jsstzszjrmfy/ms/201404/t20140417_800217.htm，2014 年 8 月 12 日访问。

泰靖商初字第 0340 号民事判决，向本院提起上诉。

褚洁红一审诉称："2009 年 5 月 20 日，我与江苏万鑫控股集团有限公司（以下简称万鑫公司）签订股权转让协议，以 309 万元的价格购得其持有的双江公司 25% 的股权并依法办理了工商登记。我成为股东以来，对双江公司的财务及经营情况都不了解。请求判令双江公司给我查阅、复制公司 2004 年 8 月 23 日起至判决生效之日的股东会会议记录、董事会会议决议、监事会检查报告；查阅、复制公司该时间段的财务会计报告及公司会计账簿（即资产负债表、损益表、财务状况变动表、财务情况说明书、利润分配表、审验报告、公司会计账簿及相关原始凭证）。"

一审法院查明：双江公司于 2004 年 8 月 23 日核准登记，股东万鑫公司。2009 年 5 月，万鑫公司将其拥有的双江公司的 25% 的股权转让给褚洁虹并办理了工商变更登记。双江公司工商登记材料载明：褚洁虹认缴出资额 125 万元、万鑫公司认缴出资额 375 万元；经营项目为润滑油等。2010 年到 2011 年 6 月，双江公司法定代表人为朱某某。2011 年 9 月 27 日，双江公司章程进行修正并办理了变更登记，注册资本由 500 万元变更为 2000 万元，万鑫公司认缴出资额变更为 1875 万元、褚洁虹认缴出资仍为 125 万元。2012 年 8 月 3 日，褚洁虹发函给双江公司，要求查阅、复制公司章程、股东会会议记录、董事会会议决议、监事会会议决议、财务会计报告及公司会计账簿。8 月 13 日，双江公司回复：公司财务负责人史某某因病休养，近期无法配合申请书上的要求，待史某某女士病愈上班后，尽快安排人配合完成申请书上的合理要求。至今，双江公司仍未安排褚洁虹查阅、复制相关资料。

另查明：陆洲公司系周某出资设立的一人有限公司，注册资本 500 万元。2011 年 7 月 6 日，褚洁虹汇入周某银行卡 200 万元、朱某甲汇入 100 万元，周某于当日从该卡汇款 300 万元至陆洲公司验资账户。7 月 18 日，褚洁虹又汇入周某银行卡 200 万元，周某于同日从该银行卡汇至陆洲公司的验资账户。7 月 25 日，陆洲公司经工商行政管理部门核准登记，经营项目为润滑油销售，住所地靖江市新桥镇新桥东路 26 号。恒天商务广场 1818 室房屋登记在褚洁虹夫妻名下，该房屋的电话系陆洲公司申请安装并支付话费，现该电话仍在使用。陆洲公司还聘用了原在双江公司工作的朱某甲等五名员工，向双江公司的原部分客户销售润滑油产品。

一审法院认为：我国《公司法》规定，股东有权查阅、复制公司章程、股东会会议记录、董事会会议决议、监事会会议决议和财务会计报告。但行使股权知情权的前提是具备公司股东身份。本案中，褚洁虹在 2009 年 5 月 20 日前并不具备双江公司股东身份，故对褚洁虹要求自 2004 年 8 月 23 日起查阅双江公司的相关事项，应当不予支持。褚洁虹从 2009 年 5 月 20 日起成为双江公司股东，具备了股东身份，故褚洁虹要求双江公司提供自 2009 年 5 月 20 日以后的股东会会议记录、董事会会议决议、监事会检查报告、财务会计报告供其查阅、复制，依法予以支持。

法律规定，股东可以要求查阅公司会计账簿。股东要求查阅公司会计账簿的，应当向公司提出书面请求，说明目的。公司有合理根据认为股东查阅会计账簿有不正当目的，可能损害公司合法利益的，可以拒绝提供查阅。因此，法律赋予股东对会计账簿仅有查阅的权利，褚洁虹要求复制会计账簿及相关原始凭证，应当不予支持。褚洁虹要求查阅会计账簿及相关原始凭证，但该权利的行使不得侵犯公司及其他股东的权益。褚洁虹主张未向陆洲公司提供注册资金，但其并未能提供证据证明汇给周某用于陆洲公司验资的 400 万元系归还借款。恒天商务广场 1818 室房屋的产权人系褚洁虹夫妻，褚洁虹却在庭审中否认上述房屋属其夫妻所有，而陆洲公司在该房屋内安装电话、缴纳话费，有违常情。故双江公司有理由认为褚洁虹与陆洲公司间存在利益关系。陆洲公司的经营项目与双江公司相同，销售对象也有双江公司原部分客户，因此，陆洲公司与双江公司之间存在同业竞争。会计账簿及相关原始凭证必然反映销售客户群、销售价格等商业机密，故褚洁虹查阅会计账簿及相关原始凭证，可能会损害双江公司的利益，双江公司有理由予以拒绝。因此，褚洁虹要求查阅、复制会计账簿及相关原始凭证的诉讼请求，依法不予支持。据此，判决如下：一、双江公司于判决生效后第 10 日，在双江公司内提供 2009 年 5 月 20 日起至判决生效之日间的股东会会议记录、董事会会议决议、监事会检查报告、财务会计报告供褚洁虹查阅、复制。二、驳回褚洁虹要求双江公司提供 2004 年 8 月 23 日至判决生效之日间的会计账簿及相关原始凭证供其查阅、复制的诉讼请求。案件受理费 80 元，由双江公司负担。

宣判后，上诉人褚洁虹不服，向本院提起上诉。

二审中，双方均未提供新的证据，且对原认定事实无异议，本院予以确认。

本院认为：股东权利依法受国家法律保护。《中华人民共和国公司法》第三十四条第一款规定，股东有权查阅、复制公司章程、股东会会议记录、董事会会议决议、监事会会议决议和财务会计报告。第二款规定，股东可以要求查阅公司会计账簿。股东要求查阅公司会计账簿的，应当向公司提出书面请求，说明目的。公司有合理根据认为股东查阅会计账簿有不正当目的，可能损害公司合法权益的，可以拒绝提供查阅，并应当自股东提出书面请求之日起十五日内书面答复股东并说明理由。公司拒绝提供查阅的，股东可以请求人民法院要求公司提供查阅。综上所述，驳回上诉，维持原判决。

（二）争议焦点

股东行使知情权的范围与要求。

（三）法理评析

上诉人褚洁虹不服，向本院提起上诉称：根据《公司法》第三十四条的规定股东的查阅权应当包括股东在成为股东前对公司过去基本情况的了解，也是为维护股东权益。《公司法》第三十四条规定：股东有权查阅、复制公司章程、股东会会议记录、董事会会议决议、监事会会议决议和财务会计报告。

股东可以要求查阅公司会计账簿。股东要求查阅公司会计账簿的，应当向公司提出书面请求，说明目的。公司有合理根据认为股东查阅会计账簿有不正当目的，可能损害公司合法利益的，可以拒绝提供查阅，并应当自股东提出书面请求之日起十五日内书面答复股东并说明理由。公司拒绝提供查阅的，股东可以请求人民法院要求公司提供查阅。该条有三个方面的含义：第一，"查阅、复制公司章程、股东会会议记录、董事会会议决议、监事会会议决议和财务会计报告"没有条件限制；第二，"查阅公司会计账簿的，应当向公司提出书面请求，说明目的"有条件限制，也就是"公司有合理根据认为股东查阅会计账簿有不正当目的，可能损害公司合法利益的，可以拒绝提供查阅"；第三，该查阅权是否包括"股东在成为股东前公司的章程、股东会会议记录、董事会会议决议、监事会会议决议和财务会计报告"，法律没有规定。

从法理上讲，股东不了解过去的经营状况，怎么敢去投资？不了解过去的经营状况，怎么对未来公司的经营去行使股东权？从这个角度说，褚洁虹的主张有道理。

但本案中，褚洁虹成为双江公司股东后，与双江公司之间已经发生多起诉讼，而且双江公司有理由相信褚洁虹作为陆洲公司的实际控制人正在与双江公司进行同业竞争。依照《公司法》第三十四条第二款规定，上诉人查阅公司会计账簿等应当受到一定的限制，因此法院的判决并无不当。

案例 2 股东知情权行使的目的性判断

——上海信鑫工贸有限公司股东知情权纠纷案 [1]

（一）案例简介

上诉人上海信鑫工贸有限公司（以下简称"信鑫公司"）因股东知情权纠纷一案，不服上海市青浦区人民法院（2014）青民二（商）初字第 163 号民事判决，向本院提起上诉。

原审法院经审理查明：信鑫公司于 1995 年 1 月 16 日经工商行政管理部门核准设立，注册资本为人民币 50 万元（以下币种均为人民币），股东为刘晔、钱咸芳，刘晔持有 60% 股份，钱咸芳持有 40% 股份，现法定代表人为钱咸芳，刘晔任监事。2013 年 12 月 26 日，刘晔向信鑫公司发出特快专递，要求查阅公司各年度会计报告及财务凭证，该信件遭拒收，刘晔遂诉至原审法院，请求判令：1. 信鑫公司提供自 1995 年 1 月 16 日起至 2013 年 12 月 31 日止的财务会计报告（包括资产负债表、损益表、财务状况变动表、财务情况说明书及利润分配表）供刘晔查阅、复制；2. 信鑫公司提供自 1995 年 1 月 16 日起至 2013 年 12 月 31 日止的财务会计账簿及原始凭证供刘晔查阅、复制。

原审庭审中信鑫公司认为刘晔曾有私自转移、隐匿、销毁信鑫公司财务资料的行为，可能损害公司利益，并且认为刘晔系公司监事，在公司担任财务主管一职，应当了解信鑫公司财务状况。为此，信鑫公司提供了上海市公安局案件接报回执单、刘存孝出具的情况说明、谢建松证人证言以及刘晔与信鑫公司签订的劳动合同。接报回执单上载明报案人刘存孝称公司财务资料丢失，后来在其女儿刘晔住处找到了部分丢失的报表资料。刘存孝出具的情况说明中详细阐述了财务资料丢失后的处理过程以及在刘晔住处找到了部分财务资料的情况。谢建松的证言证明曾在刘晔房间找到部分丢失的财务资料。劳动合同证明刘晔是信鑫公司财务主管，对公司财务状况应当了解。刘晔认为接报回执单及刘存孝出具的情况说明陈述的内容不实，刘晔并未私自转移、隐匿、销毁信鑫公司财务资料，谢建松与信鑫公司恶意串通，不认可其证言，刘晔与信鑫公司签订

[1] 案例来源：上海市第二中级人民法院（2014）沪二中民四（商）终字第 568 号民事判决书，载 http://www.court.gov.cn/zgcpwsw/sh/shsdezjrmfy/ms/201406/t20140625_1733429.htm，2014 年 8 月 12 日访问。

过劳动合同，但实际履职过程中并未担任财务主管一职，而是改为负责公司行政和销售，且信鑫公司已于 2008 年中断刘晔的社保缴付，该劳动合同已经无效。

　　原审法院经审理后认为：刘晔作为信鑫公司经过工商备案登记的股东，享有法律所赋予的对信鑫公司的知情权。根据《公司法》相关规定，股东有权查阅、复制财务会计报告，公司应予提供，故对刘晔要求查阅、复制财务会计报告的请求予以支持。刘晔诉请中的"资产负债表、损益表、财务状况变动表、财务情况说明书及利润分配表"已包含在财务会计报告中，刘晔无需另行说明。刘晔于 2013 年 12 月 26 日向信鑫公司邮寄快递，内件品名为"要求查阅本公司各年度会计报告及原始凭证的申请函"，申请函中表明为了解公司的实际经营状况和亏损原因而要求查阅相关材料，应认定为刘晔向信鑫公司提出了书面查阅请求并已说明理由。公司有合理根据认为股东查阅会计账簿有不正当目的，可能损害公司合法利益的，可以拒绝提供查阅。但信鑫公司提供的证据只能反映信鑫公司曾丢失过财务资料，并不能证明财务资料为刘晔所转移、隐匿、销毁，不能证明刘晔有不正当目的、可能损害公司合法利益。信鑫公司认为刘晔系公司监事，任财务主管一职，应当了解公司财务状况进而拒绝刘晔查阅于法无据，对信鑫公司的该项辩解理由原审法院不予采信，故对于刘晔要求查阅公司会计账簿的请求予以支持。虽然《公司法》只规定股东查阅公司财务会计报告和财务账簿，但是法律并没有禁止股东查阅公司的原始凭证，况且原始凭证是登记会计账簿的原始依据，最能真实反映公司的资金活动和经营状况，故对刘晔要求查阅原始凭证的请求原审法院予以支持。但刘晔要求对会计账簿及原始凭证予以复制无法律依据，原审法院不予支持。判决：一、信鑫公司应于判决生效之日起十日内提供自 1995 年 1 月 16 日起至 2013 年 12 月 31 日止的财务会计报告供刘晔查阅和复制；二、信鑫公司应于判决生效之日起十日内提供自 1995 年 1 月 16 日起至 2013 年 12 月 31 日止的会计账簿和原始凭证供刘晔查阅；三、驳回刘晔的其余诉讼请求。一审案件受理费 80 元，减半收取计 40 元，由信鑫公司负担。

　　原审判决后，信鑫公司不服，向本院提起上诉。

　　二审庭审中，刘晔向本院提供其本人的劳动手册，证明其系于 2002 年 5 月 10 日离开信鑫公司，2002 年 11 月 18 日起其在上海祺瑞纺织化工有限公司工作。2006 年年底，刘晔怀孕生产后重新回到上海祺瑞纺织化工有限公司在青浦的办公场所工作时，其并不知道信鑫公司也在同一处办公。刘晔另提供了钱咸芳、刘晔、刘存孝、刘晖于 1995 年 1 月 7 日和 1 月 10 日共同签订的《协议》和《协议书》，以及刘晖的上海市公安局户籍证明供本院参考，说明工商登记注册的股东与实际参股人员不一致，并说明其与钱咸芳是母女关系，与刘存孝是父女关系，与刘晖是姐妹关系，并认为本案纠纷产生的实质原因是其在公司工作期间，合法权益没有被得到应有尊重。

信鑫公司对上述证据材料的真实性均无异议，但认为不属于新的证据，刘晔应当在原审中提供，本案纠纷不涉及家庭协议和户籍证明，不具有关联性。事实上刘晔明知信鑫公司和上海祺瑞纺织化工有限公司的办公场所在一处，刘晔可以自由进出，并认为本案纠纷的产生是因家庭内部矛盾所致。

本院经审理查明，原审查明事实属实，本院予以确认。

最终判决驳回上诉，维持原判。

（二）争议焦点

刘晔行使股东知情权是否具有不正当目的，可能损害信鑫公司利益？

（三）法理评析

我国《公司法》第三十三条规定，公司有合理根据认为股东查阅会计账簿有不正当目的，可能损害公司合法利益的，可以拒绝提供查阅。这是为了防止公司股东通过查阅公司账簿的手段，损害公司利益，是对股东知情权和公司利益的合理平衡。但《公司法》对查阅会计账簿时股东的"不正当目的"如何界定规定得较为抽象，司法实践中一般由法官遵循诚实信用原则根据具体案情裁量。笔者认为，处理该问题是遵循以下三个原则有合理之处：一是举证责任倒置原则。由于公司董事会在信息占有上享有优势，由被告公司承担证明股东请求目的非正当性的举证责任，不能举证则视为股东目的正当。公司对股东请求目的非正当性的质疑，必须是确实存在，而非仅仅是公司的臆测和简单怀疑，其必须提出充分的证据和合理的根据。在实践中，被告若能证明股东存在下述情况，可视为目的不具有正当性：（1）股东为被告公司的同业竞争者或竞业公司的股东或高级管理人员；（2）股东行使知情权的目的不是为了确保或行使股东权利，而是为了获取商业秘密或其他非法目的。二是因果关系原则。股东查阅公司会计账簿的行为与其不正当目的的实现间应当具有因果关系。因此，公司即使证明了股东某一行为将导致公司遭受损害，但该行为非借助查阅公司会计账簿而加以实施，则公司不能拒绝。三是不牵连原则。股东在该次查阅申请前曾经通过借助查阅公司会计账簿的方式而损害公司利益的事实，不能作为股东该次要求查阅具有不正当目的的证据。

对本案而言，信鑫公司在原审中提供了案外人谢建松和刘存孝的情况说明，以及向公安机关报案的接报回执单。但在刘晔否认在其住处找到公司部分财务资料，并且公安机关也未对此查证属实情况下，信鑫公司所提供的证据尚不足以证明刘晔曾经存在转移、隐匿、销毁公司财务资料的不当行为，也不能证明若刘晔查阅、复制公司会计账簿等有不正当目的且可能损害信鑫公司的利益。此外，刘晔作为信鑫公司监事，即使此前对公司财务状况已有所了解，也并不妨碍其以股东身份再次行使股东知情权，信鑫公司以此为由主张刘晔存在不正当目的也缺乏法律依据。

案例 3 股东知情权中"复制"与"查阅"的界定
——穗林工贸有限公司与王克股东知情权纠纷案 [1]

（一）案例简介

上诉人厦门穗林工贸有限公司（下称穗林工贸公司）因与被上诉人王克股东知情权纠纷一案，不服厦门市思明区人民法院（2011）思民初字第 5832 号民事判决，向本院提起上诉。

原审查明，穗林工贸公司成立时间为 2005 年 4 月 15 日。2007 年 3 月 15 日，王克与穗林工贸公司原股东罗贤福签订一份股权转让协议，并受让罗贤福持有的穗林工贸公司 12.5% 股权成为公司股东。该股权转让在穗林工贸公司股东会中通过，并到工商管理部门办理了变更登记。2010 年 9 月 13 日，王克发一份《关于查阅公司会计账簿的请求》给穗林工贸公司要求查阅、复制公司成立以来的财务会计报告和股东会决议，查阅、复制公司成立以来的会计账簿和原始凭证。穗林工贸公司在收到王克的书面请求之后一直未书面答复。王克遂于 2011 年 5 月 20 日向提起诉讼，请求判令穗林工贸公司出具 2007 年 1 月 1 日起至 2011 年 4 月 30 日止的会计账簿、财务会计报告和股东会决议以供其查阅、复制。庭审中，穗林工贸公司承认其至今仍未书面答复王克。

---

[1] 案例来源：（2011）厦民终字第 2347 号判决书，载 http://www.xmcourt.gov.cn/Pages/Show CPWS.aspx?ID=13447，2014 年 4 月 4 日访问。

原审认为，王克作为穗林工贸公司的股东，其股东身份已经工商管理部门的登记确认，故应认定为合法有效。根据《中华人民共和国公司法》的规定，股东知情权，即股东有权查阅、复制公司章程、股东会会议记录、董事会会议决议、监事会会议决议和财务会计报告。因此，作为公司的合法股东，王克有权要求复制并查阅董事会决议等材料的权利。鉴于王克已向穗林工贸公司提交了书面申请，穗林工贸公司却未书面答复。现王克要求穗林工贸公司向其提供自 2007 年 1 月 1 日起至 2011 年 4 月 30 日止的会计账簿、财务会计报告和股东会决议以供原告查阅、复制的诉讼请求与法有据，予以支持。至于穗林工贸公司关于王克只能从 2007 年 3 月查阅起以及只能查阅不能复印的抗辩意见，缺乏事实和法律依据，不予采纳。据此，判决：厦门穗林工贸有限公司应于判决生效之日起十五日内向王克提供自 2007 年 1 月 1 日起至 2011 年 4 月 30 日止的会计账簿、财务会计报告和股东会决议以供王克查阅、复制。一审案件受理费 50 元，由厦门穗林工贸有限公司负担。

上诉人穗林工贸公司不服原审判决，提起上诉称，原审判决认定被上诉人对上诉人会计账簿的复制权并无法律依据。我国《公司法》规定，股东有权查阅、复制公司章程、股东会会议记录、董事会会议决议、监事会会议决议和财务会计报表，可以查阅公司会计账簿，因此，王克作为公司股东，无权复制公司的会计账簿，原审判决支持该权利是错误的，请求撤销原审判决，并依法改判驳回被上诉人在原审所提出的诉讼请求。

被上诉人王克答辩称，《公司法》虽然没有明文规定股东可以复制会计账簿，但也没有明文禁止。股东可以复制会计账簿，也是符合《公司法》维护小股东权益的立法本意，符合公司的运营情况，合理合法。原审判决认定事实清楚，适用法律正确，请求二审驳回上诉人的上诉请求，维持原判。

经审理查明，双方当事人对原审查明的事实没有异议，本院予以确认。

本院认为，王克作为穗林工贸公司的股东，有权依据《中华人民共和国公司法》的规定行使权利："股东要求查阅公司会计账簿的，应当向公司提出书面请求，说明目的。公司有合理根据认为股东查阅会计账簿有不正当目的，可能损害公司合法利益的，可以拒绝提供查阅，并应当自股东提出书面请求之日起十五日内书面答复股东并说明理由。公司拒绝提供查阅的，股东可以请求人民法院要求公司提供查阅。"股东知情权作为股权权能的重要组成部分，是股东的法定权利。现王克已经书面提出请求，履行了行使知情权前置程序的义务，穗林工贸公司应安排王克进行查阅。同时，该条款并未规定股东可以复制公司会计账簿的权利。因此，穗林工贸公司认为王克不能复制公司会计账簿，符合法律规定，应予采信，其为此而提出上诉，应予支持。原审判令王克可以复制公司会计账簿，没有法律依据，应予纠正。据此，判决如下：

一、变更厦门市思明区人民法院（2011）思民初字第5832号民事判决，即"厦门穗林工贸有限公司应于判决生效之日起十五日内向王克提供自2007年1月1日起至2011年4月30日止的会计账簿、财务会计报告和股东会决议以供王克查阅、复制"为"厦门穗林工贸有限公司应于判决生效之日起十五日内向王克提供自2007年1月1日起至2011年4月30日止的财务会计报告和股东会决议以供王克查阅、复制；并提供该段时期内的会计账簿供王克查阅"。

二、驳回王克其他诉讼请求。

（二）争议焦点

如何理解"《公司法》虽然没有明文规定股东可以复制会计账簿，但也没有明文禁止"这句话？

（三）法理评析

被上诉人王克答辩称，《公司法》虽然没有明文规定股东可以复制会计账簿，但也没有明文禁止。一、二审法院之所以会作出不同的判决，是对"《公司法》虽然没有明文规定股东可以复制会计账簿，但也没有明文禁止"这句话有不同的理解。

虽然在私法领域常说的一句话是凡是法不禁止的都是可以做的，但这只是一个原则，如果有具体法律规范还是要遵守该规范，从2005年修订后的《公司法》第三十四条和第九十八条对有限责任公司、股份有限公司股东知情权的具体规定分析，股东有权查阅、复制的对象是公司章程、股东会会议记录、董事会会议决议、监事会会议决议和财务会计报告。而对公司会计账簿股东只有权查阅。由此看来，对"公司会计账簿"只准查阅不准复制是明确规定的，是一个具体的法律规范，在法律使用时，遵循具体规定优于一般原则的要求。所以，"《公司法》虽然没有明文规定股东可以复制会计账簿，但也没有明文禁止"这句话不正确。

案例 4 股东知情权的法理含义

——国腾公司与王佳股东知情权纠纷案 [1]

（一）案例简介

上诉人江苏国腾现代物流有限公司（以下简称国腾公司）因与被上诉人王佳股东知情权纠纷一案，不服无锡市惠山区人民法院（2014）惠商初字第0078号民事判决，向本院提出上诉。本案现已审理终结。

王佳一审诉称：王佳系国腾公司股东，但国腾公司从未向王佳提供财务会计报告，也未提请董事会、股东会审议国腾公司财务预算及决算方案。2013年9月23日，王佳向国腾公司递交了要求查账书面申请，但国腾公司不予回复也不提供相关资料。请求法院判令国腾公司完整提供自2008年3月12日至2014年2月10日期间国腾公司财务账簿、财务会计报告供王佳查阅。

国腾公司一审辩称：2013年2月16日，王佳才成为国腾公司股东，故王佳不应查阅王佳成为国腾公司股东之前公司财务账簿、财务会计报告；国腾公司未收到王佳要求查阅国腾公司财务账簿、财务会计报告的书面申请；王佳的父亲王建忠系国腾公司原法定代表人，王佳亦在国腾公司工作，王佳对国腾公司财务情况十分了解，无查阅必要，王佳查阅要求系为达到非法目的。请求法院驳回王佳的诉讼请求。

原审经审理查明：2008年3月12日，江苏迪嘉金属材料有限公司（以下简称迪嘉公司）经无锡市惠山区工商行政管理局核准成立。2013年2月16日，迪嘉公司股东由王建忠、陈焱变更为王佳、陈焱，王佳出资2400万元，陈焱出资9600万元，分别占迪嘉公司注册资本的20%、80%，后迪嘉公司名称变更为国腾公司。

2013年9月22日，王佳向国腾公司邮寄了《股东查阅公司会计账簿申请》，载明：王佳系国腾公司股东，为全面了解公司运营、债权债务及财务状况，维护其股东知情权，故发函要求查阅：国腾公司自开办起至2013年9月止财务会计报表及各项往来明细；国腾公司自开办起至2013年9月止账册凭证（包括总账、各类明细账、记账凭证、原始凭证及各类附件）；请求国腾公司接到

---

[1] 案例来源：江苏省无锡市中级人民法院（2014）锡商终字第0362号民事判决书，载 http://www.lawyee.org/Case/Case_Data.asp?RID=5567107&KeyWord=，2014年8月12日访问。

本函件之日起 5 日内安排财务配合王佳进行查阅，若国腾公司无正当理由拒绝查阅，王佳将诉至法院。国腾公司收函后未进行答复，亦未提供财务账簿、财务会计报告供王佳查阅。2014 年 1 月 16 日，王佳诉至原审法院。

原审法院认为：股东有权查阅、复制公司章程、股东会会议记录、董事会会议决议、监事会会议决议和财务会计报告。股东要求查阅公司会计账簿的，应当向公司提出书面请求，说明目的。王佳系国腾公司股东，依法享有股东知情权。国腾公司抗辩称其未收到王佳要求查阅会计账簿、财务会计报告书面申请，王佳提供的快递单、快递流转信息单能够证明王佳已将该书面申请邮寄至国腾公司，且经过本案诉讼国腾公司对王佳该项请求及查阅目的已属明知，但国腾公司未能提出拒绝王佳查阅财务会计报告、会计账簿的合理理由，故对国腾公司该抗辩意见，原审不予采信。国腾公司另主张王佳对国腾公司财务情况十分了解，无查阅必要，王佳查阅要求系为达到非法目的。因股东行使知情权前提在于股东身份的存续，而王佳是否在国腾公司任职、任何种职务以及是否可能知晓国腾公司财务状况，并不影响股东依法行使股东知情权，国腾公司亦未举证证明王佳查阅要求具有非法目的，可能损害国腾公司合法利益，故对国腾公司该主张，原审亦不予支持。另外，王佳虽于 2013 年 2 月 16 日成为国腾公司股东，但王佳请求查阅国腾公司设立以来的公司财务会计报告、会计账簿，法律并未禁止，应予准许。综上，依照《中华人民共和国公司法》第三十三条，最高人民法院《关于民事诉讼证据的若干规定》第二条的规定，该院判决：国腾公司于判决生效后 10 日内在国腾公司住所地向王佳提供自 2008 年 3 月 12 日至 2014 年 2 月 10 日止的财务账簿、财务会计报告供王佳查阅。本案一审案件受理费 80 元减半收取 40 元，由国腾公司负担。

国腾公司不服原审判决，向本院提起上诉称：王佳的父亲王建忠原系国腾公司法定代表人，王佳自国腾公司成立时起即在国腾公司财务部门任职，因此王佳对国腾公司财务情况十分了解，完全没有查阅的必要；即便王佳可以查阅国腾公司财务账簿，只能查阅王佳成为国腾公司股东后而不能查阅之前的公司财务账簿；王佳系通过查阅国腾公司财务账簿等欲达到非法目的。请求二审撤销原审判决，依法改判。本案二审诉讼费由王佳承担。

二审经审理，对原审查明的事实予以确认。

本院认为：股东知情权是指股东享有了解和掌握公司经营管理等重要信息的权利，是股东依法行使资产收益、参与重大决策和选择管理者等权利的重要基础，公司财务账簿查阅权是股东知情权的重要内容。本案中，王佳向国腾公司书面提出请求说明王佳行使股东知情权目的系为了解国腾公司实际经营现状，显属王佳作为国腾公司股东应享有的知情权。国腾公司以王佳申请查阅国腾公司财务账簿等具有不正当目的为由拒绝王佳查阅，则应承担举证责任，但国腾公司并未提供证据证明。国腾公司主张因王佳完全了解国腾公司财务情况，无需查阅国腾公司财务账簿。因股东知情权是股东固有的、法定的基础性权利，王佳是否在国腾公司任职、任何种职务以及王佳是否知晓国腾公司财务状况，均不影响王佳作为国腾公司股东依法行使股东知情权。国腾公司另主张即便王佳可以查阅，只能查阅王佳成为国腾公司股东后而不能查阅之前的公司财务账簿等。因国腾公司该主张理由和依据不足，故本院对国腾公司该主张亦不予采纳。

综上，原审判决认定事实清楚，适用法律得当，本院予以维持。据此，依照《中华人民共和国民事诉讼法》第一百七十条第一款第（一）项的规定，判决如下：驳回上诉，维持原判。

（二）争议焦点

王佳诉求查阅国腾公司财务账簿等是否于法有据？

（三）法理评析

现代公司实行所有权与控制权的分离，股东不直接营运公司事务，股东要对公司事务参与和监管，首先要获取公司经营的有关信息，只有在获取了公司经营信息的基础上，才可能行使对公司的监督权和重大经营决策权，以维护股东的终极利益。所以才有了公司法中股东知情权的规定。股东知情权是一个权利体系，由查阅公司章程权、查阅股东会会议记录权、查阅公司会计报告权、查阅董事会会议决议权等一系列权利构成。

就本案而言，国腾公司认为：王佳的父亲王建忠原系国腾公司法定代表人，王佳自国腾公司成立时起即在国腾公司财务部门任职，因此王佳对国腾公司财务情况十分了解，完全没有查阅的必要；即便王佳可以查阅国腾公司财务账簿，只能查阅王佳成为国腾公司股东后而不能查阅之前的公司财务账簿。这些主张是否有依据呢，请看我国《公司法》第三十四条：股东有权查阅、复制公司章程、股东会会议记录、董事会会议决议、监事会会议决议和财务会计报告。

股东可以要求查阅公司会计账簿。股东要求查阅公司会计账簿的，应当向公司提出书面请求，说明目的。公司有合理根据认为股东查阅会计账簿有不正当目的，可能损害公司合法利益的，可以拒绝提供查阅，并应当自股东提出书面请求之日起十五日内书面答复股东并说明理由。公司拒绝提供查阅的，股东可以请求人民法院要求公司提供查阅。

显然，股东知情权是股东固有的、法定的基础性权利，王佳是否在国腾公司任职、任何种职务以及王佳是否知晓国腾公司财务状况，均不影响王佳作为国腾公司股东依法行使股东知情权。国腾公司另主张即便王佳可以查阅，只能查阅王佳成为国腾公司股东后而不能查阅之前的公司财务账簿等。该主张也没有法理依据。所以，王佳诉求查阅国腾公司财务账簿等于法有据。

案例 5 股东滥用股权时的责任承担

——× 装饰设计有限公司与杨 × 股东滥用股东权利赔偿纠纷案 [1]

（一）案例简介

原告上海 × 装饰设计有限公司（以下简称"× 公司"）诉被告杨 × 股东滥用股东权利赔偿纠纷一案，本院于 2009 年 9 月 18 日立案受理，现已审理终结。

原告上海 × 装饰设计有限公司诉称，被告原系原告的法定代表人，后因被告不作为，原告于 2008 年 2 月 5 日经公司股东会会议决定，免去被告执行董事、法定代表人职务，同时选举路 × 为公司新的执行董事，担任公司的法定代表人。同年 3 月，经嘉定区工商局核准，原告法定代表人变更为路 ×。此后，原告及法定代表人路 × 多次通知被告，要求将公司账册及合同原件返还原告，但被告未予返还。2009 年 7 月 22 日，原告向被告发送律师函催讨，但至今未收到相关财务账册及合同原件。原告认为，在未得到原告授权下，被告占有公司的财务账册、合同资料无法律依据，侵犯了原告的权利。据此，原告请求判令被告：1. 被告返还原告自 2006 年 1 月 1 日至 2007 年 6 月 31 日期间原告公司所有的财务账册及合同原件；2. 诉讼费由被告承担。

被告杨 × 辩称，其原为原告的法定代表人，后原告的另一股东路 × 通过不合法的手段变更了原告的法定代表人，现被告正在嘉定法院进行行政诉讼。原告停业时，各股东进行过分工约定，由被告保管财务凭证。被告取得公司的

---

[1] 案例来源：上海市长宁区人民法院 2009 年 11 月 6 日关于上海 × 装饰设计有限公司（以下简称"× 公司"）诉被告杨 × 股东滥用股东权利赔偿纠纷一案民事判决书，载 http://www.ilaw360.com/wenshu/shangshi/panjue/87410.html，2014 年 5 月 5 日访问。

财务凭证时，该等凭证均装在铁皮柜中，且在股东发生纠纷后该等凭证部分丢失，或被其他股东取走。公司章程中并未约定由谁保管公司的材料，原告亦无相应的法律依据和内部决议证明该等文件由谁保管。股东之间应通过决议决定保管权限。综上，被告认为原告的诉请没有法律依据，请求法院驳回原告诉请。

本院经审理查明，原告上海×装饰设计有限公司注册资本为50万元，股东出资额及持股比例分别为杨×17万元、34%，路×和陈×均为12.75万元、25.5%，张××7.5万元、15%。被告杨×自2006年9月19日开始担任原告法定代表人，2008年3月18日原告通过工商登记变更将法定代表人变更为路×。被告杨×因核账需要，于2007年7月19日向原告财务出具收条两张，确认其收到原告的以下财务资料：2006年会计账册一本，2007年现金日记账和银行日记账各一本，2007年各明细分类账一本，2007年度1月至6月总账一本。2006年1月至12月份已装订会计凭证（1月至10月份各一册，11月份两册，12月份四册），2007年1月至6月份已装订会计凭证（1月至2月份各四册，3月至6月份各三册）。庭审中，被告确认以下合同原件在其处：原告与上海×装饰设计有限公司的工程分包合同、原告与×室内装饰设计有限公司的建筑工程施工合作协议、上海虹桥×律师事务所与×室内装饰设计有限公司的建筑装饰工程施工合同、×室内装饰设计有限公司与×航空公司上海代表处的室内装饰工程合同、×室内装饰设计公司与上海×消防工程设备有限公司的消防系统工程施工合同。公司章程及股东间未对公司账册及合同文本的保管存在任何规定或约定。

另查明，本案被告诉上海市工商行政管理局嘉定分局撤销原告法定代表人变更具体行政行为一案，被告及股东张××诉本案原告公司解散一案均在嘉定法院审理过程中。

本院认为，公司账册及合同系公司的合法财产，任何人不得随意占有公司的合法财产。股东虽有查阅公司账册的权利，但并无权利占有公司的账册。现被告因核对需要，取得公司相关财务账册已达两年多时间。被告抗辩称由于公司处于歇业状态，故股东之间存在分别保管公司财物的约定，但被告现有证据未证明股东之间约定由被告保管公司的系争账册和合同。被告亦抗辩称其取得公司账册时，该等账册放置于铁皮柜内，被告未予清点，后该等账册被遗失、争抢，目前该等账册资料已不齐全。本院认为被告取得公司账册时在收条上签名，收条上载明了详细的账册年份和册数，被告理应对所收资料进行清点核对，现被告在收条上签字，即表明其认可收到了收条所载之资料文件。被告认为账册存在遗失、争抢等情况，但并未提供相应证据予以证明，故本院对被告的上述辩称亦不予采信。据此，被告占有公司的财务账册和合同文本并无事实和法律的依据，现公司主张股东返还公司相关财产的诉讼请求，应予支持。至于原告主张被告返还相关合同原件，由于原告未提供被告具体占有哪些合同原件的依据，故应以被告确认的合同范围为限。据此，根据《中华人民共和国公司法》第三条第一款之规定，判决如下：

一、被告杨 × 应于本判决生效之日起十日内返还原告上海 × 装饰设计有限公司下列财务资料：2006 年会计账册一本，2007 年现金日记账和银行日记账各一本，2007 年各明细分类账一本，2007 年度 1 月至 6 月总账一本。2006 年 1 月至 12 月份已装订会计凭证（1 月至 10 月份各一册，11 月份两册，12 月份四册），2007 年 1 月至 6 月份已装订会计凭证（1 月至 2 月份各四册，3 月至 6 月份各三册）。

二、被告杨 × 应于本判决生效之日起十日内返还原告上海 × 装饰设计有限公司下列合同原件：原告上海 × 装饰设计有限公司与上海 × 装饰设计有限公司的工程分包合同、原告上海 × 装饰设计有限公司与 × 室内装饰设计有限公司的建筑工程施工合作协议、上海虹桥 × 律师事务所与 × 室内装饰设计有限公司的建筑装饰工程施工合同、× 室内装饰设计有限公司与 × 航空公司上海代表处的室内装饰工程合同、× 室内装饰设计公司与上海 × 消防工程设备有限公司的消防系统工程施工合同。

（二）争议焦点

如何正确理解股东权的行使？

（三）法理评析

股东权，泛指公司给予股东的各种权益或者所有的权利，具体是指股东基于股东资格而享有的从公司获取经济利益并参与公司管理的权利，是集财产与经营两种权利于一体的一种综合性的新型的独立的权利形态。

作为一种法定的、固有的权利，股东行使股东权天经地义，但其基本原则是不能为了自己的私利而损害别人利益。本案中被告杨 × 因 2008 年 3 月 18 日原告通过工商登记变更将法定代表人变更为路 × 一事不满，以核账为借口，于 2007 年 7 月 19 日向原告财务出具收条两张，占有原告大批财务资料及合同原件。对这些材料的占有，严重影响了公司的经营活动，损害了公司的利益，是一种典型的损人不利己行为。

案例 6 股权转让的自治与强制

——仙居公司与金昌公司股权转让协议纠纷案 [1]

（一）案例简介

2000 年 6 月 15 日，仙居公司与金昌公司签订股权转让协议一份，约定：1. 股权转让内容：仙居公司将其拥有的目标公司浙江医药 570.076 万股股权，占目标公司总股本的 2.47%，全部转让给金昌公司。仙居公司向金昌公司转让股权的同时将其拥有的根据《公司法》及《浙江医药股份有限公司章程》的规定附属于股权的其他权益将一并转让继受，包括但不限于推荐董事的权利。2. 价款及支付方式：以目标公司经审计并按照证券管理部门规定后的 1999 年底每股净资产值 2.44 元为基础，按照每股 2.53 元，计 1442.3 万元，加上 2000 年 1 月 1 日至 6 月 25 日的清算收益 25.84 万元，共 1468.14 万元的转让价格进行本协议项下的股权转让。在协议签订后十五个工作日内，金昌公司应将上述股权转让款项汇至仙居公司指定的银行账户。3. 股权转让的授权与批准：此次仙居公司向金昌公司转让目标公司 2.47% 发起人国有法人股，尚待报告浙江省国有资产管理局，并待取得国家财政部的批准。本协议经上述机关批准而由双方正式签署后二日内，双方及目标公司将向上海证券交易所报告，并即至上海证券中央登记结算公司办理协议项下转让股权的登记过户手续。4. 违约责任：协议生效后，除不可抗力情形外，任何一方出现违反上述条款的行为，致使协议无法履行时，必须向另一方支付相当于股权转让总金额的 10% 的违约金。5. 终止：在各方未获得协议所述的生效的先决条件，或协议签署后至股份过户登记手续办理完成前，适用的法律、法规出现新的规定或变化，从而使本协议的内容与法律、法规不符，并且各方无法根据新的法律、法规就本协议的修改达成一致意见的情形时，经各方书面同意后可解除协议。6. 争议解决：本协议下发生的任何纠纷，各方应首先通过友好协商方式解决，如协商不成，各方应将争议提交杭州仲裁委员会仲裁。7. 附则：各方同意本协议替代所有原先各方的口头承诺而成为一份完整反映各方共识的协议，本协议须经各方法定代表人或授权代表签字并加盖公章并获得批准后生效等。

---

[1]　案例来源：浙江省高级人民法院（2010）浙商初字第 3 号民事判决书，载 http://www.66law.cn/topic2010/gqzrjf/32274.shtml，2014 年 1 月 10 日访问。

同日，仙居公司、金昌公司与新昌县国有工业总公司三方签订关于行使浙江医药 11.47% 股权的协议书，约定：仙居公司依法将拥有浙江医药 11.47% 股权的 9% 行使权利授予新昌县国有工业总公司，2.47% 授予金昌公司。在协议有效期内，仙居公司将基于其股权而拥有的收益权、董事及监事推荐权、在股东大会上表决权各授予新昌县国有工业总公司和金昌公司，并在必要时根据新昌县国有工业总公司、金昌公司要求出具单项的授权委托书，仙居公司承诺不再将上述权利授予其他任何主体。如因本协议下的或有关本协议的任何争议，如在一方就该争议书面通知另两方后的三十天内三方仍不能满意地解决争议时，则任何一方有权将争议提交有管辖权的法院裁判。

上述协议签署后，金昌公司于 2000 年 6 月 21 日向仙居公司支付股权转让款 1468.14 万元，但相应的股权转让手续至今未办理。2006 年 8 月 31 日，仙居公司书面通知浙江医药，要求将该公司 2005 年度红利款计 287410.53 元划入金昌公司账户，同年 9 月 6 日，浙江医药将上述红利款支付金昌公司。

2007 年 12 月 4 日，金昌公司向杭州仲裁委员会申请仲裁，请求裁决仙居公司继续履行股权转让协议中股权转让过户义务，将全部股权过户至金昌公司名下，并办理完成在股权转让过程中约定的所有义务。2008 年 8 月 5 日，杭州仲裁委员会作出（2007）杭仲裁字第 411 号裁决书，裁决：仙居公司继续履行股权转让协议中约定的义务。2009 年 7 月 14 日，金昌公司又向杭州仲裁委员会申请仲裁，请求裁决解除双方签署的股权转让协议，并由仙居公司返还股权转让款 1468.14 万元及赔偿损失 2.42 亿元。同年 8 月 12 日，仙居公司向杭州市中级人民法院提起申请，请求确认仙居公司与金昌公司于 2000 年 6 月 15 日签订的股权转让协议中的仲裁协议无效。杭州市中级人民法院经审理认为，仙居公司与金昌公司签订的股权转让协议，与同日由仙居公司、金昌公司与新昌县国有工业总公司三方签订的关于行使浙江医药 11.47% 股权的协议书，不仅在内容上相关联，也存在内容重合之处，两协议无法割裂。鉴于股权转让协议约定发生争议"提交杭州仲裁委员会仲裁"，而关于行使浙江医药 11.47% 股权的协议书则约定"提交有管辖权的法院裁判"，上述两份协议关于股权转让争议裁决机构的约定不一致，根据最高人民法院关于适用《中华人民共和国仲裁法》若干问题的解释第七条规定，当事人约定争议可以向仲裁机构申请仲裁也可以向人民法院起诉的，仲裁协议无效。杭州市中级人民法院于同年 9 月 15 日作出（2009）浙杭仲确字第 6 号民事裁定：确认仙居公司与金昌公司于 2000 年 6 月 15 日签订的股权转让协议中之仲裁协议无效。2010 年 3 月 1 日，杭州仲裁委员会作出（2009）杭州仲决字第 232 号决定书，决定：仲裁程序终止。

2010 年 4 月 15 日，仙居公司将涉案股权转让款 1468.14 万元全额汇入金昌公司账户。4 月 19 日，金昌公司将款项全额退回。

本院认为：双方当事人对于签订股权转让协议以及金昌公司已向仙居公司支付股权转让价款等基本事实不持异议。本案关键问题是，金昌公司主张的赔偿金额有无依据；仙居公司的反诉请求能否成立。

对于本案股权转让协议未经主管部门批准的事实，当事人不持异议，争议在于造成股权转让协议未经主管部门批准的原因何在。从股权转让协议及关于行使浙江医药 11.47% 股权的协议书的内容看，对具体由哪一方申请办理股权转让批准手续并未作出约定。根据国资企发〔1994〕81 号《股份有限公司国有股权管理暂行办法》第二十九条第二款规定，转让国家股权须遵从国家有关转让国家股的规定，由国家股持股单位提出申请等。因此，本案应确认仙居公司为申请办理股权转让批准手续的义务方。仙居公司辩称双方约定由金昌公司主导股权转让报批的理由不能成立。至于仙居公司辩称本案系因政策调整导致股权转让不能获批的理由，因本案的股权转让协议并未履行相应的申请批准手续，申请是前提，在未申请的情形下根本无法确定股权转让协议能否获得批准，故仙居公司该主张亦缺乏证据佐证。由于仙居公司未能提交证据证明其已办理申请批准手续，故对由此造成的损失仙居公司应当承担相应的民事责任。当然，就合同的附随义务而言，金昌公司亦负有协作履行义务。而本案现有证据亦不能证明金昌公司亦已履行相应的协作义务，诸如督促仙居公司积极办理申请批准手续等，故金昌公司亦应承担相应民事责任。

基于金昌公司请求解除股权转让协议的主张成立，据此，金昌公司要求仙居公司返还股权转让款 1468.14 万元，亦符合法律规定，本院予以支持。涉及金昌公司主张的损失问题。金昌公司主张由仙居公司赔偿其损失共计 315674180 元，从金昌公司提出的计算依据看，该损失系以金昌公司于 2010 年 3 月 10 日向上海市高级人民法院提起诉讼之日，按照浙江医药在此日前 20 天交易日的平均价格即每股 32.95 元，乘以目前涉案股权数量即 9580400 股。综合本案事实，考量股权转让协议签订的有关背景、造成股权转让协议未生效的原因、相关公司发展现状以及涉案股权市值的变化等因素，本院酌情确定仙居公司赔偿金昌公司损失计 5000 万元。

鉴于股权转让协议依法应予解除，故仙居公司反诉要求金昌公司返还其所支付的股权红利款 287410.53 元并支付利息，理由成立，应予支持。

综上，判决如下：

一、解除浙江省仙居县国有资产经营有限公司与新昌金昌实业发展有限公司于 2000 年 6 月 15 日签订的股权转让协议；

二、浙江省仙居县国有资产经营有限公司返还新昌金昌实业发展有限公司股权转让款 1468.14 万元；

三、浙江省仙居县国有资产经营有限公司赔偿新昌金昌实业发展有限公司损失 5000 万元；

四、新昌金昌实业发展有限公司返还浙江省仙居县国有资产经营有限公司 287410.53 元并支付相应利息损失（自 2006 年 9 月 7 日起按照中国人民银行同期同档次贷款利率计算至付清之日止）；

五、驳回新昌金昌实业发展有限公司其他诉讼请求。

（二）争议焦点

双方签订的股权转让协议是否生效？

（三）法理评析

合同行为是一个典型的私法行为，遵循"契约自由、私法自治"的原则。《中华人民共和国合同法》第四十四条第一款规定就体现了该原则，即"依法成立的合同，自成立时生效"。但该条第二款又规定："法律、行政法规规定应当办理批准、登记等手续生效的，依照其规定。"也就是说，某些法律、行政法规规定合同的生效要经过特别程序后才产生法律效力，这是合同生效的特别要件。那么针对国有股转让问题，又有哪些特别规定呢？《中华人民共和国证券法》第九十四条规定，上市公司收购中涉及国家授权投资机构持有的股份，应当按照国务院的规定，经有关主管部门批准。国发〔2001〕22 号《国务院关于减持国有股筹集社会保障资金管理暂行办法》第十五条规定，本办法实施后，上市公司国有股协议转让，包括非发起人国有股协议转让，由财政部审核等。国资企发〔1994〕81 号《股份有限公司国有股权管理暂行办法》第二十九条第二款规定，转让国家股权须遵从国家有关转让国家股的规定，由国家股持股单位提出申请，说明转让目的、转让收入的投向、转让数额、转让对象、转让方式和条件、转让定价、转让时间以及其他具体安排；第三款规定，转让国家股权的申请报国家国有资产管理局和省级人民政府国有资产管理部门审批。国资企发〔1996〕58 号《关于规范股份有限公司国有股权管理有关问题的通知》规定，

173

国有股股东和作为发起人的国有法人股股东转让其拥有的上市公司的股权时，国有股权管理事宜由国有资产管理部门逐级审核后报国家国有资产管理局批准或由国家国有资产管理局会同有关部门批准。以上批准文件是国家证券监管部门批准股东过户的必备文件。根据上述法律法规等规定，涉及国有股权转让必需经有权机关批准才能生效。同时，涉案股权转让协议中约定，本协议须经各方法定代表人或授权代表签字并加盖公章并获得有关部门批准后生效，该约定亦不违反法律法规规定。由于本案仙居公司所转让的股份为上市公司国有股，依照上述法律行政法规规定及合同约定，该转让合同必须经有权机关批准才能生效。但根据本案事实，涉案股权转让协议至今仍未经主管部门批准。所以，涉案股权转让协议依法应认定未生效。

案例 7 股权转让中的主体认定

——玛斯特尔电器有限公司与万翔实业总公司股权转让纠纷案[1]

（一）案例简介

上诉人玛斯特尔（北京）电器有限公司（以下简称玛斯特尔公司）因与北京万翔实业总公司（以下简称万翔实业）股权转让纠纷一案，不服北京市西城区人民法院（2009）西民初字第 4386 号民事判决，向本院提起上诉。

玛斯特尔公司在一审中起诉称：2008 年 6 月 6 日，玛斯特尔公司与万翔实业双方签订了编号 080606 号股权转让协议，时至今日万翔实业未履行协议签订内容，故诉至法院请求：1. 确认玛斯特尔公司与万翔实业签订的股权转让协议有效；2. 诉讼费由万翔实业承担。

万翔实业在一审中答辩称，玛斯特尔公司与万翔实业签订股权转让协议的情况属实，但该股权转让协议不发生法律效力，理由如下：1. 本案中股权转让协议的签约双方是玛斯特尔公司与万翔实业，根据法律规定只有公司股东才有权依法处置所持股权，玛斯特尔公司作为公司无权转让本身股权；2. 股权转让协议缺乏此类合同基本的内容和表述，不但对出让股权的公司的情况只字

---

[1] 案例来源：（2009）一中民终字第 11704 号民事判决书，载 http://case.mylegist.com/1716/2009-11-18/4453.html，2014 年 2 月 12 日访问。

未提，而且只约定万翔实业受让玛斯特尔公司 40% 的股权，甚至连这部分股份是由哪位股东提供都未提及；3. 转让股权的股东应向受让人提供其他股东过半数同意的股东会决议及其他股东放弃股权优先购买权的书面文件，本案玛斯特尔公司提供了一份股东会决议，万翔实业对该文件的真实性不认可，且该文件中也没有明确由哪位股东提供转让的 40% 股权；4. 股权转让协议中约定玛斯特尔公司 40% 的股权转让费为 1000 万元，但玛斯特尔公司的注册资金只有人民币 50 万元，按注册资金折算 40% 的股权对价应为 20 万元；而且股权转让协议中约定玛斯特尔公司增资到 5000 万元，增资资金全部由万翔实业负责，万翔实业先后要支付 4970 万元，却只能占玛斯特尔公司 50% 的股权，由此可见该协议显失公平，损害万翔实业的权益；5. 万翔实业认为该合同没有生效，于 2009 年 4 月 9 日书面通知玛斯特尔公司解除协议，并且万翔实业已不具备协议中约定投资的条件，玛斯特尔公司并未进行实际的股权变更，不履行协议对玛斯特尔公司没有实际的损失。

一审法院审理查明：玛斯特尔公司成立于 2004 年 2 月 5 日，注册资本 50 万元，公司类型为有限责任公司，公司股东 6 人均为自然人，出资比例为何树华 20 万元（占公司 40% 股权）、田辉 20 万元（占公司 40% 股权）、刘启亮 25000 元（占公司 5% 股权）、韩国忠 25000 元（占公司 5% 股权）、田伟 25000 元（占公司 5% 股权）、白丽霞 25000 元（占公司 5% 股权），法定代表人是何树华。

2008 年 1 月 30 日，玛斯特尔公司召开股东会作出如下决议："1. 全体股东一致同意万翔实业对玛斯特尔公司 40% 股权的收购动议。2. 全体股东一致同意放弃对其他股东的优先购买权。3. 万翔实业收购玛斯特尔公司股权的过程中田辉、刘启亮、韩国忠、田伟、白丽霞均同意出让原来所持有的全部或部分公司股权。……全体股东一致同意并委托何树华代表全体股东在与北京万翔实业总公司收购本公司股东 40% 股权事宜上可进行全权处理……"

2008 年 6 月 6 日，玛斯特尔公司与万翔实业签订编号为 080606 的股权转让协议，约定玛斯特尔公司将 40% 股权转让给万翔实业，转让费 1000 万元。双方同意将注册资本增资到 5000 万元，资金由万翔实业负责，万翔实业将 5000 万元增资到位后，玛斯特尔公司同意将万翔实业的股权增至 50%。

一审法院判决认定：本案中玛斯特尔公司与万翔实业签订的协议虽名为股权转让协议，但从内容上看该协议至少包括两个主要内容：一为股权转让，二为公司增资事宜。

首先，股权转让问题。根据《中华人民共和国公司法》有关股权转让的规定，在股权转让后公司应办理相应的股权变更登记手续，使股权转让的结果在有关文件中得以体现。虽然办理变更登记手续不是股权转让协议生效的必要条件，但本案涉及的股权转让协议只约定万翔实业受让玛斯特尔公司40%的股权，这40%的股权是由哪个股东提供的，又占公司全部股权的多少比例，在协议中都没有明确约定。协议没有明确转让股权的相关股东持股数额或转让数额，因股权转让具有很强的人身专属性，若没有上述约定必然会导致协议无法履行，故就股权转让的协议不成立，对双方当事人当然不发生法律效力。

其次，协议中的增资部分。公司的增资行为属于公司经营方针和投资计划，对此应召开股东大会进行决议，因为股东享有参加股东会及参与公司重大决策的权利。在本案中玛斯特尔公司提交的股东会决议上，并没有记载对增资一事的讨论，更没有形成决议。玛斯特尔公司在未召开股东会讨论增资一事的前提下，竟然与万翔实业签订有关增资事宜的协议，违反了《中华人民共和国公司法》的有关规定，侵害了股东参与重大公司决策的权利，因此这部分协议无效。

综上所述，判决：驳回玛斯特尔公司的诉讼请求。

玛斯特尔公司不服一审法院上述民事判决，向本院提起上诉。

本院认为，玛斯特尔公司股东会决议客观存在，虽然万翔实业不认可该证据的真实性，但其并未能提出反驳证据，故本院对该股东会决议的真实性、合法性、关联性予以确认。

本院根据上述认证，除认定一审法院查明的事实外，另查明：2005年2月25日，玛斯特尔公司召开股东会作出如下决议：1. 全体股东一致同意股东刘启亮、韩国忠、田伟、白丽霞（均各占玛斯特尔公司5%股权）转让其持有的全部股权给万翔实业，并放弃对其股权的优先购买权，转让金额均为125万元；同意股东田辉（占玛斯特尔公司20%股权）转让其持有的部分股权给万翔实业，转让金额500万元；2. 全体股东一致同意在与万翔实业股权转让后的股权增资方案；3. 全体股东一致同意并委托何树华代表全体股东在与北京万翔实业总公司收购本公司股东40%股权事宜问题上可进行全权处理，其与北京万翔实业总公司如签订相应的股权转让协议均代表全体股东意见。

本院认为：《中华人民共和国公司法》第四十四条规定："股东会的议事方式和表决程序，除本法有规定的外，由公司章程规定。股东会会议作出修改公司章程、增加或者减少注册资本的决议，以及公司合并、分立、解散或者变更公司形式的决议，必须经代表三分之二以上表决权的股东通过。"第七十二条规定："有限责任公司的股东之间可以相互转让其全部或者部分股权。股东向股东以外的人转让股权，应当经其他股东过半数同意。股东应就其股权转让事项书面通知其他股东征求同意，其他股东自接到书面通知之日起满三十日未答复的，视为同意转让。其他股东半数以上不同意转让的，不同意的股东应当购买该转让的股权；不购买的，视为同意转让。经股东同意转让的股权，在同等条件下，其他股东有优先购买权。两个以上股东主张行使优先购买权的，协商确定各自的购买比例；协商不成的，按照转让时各自的出资比例行使优先购买权。公司章程对股权转让另有规定的，从其规定。"

玛斯特尔公司提供的股东会决议表明，对其股东是否同意转让股权，股权转让的比例，以及公司增资等重大事项，全体股东均无异议，何树华代表玛斯特尔公司与万翔实业签订股权转让协议也是股东会一致通过并授权的结果，且自玛斯特尔公司与万翔实业签订股权转让协议至今，玛斯特尔公司股东亦未对股权转让协议的内容提出任何异议。因此，应当可以认定，玛斯特尔公司与万翔实业签订的股权转让协议内容得到了该公司股东的同意和认可。

玛斯特尔公司与万翔实业签订的股权转让协议是双方真实意思表示，协议内容亦未违反法律法规，合法有效。综上，一审法院判决认定事实不清，适用法律不当，处理结果错误，应予变更。判决如下：一、撤销北京市西城区人民法院（2009）西民初字第4386号民事判决；二、玛斯特尔（北京）电器有限公司与北京万翔实业总公司2008年6月6日签订的编号为080606的股权转让协议有效。

（二）争议焦点

本案股权转让的主体是公司还是股东？

（三）法理评析

从法理角度来说，公司和股东都是民事法律关系的主体，都可以根据自己的意愿转让自己的股份。就本案来说，万翔实业在一审中答辩称，玛斯特尔公司与万翔实业签订股权转让协议的情况属实，但该股权转让协议不发生法律效力，理由如下：一是本案中股权转让协议的签约双方是玛斯特尔公司与万翔实业，根据法律规定只有公司股东才有权依法处置所持股权，玛斯特尔公司作为公司无权转让本身股权；二是股权转让协议只约定万翔实业受让玛斯特尔公司40%的股权，甚至连这部分股份是由哪位股东提供都未提及。真实情况又如何呢？从本案查明的情况看，2005年2月25日，玛斯特尔公司召开股东会作出如下决议：1. 全体股东一致同意股东刘启亮、韩国忠、田伟、白丽霞（均各占玛斯特尔公司 5% 股权）转让其持有的全部股权给万翔实业，并放弃对其股权的优先购买权，转让金额均为 125 万元；同意股东田辉（占玛斯特尔公司 20% 股权）转让其持有的部分股权给万翔实业，转让金额 500 万元；2. 全体股东一致同意并委托何树华代表全体股东在与北京万翔实业总公司收购本公司股东 40% 股权事宜问题上可进行全权处理，其与北京万翔实业总公司如签订相应的股权转让协议均代表全体股东意见。由此得知，本案股权转让的主体是公司的 5 位股东。

案例 8 公司内部决议的效力认定
——张达理与顺德市乐从供销集团有限公司股东权纠纷案 [1]

上诉人张达理因与被上诉人顺德市乐从供销集团有限公司（下称乐从供销集团）股东权纠纷一案，不服广东省佛山市顺德区人民法院（2003）顺法民二初字第 3329 号民事判决，向本院提起上诉。本院现已审理终结。

本院查明：张达理自 1982 年开始一直在顺德乐从供销社工作，1994 年顺德乐从供销社转制变更为乐从供销集团，张达理认购了公司 281004 股的股份，此后乐从供销集团每年将分红转为股份，至 2003 年 3 月，张达理共持有乐从供销集团 599820 股的股份。1997 年 8 月 30 日，乐从供销集团聘用张达理为液化石油气站经济员，负责石油气站的经营管理。期间，乐从供销集团为了规范公司的经理管理，先后制定了《非承包企业赊销欠账规定》和《有关股份转让修改的规定》等规章制度。2001 年 2 月 21 日，乐从供销集团以张达理在任职期间，违反公司的规章制度及董事会决议，毫无原则大量赊销造成 120 多万元无法追回，严重损害了公司及其他股东的共同经济利益为由，制定了《关于石油气站无原则大量赊销欠账、严重损害公司及股东经济利益审议提案决议》（下称《决议》），给予石油气站追收欠款的期限为一年，主要责任由张达理负责，暂时冻结张达理在乐从供销集团的私人股份（含分红转入部分）的买卖及转让，提取的权利，对于气站无法收回的欠款，给予张达理经济上的处罚，乐从供销

---

[1] 案例来源：（2004）佛中法民二终字第 246 号民事判决书，载 http://sifaku.com/falvanjian/13/zb08e99f6ddp.html，2014 年 1 月 11 日访问。

集团保留对张达理追究其经济责任的权利等等。2003年4月，乐从供销集团执行上述决议，暂时限制张达理的股份转让。2003年10月23日，张达理以上述决议违反《公司法》的规定，严重侵害了其合法权益，应属无效为由，向一审法院起诉请求判令乐从供销集团立即停止对张达理享有的599820股股权处分权的侵害，并承担诉讼费。

本案经原审法院审理认为：乐从供销集团是由原来的国有企业顺德乐从供销社转制形成，乐从供销集团的股东，最初所拥有的股权是集体分级配股所得，根据该公司章程的规定和实际运作模式，乐从供销集团实际上属于"股份合作制"性质的内部登记股公司，其经济结构和实际运作模式均区别于完全意义上《公司法》所规定的有限责任公司和股份有限公司。其股份和股权也不同于完全意义上《公司法》所规定的股权。张达理作为乐从供销集团的股权持有者之一，依法享有《公司法》所规定的权利，包括股东的表决权、收益权、处分股权的权利。但是股东亦应接受股东大会的监督和依照该公司章程的规定行使经营管理权，而且，张达理作为乐从供销集团石油气站的经营管理者，应对公司董事会和股东大会承担经营管理的直接责任，公司董事会有权依据公司章程和公司内部的规定对经营管理者的违规经营行为作出相应的处理。对于乐从供销集团制定的公司章程和有关公司经营管理的规定，是依照公司章程规定召开股东大会讨论决定的，符合公司内部依法自治的原则，张达理作为公司的股东及经营管理者，应该自觉遵守该公司规定。张达理在经营管理业务过程中，违反公司的有关经营规定，给公司直接造成经济损失时，公司以股东大会决议决定限制张达理转让股权的决定，应该属于股份合作制公司内部为追究违规人员经济责任而采取的临时性行政措施。诉讼双方的纠纷，属于公司内部行政管理关系问题，不属于《公司法》规定的完全意义上的股东权转让问题。故判决：一、驳回张达理诉讼请求。二、本案受理费6260元，由张达理负担。

上诉人张达理不服原判，上诉称：一、张达理是乐从供销集团的股东，依法享有《公司法》规定的权利，这是一种绝对权利，非经本人愿意，或非经法定程序、非因法定事由，并非由法定权力机关，任何其他部门、个人均无权以任何理由干涉。二、一审混淆两个法律关系。相对于乐从供销集团，张达理具有两种身份，一是股东身份，二是受聘担任乐从供销集团液化石油气站经济员的身份，这两种身份是相互独立的。因各自身份发生的事务，应由各自的法律关系分别处理，不能将两者混为一谈。如果张达理因担任经济员期间欠乐从供销集团的债务，乐从供销集团也只能根据合同法等有关合同之债的规定向张达理主张权利。三、我国《公司法》规定的公司形式只有两种，有限责任公司和股份有限公司，审查乐从供销集团公司章程，其经济结构和运作模式与《公司法》规定的内容并无不同，因此，一审判决认定乐从供销集团"……乐从供销集团实际上属于'股份合作制'性质的内部登记股公司，其经济结构和实际运作模式均区别于完全意义上《公司法》所规定的有限责任公司和股份有限公司"是错误的。四、一审错误认定乐从供销集团非法制定的规定、决议的效力。首先，乐从供销集团所制定的规定决议并未按法定程序及公司章程规定召开股东大会。其次，在内容方面，这三份规定决议均侵犯公民财产权。

本院经审查认定，乐从供销集团制定的《决议》无效。并认定一审判决错误，应予纠正。判决如下：

一、撤销广东省佛山市顺德区人民法院（2003）顺法民二初字第3329号民事判决；

二、顺德市乐从供销集团有限公司立即停止对张达理股东权利的侵害。

（二）争议焦点

乐从供销集团制定的《决议》是否有效？

（三）法理评析

认定乐从供销集团制定的《决议》是否有效，首先要看法律依据，是使用国有企业法、集体企业法还是公司法。其次是论证的角度，要从制定程序和协议内容两个角度论证。

首先，法律依据：公司法。尽管该企业是由原来的国有企业顺德乐从供销社转制形成，乐从供销集团的股东，最初所拥有的股权是集体分级配股所得。但改制以后，就有义务遵守我国的相关法律规定，尤其是公司法的规定。

其次，论证角度。第一，从制定《决议》的程序来看。根据《中华人民共和国公司法》第四十二条的规定，召开股东会会议，应当于会议召开十五日以前通知全体股东；股东会应当对所议事项的决定作成会议记录，出席会议的股东应当在会议记录上签名。但乐从供销集团董事会并未按此规定通知包括张达理在内的股东，作出的《决议》以及会议记录也没有股东签名，显然违反上述规定，故《决议》的作出是违反程序的。第二，从《决议》的内容来分析。《公司法》第三十五条规定，股东之间可以相互转让其全部出资或部分出资，股东向股东以外的人转让其出资时，必须经全体股东过半数同意。这实际上是股东权的体现，而《决议》规定暂时冻结张达理股份买卖、转让及提取的权利，又没有特别的理由予以佐证，实际上是无理剥夺了股东权，其内容是违法的。综上，《决议》的制作过程违反法定程序，内容违背法律强制性规定，应属无效。

案例 9 股权收购请求权的认定依据

——郭新华与北京华商置业有限公司股权收购请求权纠纷案[1]

（一）案例简介

原告郭新华诉被告北京华商置业有限公司（以下简称华商公司）股权回购请求权纠纷一案，本院于 2008 年 2 月 18 日受理。本案现已审理终结。

原告郭新华诉称：原告系被告华商公司的股东，以货币出资 420 万元，持有华商公司股权比例为 12%。原告方得知被告华商公司于 2007 年 11 月 21 日召开股东会议，并作出出售部分厂房的决定。对于该决议，原告表示反对。2008 年 1 月 9 日，原告根据《公司法》第七十五条的规定向被告华商公司提出按合理的价格回购原告持有股权的请求。被告华商公司表示拒绝该回购申请。原告认为，被告华商公司出售作为公司主要资产的厂房，在原告反对的情况下仍然通过决议，是大股东滥用资本多数便利，漠视处于弱势地位小股东的权益。原告请求人民法院判令：一、被告华商公司以人民币 501 万元收购原告所持有的股权；二、被告华商公司承担本案的全部案件受理费。

被告华商公司辩称：原告的诉讼请求不符合《公司法》第七十五条规定的法定适用条件，对其诉请应予以驳回。一、原告不是行使股份回购请求权的适格主体。原告根本没有参加股东会，更谈不上对股东会的决议投反对票，不符合《公司法》第七十五条规定的权利主体要求。二、被告在本案中转让财产的行为不是《公司法》第七十五条规定的"转让主要财产"的行为。综上，原告的诉讼请求依法不能成立，恳请法院依法驳回其诉讼请求。

根据到庭当事人陈述、庭审质证意见及现有证据查明的案件事实为：

2007 年 2 月 10 日华商公司章程约定，北京市大兴经济开发区开发经营总

[1] 案例来源：（2004）佛中法民二终字第 246 号民事判决书，载 http://sifaku.com/falvanjian/13/zb08e99f6ddp.html，2014 年 1 月 11 日访问。

公司、北京埝坛经济开发中心、郭新华、北京京辰房地产投资有限公司四方共同出资设立华商公司，公司经营范围为房地产开发、房屋租售，注册资本3500万元，北京市大兴经济开发区开发经营总公司出资2480元，占出资比例70.86%，北京埝坛经济开发中心出资500万元，占出资比例14.28%，郭新华出资420万元，占出资比例12%，北京京辰房地产投资有限公司出资100万元，占出资比例2.86%，股东履行的义务包括不得抽回投资，股东之间可以相互转让其全部或部分出资等，股东向股东以外的人转让其出资时，必须经全体股东过半数同意，不同意转让的股东应当购买转让的出资，如果不购买该转让的出资，视为同意转让，股东会行使决定公司的经营方针和投资计划等职权，股东会会议（定期会议和临时会议）由股东按照出资比例行使表决权，股东会会议应当于会议召开前十五日内通知全体股东，临时会议由代表四分之一以上表决权的股东、三分之一以上的董事或监事提议方可召开，股东会决议应由代表二分之一以上表决权的股东表决通过等。

2007年11月21日，北京市大兴经济开发区开发经营总公司、北京生物工程与医药产业基地开发经营中心在股东处盖章签署了（2007）字第03号《北京华商置业有限公司股东会议决议》，该决议记载华商公司股东会决议如下，"经研究决定应出售部分厂房偿还贷款以缓解资金压力；关于出售厂房的价格应为：TOWN FACTORY厂房每平方米3200元，标准厂房每平方米2800元，销售价格在上述价格标准以上即可出售"。

在2007年11月21日上午10时召开华商公司股东大会前，原告郭新华未有效地收到被告华商公司于2007年11月19日向华商公司全体股东发出关于在2007年11月21日上午10时召开股东大会研究出售房产偿还贷款等问题的通知。

本院认为，华商公司是有限责任公司，基于华商公司2007年11月21日股东大会决议的内容，双方当事人围绕《中华人民共和国公司法》第七十五条第一款、第七十五条第（二）项的规定提出自己的主张。

现有证据表明，华商公司通知其股东于2007年11月21日参加股东会会议时，没有有效地通知原告郭新华，原告郭新华在华商公司股东会决议作出后，才得知股东会决议的内容，原告郭新华无法在股东会议上行使自己的权利，故原告郭新华在其知道或应当知道股东会决议内容的法定期间内有权依照《中华人民共和国公司法》第二十二条、第七十五条的规定向华商公司主张权利。

2007年11月21日华商公司股东会会议决议是由华商公司出资比例占85.14%的股东表决通过的，由此表明华商公司的大股东依据其章程中有关"股东会决议由股东按照出资比例行使表决权，股东会决议应由代表三分之二以上表决权的股东表决通过"的约定而作出的出售厂房的决议，由于占华商公司出资比例 12% 的股东郭新华未能参加此次会议，郭新华可以通过诉讼方式表示其反对此次股东会决议内容。现原告郭新华依照《中华人民共和国公司法》第七十五条的规定提起诉讼，本院予以支持。

依据华商公司章程的约定，华商公司经营范围为房地产开发、房屋租售。原告郭新华起诉前，华商公司固定资产包括建筑面积为 10496.22 平方米标准厂房两栋、T/F 房屋 8229.45 平方米、4 辆汽车、地下配电设备等。根据公司章程的约定和华商公司资产的现状，标准厂房两栋、T/F 房屋是华商公司进行日常经营活动所必需的物质基础，应属于华商公司的主要财产。

2007 年 11 月 22 日，华商公司依据 2007 年 11 月 21 日作出的华商公司股东会决议，将华商公司标准厂房北楼（房屋建筑面积为 5248.11 平方米）出售给北京金海虹氮化硅有限公司，表明华商公司依据郭新华投反对票的股东会决议将其公司主要财产中的一部分进行了转让，异议股东郭新华丧失了继续留在公司的理由，其有权以此为由要求华商公司按照合理的价格收购其股权，故本院对华商公司有关"华商公司转让的房产不是公司主要财产、亦不属于《公司法》规定的转让主要财产的行为，转让的财产不会影响公司设立的目的及存续，是最大限度维护公司和全体股东利益"的答辩理由不予采纳。

原告郭新华退出公司的行为实际上是构成华商公司注册资本的减少，应受公司减资制度的约束。现有证据表明，原告郭新华有关"被告华商公司以人民币 501 万元收购我持有的股权"的诉讼请求缺乏证据支持，故本院对郭新华有关判令华商公司以人民币 501 万元的价格收购其股权的诉讼请求不予采纳。

综上，判决如下：

一、被告北京华商置业有限公司应按照合理价格收购原告郭新华的股权；

二、驳回原告郭新华的其他诉讼请求。

（二）争议焦点

华商公司 2007 年 11 月 21 日股东会决议的效力。

（三）法理评析

股东会作为公司的权力机构，是人的集合体，所以对其开会程序，法律有明确规定。《公司法》第二十二条："公司股东会或者股东大会、董事会的决议内容违反法律、行政法规的无效。股东会或者股东大会、董事会的会议召集程序、表决方式违反法律、行政法规或者公司章程,或者决议内容违反公司章程的,股东可以自决议作出之日起六十日内,请求人民法院撤销。"第四十二条："召开股东会会议,应当于会议召开十五日前通知全体股东;但是,公司章程另有规定或者全体股东另有约定的除外。股东会应当对所议事项的决定作成会议记录,出席会议的股东应当在会议记录上签名。"第四十三条："股东会会议由股东按照出资比例行使表决权;但是,公司章程另有规定的除外。"第四十四条:"股东会的议事方式和表决程序,除本法有规定的外,由公司章程规定。股东会会议作出修改公司章程、增加或者减少注册资本的决议,以及公司合并、分立、解散或者变更公司形式的决议,必须经代表三分之二以上表决权的股东通过。"所有这些规定,都是为了股东权的有效行使及受到侵害以后的补救。

就本案而言,现有证据表明,华商公司通知其股东于 2007 年 11 月 21 日参加股东会会议时,没有有效地通知原告郭新华,原告郭新华在华商公司股东会决议作出后,才得知股东会决议的内容,原告郭新华无法在股东会议上行使自己的权利。显然,该次股东会议属于依法可撤销的会议。

案例 10　股权转让协议的效力与公司经营资格限制的关系
——佐藤庆根与应丽臻股东权纠纷上诉案 [1]

（一）案例简介

上诉人佐藤庆根因与被上诉人应丽臻、原审被告上海佐藤精细化工实业有限公司(以下简称佐藤公司)股东权纠纷一案,不服上海市青浦区人民法院(2001)青经初字第 1045 号民事判决,向本院提起上诉,本案现已审理终结。

原审法院经审理查明:佐藤公司于 1994 年 10 月 18 日成立。该公司工商登记的股东为佐藤庆根及应丽臻丈夫陆援朝,公司注册资本为人民币 100 万元,其中佐藤庆根认缴出资占注册资本的 70%,陆援朝认缴出资占注册资本

---

[1] 案例来源:北京市第一中级人民法院(2008)一中民初字第 2959 号判决书,载 http://www.gudonglawyer.org.cn/ShowArticle.shtml?ID=20111215101362761.htm,2014 年 3 月 21 日访问。

的 30%。1996 年 6 月，佐藤公司增加注册资本至人民币 150 万元，其中佐藤庆根认缴出资占注册资本的 67%，陆援朝认缴出资占注册资本的 33%。1999年 9 月 22 日，陆援朝因病死亡，应丽臻、佐藤庆根为陆援朝的股东权益等事宜发生争议，应丽臻诉至原审法院。原审法院立（1999）青经初字第 1307 号案件进行审理并作出了判决，确认陆援朝在佐藤公司有 33% 的股权，该股权由应丽臻行使。此后，双方又为股东权益等事宜发生争议。2001 年 10 月 10 日，应丽臻、佐藤庆根召开股东会议并达成决议。该决议内容为："一、佐藤公司同意应丽臻在公司的全部股份转让给公司股东以外的人；二、应丽臻股份转让手续办全后，应丽臻不再是公司的股东，不享有公司的股东权利，也不承担公司的股东义务。"同日，应丽臻、佐藤庆根又达成一份协议。双方在协议中约定："一、应丽臻同意以人民币 26 万元买断应丽臻在佐藤公司的股权，该款由佐藤庆根在办妥股东变更登记手续后三日内一次付清；二、应丽臻同意佐藤庆根另外落实股资受让人，并提供股资转让和工商登记的一切手续；三、佐藤庆根暂缓申请执行（2001）闵民初字第 1074 号案，工商登记手续办妥，佐藤庆根放弃申请执行的权利；四、佐藤公司至今的债权债务由佐藤庆根负责处理，工商登记变更手续办好后，应丽臻不再享有佐藤公司的股东权利，也不承担股东义务。"此后，佐藤庆根未支付应丽臻股权转让款，为此应丽臻诉至原审法院。佐藤庆根提起反诉，以签订协议时佐藤公司已被吊销营业执照，协议中约定的条件已无法成就为由，要求法院判决撤销双方于 2001 年 10 月 10 日签订的协议。

原审法院另查明：佐藤庆根未办理佐藤公司 2000 年度的工商年检，上海市工商行政管理局发出公告后，佐藤庆根也未向该局提出听证申请，故上海市工商行政管理局于 2001 年 9 月 1 日作出了沪工商青案处字第 290200110592 号行政处罚决定书，吊销了佐藤公司的企业法人营业执照。

原审法院审理后认为：应丽臻、佐藤庆根于 2001 年 10 月 10 日所作的股东会决议及达成的协议，是双方当事人的真实意思表示，内容不违反强制性法律规定，应确认为有效。佐藤公司虽然已于 2001 年 9 月 1 日被工商行政管理部门处以吊销营业执照的行政处罚，但此仅是工商行政管理部门对佐藤公司经营资格的制裁，佐藤公司作为法人单位仍然成立，也不影响应丽臻、佐藤庆根双方在佐藤公司中的股东地位，不影响双方进行股权转让。佐藤公司被吊销营业执照的原因是佐藤公司未在法定的期限内办理 2000 年度的工商年检，依佐藤庆根的身份，其应该预料到佐藤公司未办理 2000 年度工商年检会产生的法律后果。佐藤庆根作为佐藤公司的直接经营者、法定代表人，在决定公司的有关事项时，相对应丽臻而言，佐藤庆根处于优势，而应丽臻相对处于弱势。对佐藤公司被吊销营业执照结果的产生，佐藤庆根作为佐藤公司的经营者、法定代表人，其负有全部的责任。佐藤庆根在与应丽臻开股东会并达成股东会决议、达成股权转让协议时，其应预知佐藤公司可能已被吊销营业执照，但佐藤庆根仍在协议中与应丽臻约定股权转让款在办妥股东变更手续后三日内付清，佐藤庆根在主观上具有恶意。据此，应丽臻与佐藤庆根在达成股权转让时的主客观要件均不能构成双方行为的重大误解。佐藤公司系由股东佐藤庆根与陆援朝合资成立的企业，陆援朝已死亡，应丽臻行使陆援朝在佐藤公司的股东权利已由法院（1999）青经初字第 1307 号民事判决书确认，现应丽臻退股，佐藤公司也有将股份退还给应丽臻的义务。据此，原审法院遂判决：一、佐藤庆根、佐藤公司支付应丽臻股权转让款人民币 26 万元；二、应丽臻的股权转让后，佐藤公司的债权债务与应丽臻无涉；三、佐藤庆根的反诉请求不予支持。

佐藤庆根不服原审法院判决，向本院提起上诉称：1. 原审法院违反法定程序，即佐藤公司在应诉时已被吊销营业执照，不具有主体资格，法院应通知应丽臻变更起诉主体，而不应以被吊销的企业作为被告。2. 原审法院在认定事实上存在错误。

本院经审理查明：原审法院所查明的事实属实，本院予以确认。

本院认为：1. 佐藤庆根认为佐藤公司被吊销营业执照后不具备诉讼主体资格，为此原审法院程序错误。本院认为：企业法人被吊销营业执照至被注销登记前，该企业法人仍应视为存续，可以自己名义进行诉讼活动。为此原审法院以佐藤公司作为被告参加诉讼并无不当。佐藤庆根的辩解本院不予采信。2. 佐藤庆根在庭审中认为陆援朝实际并未出资，之所以与应丽臻签订协议是为了尽快解决纠纷。本院认为：陆援朝在佐藤公司的股东身份及拥有的股权，已经工商登记予以明确。1307 号案的审计报告中也没有陆援朝未实际出资的记载，且 1307 号案的判决书已明确判决陆援朝享有佐藤公司 33% 的股权，由应丽臻行使。3. 佐藤庆根认为签订协议时佐藤公司已被吊销执照，为此协议属无效。本院认为：协议是佐藤公司的股东佐藤庆根与应丽臻所签，并不是佐藤公司与应丽臻所签，为此佐藤公司是否被吊销营业执照并不影响股东间的股权转让。从协议的内容看，佐藤庆根支付应丽臻 26 万元及佐藤庆根放弃申请执行的约定是明确的，只是在佐藤庆根要支付应丽臻 26 万元和放弃申请执行这两个结果上附加了一个条件，即办妥股东变更手续后三日。现佐藤庆根辩称因佐藤公司已被吊销，故变更股东登记手续已无法办理，协议约定的条件已无法成就，为此也无须支付应丽臻 26 万元。本院认为：佐藤公司每年参加年检是佐藤庆根作为直接经营者、法定代表人的义务，佐藤庆根称未参加年检是因为工商行政管理局要等法院判决后再给年检，而事实上法院的判决与企业工商年检间并没有直接的因果关系，法院如何判决并不影响佐藤庆根去办理年检，为此，本院认为佐藤庆根未去办理年检的理由不能成立。对于没有参加年检佐藤庆根存有过错。由于佐藤公司没有年检导致被工商吊销营业执照，佐藤庆根对此负有责任。现由于佐藤庆根的过错，直接导致佐藤庆根与应丽臻间的协议所约定的条件无法成就，根据《中华人民共和国合同法》第四十五条第二款的规定，当事人为自己的利益不正当地阻止条件不成就的，视为条件已成就。为此，本院认为：佐藤庆根与应丽臻于 2001 年 10 月 10 日签订的协议的履行条件已成就，佐藤庆根应立即履行协议约定的义务。据此，本院判决如下：

驳回上诉，维持原判。

（二）争议焦点

佐藤公司在应诉时已被吊销营业执照，是否具备主体资格？

（三）法理评析

从法理角度分析，吊销企业营业执照是行政机关对公司所做的一种行政处罚，企业不能再从事日常经营，但企业的民事主体资格仍然存在。如果企业对该行政处罚无异议，依法应当进入企业清算程序，只有清算完毕，企业的法人资格才最后终止。如果企业对吊销处罚有异议，则可以申请复议，乃至提起行政诉讼。如果企业胜诉，则吊销企业法人营业执照的决定应当撤销，企业还可以重新取得法人营业执照。

从法律角度分析，目前我国法律没有明确规定，只是最高院曾出台一些复函，最高院给甘肃省高级人民法院法经〔2000〕23 号答复函和给辽宁省高级人民法院法经〔2000〕24 号答复函，明确了企业法人被吊销营业执照后至被注销登记前，该企业法人仍应视为存续，可以以自己的名义进行诉讼活动，人民法院不应当以丧失民事诉讼主体资格为由，裁定驳回起诉。

就本案来说，佐藤公司虽然已于 2001 年 9 月 1 日被工商行政管理部门处以吊销营业执照的行政处罚，但此仅是工商行政管理部门对佐藤公司经营资格的制裁，佐藤公司作为法人单位仍然成立。

专题六：股东（大）会决议效力

一、法律知识点 [1]

（一）概述

除公司法有规定外，由公司章程规定。股东会的决议方法，也因决议事项的不同而不同。普通决议事项须经代表 1/2 以上表决权的股东通过；特别决议事项须经代表 2/3 以上表决权的股东通过方可作出。依公司法规定，特别决议事项指修改公司章程、公司增加或者减少注册资本、分立、合并、解散或者变更公司形式。

（二）召开

股东会分为定期会议和临时会议两种。定期会议的召开时间由公司章程规定，一般每年召开一次。代表 1/10 以上表决权的股东，1/3 以上的董事，监事会或者不设监事会的公司的监事提议召开临时会议的，应当召开临时会议。

首次股东会会议由出资最多的股东召集和主持，依法行使职权。以后的股东会会议，公司设立董事会的，由董事会召集，董事长主持；董事长不能履行职务或者不履行职务的，由副董事长主持；副董事长不能履行或者不履行职务的，由半数以上董事共同推举一名董事主持。公司不设董事会的，股东会会议由执行董事召集和主持。董事会或者执行董事不能履行或者不履行召集股东会会议职责的，由监事会或者不设监事会的公司的监事召集和主持；监事会或者监事不召集和主持的，代表 1/10 以上表决权的股东可以自行召集和主持。所谓不能履行职务，是指因生病、出差在外等客观上的原因导致其无法履行职务的情形。所谓不履行职务，是指不存在无法履行职务的客观原因，但以其他理由或者根本就没有理由而不履行职务的情形。

---

[1] 此处以"股东会决议"的法律知识为例。

召开股东会会议，应当于会议召开 15 日以前通知全体股东；但是，公司章程另有规定或者全体股东另有约定的除外。该通知应写明股东会会议召开的日期、时间、地点和目的，以使股东对拟召开的股东会有最基本的了解。股东会应当对所议事项的决定作成会议记录，出席会议的股东应当在会议记录上签名。

股东会是有限责任公司的权力机关。除公司法有特别规定的以外，有限责任公司必须设立股东会。但股东会是非常设机关，即它不是常设的公司机构，而仅以会议形式存在，只有在召开股东会会议时，股东会才作为公司机关存在。股东会由全体股东组成。股东是按其所认缴出资额向有限责任公司缴纳出资的人。

（三）内容

根据《公司法》对有限责任公司股东会的有关规定，股东会的决议应包含以下内容：

1. 会议基本情况：会议时间、地点、会议性质（定期、临时）。

2. 会议通知情况及到会股东情况：会议通知时间、方式；到会股股东情况，股东弃权情况。

召开股东会会议，应当于会议召开 15 日前通知全体股东。

3. 会议主持情况：首次会议由出资最多的股东召集和主持；一般情况由董事会召集，董事长主持；董事长因特殊原因不能履行职务时，由董事长指定的副董事长或其他董事主持（应附董事长因故不能履行职务指定副董事长或董事主持的委派书）。

4. 会议决议情况：股东会由股东按出资比例行使表决权；股东会对修改公司章程、公司增加或者减少注册资本、分立、合并、解散或者变更公司形式作出决议，必须经代表 2/3 以上表决权的股东通过。

股东会会议的具体表决结果，持赞同意见股东所代表的股份数，占出席股东大会的股东所持股份总数的比例。持反对或弃权意见的股东情况。

5. 签署：有限责任公司股东会决议由股东盖章或签字（自然人股东）。

（四）法律效力

股东会是公司的最高权力机构，依法作出的股东会决议具有法律效力，但股东会作出的决议应当做到决议程序合法、内容合法并符合公司章程规定，否则就可能会影响股东会决议的效力。

主要可以依据以下理由：

1. 股东会临时会议的召集程序问题

公司此次股东会会议是由董事长通知各股东的，而按照《公司法》规定，股东会会议的召集权属于公司董事会，董事长有权召集董事会会议，但并无召集股东会会议的直接权利。因此，董事长个人在没有经过董事会开会讨论并作出决定的情况下，无权擅自召集临时股东会会议。

另外需要注意的是，不论股东是否按照"通知"参会和表决，都不应该影响其申请撤销股东会决议的权利。

2. 会议通知时间问题

如果该公司章程没有特别规定，股东之间也没有特别约定的话，公司召开股东会会议，应当在会议召开前十五日通知全体股东。

3. 公司章程的特别规定

公司章程可以在法律允许的范围内对股东会决议的有关事项作出特别规定，如果股东会召集程序、表决方式、决议内容还有其他违反公司章程特别规定之处的，也可以作为撤销的理由。

（五）撤销确认

1. 股东会决议无效具有对世性，具有绝对的溯及力。公司决议无效确认之诉的判决效力具有对世性，效力及于第三人，具有绝对的溯及力。但是法律是维护交易安全的，对于善意第三人根据无效决议而取得的利益应当予以保护。

2. 股东会决议被撤销后，发生决议自始不生效的法律后果。但这种溯及力不能及于基于对公司决议的信赖而与公司交易的第三人，不论是公司内部成员，还是在此之外的第三方，只要构成善意，其与公司之间的交易行为就不会因这种溯及力而失去效力。

3. 根据《公司法》第二十二条第四款规定，公司根据股东会或者股东大会、董事会决议已办理变更登记的，人民法院宣告该决议无效或者撤销该决议后，公司应当向公司登记机关申请撤销变更登记。

二、相关案例分析

案例 1 公司能否以内部的股东会约束债权人的利益

——邓诗国与中亿公司股东会决议效力确认纠纷案 [1]

（一）案例简介

上诉人邓诗国因与被上诉人广西中亿商贸有限责任公司（以下简称中亿公司）股东会决议效力确认纠纷一案，不服南宁市青秀区人民法院（2009）青民二初字第 390 号民事判决，向本院提起上诉。本案现已审理终结。

一审法院经审理查明：邓诗国是中亿公司的股东，享有 2.36% 的股权。同时，邓诗国在中亿公司担任副总经理一职。2006 年 10 月 17 日，中亿公司召开临时董事会，决议通过中亿公司兴六经营管理部提交的《经营目标责任状》。同年 10 月 25 日，邓诗国代表兴六经营管理部与中亿公司签订《经营目标责任状》，约定：一、兴六士多店与服务区新增业务年度内实现目标利润任务基数16 万元；并按照公司与中石化广西石油分公司签订的《兴六高速公路服务区委托管理合同》的要求管理好服务区的各项工作。二、工作目标任务期限为 1年，自 2006 年 11 月 1 日至 2007 年 10 月 31 日止。三、对完成年工作目标任务后超过的部分按累进法分段提高奖励比例进行奖励，提成给经营部门自主分配。四、公司有权对经营部门的经营状况、服务质量和卫生状况进行监督检查。五、经营部有权自主经营士多店和按要求管理服务区、查阅士多店日常费用核算情况、开发服务区新增业务、免费使用目前属于便利店内的所有场地和用具；经营部门负责根据财务部门出具的各店纳税报表进行报税。《经营管理目标责任状》签订后，兴六经营管理部遂对"兴六服务区"进行经营，由邓诗国任部门负责人。2009 年 1 月 17 日，中亿公司召开股东会，通过《广西中亿商贸有限责任公司 2008 年度股东大会决议》。其中，第 6 项决议为："不认可 2006年 10 月 25 日经营管理目标责任状"；第 7 项决议为："赞成清退 2006 年 10 月

---

[1] 案例来源：南宁市中级人民法院 2011 年 2 月 23 日有关邓诗国与中亿公司股东会决议效力确认纠纷一案二审民事判决书，载 http：//www.110.com/panli/panli_33958859.html，2014 年 2 月 12 日访问。

25 日经营管理目标责任状奖励提成 31.5 万元";第 9 项决议为:"赞成清退邓诗国侵占加水费 8 万元。"上述三项决议的表决权通过率分别为:62.3802%、71.0571%、74.985%。邓诗国认为上述三项决议侵害其股东利益,遂提起民事诉讼,请求:1. 确认中亿公司于 2009 年 1 月 17 日作出的《广西中亿商贸有限责任公司 2008 年度股东大会决议》第 6、7、9 项决议无效;案件诉讼费用和其他费用由中亿公司承担。

另查明:《广西中亿商贸有限责任公司章程》第三十三条第 1 项规定:"股东会行使以下职权:1.决定公司的经营方针和投资计划;……"第三十四条规定:"股东会对公司上条所述 8、11 和 12 项事项作出决议,必须经代表三分之二以上表决权的股东通过。股东会对公司其他事项作决议,必须经代表半数以上表决权的股东通过。"

一审法院经审理认为:《中华人民共和国公司法》第三十八条第(一)项规定:"股东会行使下列职权:(一)决定公司的经营方针和投资计划;……"根据上述规定,中亿公司章程关于公司股东会行使经营投资决策权的规定应为合法有效。该章程对股东会行使经营投资决策权的程序作出了规定,该规定符合《中华人民共和国公司法》第四十四条第一款"股东会的议事方式和表决程序,除本法有规定的外,由公司章程规定"的规定,中亿公司召开股东会行使经营投资决策权时应依照公司章程规定的程序进行。本案中,"兴六服务区"项目的投资与经营属于中亿公司经营方针和投资计划的范围,中亿公司有权通过股东会对该项目的投资经营事项进行决议。《经营管理目标责任状》涉及兴六服务区的经营方式,中亿公司的股东会依据公司章程的规定单方对《经营管理目标责任状》的相关事项进行讨论,未超出该股东会的职权范围。所作决议均程序合法,内容未违反法律、行政法规禁止性规定,应为合法有效,予以确认。邓诗国在中亿公司拥有双重身份,即中亿公司的股东和员工。邓诗国、中亿公司签订的《经营管理目标责任状》,实质是中亿公司与邓诗国就特定的生产资料及相关的经营管理权所达成的企业内部承包合同。因此,邓诗国、中亿公司之间存在承包合同关系。邓诗国作为中亿公司的股东,享有资产收益、参与重大决策、选择管理者等权利,而作为承包者,邓诗国享有要求中亿公司履行合同约定义务的权利。本案中,中亿公司以股东会决议的形式表明不再继续履行《经营管理目标责任状》,对邓诗国的股东权利并未造成损害。邓诗国主张中亿公司股东会作出的关于《经营管理目标责任状》的三项决议对其股东权利造成了损害,其应提供充分证据予以证明。邓诗国的证据不足以证明其主张,其请求不予支持。判决：驳回邓诗国的诉讼请求。案件受理费 100 元，由邓诗国负担。

上诉人邓诗国不服一审判决，上诉称：一、《经营管理目标责任状》是合法有效的。二、一审法院没有查清本案的基本事实。三、股东会的职权是法定和公司章程约定的，不是无限的，具体体现为《中华人民共和国公司法》第三十八条第一款的规定和《中亿公司章程》第三十三条的规定。中亿公司作出的《广西中亿商贸有限责任公司 2008 年度股东大会决议》第 6、7、9 项决议严重违反上述法律的规定和章程的约定，其内容与《经营管理目标责任状》相冲突，应当确认无效。四、一审判决适用法律错误。请求二审法院撤销一审判决，改判支持邓诗国的诉讼请求。

被上诉人中亿公司辩称：一审判决认定事实清楚，适用法律正确，请求二审法院维持原判。

本院查明的事实除与一审法院查明的事实相同外，还查明：双方当事人于二审庭审中均确认本案是股东会决议效力确认纠纷。

本院认为：根据《中华人民共和国公司法》的规定，有限责任公司股东会决议效力纠纷的审查范围是股东会作出该决议的程序和该决议内容是否合法，故《经营管理目标责任状》是否合法有效与讼争决议是否有效并无直接关系。邓诗国上诉主张，一审判决未查明《经营管理目标责任状》产生及履行等情况，为一审判决认定事实不清，该理由不能成立。邓诗国于本案诉讼中未主张作出讼争股东会决议的程序存在违法情形，一审判决经审查确认涉讼股东会的程序合法并无不妥。关于股东会决议内容的合法性问题。股东会决议内容是否合法取决于其是否违反法律的效力性强制规范。《中华人民共和国公司法》第三十八条第一款规定："股东会行使下列职权：（一）决定公司的经营方针和投资计划；……"《广西中亿商贸有限责任公司章程》第三十三条第 1 项规定："股东会行使以下职权：1. 决定公司的经营方针和投资计划；……"涉讼"兴六服务区"项目的投资与经营属于中亿公司经营方针和投资计划的范围，中亿公司股东会对该项目的投资经营事项进行决议为其权限内自主经营的行为，故涉讼股东会决议并未违反法律的效力性强制规定，一审判决认定讼争股东会决议内容有效正确。邓诗国上诉称，《广西中亿商贸有限责任公司 2008 年度股东大会决议》第 6、7、9 项决议违反《中华人民共和国公司法》第三十八条的禁止性规定和《中亿公司章程》第三十三条的规定以及我国《公司法》第三十八条第一款第一项仅仅针对公司未来的经营方针和投资作出计划，理由不能成立，本院不予采信。邓诗国上诉称，讼争股东会决议内容因与《经营管理目标责任状》冲突而无效，根据《中华人民共和国公司法》的规定，股东会的决议是资本多数决，股东会可以先后作出多个决议，后作决议否定先前决议，如果符合资本多数决的构成要件，其决议仍然是有效的，故邓诗国该上诉理由亦不能成立。至于邓诗国于诉讼中提出涉讼决议侵害其权益，这不是确认股东会决议效力的审查范围，邓诗国认为涉讼决议侵害其权益不能通过本案股东会决议效力确认予以解决，应通过其他途径维护其权益。综上，邓诗国的上诉请求，理由不能成立，本院不予支持。判决如下：驳回上诉，维持原判。

（二）争议焦点

股东会是侵害了股东权还是承包经营权？

（三）法理评析

邓诗国在中亿公司拥有双重身份，即中亿公司的股东和员工。一方面，邓诗国、中亿公司签订的《经营管理目标责任状》，实质是中亿公司与邓诗国就特定的生产资料及相关的经营管理权所达成的企业内部承包合同。因此，邓诗国、中亿公司之间存在承包合同关系。另一方面，邓诗国作为中亿公司的股东，享有资产收益、参与重大决策、选择管理者等权利。本案中，中亿公司以股东会决议的形式表明不再继续履行《经营管理目标责任状》，如何看待该次股东会决议的效力，需从股东会作出该决议的程序和该决议内容是否合法两个角度考察。从本案查明的事实来看，既没有程序上的违法、违规，也没有内容上违背法律、法规的强制性规定。所以，该次股东会合法有效，邓诗国的股东权没有受到损害。

为了维护自己的合法权益，邓诗国可以提起违约之诉，追究对方的违约责任并要求赔偿损失。

案例 2 股东会决议效力的判定依据

——秦某与上海某日用品调剂商店股东会决议效力确认纠纷案 [1]

（一）案例简介

原告秦某诉被告上海某日用品调剂商店股东会决议效力确认纠纷一案，本院于 2009 年 3 月 26 日受理，本案现已审理终结。

原告秦某诉称：原告系被告的股东及法定代表人。2008 年 12 月 2 日被告其他七名股东在未通知原告参加的情况下，召开了股东会议，形成了所谓"选举股东周彬为被告执行董事及法定代表人"的决议。由于本次股东会的召开剥夺了原告的表决权，并且根据公司章程的规定，更换企业法定代表人或董事须经持有三分之二以上表决权的股东通过，而其他七名股东的股权并未达到总股本的三分之二，况且其中一名股东周忆平早已丧失了股东身份，无权对决议进行表决，故上述决议的效力缺乏法律依据，请求法院确认该决议无效。

被告上海某日用品调剂商店辩称：1. 股东会召开前，被告已将会议召开通知以决议的形式邮寄至商店的注册地址，但由于无人签收遭退回；2. 除原告外的其他七名股东持股比例虽未达到三分之二，但商店目前尚代管着已退休或离职股东的股权，若前七名股东按比例受让商店代管的股份，则共计的持股比例应超过三分之二；3. 股东周忆平虽曾接受了商店退回的股本金 2200 元，但此举并不能视为其股东身份的丧失，其仍具有决议的表决权。综上，请求确认系争的股东会决议有效。

原告为证明其主张，提供 2008 年 12 月 2 日被告股东会决议、被告职工股份登记表、被告章程、股东周忆平接受退股款的凭证。被告对前述证据的真实性无异议，故本院对该系列证据的真实性予以确认。

被告为证明其主张，提供 2008 年 11 月 6 日、10 日、27 日、12 月 3 日、16 日的律师函，及 2008 年 11 月 25 日、12 月 2 日的被告股东会决议。原告对前述证据的真实性无异议，故本院对该系列证据的真实性予以确认。

综合原、被告的诉辩称意见、举质证意见，本院确认如下法律事实：

被告系 1986 年 12 月 5 日成立的企业法人。1992 年 11 月被告改制为股份合作制企业，股本金 12 万元，其中职工个人股 7 万元，联社股 5 万元。1996

[1] 案例来源：上海市卢湾区人民法院（2009）卢民二（商）初字第 369 号民事判决书，载 http://www.lvshionline.com/yewu/4069.html，2014 年 1 月 11 日访问。

年被告实施了股本金的调整，退出了联社股 5 万元，上海华茂旅游工艺品公司投入 4 万元，职工个人股 11 万元，企业总股本金增扩至 15 万元。2001 年 10 月被告修改了章程，原告作为股东任被告执行董事、法定代表人。截至 2008 年 11 月，被告尚存包括原告在内的股东有八名。当月 25 日，除原告外的其余七名股东提议定于 12 月 2 日召开股东会议。为通知原告，被告于 11 月 27 日委托律师将会议通知以决议的形式邮寄至企业的注册地址，后无人签收遭退回。12 月 2 日在原告未到场的情况下，七名股东形成了"选举股东周彬为被告执行董事及法定代表人"之决议。嗣后，原告向被告交涉未果，遂起诉来院。

本院认为：股东是企业成立的前提，只有切实保障股东的权利，企业才可能正常、有序的运营。原告作为被告的股东，企业重大事项的决策权系其基本的权利之一，而被告在未能将开会通知及议案送达到原告的情况下形成了更换法定代表人的决议，显然剥夺了原告重大事项决策的表决权，违反了法律规定，该决议当属无效。据此，依照《中华人民共和国民法通则》第五十八条第一款第五项的规定，判决如下：

被告上海某日用品调剂商店于 2008 年 12 月 2 日作出的股东会决议无效。

案件受理费人民币 80 元，由被告上海某日用品调剂商店负担。

（二）争议焦点

2008 年 12 月 2 日的股东会是否有效？

（三）法理评析

股东会是公司的最高权力机构，依法作出的股东会决议具有法律效力，但股东会作出的决议应当做到决议程序合法、内容合法并符合公司章程规定，否则就可能会影响股东会决议的效力。股东会决议内容违反法律、行政法规的，则自始无效；召集程序、表决方式违反法律、行政法规或者公司章程、决议内容违反公司章程的股东会决议则可撤销。

就本案而言，从程序来看，为通知原告参会，被告于 11 月 27 日委托律师将会议通知邮寄至企业的注册地址，后无人签收遭退回。这说明并没有真正履行通知义务，属于程序瑕疵。从内容来看，根据公司章程的规定，更换企业法定代表人或董事须经持有三分之二以上表决权的股东通过，而其他七名股东的股权并未达到总股本的三分之二，但还是作出了更换法定代表人的决议，此属于内容违法。综上，该次股东会决议无效。

案例 3 临时股东会临时情形的认定

——某某航空有限公司与张某等股东会决议撤销纠纷案 [1]

（一）案例简介

上诉人某某航空有限公司（以下简称某某公司）因与被上诉人张某、张某某、邓某某股东会决议撤销纠纷一案，不服北京市顺义区人民法院（2008）顺民初字第 9304 号民事判决，向本院提起上诉。本案现已审理终结。

张某、张某某、邓某某一审共同诉称：某某公司于 2008 年 10 月 20 日召开某某公司 2008 年临时股东会并形成了相关股东会决议，由于上述股东会的召集程序、表决方式存在诸多瑕疵，起诉要求：1. 判令撤销某某公司于 2008 年 10 月 20 日形成的某某公司 2008 年临时股东会所形成的股东会决议；2. 判令某某公司承担本案诉讼费。

某某公司一审未到庭应诉，亦未做出答辩。

一审法院经审理查明：某某公司于 2005 年 3 月 3 日成立，注册资本 30000 万元，现在股东为北京某某交能投资有限公司（以下简称交能公司）、大地桥投资有限公司（以下简称大地桥公司）、邓某某、张某、张某某。根据某某公司章程，交能公司认缴出资 18900 万元、大地桥公司认缴出资 7800 万元、邓某某认缴出资 1500 万元、张某认缴出资 1500 万元、张某某认缴出资 300 万元，上述出资均为货币出资，出资时间为 2005 年 5 月，公司章程载明，设立时实际缴付。某某公司和交能公司的法定代表人均为王某某。某某公司的公司章程第二十六条规定：股东会的议事方式和表决程序按照本章程的规定执行。股东会会议由股东按照出资比例行使表决权。股东会会议应对所议事项做出决议，决议应由代表二分之一以上表决权的股东表决通过。但股东会对修改公司章程所做出的决议，应由代表三分之二以上表决权的股东表决通过；股东会对公司增加或者减少注册资本、分立、合并、解散所做出的决议，应由代表四分之三以上表决权的股东表决通过。第二十七条规定：股东会会议分为定期会议和临时会议，定期会议每年召开一次。股东会的首次会议由出资最多的股东召集和主持，代表四分之一以上表决权的股东，三分之一以上董事或者监事，可

---

[1] 案例来源：北京市第二中级人民法院（2009）二中民终字第 03643 号民事判决书，载 http://www.lawtime.cn/info/gongsi/gongsisusong/2010121480895.html，2014 年 6 月 12 日访问。

以提议召开临时会议。第二十八条规定：股东会会议由董事会召集，董事长主持。董事长因特殊原因不能履行职务时，由董事长指定的副董事长或其他董事主持。第二十九条规定：召开股东会会议，应当于会议召开十五日以前通知全体股东。股东会应当对所议事项的决定做成会议记录，出席会议的股东应当在会议记录上签名。出席股东会会议也可以委托他人参加，必须出具股东授权委托书，行使授权委托书载明的权利，并遵守公司章程规定的义务。第三十条规定：下列情况下的股东会议决议无效：股东会议的召集程序和表决方式违法或者违反公司章程规定的；股东会议决议内容违反公司章程规定的。

2008年9月27日，交能公司向某某公司发出关于召开某某公司2008年度临时股东会会议的通知，决定于2008年10月20日上午9时，在北京市东长安街1号东方君悦大酒店浮碧厅召开某某公司2008年度临时股东会会议。临时股东会由交能公司召集并主持。会议议题为：1. 讨论公司经营状况及经营计划问题；2. 讨论公司董事、监事人选变更问题；3. 讨论公司治理结构及其运行情况；4. 讨论公司资金及与天津市政府合作意向问题；5. 讨论与公司经营范围变更有关的章程修改问题。会议出席人员为全体股东。

张某收到上述通知后，于2008年10月10日给交能公司发回复函，称鉴于交能公司、大地桥公司欠缴某某公司出资，张某、张某某、邓某某三名自然人股东已向北京市第二中级人民法院提起诉讼，要求交能公司与大地桥公司补足出资，并在补足出资前只能按实缴出资行使表决权，目前该案正在审理过程中，在该案判决并生效前，不适合召开某某公司股东会。不同意召开交能公司所通知的股东会。

2008年10月20日，王某某在北京市东长安街1号东方君悦大酒店浮碧厅召集并主持召开某某公司2008年度临时股东会。大地桥公司的郎赛强、邓某某委托刘伟宁、张某某委托李默和刘捷音参加本次会议。张某未参加临时股东会。

一审另查明：2008年4月29日，张某、张某某、邓某某向二中院提起诉讼，要求交能公司补足出资9732万元、大地桥公司补足出资200万元，在补足出资前只能按照实际出资行使股东权利。此案目前正在审理过程中。

2008年6月12日，张某、张某某、邓某某向一审法院提起诉讼，要求撤销某某公司于2008年4月25日形成的某某公司第四届第四次董事会决议；某某公司赔偿张某、张某某、邓某某损失每人五万元，共十五万元。一审法院以（2008）顺民初字第5546号民事判决书判决：撤销某某公司于2008年4月25

日做出的第四届第四次董事会决议，驳回张某、张某某、邓某某其他诉讼请求。某某公司和张某、张某某、邓某某均向二中院提起上诉。此案目前正在审理过程中。

一审法院认为：根据我国民事诉讼法的规定，当事人有答辩并对对方当事人提交的证据进行质证的权利，某某公司经法院合法传唤，无正当理由拒不出庭应诉，视为其放弃了答辩和质证的权利。张某、张某某、邓某某与交能公司、大地桥公司作为某某公司的股东，以其各自出资享有相应的股东权利。在张某、张某某、邓某某要求交能公司和大地桥公司补足出资的诉讼正在审理过程中，交能公司与大地桥公司的实际出资比例尚未确定，相应的表决权比例也无法确定。在不能确定股东实际出资比例额，且与会代表将上述意见明确表达的情况下，某某公司不能形成合法有效的股东会决议。同时，某某公司的股东会决议在表决修改公司章程时没有达到三分之二以上有表决权的股东通过的要求。因此，某某公司 2008 年 10 月 20 日召开的 2008 年度临时股东会所做出的股东会决议应予撤销，张某、张某某、邓某某要求撤销临时股东会决议的请求应予支持。判决如下：撤销某某航空有限公司于 2008 年 10 月 20 日做出的 2008 年度临时股东会决议。

某某公司不服一审法院上述判决，向本院提起上诉。

二审期间，某某公司新提交了两份函件材料，第一份为"关于提请召开某某航空有限公司 2008 年度第一次临时股东大会的函"，提交人为交能公司，收件人董事会，记载时间 2008 年 9 月 17 日，内容为要求董事会召开临时股东会，并要求在 3 天之内书面答复。该函件上有"函收到。王某某。2008 件 9 月 17 日"的字样。第二份函的提交人也是交能公司，收件人为某某公司监事会，记载时间 2008 年 9 月 22 日，内容为要求监事会召开临时股东会，并要求在 3 天之内书面答复。该函上有"函收到。裴学龙 2008 年 9 月 22 日"的字样。王某某、裴学龙分别为某某公司董事长、监事会主席。交能公司以此证明其已经事先先后书面要求某某公司董事会、监事会召开临时股东会，但某某公司未予回复，因此，交能公司才依照公司章程的规定，于 9 月 27 日书面通知其他股东，自行提议召开临时股东会，会议召集程序并无违法之处。

本院经审理查明的其他事实与一审法院查明的事实一致。

综上，某某公司的上诉请求，合法有据的部分，本院予以支持。一审法院判决适用法律有误，本院予以纠正。判决如下：

一、撤销北京市顺义区人民法院（2008）顺民初字第 9304 号民事判决；

二、撤销某某航空有限公司二〇〇八年度临时股东会会议作出的关于修改某某航空有限公司章程第三章第六条的决议；

三、驳回张某、张某某、邓某某的其他诉讼请求。

（二）争议焦点

该公司 2008 年度临时股东会的效力。

（三）法理评析

对于股东会的效力问题，我国《公司法》第二十二条规定：公司股东会或者股东大会、董事会的决议内容违反法律、行政法规的无效。股东会或者股东大会、董事会的会议召集程序、表决方式违反法律、行政法规或者公司章程，或者决议内容违反公司章程的，股东可以自决议作出之日起六十日内，请求人民法院撤销。

第四十二条规定：召开股东会会议，应当于会议召开十五日前通知全体股东；但是，公司章程另有规定或者全体股东另有约定的除外。股东会应当对所议事项的决定作成会议记录，出席会议的股东应当在会议记录上签名。"

第四十三条规定：股东会会议由股东按照出资比例行使表决权；但是，公司章程另有规定的除外。

第四十四条规定：股东会的议事方式和表决程序，除本法有规定的外，由公司章程规定。股东会会议作出修改公司章程、增加或者减少注册资本的决议，以及公司合并、分立、解散或者变更公司形式的决议，必须经代表三分之二以上表决权的股东通过。

由此可见，审视股东会的效力，需要从程序与内容两个方面论证。针对本案，关于本次股东会的程序审查：

第一，该股东会议召集程序是否违反法律、行政法规、公司章程的规定。虽然依据有关法律规定，代表十分之一以上表决权的股东召开临时股东会，要先经公司内部前置程序。但本案中，某某公司的董事会成员之间纠纷不断，董事会面临着难以有效行使权利、无法做出有效决议的僵局。因此，交能公司提议召开某某公司临时股东会对公司的运营、管理等事项进行讨论，并无不当。

第二，该股东会议表决方式的认定。本案中，虽然某某公司的股东之间就出资问题存在纠纷，但我国《公司法》及某某公司章程均没有规定股东应按照实缴出资比例行使表决权。并且，按照我国《公司法》的有关规定，股东未按规定缴纳出资依法应承担的责任是向其他按期足额出资的股东承担违约责任，因此，该股东会决议表决方式有效。

关于本次股东会的内容审查：

根据法律以及某某公司章程的规定，修改章程应由代表三分之二以上表决权的股东同意才能通过。本案中，该股东会议中第五项关于修改某某公司章程第三章第六条的议题，仅有占某某公司63%的表决权同意，未达到《公司法》第44条及某某公司章程规定的表决权比例要求，故该股东会议关于修改某某公司章程第三章第六条的决议，应属无效。

案例4 股东会决议瑕疵的认定

——王辉忠因股东会决议效力纠纷问题上诉案[1]

（一）案例简介

上诉人王辉忠因股东会决议效力纠纷一案，不服驻马店市驿城区人民法院（2009）驿民初字第1042号民事判决，向本院提起上诉。本案现已审理终结。

原审法院判决认定，2006年2月23日，天中墙材公司成立，原告王辉忠是成立时的法定代表人即公司的执行董事，股东包括王辉忠、刘斌、沈彬、郭嵩和郭玉梅，各股东所占股份分别是30.78%、15.38%、15.38%、23.08%和15.38%。2007年5月7日，在当时的公司监事郭嵩的主持下召开公司的第五次股东会。在该次股东会上，经代表公司表决权69.22%的股东同意，形成了以下的决议：1.撤销王辉忠的公司执行董事、总经理和企业法人代表资格；2.选举股东郭嵩为公司执行董事、企业法人代表；3.选举股东刘斌为公司监事；4.聘任股东沈彬为公司总经理，负责公司生产经营工作；5.聘任方义平为公司副总经理，负责分管公司行政、财务工作。撤销王辉忠执行董事的理由是王辉忠行使了超越公司章程赋予的权利。在该次股东决议上王辉忠没有签字并不同意该

---

[1] 案例来源：河南省驻马店市中级人民法院2010年2月25日关于上诉人王辉忠因股东会决议效力纠纷一案二审民事判决书，载 http://www.110.com/panli/panli_1417282.html，2014年2月22日访问。

次股东会决议。公司的其他股东郭嵩、沈彬、刘斌和郭玉梅委托出席的代理人均同意公司股东会的上述决议。股东会决议作出后，被告单位进行了法定代表人变更登记，王辉忠以工商登记机关变更登记的行为侵害了其合法权益为由起诉请求工商登记机关撤销其变更登记，王辉忠的请求经一、二审审理被驳回。另查明，被告天中墙材公司的股东刘斌系驻马店市驿城区地方税务局的工作人员，属国家公务员。原告通过信访的方式向被告天中墙材公司法定代表人郭嵩所在单位反映了郭嵩担任公司管理人员的问题，郭嵩所在单位已经对郭嵩进行了批评教育并要求郭嵩退出或转让股份，辞去所担任的公司职务。郭嵩是驻马店市城乡规划勘测设计院（事业单位，企业化管理）工程师，1997年9月至2006年1月在驻马店市良辰美景装饰设计工程有限公司（原雪松路装饰工程部）任设计部经理。原告王辉忠在庭审中陈述，其请求的事项是2007年5月7日的股东会决议全部无效。原审法院判决：驳回原告王辉忠的诉讼请求。案件受理费100元，由原告王辉忠负担。宣判后，王辉忠不服，以驻马店市高新区天中新型墙材有限公司2007年5月7日作出的股东会决议违反了法律法规的规定，应当确认无效为由，上诉本院。

二审审理查明的事实与原审法院判决认定的事实相一致。

本院认为，被上诉人驻马店市高新区天中新型墙材有限公司于2007年5月7日作出的股东会决议在召集的程序上符合《中华人民共和国公司法》的相关规定，在参与表决的股东人数和所占的股份比例上均符合《中华人民共和国公司法》和公司章程的规定与约定，是合法有效的决议。上诉人王辉忠提出该股东会决议违反《中华人民共和国公务员法》第五十三条的相关规定等应为无效，因该法是国家对公务员的行政管理规范，属不平等主体之间的法律规范，不是民法平等主体之间的民事法律行为的效力性规范，本案中的股东会决议是否有效不属《中华人民共和国公务员法》所调整的范围。如果被上诉人违反了《中华人民共和国公务员法》的相关规定，应当承担的是行政责任。因此，王辉忠上诉提出股东中有公务员的问题，可通过公务员法的相关规定予以处理。原审法院所作判决正确，应予维持。王辉忠上诉理由不足，不予采纳。依照第一百五十三条第一款第（一）项的规定，判决如下：

驳回上诉，维持原判。

（二）争议焦点

该次股东会决议的效力。

（三）法理评析

由于该次股东会中有公务员身份的刘斌，系驻马店市驿城区地方税务局的工作人员，而其占有的份额是 15.38%，2006 年实施的《公务员法》第五十三条十四项规定，公务员不得从事或参与营利性活动，但并没有禁止公务员持有股票或债券。由此规定可知，该次股东会的决议应去除王辉忠、刘斌的股份，所得票数也达到了一半以上，因此有效，法院判决正确。

案例 5　股东会决议效力审查的法定依据

——宕昌强华化工公司与张忠生、赵菊彩等 51 人确认股东会决议无效纠纷案 [1]

（一）案例简介

甘肃省宕昌强华化工有限责任公司因与张忠生、赵菊彩、田玉珍等 51 人确认股东会决议无效纠纷一案，不服宕昌县人民法院（2011）宕民初字第 54 号民事判决，向本院提出上诉。本院受理后，现已审理终结。

原审查明的事实，强华公司始建于 1970 年，原为宕昌县化工厂，于 1998 年改制为宕昌强华化工有限责任公司。改制后国有资产为 240.8 万元占出资比例的 66.9%，自然人股东为 132 人，占出资比例的 33.1%。2006 年 10 月 24 日强华公司在没有通知大多数股东并征得过半数股东同意的情况下，作出内容不同但文号相同的两份股东大会决议，其中一份内容为：经公司 10 月 24 日全体股东大会讨论研究，决定将原股东名下的所有股份转让给自然人邓志武、苏毅、金明三人；另一份内容为：经公司 10 月 24 日全体股东大会讨论研究，决定将原各股东名下的所有股份转让给文县兴聚矿业有限责任公司。2006 年 12 月 27 日的股份转让协议内容显示：现将宕昌强华化工公司股东游海晨、游小强、秦忠、李小英、许文平、韩永珍、王义全、董春芳、赵成才、冉彩红、赵马进名下股份 121 万元。占公司股份 33.5% 全部转让给自然人邓志武、金明、苏毅所有。其中邓志武 81 万元、金明 20 万元、苏毅 20 万元。2007 年 3 月 14 日

---

[1]　案例来源：甘肃省陇南市中级人民法院（2011）陇民二终字第 54 号民事判决书，载 http：//www.chinagscourt.gov.cn/zyDetail.htm?id=248873，2014 年 4 月 21 日访问。

陇南正和会计事务所作出陇正验字（2007）04号验资报告，该报告显示实收资本变更后国有资产仍为240.8万元，但原赵奠基等131个自然人股份变更为邓志武、金明、苏毅所有，其中邓志武为23.84万元、苏毅为47.68万元、金明为47.68万元。随后强华公司在工商管理部门办理了变更登记手续。另查明，邓志武、苏毅、金明三人未支付相应转让股份对价。2007年6月20日给周树银等90人支付股息7041.87元。

原审法院认为，《公司法》明确规定，股东转让股权只能在规定内部转让，如果向股东以外的人转让股权，应当经其他股东过半数同意，并且应书面通知其他股东征求意见。本案中，被告无证据证明：1.原告同意转让股权；2.作为占股份66.9%的国有资产管理部门放弃购买。另外，2006年10月24日被告作出两份文号相同而内容截然不同的股东会决议，且不论该决议是如何产生的，就股东签名来说仅有11人，而强华公司有132名股东，其中自然人股东为131人，显然强华公司的该股东会决议未征得大部分自然人股东同意，因而公司决议决定将自然人股份转让给不是股东的自然人邓志武、金明、苏毅或文县兴聚矿业有限责任公司的行为已侵犯了作为原告的自然人股东的财产所有权。为此，原审法院支持了原告的诉讼请求。遂判决为：确认甘肃省宕昌强华化工有限责任公司2006年10月24日的两份股东大会决议无效；甘肃省宕昌强华化工有限责任公司于判决生效后二十日内到工商管理部门办理撤销依据2006年10月24日的股东大会决议进行的股权变更登记手续。

上诉人甘肃省宕昌强华化工有限责任公司上诉称，甘肃省宕昌强华化工有限责任公司2006年10月24日的两份股东大会决议内容概括起来就是"股权转让"，没有其他内容。而"股权转让"是允许的，并不违反法律、法规规定。按照原判决认定事实，致使出现这种情况，一方面是由于历史原因外，另一重要原因就是公司董事会在召集股东大会及表决方式上违反法律规定，属程序性瑕疵而不属内容瑕疵。对程序性瑕疵应该按照《公司法》第二十二条第二款的规定行使撤销权，该撤销权的行使受时效限制，应在决议作出之日起六十日内。一审中查明，决议产生后原告就已经知道该决议内容，而且该决议产生后在工商行政管理部门办理登记也是当时作为董事的原告之一张忠生受公司委托办理的；不仅如此，后来各原告在公司领取利息的客观事实再次表明了原告知晓且认可股权转让。甘肃省宕昌强华化工有限责任公司在1998年进行了改制，国有资产占出资比例的66.9%，自然人股东为131人，但仅占出资比例的33.1%。2006年受企业改制政策影响公司进行第二次改制。既然是改制，说透了其实就是对国有股份的私有化，所以，国有资产管理部门是不会购买私有股份的，特别是本案中的甘肃省宕昌强华化工有限责任公司的国有资产管理部门，否则就不会改制。而正是由于这一政策前提，故在改制中就不需征求国有资产管理部门是否放弃购买的意见。原判决以此作为认定决议无效的理由是对当时政策、历史的否定与背叛。原判以 2006 年 10 月 24 日两份决议仅 11 名股东签名，进而认为公司该决议未征得大部分自然人股东同意而侵害原告的财产权利，这一理由同样是不成立的。《公司法》第四十二条、四十三条等规定，股东会决议由股东按照出资比例行使表决权，原判决以参加股东会自然人股东人数为由判决显然与法不合。原告股权已经转让，股权转为了债权。虽然对其转让金未付，但原告自 2007 年开始在公司领取利息的事实证明了这一情形是存在的，上诉人在一审时提交的原告领取利息的表册也证实了这一点。原告主张股东身份不仅是对自己行为的否认，也是对公司改制这一政策性历史事实的否认。本案受理之前，公司因政策性原因已经停业，正在就职工养老保险等问题与政府协调解决。同时，已经向法院提出破产申请。由于原告之诉，必然会影响大多数职工的安置，职工养老金等也会比诉前要交得多，对于企业而言，这是一种不必要的损失。对此，公司在一审中就依据《公司法》第二十二条第三款之规定要求原告提供相应担保，但一审法院置之不理。故上诉人认为原判适用法律错误、程序错误，请求：1. 依法撤销原判；2. 驳回原告诉讼请求；3. 本案一、二审受理费由原告承担。

被上诉人未答辩。

二审查明的事实与一审相同。驳回上诉，维持原判。

（二）争议焦点

该次会议是程序瑕疵还是内容违法？

（三）法理评析

上诉人甘肃省宕昌强华化工有限责任公司上诉称，甘肃省宕昌强华化工有限责任公司 2006 年 10 月 24 日的两份股东大会决议内容概括起来就是"股权转让"，没有其他内容。而"股权转让"是允许的，并不违反法律、法规规定。按照原判决认定事实，公司董事会在召集股东大会及表决方式上违反法律规定，属程序性瑕疵而不属内容瑕疵。对程序性瑕疵应该按照《公司法》第二十二条第二款的规定行使撤销权，该撤销权的行使受时效限制，应在决议作出之日起六十日内。

但从整个来看，本案中，被告无证据证明：1. 原告同意转让股权；2. 作为占股份66.9%的国有资产管理部门放弃购买。另外，2006年10月24日被告作出两份文号相同而内容截然不同的股东会决议，且不论该决议是如何产生的，就股东签名来说仅有11人，而强华公司有132名股东，其中自然人股东为131人，显然强华公司的该股东会决议未征得大部分自然人股东同意，将自然人股份转让给不是股东的自然人邓志武、金明、苏毅或文县兴聚矿业有限责任公司的行为触犯了《公司法》第七十二条：股东向股东以外的人转让股权，应当经其他股东过半数同意。股东应就其股权转让事项书面通知其他股东征求同意，其他股东自接到书面通知之日起满三十日未答复的，视为同意转让。其他股东半数以上不同意转让的，不同意的股东应当购买该转让的股权；不购买的，视为同意转让。

经股东同意转让的股权，在同等条件下，其他股东有优先购买权。两个以上股东主张行使优先购买权的，协商确定各自的购买比例；协商不成的，按照转让时各自的出资比例行使优先购买权。所以，该次股东会无论程序还是内容均违法，应属无效。

案例6　公司章程在股东会决议效力认定中的法律地位
——王颂军与刘国栋等股东会决议效力纠纷再审案[1]

（一）案例简介

再审申请人王颂军与被申请人刘国栋、上海商景投资管理有限公司（以下简称上海商景公司）、全椒商景工业发展有限公司（以下简称全椒商景公司）确认股东会决议效力纠纷一案，安徽省全椒县人民法院于2011年12月5日作出（2011）全民二初字第00109号民事判决。王颂军、全椒商景公司不服上诉，本院于2012年9月12日作出（2012）滁民二终字第00229号民事判决，已发

---

[1] 案例来源：安徽省滁州市中级人民法院（2013）滁民二再终字第00014号民事判决书，载http：//www.court.gov.cn/zgcpwsw/ah/ahsczszjrmfy/ms/201407/t20140708_1993230.htm，2014年8月13日访问。

生法律效力。王颂军向安徽省高级人民法院申请再审，安徽省高级人民法院于2013 年 8 月 14 日作出（2013）皖民申字第 00190 号民事裁定，指令本院再审本案，并中止原判决执行。本院于 2013 年 12 月 3 日立案受理，本案现已审理终结。

全椒县人民法院原审查明：2004 年 5 月 18 日，刘国栋与王颂军共同出资设立上海商景投资管理有限公司（以下简称上海商景公司），注册资本为人民币 850 万元，其中刘国栋出资 699 万元，王颂军出资 151 万元，由王颂军担任该公司执行董事、法定代表人。2006 年 10 月，上海商景公司、刘国栋与王颂军共同出资设立全椒商景公司，其中，上海商景公司出资 650 万元（土地使用权），刘国栋出资 493 万元，王颂军出资 107 万元，王颂军担任公司执行董事、法定代表人。全椒商景公司章程约定：公司股东会由全体股东组成，是公司的权力机构，股东会会议分为定期会议和临时会议，并应当于会议召开十五日以前通知全体股东。定期会议每半年召开一次，临时会议由代表四分之一以上表决权的股东或者监事提议方可召开。会议应对所议事项作出决议，决议应由全体股东表决通过。修改公司章程应由全体股东表决通过。

2008 年 8 月 25 日，刘国栋以挂号信方式分别向王颂军居住地（上海市丽园路 818 弄 2 号 2205 室）、上海商景公司办公地（上海市南京西路 580 号上海南证大厦 3505 室）邮寄了收件人为王颂军的《全椒商景工业发展有限公司临时股东会议通知》，载明："定于 2008 年 9 月 16 日下午三点在上海延安饭店220 会议室（延安中路 1111 号）召开本公司的临时股东会议。会议议题：一、修改公司章程；二、改选本公司执行董事、监事，聘任、任命公司法定代表人、经理；三、就公司高层管理人员的变更，对办理工商变更登记和相关工作移交作出决定；四、拟定是否对本公司进行审计及聘请会计师事务所作出决定；五、讨论分析本公司经营管理的现状及问题，并就是否进行股权转让或者停业整顿、或者公司解散清算作出决定。"2008 年 8 月 27 日，刘国栋又以邮政特快专递方式按以上两地址向王颂军发出《全椒商景工业发展有限公司临时股东会议通知》。2008 年 8 月 29 日，刘国栋在上海市南京西路 580 号上海南证大厦 3505室上海商景公司门口张贴了《全椒商景工业发展有限公司临时股东会议通知》。同日，刘国栋以手机短信方式向王颂军发出短信息，内容为："王颂军，定于2008 年 9 月 16 日下午三点在上海延安饭店 220 室延安中路 1111 号召开全椒商景公司临时股东会议。"

2008 年 9 月 16 日下午 1 时，上海商景公司召开临时股东会，刘国栋出席会议，王颂军未出席会议。该临时股东会形成以下决议：免去王颂军担任的上海商景公司执行董事及公司经理的职务。由刘国玉担任法定代表人、公司总经理职务。同日下午 3 时，全椒商景公司临时股东会召开，刘国玉、刘国栋出席会议，王颂军未出席会议。该临时股东会形成以下决议：公司章程进行修改，第十八条修改为公司设执行董事一人，由股东会议选举产生，执行董事对股东会负责，执行董事任期三年，任期届满可连选连任；第二十条第一款修改为公司设经理一名，为公司的法定代表人，由股东会聘任或解聘。经理对股东会负责，行使下列职权。免去王颂军担任的全椒商景公司执行董事及公司经理的职务。由刘国栋担任全椒商景公司执行董事，由叶飞担任公司监事，由刘国玉担任法定代表人、公司总经理职务。临时股东会同时作出以下决定："一、2008 年 9 月 24 日之前，原执行董事、法定代表人王颂军先生向执行董事刘国栋移交公司印章（公章、合同章、财务专用章、银行账户印鉴章）、企业法人营业执照（正本、副本）、企业代码证书，并由执行董事刘国栋先生委托专人办理公司工商变更登记。二、上述印章证照若逾期移交或拒不移交的，视为原印章证照遗失，并由法定代表人刘国玉及执行董事刘国栋先生按照法律法规的规定申请有关机关、部门处理。三、股东会议已决定全椒商景公司停业整顿及全面审计。停业及审计期间，公司财务业务等全部职能部门、职员，务必妥善保管好相关文件文书、账册、档案材料，配合审计工作，接受审计人员的调查，并按照法定代表人刘国玉及执行董事刘国栋的指令切实做好相关工作。"同日，刘国栋将上述决定以手机短信的方式通知王颂军。此后，刘国栋、上海商景公司分别于 2008 年 10 月 20 日、2010 年 6 月 28 日提起诉讼，后撤诉。

全椒县人民法院认为，本案的主要问题如下：

1. 2008 年 9 月 16 日临时股东会议召集程序是否符合法律和公司章程的规定，是否有效。全椒商景公司的章程规定，召开股东临时会议，并应当于会议召开十五日以前通知全体股东。临时会议由代表四分之一以上表决权的股东或者监事提议方可召开。刘国栋依照法律以及公司章程的规定提议召开股东会，已提前十五日通知王颂军、全椒商景公司；通知方式位寄挂号信、邮寄邮政特快专递、张贴通知、手机短信通知，应认定刘国栋已经履行了通知义务。王颂军、全椒商景公司以未收到通知为由，认为 2008 年 9 月 16 日的股东会未曾召开或存在程序瑕疵，却未能提供充分证据予以证明。上海市普陀区人民法院（2008）普民二（商）初字第 1314 号民事判决书以及上海市第二中级人民法院（2010）沪二中民四（商）终字第 83 号民事判决书，均对于同日召开的上海商景公司临时股东会的合法性作出认定。全椒商景公司临时股东会的通知是与上海商景公司临时股东会的通知一并发出的，且王颂军亦未在法定期间内行使撤销权，故对王颂军、全椒商景公司提出的全椒商景公司临时股东会程序存在瑕疵的抗辩意见不予采信。

2. 关于上海商景公司法定代表人刘国玉是否具有表决权的资格问题。王颂军、全椒商景公司认为，2008 年 9 月 16 日，上海商景公司工商登记的法定代表人是王颂军，不是刘国玉，刘国玉不能代表上海商景公司进行表决。经审查，2008 年 9 月 16 日下午 1 时，上海商景公司临时股东会作出决议，免去王颂军担任的上海商景公司执行董事及公司经理的职务，并决议由刘国玉担任法定代表人。该决议一经作出即对公司生效。因此刘国玉有权代表上海商景公司进行表决。

3. 2008 年 9 月 16 日临时股东会决议是否违反公司章程的规定，是否有效。全椒商景公司章程第十七条、第二十九条规定："会议应对所议事项作出决议，决议应由全体股东表决通过。""修改公司章程应由全体股东表决通过。"王颂军、全椒商景公司认为，根据公司章程的上述规定，在王颂军没有出席 2008 年 9 月 16 日的临时股东会并反对此次股东会决议的情况下，该股东会决议无效。刘国栋、上海商景公司认为，由"由全体股东表决通过"不能理解为"需经全体股东表决一致同意"。经审查，为规范公司的组织和行为，保护公司、股东和债权人的合法权益，避免少数股东的意见左右股东会的意见，《公司法》规定重大事项经代表三分之二以上表决权的股东通过，以实现"资本多数决"。全椒商景公司章程第十七条、第二十九的规定，虽然在形式上不违反《公司法》的规定，但实质上与立法精神相悖，是对《公司法》"多数资本决"的否定。2008 年 9 月 16 日的临时股东会决议已经超过三分之二以上表决权的股东通过。故王颂军、全椒商景公司以王颂军未参加临时股东会而抗辩股东会决议无效的理由不能成立。

4. 关于诉讼时效问题。刘国栋、上海商景公司分别于 2008 年 10 月 20 日、2010 年 6 月 28 日提起诉讼，属于诉讼时效中断。

综上所述，2008 年 9 月 16 日，全椒商景公司临时股东会作出的决议合法有效，对全椒商景公司及全体股东均有法律约束力。王颂军、全椒商景公司应执行该股东会决议，办理相关工商变更登记手续。判决：一、全椒商景工业发展有限公司 2008 年 9 月 16 日公司临时股东会议决议合法有效。二、被告王颂军、全椒商景工业发展有限公司应执行 2008 年 9 月 16 日股东会关于变更公司执行董事、法定代表人的决议，于本判决生效后 30 日内向全椒县工商行政管理部门办理全椒商景工业发展有限公司章程变更。

　　王颂军、全椒商景公司上诉称：一审过程中，刘国栋提供的挂号信回执、邮政快递详情单等均未经王颂军签名，不能证明刘国栋已就全椒商景公司召开临时股东会事宜履行了通知义务；2008 年 9 月 16 日，全椒商景公司未实际召开临时股东会；公司法定代表人应以工商登记为准，2008 年 9 月 16 日前，刘国玉尚不是上海商景公司的法定代表人，无权代表上海商景公司行使表决权；即使全椒商景公司临时股东会确实召开了，也仅有刘国栋所代表的 39.44% 的股权同意本次股东会决议，并未达到公司章程规定的比例；刘国栋、上海商景公司提起诉讼，已超过诉讼时效期间。原判认定事实错误，适用法律错误。请求撤销原判，改判驳回刘国栋、上海商景公司的一审诉讼请求。

　　本院二审查明：上海商景公司系由刘国栋、王颂军共同出资于 2004 年 5 月设立，刘国栋出资 699 万元，占 82.24% 股权，王颂军出资 151 万元，占 17.76% 股权。2008 年 8 月 25 日，刘国栋在以挂号信方式向王颂军寄送了《全椒商景工业发展有限公司临时股东会议通知》和《上海商景投资管理有限公司临时股东会议通知》。2008 年 8 月 27 日，刘国栋在以邮政特快专递方式向王颂军寄送了《全椒商景工业发展有限公司临时股东会议通知》和《上海商景投资管理有限公司临时股东会议通知》。2008 年 8 月 29 日，刘国栋在上海市南京西路 580 号 3505 室张贴了《全椒商景工业发展有限公司临时股东会议通知》和《上海商景投资管理有限公司临时股东会议通知》，并于同日以手机短信的方式将上海商景公司临时股东会的时间、地点通知了王颂军。2008 年 9 月 16 日，在全椒商景公司临时股东会召开前，上海商景公司在相同地点召开临时股东会，并形成以下决议：一、公司章程第二十一条修改为"公司的法定代表人由执行董事提名，经股东会议代表半数以上表决权的股东表决通过任免，法定代表人的任期为三年，可以连任"。二、免去王颂军担任的公司执行董事及公司经理的职务。三、由刘国栋担任公司执行董事。四、免去刘国栋的公司监事职务。五、由叶飞担任公司监事。六、由刘国玉担任公司法定代表人、公司总经理职务。七、自 2008 年 9 月 24 日起，公司停业整顿，聘请上海瑞和会计师事务所对由王颂军担任执行董事、经理、法定代表人期间的财务进行全面审计。该股东会决议的效力已经被上海市普陀区人民法院（2008）普民二（商）初字第 1314 号民事判决以及上海市第二中级人民法院（2010）沪二中民四（商）终字第 83 号民事判决确认。2011 年 3 月 24 日，经上海市工商行政管理局浦东新区分局核准，上海商景公司的法定代表人被变更登记为刘国玉。除上述事实外，对一审查明的其他事实，予以确认。

　　本院二审认为，本案二审的关键问题是：一、2008 年 9 月 16 日，全椒商景公司临时股东会的召集程序是否违反法律、公司章程的规定，此次临时股东会所作出的决议是否合法有效；二、刘国栋、上海商景公司提起诉讼，是否已超过法定的诉讼时效期间。

本案中，刘国栋和王颂军系上海商景公司仅有的两位股东，两人同时也是全椒商景公司仅有的两位自然人股东。虽然王颂军在上述两公司中的持股比例均大幅小于刘国栋，但在 2008 年 9 月 16 日前，王颂军同时兼任上述两公司的执行董事、法定代表人，实际控制两公司。刘国栋作为上海商景公司的绝对控股股东、监事，以及全椒商景公司代表四分之一以上表决权的股东，在公司执行董事拒不召集公司股东会的情况下，依法享有召集临时股东会的权利。刘国栋在召集上海商景公司临时股东会的同时，召集全椒商景公司临时股东会，并分别于 2008 年 8 月 25 日、8 月 27 日和 8 月 29 日，将召开上述两公司临时股东会的通知以完全相同方式，同时通知了王颂军，且上海商景公司临时股东会召集程序的合法性已被生效法律文书确认，故以完全相同方式召集的全椒商景公司临时股东会的召集程序亦符合法律规定，本院对此予以确认。王颂军、全椒商景公司认为，王颂军未签收《全椒商景工业发展有限公司临时股东会议通知》，全椒商景公司临时股东会召集程序不合法的上诉理由不成立，不予采纳。

根据本案查明的事实，2008 年 9 月 16 日，上海商景公司临时股东会已作出决议：免去王颂军担任的公司执行董事及公司经理的职务，由刘国玉担任公司法定代表人、公司总经理职务。虽然因王颂军对上海商景公司此次股东会决议的效力持有异议而产生诉讼，导致上海商景公司未能及时办理法定代表人变更登记，但因上海商景公司此次股东会决议的效力已被生效法律文书确认，该股东会决议的效力应溯及至该决议作出之时。故王颂军、全椒商景公司认为，刘国玉无权代表上海商景公司对全椒商景公司临时股东会决议进行表决的上诉理由不成立，不予支持。

有限责任公司不具有自然人的生命特征，不能独立作出意思表示，有限责任公司的意思形成应由其权力机关股东会作出。"少数服从多数"是保证股东会能够作出决议、形成公司意思的基本制度。因股东会系由公司全体股东组成，股东会表决时存在股东会成员多数和股东所代表的出资资本多数之分，即"成员多数"与"资本多数"之分。根据《中华人民共和国公司法》第四十三条"股东会会议由股东按照出资比例行使表决权；但是，公司章程另有规定的除外"的规定，在确立"资本多数决"这一基本原则的同时，允许公司章程以"成员多数决"的方式作出另行规定。但公司章程所作的另行规定不应违反"少数服从多数"这一基本原则，否则，公司将无法形成决议，导致公司陷入僵局。全椒商景公司设立时的公司章程第十四条"股东会会议由股东按照出资比例行使表决权"的规定，说明该公司的股东会实行"资本多数决"的决议通过方式。该公司章程第十七条、第二十九条所规定的"应由全体股东表决通过"，应当是指全体股东均有权参加股东会决议的表决，但决议是否通过仍应按照该公司章程第十四条规定的"资本多数决"的方式进行判定。全椒商景公司2008年9月16日的临时股东会决议已经该公司代表91.44%表决权的股东表决通过，符合该公司章程规定的通过比例，为有效决议。王颂军、全椒商景公司认为，全椒商景公司临时股东会决议未达到公司章程规定通过的比例、该决议无效的上诉理由不成立，不予支持。

本案系股东会决议效力确认纠纷，属于确认之诉，不属于给付之诉，不适用诉讼时效制度。故王颂军、全椒商景公司认为，刘国栋、全椒商景公司提起诉讼时已经超过诉讼时效的上诉理由也不成立，亦不予支持。

综上，判决：驳回上诉，维持原判。二审案件受理费80元，由上诉人王颂军负担。

王颂军申请再审。

本院再审认为：临时股东会议决议的内容不违反该公司章程的规定，决议内容的表决是到会股东一致表决通过，亦符合公司章程"全体股东表决通过"的规定。另，根据公司法等相关法律的规定，公司临时股东会议属于公司内部管理范畴，法人股东的法定代表人在股东会议上代表法人股东行使表决权。经法院生效判决认定合法变更的上海商景公司法定代表人虽未进行工商登记变更，但不影响其对内行使职权。本院二审判决认定的事实清楚，适用正确，程序合法。本案经本院审判委员会讨论决定，判决如下：

维持本院（2012）滁民二终字第00229号民事判决。

（二）争议焦点

如何理解公司章程中"应由全体股东表决通过"的含义？

（三）法理评析

以公司信用基础为标准，公司可以分为人合公司、资合公司以及人资兼合公司。资合公司是指以公司资本和资产条件作为其信用基础的公司。这种公司对外进行经济活动时，依靠的不是股东个人的信用情况如何，而是公司本身资本和资产是否雄厚。人合公司是指以股东个人条件作为公司信用基础而组成的公司。这种公司对外进行经济活动时，依据的主要不是公司本身的资本或资产状况如何，而是股东个人的信用状况。对于有限责任公司来说，是一个典型的人资兼合公司。所以才有《中华人民共和国公司法》第四十三条"股东会会议由股东按照出资比例行使表决权；但是，公司章程另有规定的除外"的规定。在确立"资本多数决"这一基本原则的同时，允许公司章程以"成员多数决"的方式作出另行规定。但公司章程所作的另行规定不应违反"少数服从多数"这一基本原则，否则，公司将无法形成决议，导致公司陷入僵局。全椒商景公司设立时的公司章程第十四条"股东会会议由股东按照出资比例行使表决权"的规定，说明该公司的股东会实行"资本多数决"的原则。该公司章程第十七条、第二十九条所规定的"应由全体股东表决通过"，应当是指全体股东均有权参加股东会决议的表决，但决议是否通过仍应按照该公司章程第十四条规定的"资本多数决"的方式进行判定。从另一角度理解，决议内容的表决是到会股东一致表决通过，亦符合公司章程"全体股东表决通过"的规定。

专题七：董事会决议效力

一、法律知识点 [1]

董事会是采取会议形式集体决策的机构，必须有规范化的会议制度，按照法定程序运作，如果违反会议制度就会直接影响董事会合法有效地行使职权，也影响董事会决议的效力。所以董事会必须遵循以下会议制度：

（一）会议次数

董事会以会议形式作出决议，必须召开会议才能发挥它的功能，因此要保证召开会议的次数，防止因长期不召开董事会会议而削弱董事会的作用，甚至使董事会虚设。所以董事会每年至少召开两次会议，因实际需要多开会议不受限制。

（二）会议通知

每次召开董事会会议，应当于会议召开十日以前通知全体董事。如果属于是董事会召开临时会议，可以另定召集董事会的通知方式和通知时限。

（三）会议主持人

董事会会议由董事长主持，如果董事长不能主持时，由董事长指定的副董事长主持。

（四）会议法定人数

董事会会议应由二分之一以上的董事出席方可举行。因为董事会成员人数是有限的，所以以全体董事人数为基数，只有在半数以上的董事出席时会议才能召开，否则出席会议的董事人数太少，而使会议的代表性、权威性大大降低。

---

[1] 此处以"董事会会议制度"为内容展开论述。

（五）会议决议

董事会作出决议，必须经全体董事的过半数通过，这是对决议程序的严格规定。必须以全体董事人数为基数，而不是以出席会议的董事人数为基数，这样就有必要的代表性，有利于决议的实施。

（六）会议出席

董事会是公司的集体决策机构，对公司内部事务进行讨论，董事之间相互交换意见，因此规定，董事会会议应由董事本人出席。董事因故不能出席，可以书面委托其他董事代为出席董事会，委托书中应载明授权范围。这里表明董事会会议应当由董事本人出席，本人不能出席时，可以委托其他董事代理出席，但不得委托非董事人员代理出席。

（七）会议记录

董事会应当对会议所议事项的决定作成会议记录，出席会议的董事和记录员在会议记录上签名。这就是董事和记录员要对会议记录的真实性负责，不得有虚假的记载。

（八）会议效力

董事会的决议内容违反法律、行政法规的无效。

董事会的会议召集程序、表决方式违反法律、行政法规或者公司章程，或者决议内容违反公司章程的，股东可以自决议作出之日起六十日内，请求人民法院撤销。

公司根据董事会决议已办理变更登记的，人民法院宣告该决议无效或者撤销该决议后，公司应当向公司登记机关申请撤销变更登记。

二、相关案例分析

案例1 董事会效力认定的法理依据
——陈肖英与清缘投资股份有限公司董事会决议撤销案[1]

（一）案例简介

原告陈肖英与被告清缘投资股份有限公司（以下简称清缘公司）董事会决议撤销纠纷一案，本院受理后，依法由审判员贾琤独任审判，公开开庭进行了审理。本案现已审理终结。

陈肖英诉称：我是清缘公司的大股东，在清缘公司拥有1000万元的股份。近日，我得知清缘公司在2009年2月22日作出了《清缘投资股份有限公司董事会决议》，该决议严重违反了公司章程及《公司法》的规定：1. 该次董事会的召集者不合法；2. 召开此次董事会没有依法通知全体股东及监事；3. 此次董事会的表决方式存在严重瑕疵；4. 此次董事会的决议内容超出了权限范围。故我诉至法院，要求撤销2009年2月22日作出的《清缘投资股份有限公司董事会决议》，诉讼费由清缘公司承担。

清缘公司辩称，我方也不清楚协议是否有效，由法院来决定。

经审理查明，陈肖英系清缘公司的股东及董事之一，持有清缘公司1000万元的股权，其同时担任清缘公司的董事长。清缘公司章程第二十二条规定：董事会每年度至少召开两次会议，每次会议应当于会议召开十日前通知全体董事和监事。

2009年2月22日，清缘公司召开董事会，并形成了董事会决议。清缘公司承认该董事会未通知全体董事参加，陈肖英也称其是在2009年2月底3月初时通过清缘公司办公室才了解到上述情况。

本院认为，清缘公司章程中明确约定召开董事会应当于会议召开十日前通知全体董事和监事，而清缘公司在事前并未将2009年2月22日召开董事会的事项通知全体董事，因此该次董事会的召集程序违反了清缘公司章程的规定，

---

[1] 案例来源：（2009）海民初字第10801号判决书，载 http://www.110.com/panli/panli_212678.html，2014年月11日访问。

陈肖英作为清缘公司的董事有权自决议作出之日起 60 日内，请求人民法院予以撤销。陈肖英向本院提起诉讼的时间是 2009 年 3 月 25 日，是在法定期限内提起的撤销，故本院对陈肖英的诉讼请求予以支持。据此，本院依照《中华人民共和国公司法》第二十二条第二款之规定，判决如下：

撤销清缘投资股份有限公司于 2009 年 2 月 22 日作出的《清缘投资股份有限公司董事会决议》。

案件受理费 35 元，由清缘投资股份有限公司负担（于本判决书生效之日起 7 日内交纳）。

（二）争议焦点

该次董事会的决议是否有效？

（三）法理评析

《公司法》第二十二条规定：公司股东会或者股东大会、董事会的决议内容违反法律、行政法规的无效。

股东会或者股东大会、董事会的会议召集程序、表决方式违反法律、行政法规或者公司章程，或者决议内容违反公司章程的，股东可以自决议作出之日起六十日内，请求人民法院撤销。

由此可知，对于董事会的效力问题，可以从程序与内容两个方面论证。就本案来说，清缘公司章程中明确约定召开董事会应当于会议召开十日前通知全体董事和监事，而清缘公司在事前并未将 2009 年 2 月 22 日召开董事会的事项通知全体董事，因此该次董事会的召集程序违反了清缘公司章程的规定，属于可撤销范畴。

案例 2 公司内部决议效力的认定标准

——都邦财产保险股份公司与浙江华瑞集团等董事会决议效力纠纷案 [1]

（一）案例简介

上诉人都邦财产保险股份有限公司（以下简称都邦公司）与被上诉人浙江华瑞集团有限公司（以下简称华瑞公司）、浙江吉华集团有限公司（以下简称吉华公司）董事会决议效力纠纷一案，不服北京市朝阳区人民法院（2008）朝民初字第 22938 号民事判决，向本院提起上诉。本院于 2009 年 4 月 1 日受理。本案现已审理终结。

华瑞公司和吉华公司在一审中共同诉称：华瑞公司、吉华公司为都邦公司股东。都邦公司董事会办公室于 2008 年 7 月 7 日向各位董事发出召开临时董事会的会议通知，列明了会议议题，但 2008 年 7 月 12 日的董事会却作出了罢免公司总裁战鹰的董事会决议，该决议内容明显超出了本次董事会议题，违反公司章程和《董事会议事规则》的规定，决议事项违法。为维护自身合法权益，华瑞公司、吉华公司起诉请求撤销 2008 年 7 月 12 日都邦公司董事会决议中关于罢免公司总裁战鹰的决议，并由都邦公司承担本案的诉讼费用。

都邦公司在一审答辩称：一、根据法律规定及都邦公司章程规定，都邦公司董事会有权决定聘任或解聘公司的经理。都邦公司董事会于 2008 年 7 月 12 日作出的罢免公司总裁战鹰的董事会决议不违反法律及公司章程的规定，该决议合法有效。二、都邦公司为保险公司，根据《中华人民共和国保险法》第八十二条第六项和《保险公司管理规定》第二十四条第二项的规定，修改公司章程须经保险监督管理机构批准。华瑞公司、吉华公司起诉所依据的公司章程及附件《董事会议事规则》均系修改草案，尚未经全体股东最后确认，也未经保险监督管理机构批准，不具有法律效力。因此，华瑞公司、吉华公司认为都邦公司董事会决议违反上述未生效的公司章程的规定是错误的。不同意华瑞公司和吉华公司的诉讼请求。

一审法院审理查明：都邦公司系 2005 年 10 月 19 日经核准设立的股份有限公司，后经过变更股东和注册资本，现注册资本 20 亿元，股东为华瑞公司、

---

[1] 案例来源：（2009）二中民终字第 08443 号判决书，载 http://sifaku.com/falvanjian/29/zc39eaa09ed3.html，2014 年 1 月 1 日访问。

吉华公司、吉林省金都集团有限公司、长春长庆药业集团有限公司、宁波辉创投资有限公司、长春市全安综合市场有限公司、吉林市金鹰投资有限责任公司、北京中豪群实业有限责任公司、吉林市恒正投资管理有限责任公司、浙江萧然工贸集团有限公司、杭州新悦投资有限公司、深圳市宏基投资发展有限公司、宁波百隆纺织有限公司、宁波真汉子电器有限公司、宁波荣荣实业投资有限公司、浙江凤凰城房地产开发有限公司、富可达控股股份有限公司、北京九合常青投资有限公司、宝石控股（集团）有限公司。

都邦公司章程规定董事会有权聘任或解聘公司经理；董事会每年度至少召开 2 次会议，每次会议应当于会议召开 10 日以前通知全体董事和监事。三分之一以上董事或者监事，可以提议召开董事会临时会议。董事长应当自接到提议后 10 日内，召集和主持董事会会议。董事会召开临时会议，可以另定召集董事会的通知方式和通知时限。

2008 年 4 月 19 日至 20 日，都邦公司召开股东会会议，全体股东一致同意批准通过 2008 年 4 月修订版的都邦公司章程和 2008 年 4 月修订版的《董事会议事规则》，该修订版的《董事会议事规则》规定：董事会会议应在会议召开前十日，以专人送达、传真、电子邮件快递等方式，向各董事发出书面通知。通知内容应清楚列明会议的时间、地点、会议的议题和列席的人员；董事会会议议题的一般范围包括聘任或解聘公司高管人员。都邦公司并未向保险监督管理机构报送 2008 年 4 月修订版的都邦公司章程和《董事会议事规则》。2008 年 7 月 12 日前，都邦公司的董事长为王丽影，系公司法定代表人，总经理为战鹰。

2008 年 7 月 7 日，都邦公司董事会办公室向都邦公司的董事发出《关于召开第一届第九次临时董事会的通知》，内容为："根据董事长的提议，依照《公司法》及《公司章程》的规定，拟订于 2008 年 7 月 12 日于北京钓鱼台国宾馆召开都邦公司第一届第九次临时董事会。会议主要议题为：一、经过前期的努力，与澳大利亚保险集团的战略合作项目进展顺利，澳方将于七月中旬进入公司进行尽职调查，按双方商定的进度安排，年底前后将完成战略合作协议的最后签署。根据澳方要求，进入实质谈判阶段，我方谈判代表必须取得公司董事会的授权，因此，提请本次董事会讨论三个具体问题并作出决议（与澳方签署的协议，须经报股东大会审议通过后，方能生效）：1.……2.……3.……。二、根据目前资本市场情况，股权投资将成为保险公司资金运用的重要组成部分，因公司原投资授权体系中，未对股权投资作出明确规定，现提请董事会，明确股权投资的授权体系及额度。三、保险公司竞争日趋激烈，新主体不断设立，其中人才竞争成为保险公司竞争的焦点，公司聘请的中介机构进行的保险行业薪酬水平调查评估显示，都邦保险公司管理人员及员工的薪酬在行业中处于较低水平，为吸引人才、留住人才，公司必须根据行业薪酬水平的变化，对本公司的薪酬体系、薪酬标准进行相应调整，现提请董事会审议，授权董事长及总裁室一定的薪酬调整权限。四、对前期监事会检查已确认的问题，如高管配车及高管激励问题讨论处理意见；对监事会检查尚未确认的问题，待其所聘请的专业审计机构审查结束后，再进行讨论确定整改方法。五、对本届董事会及其所聘任的经营团队，在任期届满前最后一个年度（截至目前）的经营状况进行分析、总结和问责；同时，因董事长本人提出待监事会检查结果确定后，将辞去董事长职务，现提请董事会商讨董事长的继任人选。"

2008 年 7 月 12 日，都邦公司召开董事会会议，形成都邦公司董事会第一届第九次临时会议决议，内容如下：都邦公司董事会第一届第九次临时会议于 2008 年 7 月 12 日 8:48 在北京钓鱼台国宾馆召开，会议由董事长王丽影主持。参加会议的董事有：王丽影、王宝成、娄才根、邵伯金、张树华、雷广玉、赵兴传、沈校明、陈小勇、王艺霏、汪时锋、李伟、战鹰、孙丽辉。董事吴勇敏未出席会议。本次会议应到董事 15 人，实到 14 人。会议召开的形式、程序均符合《中华人民共和国公司法》和都邦公司章程的有关规定，合法有效。会议通过对都邦公司近期经营情况的分析、讨论，对公司现任董事长和总裁实行问责，最终以记名投票的方式，进行表决：一、对战鹰总裁问责的表决结果为：同意留任的 0 票；免去职务的 8 票；弃权 5 票，决定免去战鹰的总裁职务。战鹰回避表决。二、对王丽影董事长问责的表决结果为：同意留任的 7 票；免去职务的 0 票；弃权 6 票。由于免去职务票数不足，决定王丽影继续担任董事长职务。王丽影回避表决。

一审法院判决认定：都邦公司是依法设立的股份有限公司，受该公司章程、我国公司法及其他法律、行政法规的调整与规范。都邦公司 2008 年 4 月制订的《董事会议事规则》是公司章程的附件，《中华人民共和国保险法》规定保险公司修改公司章程须经保险监督管理机构批准，该《董事会议事规则》虽未经报批，但并不因此无效，未经批准，未进行工商登记对外公示，不具有对抗都邦公司之外的人的效力，但都邦公司的全部股东均同意该议事规则，该议事规则内容也不违反法律、行政法规的强制性规定，所以对都邦公司各股东及董事会具有约束力。都邦公司 2008 年 7 月 12 日召开董事会会议，会议通知的议题没有明确说明包括讨论免去战鹰总裁职务，而董事会决议却作出免去战鹰总裁职务的决定，违反《董事会议事规则》的规定，华瑞公司和吉华公司作为都邦公司的股东，有权要求撤销该董事会决议中关于免去战鹰总裁职务的内容。华瑞公司和吉华公司的诉讼请求合法有据，该院予以支持。综上，依照《中华人民共和国公司法》第二十二条第二款之规定，判决撤销 2008 年 7 月 12 日都邦财产保险股份有限公司董事会第一届第九次临时会议决议第一条关于决定免去战鹰总裁职务的内容。

都邦公司不服一审法院上述民事判决，向本院提起上诉。其主要上诉理由是：第一，一审法院认定理由不当。1. 依照都邦公司全体股东的约定，2008 年 4 月修订的《公司章程（草案）》对内、对外均没有发生法律效力。2. 依据相关法律的强制性规定，《公司章程（草案）》及其附件《董事会议事规则》也没有产生法律效力。第二，2007 年 8 月 5 日制定的《公司章程》是都邦公司目前具有法律效力的公司章程，都邦公司于 2008 年 7 月 12 日所做的董事会决议内容不违反该《公司章程》。第三，即使依据《公司章程（草案）》及其附件《董事会议事规则》，2008 年 7 月 12 日召开的临时董事会会议所做出的免去战鹰总裁职务的决议也合法有效。

华瑞公司和吉华公司均同意一审法院判决。其未向本院提交书面答辩意见，但其在本院庭审中口头答辩称：第一，2008 年 4 月修订的《公司章程》和《董事会议事规则》已经全体股东同意并确认，对于全体股东和董事都有约束力，都邦公司已经实施《董事会议事规则》。第二，都邦公司罢免战鹰的程序不符合《董事会议事规则》的规定。都邦公司董事会办公室于 2007 年 7 月发出了召开董事会的通知，列明了 5 个议题，但其中没有免除战鹰职务的议题，其程序不合法。第三，都邦公司的《公司章程》和《董事会议事规则》明确规定董事会任免公司高管人员属于公司的重大事件，必须清楚的列明在董事会议题，应当会前告知董事。但是都邦公司所谓的问责议题中并没有列明对于总裁罢免的议题，因此不符合《公司章程》和《董事会议事规则》。第四，华瑞公司和吉华公司出席董事会的人员在董事会会前不知道此次会议有罢免战鹰这一议事日程。综上，华瑞公司和吉华公司认为一审法院认定事实清楚，适用法律正确。请求二审法院维持一审判决。

本院经审理查明的事实与一审法院查明的事实一致。

本院认为：《中华人民共和国公司法》第二十二条规定，董事会的会议召集程序、表决方式违法法律、行政法规或者公司章程，或者决议内容违反公司章程的，股东可以自决议作出之日起六十内，请求人民法院撤销。都邦公司制订的《董事会议事规则》是公司章程的附件，虽未经保险监督管理机构批准，未进行工商登记对外公示，不具有对抗都邦公司以外的效力，但都邦公司的全体股东均同意该议事规则，其内容也不违反法律、行政法规的强制性规定，因此该议事规则对都邦公司股东及董事会具有约束力。该议事规则规定聘任或解聘公司高管人员属于董事会会议议题范围，董事会会议应在会议召开前十日，向各董事发出书面通知，通知内容应清楚列明会议的时间、地点、会议的议题。根据查明的事实，都邦公司 2008 年 7 月 12 日召开董事会会议，会前的通知没有清楚列明讨论免去战鹰总裁职务的内容，违反了《董事会议事规则》的规定。都邦公司董事会违反董事会的会议召集程序作出免去战鹰总裁职务的决定，华瑞公司和吉华公司作为都邦公司的股东有权行使撤销权。综上，判决如下：驳回上诉，维持原判。

（二）争议焦点

《董事会议事规则》未经报批是否有效？

（三）法理评析

《董事会议事规则》属于董事会内部就有关董事会召集、主持、议题、表决等内容的一个规范，是公司治理规则的组成部分，包括该规则的制定、内容等，只要不违背法律、法规的强制性规定就有效。

就本案而言，都邦公司 2008 年 4 月制订的《董事会议事规则》是公司章程的附件，《中华人民共和国保险法》规定保险公司修改公司章程须经保险监督管理机构批准，该《董事会议事规则》虽未经报批，但并不因此无效。未经批准、未进行工商登记对外公示，不具有对抗都邦公司之外的人的效力，但都邦公司的全部股东均同意该议事规则，该议事规则内容也不违反法律、行政法规的强制性规定，所以对都邦公司各股东及董事会具有约束力。

案例3 董事会效力的全面审核原则

——邓启华、奥凯航空有限公司与张影、张洪董事会决议撤销纠纷案[1]

（一）案例简介

上诉人邓启华、奥凯航空有限公司（以下简称奥凯公司）因与被上诉人张影、张洪董事会决议撤销纠纷一案，不服北京市顺义区人民法院（2008）顺民初字第5546号民事判决，向本院提起上诉。本案现已审理终结。

张影、张洪、邓启华在一审中起诉称：奥凯公司于2008年4月25日，在上海肇嘉浜路789号均瑶国际广场32楼会议室，召开奥凯公司第四届第四次董事会并形成相关董事会决议，但上述董事会的召集程序、表决方式存在诸多瑕疵（如未按公司章程规定时间提前通知董事，未通知全体董事、监事等相关应到会人员，表决时到会董事人数不符合公司章程规定），依法应予撤销。起诉要求：1.判令撤销奥凯公司于2008年4月25日形成的奥凯公司第四届第四次董事会决议；2.判令奥凯公司赔偿每名原告损失5万元，共15万元；3.奥凯公司承担本案诉讼费。

一审法院审理查明：奥凯公司于2005年3月3日成立，注册资本30000万元，现在的股东为北京奥凯交能投资有限公司（以下简称交能公司）、大地桥投资（北京）有限公司（以下简称大地桥公司）、邓启华、张影、张洪，根据奥凯公司章程，交能公司认缴出资18900万元、大地桥公司认缴出资7800万元、邓启华认缴出资1500万元、张影认缴出资1500万元、张洪认缴出资300万元，上述出资均为货币出资，出资时间为2005年5月，公司章程载明，设立时实际缴付。奥凯公司和交能公司的法定代表人均为王均金。奥凯公司的公司章程第31条规定：公司设董事会，董事会成员五人，由交能公司委派3名董事，由大地桥公司委派1名董事，其余董事由股东会选举产生。2007年1月24日，奥凯公司第二届第五次股东会决议，王均金、郎赛强、王昭炜、刘伟宁、刘捷音担任公司新一届董事，组成奥凯公司新一届（即第四届）董事会，其中王均金、王昭炜、刘捷音为交能公司委派，郎赛强为大地桥公司委派，刘伟宁为选举产生，并修改公司章程，增加一名副董事长，即奥凯公司设副董事长三名。当天奥凯

---

[1] 案例来源：北京市第二中级人民法院（2009）二中民终字第00721号民事判决书，载 http://www.law-lib.com/cpws/cpws_view.asp?id=200401319713，2014年3月3日访问。

公司第四届第一次董事会作出决议，选举王均金为第四届董事会董事长，郎赛强、刘伟宁、王昭炜为第四届董事会副董事长，并在工商机关董事会成员任职中进行了登记，任职期限均为三年。

2007年12月8日，奥凯公司在北京东方君悦大酒店会议室（千秋厅）召开由全体股东参加的2007年度第一次临时股东会，会议议题包括以下内容：3.有关更换公司董事的议案；在有关更换董事的议案中，王均金提出，按照奥凯公司章程，交能公司提议更换委派董事，新委派的董事为王均金、王昭炜、李建斌。王均金提议就上述更换董事议案进行表决，并代表交能公司同意该议案，其余股东不参与该项表决。

2008年4月15日，王均金决定于2008年4月25日上午9时30分，在上海肇嘉浜路789号均瑶国际广场32楼会议室召开奥凯公司第四届第四次董事会，会期一天，会议议题为：1.讨论公司资金状况问题；2.讨论公司高级管理人员任免；3.讨论公司引进战略资本问题。会议出席对象为奥凯公司全体董事，监事、总裁列席会议。给刘捷音、王昭炜、郎赛强、刘伟宁、李建斌的会议通知于当日自上海均瑶集团以特快专递形式发出，收件单位为奥凯公司，收件人为上述五人，奥凯公司于次日以单位收发章签收。郎赛强、刘伟宁、刘捷音在4月17日收到会议通知后，以奥凯公司董事的名义向王均金发出函件，表示同意其提议的召开董事会会议和有关的3个议题，但同时提出考虑到公司注册和经营地址都在北京，且多数董事和监事目前都在北京工作和居住，为便于公司管理需要，提议将会议地点改在北京，奥凯公司总部办公楼北京市丰台区方庄芳星园三区18号楼三楼1号会议室。同时提议增加议题：审议公司薪酬福利改革方案。但王均金未予采纳。2008年4月25日，王均金在上海肇嘉浜路789号均瑶国际广场32楼会议室召开奥凯公司第四届第四次董事会会议，会议由王均金主持，王昭炜、李建斌参加，裴学龙列席。会议形成以下决议：免去刘捷音公司经理职务，聘任王昭炜为公司经理，全面负责公司日常经营，对董事会负责，任期与本届董事会一致。免去刘捷音公司总裁职务，聘任王昭炜为公司总裁，全面负责公司日常经营，对董事会负责，任期与本届董事会一致。免去刘炜（伟）宁公司首席执行官（CEO）职务，公司不再设立公司首席执行官（CEO）一职。免去路超公司董事会秘书职务，聘任蔡欣荣为公司董事会秘书。

一审法院判决认定，奥凯公司的公司章程规定，董事在三年的任期届满前，股东会不得无故解除其职务。刘捷音虽是交能公司委派的董事，但解除其职务仍应遵守章程的规定。2007年12月8日，奥凯公司召开的临时股东会上，交能公司提出了解除刘捷音董事职务的议案，但其他股东认为董事的比例应依股东的实际出资比例来确定，而且没有参与该议案的表决。这说明奥凯公司股东之间就出资、股权等存在纠纷，并且其他股东也没有同意交能公司解除刘捷音董事职务。因此，交能公司解除刘捷音董事职务的行为不产生法律效力。在刘捷音董事职务尚未解除的情况下，王均金主持召开的奥凯公司第四届第四次董事会参与表决的董事人数未达到公司章程规定的二分之一以上，因此，所形成的董事会决议因违反公司章程而应予撤销。同时，董事会的召开应当在公司的住所进行，王均金作为公司的董事长，在通知召开董事会后，其他部分董事对会议召开地点提出异议，而其未予采纳。因此，王均金召集的奥凯公司第四届第四次董事会在召集程序上存在瑕疵。而且王均金也未按照公司章程的规定，于会议召开十日前通知全体董事。综上所述，王均金 2008 年 4 月 25 日主持召开的奥凯公司第四届第四次董事会所做的决议应予撤销。张影、张洪、邓启华要求撤销董事会决议的请求，应予支持。但张影、张洪、邓启华要求赔偿损失的请求，因没有提供有效证据证明，故不予支持。判决：一、奥凯航空有限公司于 2008 年 4 月 25 日做出的第四届第四次董事会决议于判决生效后立即撤销。二、驳回张影、张洪、邓启华其他诉讼请求。

奥凯公司不服一审法院上述民事判决，向本院提起上诉。其主要上诉理由是：一、张影、张洪、邓启华起诉主张撤销的是 2008 年 4 月 25 日的董事会决议，而一审判决对奥凯公司 2007 年 12 月 8 日临时股东会决议的效力进行审查，超越了本案的审理范围，违背了"不诉不理"的民事诉讼基本原则。二、一审判决以董事会的召开应当在公司住所进行为由认定奥凯公司 2008 年董事会决议召集程序存在瑕疵，无任何法律依据和事实依据。无论是依据《中华人民共和国公司法》，还是根据奥凯公司的公司章程，或是根据公司治理的常识，没有任何法律规范要求公司董事会的召开必须在公司住所地进行，是否在公司住所地召开董事会会议，并非撤销董事会会议的法定理由。而且，奥凯公司的 3 位董事也实际按照奥凯公司董事长王均金的召集地点参加了该次董事会会议。三、一审判决认定 2008 年董事会未于会议召开十日前通知全体董事，因此认为该次会议程序存在瑕疵，没有事实和法律依据。四、一审判决遗漏了当事人交能公司，未记载交能公司在庭审中的陈述和意见，一审判决不是根据全面的庭审情况作出的，严重违反法定程序。奥凯公司上诉请求撤销一审判决第一项，将本案发回重审，或在查明事实后依法改判。

本院经审理查明的事实与一审法院查明的事实一致。

本院认为，本案的主要争议焦点是奥凯公司第四届第四次董事会议召集程序、表决方式是否违反法律、行政法规、公司章程的规定以及该董事会决议内容是否违反法律及公司章程的规定。2007年12月8日，奥凯公司召开的临时股东会上，交能公司提出了解除刘捷音董事职务、更换董事的议案并进行了表决，鉴于各方当事人均未对该临时股东会议效力提出异议，该股东会决议有效，原审法院关于"交能公司解除刘捷音董事职务的行为不产生法律效力。在刘捷音董事职务尚未解除的情况下，王均金主持召开的奥凯公司第四届第四次董事会参与表决的董事人数未达到公司章程规定的二分之一以上，因此，所形成的董事会决议因违反公司章程而应予撤销"的认定有误。奥凯公司第四届第四次董事会参与表决的董事人数符合公司章程规定。郎赛强、刘伟宁在收到奥凯公司第四届第四次董事会会议通知后，亦表示同意召开董事会会议和有关的3个议题。鉴于奥凯公司章程未对董事会会议召开场地做出明确规定，故奥凯公司第四届第四次董事会在上海召开未违反相关法律及公司章程规定。据此本院认为，奥凯公司第四届第四次董事会议召集程序、表决方式未违反法律、行政法规、公司章程的规定，该董事会决议内容亦未违反法律及公司章程的规定。张影、张洪、邓启华要求判令撤销2008年4月25日形成的奥凯公司第四届第四次董事会决议的诉讼请求缺乏事实及法律依据，本院不予支持。

邓启华要求赔偿5万元经济损失的上诉请求，因未提供有效证据加以证明，本院亦不予支持。

综上，奥凯公司的上诉理由及请求符合法律规定，本院予以支持。一审法院判决适用法律有误，本院予以纠正。判决如下：

一、撤销北京市顺义区人民法院（2008）顺民初字第5546号民事判决；

二、驳回张影、张洪、邓启华的诉讼请求。

（二）争议焦点

奥凯公司第四届第四次董事会的决议是否有效？

（三）法理评析

一是会议地点问题。无论是依据《中华人民共和国公司法》，还是根据奥凯公司的公司章程，或是根据公司治理的常识，没有任何法律规范要求公司董事会的召开必须在公司住所地进行。因此，是否在公司住所地召开董事会会议，并非撤销董事会会议的法定理由。而且，奥凯公司的3位董事也实际按照奥凯公司董事长王均金的召集地点参加了该次董事会会议。

二是会议召开十日前通知全体董事的问题。给刘捷音、王昭炜、郎赛强、刘伟宁、李建斌的会议通知于当日自上海均瑶集团以特快专递形式发出，收件单位为奥凯公司，收件人为上述五人，奥凯公司于次日以单位收发章签收。郎赛强、刘伟宁、刘捷音在 4 月 17 日收到会议通知后，以奥凯公司董事的名义向王均金发出函件，表示同意其提议的召开董事会会议和有关的 3 个议题。

三是出席人数问题。2007 年 12 月 8 日，奥凯公司召开的临时股东会上，交能公司提出了解除刘捷音董事职务、更换董事的议案并进行了表决，鉴于各方当事人均未对该临时股东会决议效力提出异议，该股东会决议有效，奥凯公司第四届第四次董事会参与表决的董事人数符合公司章程规定。综上，奥凯公司第四届第四次董事会有效。

案例4 临时董事会效力的认定准则

——北京金冠汽车服务有限公司与东联科技有限公司董事会决议撤销纠纷案[1]

（一）案例简介

上诉人北京金冠汽车服务有限公司（以下简称金冠公司）因与被上诉人东联科技有限公司（以下简称东联公司）董事会决议撤销纠纷一案，不服北京市第一中级人民法院（2008）一中民初字第 10160 号民事判决，向本院提起上诉，现已审理终结。

一审法院认证查明事实如下：中国车辆进出口公司（以下简称中国车辆公司）、北京市兴盛实业公司（以下简称兴盛公司）和东联公司依据《中华人民共和国中外合资经营企业法》签订合同投资设立金冠公司。中国车辆公司、兴盛公司和东联公司签订的金冠公司章程第四条规定，合营公司为有限责任公司；第八条规定，金冠公司的投资总额为 500 万元；第九条规定，中国车辆公司（甲方）认缴出资额为 192.5 万元，占注册资本的 44%，兴盛公司（乙方）认缴出

---

[1] 案例来源：北京市高级人民法院（2009）高民终字第 1147 号民事判决书，载 http：//www.yandalawfirm.cn/showyewu.asp?yanjiu_id=56，2014 年 5 月 12 日访问。

资额为 70 万元，占注册资本的 16%，东联公司（丙方）认缴的出资额为 175 万元，占注册资本的 40%；第十五条规定，合营公司设董事会，董事会是合营公司的最高权力机构；第十七条规定，董事会由 5 名董事组成，其中甲方委派 2 名、乙方委派 1 名、丙方委派 2 名；第二十条规定，董事会例会每年至少召开一次，经三分之一以上的董事提议，可以召开董事会临时会议；第二十三条规定，董事长应在董事会开会前三十天书面通知各董事，写明会议内容、时间和地点；第二十四条规定，董事因故不能出席董事会会议，可以书面委托代理人出席董事会。如届时未出席也未委托他人出席，则作为弃权；第二十五条规定，出席董事会会议的法定人数为全体董事的三分之二，且应包含各方至少 1 名董事，不够三分之二人数或缺少一方时，其通过的决议无效；第二十九条规定，其他由总经理提请董事会批准事宜，经董事会简单多数通过决定便可；第八十条规定，本章程须经中华人民共和国商务部批准才能生效。一审庭审中，双方均认可 2006 年之后，金冠公司董事分别为陈洲、陈怀志、王迷拴、罗增新和鞠大昌 5 人，其中陈洲、陈怀志系东联公司委派，王迷拴、罗增新系中国车辆公司委派，鞠大昌系兴盛公司委派。同时，双方当事人均认可金冠公司章程已经中华人民共和国商务部批准。

　　2008 年 6 月 2 日，金冠公司董事长罗增新向金冠公司董事发出关于召开临时董事会的通知，称其拟于 2008 年 6 月 4 日上午 9 时 30 分在金冠公司召开临时董事会，讨论金冠公司房租问题。东联公司委派董事陈洲、陈怀志当日致金冠公司董事会及其余 3 名董事称：其认为会议通知时间不足，根据金冠公司章程的规定，金冠公司董事会应安排在 7 月初召开，其不同意于 6 月 4 日到北京开会。2008 年 6 月 3 日，金冠公司董事长罗增新再次向金冠公司董事发出关于召开临时紧急董事会的通知，称因会议所涉及的房租问题非常紧急，土地出租方要求 5 月底前解决租赁费问题，故临时董事会将于 6 月 4 日上午 9 时 30 分如期举行，会议方式改为电话（传真）会议。陈洲、陈怀志对此通知答复称：因董事会会议通知时间不符合金冠公司章程规定，且其对未来数天的工作亦早有安排，故其不可能同意于 6 月 4 日上午召开董事会电话会议，请协商后再定一个大家能接受的董事会开会日期；关于房租问题，其坚持 2008 年 5 月 31 日的意见。2008 年 6 月 4 日，金冠公司董事长罗增新及董事王迷拴、鞠大昌就召开临时紧急董事会共同致陈洲、陈怀志称：因陈洲、陈怀志坚持要求提前 30 天通知方能召开临时董事会，致使原定于 6 月 4 日上午 9 时 30 分召开的董事会会议不能举行。由于金冠公司不能按时与出租方签约，出租方表示要采取的措施将使金冠公司无法正常经营，罗增新、王迷拴、鞠大昌共同提议于2008年6月12日上午9时30分继续召开临时紧急董事会，讨论房租事宜，如陈洲、陈怀志仍不能出席，其将采取电话（传真）会议方式。若陈洲、陈怀志本人不能参加，请书面委托别人参加。陈洲、陈怀志于2008年6月11日对此答复称：其认为6月4日的通知违反公司章程规定，并以前述理由表示不同意于6月12日上午以任何形式举行董事会会议。罗增新、王迷拴、鞠大昌于当日就陈洲、陈怀志的答复表示：因公司章程中并无任何有关召开紧急或临时董事会程序的约定，且相关法律、法规亦未对此作出任何强制性规定，故希望陈洲、陈怀志能按期参加会议，否则按照公司章程的规定视为弃权。陈洲、陈怀志当日再答复称：其不同意罗增新、王迷拴、鞠大昌发出的传真内容，金冠公司章程并未说明董事会临时会议有其他特别程序，所以董事会临时（或紧急）会议只可按照公司章程的规定召开。

根据金冠公司2008年临时董事会《会议纪要》的记载，2008年6月12日上午九时三十分，金冠公司董事长罗增新主持召开了金冠公司2008年临时紧急董事会，董事王迷拴、鞠大昌参加了会议。会议采用电话（传真）方式，董事会与陈洲、陈怀志无法取得联系，其无故不出席董事会会议，视为弃权。与会董事均同意关于金冠公司与四季青公司厂房租金由2007年底的每年1451412元变更为每年增加租金100万元至年租金2451412元，期限5年，并与四季青公司签订《厂房租赁合同补充协议》的议案，故依据金冠公司章程第二十九条的规定，该议案获得通过。2008年6月27日，东联公司及其委派董事陈洲、陈怀志以快递方式致函金冠公司、金冠公司董事会及其余董事称：金冠公司2008年6月12日召开的董事会会议的召集程序、出席人数和表决程序违反了公司章程第二十三条、第二十五条、第二十八的规定，且不属第二十九条规定的议事范围，故其主张确认2008年6月12日的董事会决议无效并追究相关董事责任。同日，东联公司及其委派董事陈洲、陈怀志以快递方式致函四季青公司称：金冠公司2008年6月12日的董事会决议无效。其作为金冠公司股东及金冠公司委派董事告知四季青公司，金冠公司工作人员未经董事会有效授权，无权利用公司印章、以公司名义，就厂房租金事项与四季青公司修改或重新签署厂房租赁合同或作出相关承诺。金冠公司与四季青公司之间的厂房租赁事项仍以双方于2000年2月26日签订的《厂房租赁合同》为准。

一审法院判决认为：故本案双方当事人争议的焦点系该临时董事会的召开及其通过的决议是否违反金冠公司章程的规定。关于召集程序问题，因金冠公司章程第二十条规定三分之一以上的董事可以提议召开董事会临时会议,故金冠公司董事罗增新、王迷拴、鞠大昌提议于 2008 年 6 月 12 日召开临时董事会已达到金冠公司章程规定的提议召开临时董事会的约定比例,该临时董事会的召开符合金冠公司章程规定的提议程序。东联公司虽称该董事会的召开不符合金冠公司章程关于董事会应提前 30 天通知董事的规定,但规定临时董事会的目的是为了解决和应对临时性、突发性的事项,故金冠公司章程规定的提前30 天通知董事召开董事会会议的规定应指董事会定期会议,而不适用临时董事会,金冠公司章程及相关法律并未对召开临时董事会的通知时限作出规定,故金冠公司于 2008 年 6 月 12 日召开临时董事会未违反公司章程及相关法律关于召开临时董事会通知时限的规定。综上,本案所涉临时董事会的召开并未违反金冠公司关于临时董事会召集程序的规定。关于决议方式问题,因金冠公司章程规定出席董事会会议的法定人数为全体董事的三分之二,且应包含各方至少 1 名董事,不够三分之二人数或缺少一方时,其通过的决议无效,而出席本案所涉董事会会议的董事为罗增新、王迷拴、鞠大昌,金冠公司股东东联公司委派董事均未参加临时董事会,故金冠公司 2008 年 6 月 12 日召开的临时董事会的出席人数未达到公司章程规定的比例,且缺少一方股东委派董事参加,该董事会据此通过的董事会决议违反了金冠公司章程关于董事会决议方式的规定。金冠公司虽辩称该董事会决议系依据金冠公司章程第二十九条"关于其他由总经理提请董事会批准事宜,经董事会简单多数通过决定便可"的规定作出,但因其认可本案所涉纠纷发生期间代行金冠公司总经理职权的金庆章并无金冠公司授权,故本案所涉临时董事会讨论的房租事宜并非由总经理提请董事会批准。且金冠公司章程第二十九条并非关于董事会或临时董事会相关内容的规定,金冠公司依据该规定认为本案所涉董事会决议有效的辩称不能成立,一审法院不予采信。金冠公司关于《中华人民共和国公司法》和金冠公司章程均未对临时紧急董事会的召开事宜作出强制性规定,故本案所涉董事会决议应为有效的辩称,因金冠公司章程第二十五条关于董事会议事方式和决议方式的规定适用于临时董事会和定期董事会,故临时董事会的决议方式应符合该规定,一审法院对金冠公司的该项辩称不予采信。金冠公司关于本案所涉董事会决议系在紧急情况下召开,且决议内容符合金冠公司和股东利益的辩称,虽然董事会决议存在程序瑕疵并不必然损害股东利益,但股东若选择撤销瑕疵董事会决议,则该决议并不因其内容未损害股东利益而有效,一审法院对金冠公司的该项辩称亦不予采信。因《中华人民共和国公司法》第二百一十八条规定,外商投资的有限责任公司适用本法,有关外商投资的法律另有规定的,适用其规定,而《中外合资经营企业法》及《中华人民共和国中外合资经营企业法实施条例》并未对合资经营企业的董事会决议瑕疵规定救济程序,且金冠公司系有限责任公司,故本案适用《中华人民共和国公司法》的规定。依据《中华人民共和国公司法》第二十二条关于董事会会议表决方式违反公司章程的,股东可以自决议作出之日起六十日内,请求人民法院撤销的规定,因金冠公司 2008 年 6 月 12 日的临时董事会决议违反了金冠公司章程关于董事会决议方式的规定,故金冠公司股东东联公司在该董事会决议作出之日起六十日内,向一审法院请求撤销该董事会决议的诉讼请求,于法有据,一审法院予以支持。综上,判决:撤销金冠公司 2008 年 6 月 12 日的董事会决议。

上诉人金冠公司不服一审法院的上述判决,向本院提起上诉。

上诉人与被上诉人对于一审法院查明的事实没有异议,本院予以确认。

本院认为,本案系属董事会决议撤销纠纷,其审查内容是争议的董事会决议的召开及表决方式是否符合公司章程的规定,上诉人金冠公司对于一审法院关于董事会决议召开程序的认定不持异议,故二审法院审查的内容是争议的董事会决议通过的表决方式是否符合公司章程的规定。上诉人金冠公司辩称公司章程第二十四条和第二十五条属于可选择条款,但是审查公司章程第二十四条和第二十五条的文义,并不能得出上诉人的结论;另,根据查明的事实,被上诉人东联公司的派驻董事对于董事会决议事项明确表明了其意见,并表示绝不放弃表决权,因此,上诉人关于东联公司弃权的理由亦不能成立。根据金冠公司章程第二十八条规定,"购买总价值在人民币 5 万元以上的任何资产"应采用该条规定的表决方式通过,而本案争议的董事会决议事项是每年提高相对方的租金 100 万元,其应当属于公司的重大事项,适用该条规定。结合公司章程第十五条、第十七条、第二十五条之规定,金冠公司董事会决议的表决通过方式采用的并非通常意义上的资本多数决方式,而是董事人数的三分之二多数且应包含各方至少 1 名董事。此举意味着对于金冠公司重大事项的表决方式,金冠公司的三方股东派驻的董事必须做到每方股东派驻的董事至少有 1 名董事参加并同意才具备通过的可能,此为金冠公司的股东在金冠公司设立时的自愿约定并已通过中华人民共和国商务部的批准而生效。因此,此为衡量本案争议的董事会决议通过方式是否合法的唯一依据,上诉人关于决议事项的紧急性或决议结果合理性的上诉理由,均不能作为衡量董事会决议通过方式合法性的依据。由于本案争议的董事会决议缺乏股东一方东联公司董事的参与及事后同意,根据公司章程第二十五条的规定，该董事会决议在法律上属于可撤销的范畴。毋庸置疑，金冠公司章程的此种规定，导致只要有一方股东不同意公司的经营决策时，公司的决议决策机制易陷于僵局，但是此为金冠公司各方股东的自愿约定，本院无权干预。

综上，上诉人金冠公司的上诉理由均不能成立，本院不予采纳；其关于改判的上诉请求于法无据，本院不予支持。一审法院认定事实清楚，审理程序合法，适用法律正确，依法应予以维持。最后判决：驳回上诉，维持原判。

（2）争议焦点

该临时董事会是否有效？

（三）法理评析

关于召集程序问题，因金冠公司章程第二十条规定三分之一以上的董事可以提议召开董事会临时会议，故金冠公司董事罗增新、王迷拴、鞠大昌提议于2008年6月12日召开临时董事会已达到金冠公司章程规定的提议召开临时董事会的约定比例，该临时董事会的召开符合金冠公司章程规定的提议程序。

关于决议方式问题，因金冠公司章程规定出席董事会会议的法定人数为全体董事的三分之二，且应包含各方至少1名董事，不够三分之二人数或缺少一方时，其通过的决议无效，而出席本案所涉董事会会议的董事为罗增新、王迷拴、鞠大昌，金冠公司股东东联公司委派董事均未参加临时董事会，故金冠公司2008年6月12日召开的临时董事会的出席人数未达到公司章程规定的比例，且缺少一方股东委派董事参加，该董事会据此通过的董事会决议违反了金冠公司章程关于董事会决议方式的规定。

关于效力认定的法律依据《中华人民共和国公司法》第二百一十八条规定，外商投资的有限责任公司适用本法，有关外商投资的法律另有规定的，适用其规定，而《中外合资经营企业法》及《中华人民共和国中外合资经营企业法实施条例》并未对合资经营企业的董事会决议瑕疵规定救济程序，且金冠公司系有限责任公司，故本案适用《中华人民共和国公司法》的规定。依据《中华人民共和国公司法》第二十二条关于董事会会议表决方式违反公司章程的，股东可以自决议作出之日起六十日内，请求人民法院撤销的规定，该临时董事会属于效力可撤销的问题。

案例 5 如何看待董事长的主动辞职行为

——董兵诉北京全向科技有限公司履行董事会决议案 [1]

（一）案例简介

1. 一审诉辩主张

原告董兵诉称：其原是全向公司的董事长，2003 年 12 月 3 日，经全向公司股东郭强、刘纲、沙振东提议，全体股东于 2003 年 12 月 18 日召开股东会议，会议决定由沙振东担任全向公司董事长，其于当日下午四点五分将全向公司公章一枚、财务章一枚、合同章一枚交付公司新任董事长沙振东，并签署了交接函。但所有交接手续办理完毕后，全向公司未到工商部门办理变更手续，并以董兵仍为公司法定代表人的名义从事经营活动。故诉至法院，请求判令全向公司履行董事会决议，变更沙振东为全向公司的法定代表人。

2. 一审事实和证据

海淀区人民法院经审理查明：全向公司于 1993 年设立，设立时为股份制（合作）企业，设立时名称为北京市全向电子技术开发公司，后变更为有限责任公司。2002 年 5 月 15 日，全向公司召开第二届第一次股东会，决议增加注册资本为 2521.2475 万元，其中董兵货币出资 504.2475 万元，陶白货币出资 443.7375 万元，上海鼎丰科技发展有限公司货币出资 504.2475 万元、郭宴货币出资 265.9575 万元，郭强货币出资 223.2075 万元，沙振东货币出资 197.4575 万元，江力货币出资 226.5375 万元，马福祥货币出资 70 万元，邓朝晖货币出资 60.0975 万元，林平货币出资 25.7575 万元。2003 年 12 月 18 日，全向公司召开 2003 年度第二次临时股东会，增选缪华、杨峰为公司董事。同日，全向公司召开第一届董事会第七次会议并作出决议，改选沙振东为公司董事长，董兵不再担任董事长职务。当日，董兵因离任董事长职务，向全向公司董事会出具交接函，其内容为：交接公司公章、财务章、合同章给沙振东；所有公司对外负债均以全向公司 2003 年 12 月 4 日之前财务记录为准；除公司财务记载外，目前公司不存在任何其他债务；任职期间未签署任何损害公司利益的文件；任职期间若利用职

---

[1] 案例来源：一审判决书：北京市海淀区人民法院（2004）海民初字第 11648 号。二审判决书：北京市第一中级人民法院（2004）一中民终字第 10677 号。载 http://sifaku.com/falvanjian/11/zad58z9f3az0.html，2014 年 2 月 12 日访问。

权故意损害公司利益,保证向公司承担赔偿责任。沙振东在交接函上签字确认。下午四点五分,董兵、李多将全向公司公章、财务章、合同章交付沙振东,交付人董兵、接收人沙振东、见证人崔丽分别签字确认。全向公司至今未就第一届董事会第七次会议决议办理工商登记变更手续。

3. 一审判案理由

北京市海淀区人民法院认为:董兵虽为全向公司原董事长,但全向公司第一届董事会第七次会议作出了改选沙振东为公司董事长,董兵不再担任公司董事长职务的决议。该决议已经全向公司全体董事同意,并在会议记录上签名,超过了公司章程规定的会议董事的三分之二以上的多数表决通过,会后,董兵与沙振东又根据决议进行了交接,应确认全向公司的董事长已变更为沙振东。董兵卸任后,要求全向公司办理法定代表人(董事长)的工商变更登记,不违反《中华人民共和国公司法》及公司章程的规定,法院予以认可。

4. 一审定案结论

北京市海淀区人民法院判决如下:

北京全向科技有限公司于本判决生效后三十日内,到北京市工商行政管理局海淀分局将北京全向科技有限公司董事长由董兵变更登记为沙振东。

5. 二审诉辩主张

上诉人(原审被告)全向公司上诉称:全向公司于2004年4月20日召开的董事会所形成的决议中已将全向公司董事长由沙振东变更为董兵,一审法院依据2003年12月18日的董事会决议判令全向公司到公司登记机关将董事长由董兵变更登记为沙振东与事实相悖,显然不妥。

被上诉人(原审原告)董兵辩称:同意一审法院判决。

6. 二审事实和证据

北京市第一中级人民法院经审理查明的事实、证据与一审法院查明的事实、证据基本一致。另查,二审庭审中,全向公司提举了沙振东的辞职函一份,用以证明现全向公司的董事长已不是沙振东,沙振东本人亦出庭证实了该事实的存在。

7. 二审判案理由

北京市第一中级人民法院认为:虽经2003年12月18日董事会批准董兵不再担任全向公司董事长一职,但因在二审审理中,全向公司到庭应诉,且将沙振东的辞职函作为新证据向本院提举,鉴于沙振东已辞去全向公司董事长职务,因此,一审法院关于将全向公司董事长由董兵变更登记为沙振东的判决显然已丧失了赖以存在的事实基础，二审法院对此应予纠正。

（二）争议焦点

董事长主动辞职行为的效力如何？

（三）法理评析

首先从法理角度来看，董事会与董事长之间是一种什么关系？笔者认为，董事会与董事长之间实质是一种委任的契约关系，董事会是基于信任才选派特定人出任董事长，同样董事长接受任职亦是基于对董事会的信赖，一旦这种信任、信赖不复存在，公司董事会可以依据《公司法》及公司章程，通过特定程序免除董事长的职务；而董事长也可以通过履行特定的手续后予以辞职。

其次，从具体法律角度来看，《公司法》第四十五条：董事会设董事长一人，可以设副董事长。董事长、副董事长的产生办法由公司章程规定。第四十六条：董事任期由公司章程规定，但每届任期不得超过三年。董事任期届满，连选可以连任。

董事任期届满未及时改选，或者董事在任期内辞职导致董事会成员低于法定人数的，在改选出的董事就任前，原董事仍应当依照法律、行政法规和公司章程的规定，履行董事职务。

由此可知，董事长主动辞职是其权利，但在行使该权利时要受到一定的限制，包括章程的规定或法律的要求，比如第四十六条第二款的规定：在改选出的董事就任前，原董事仍应当依照法律、行政法规和公司章程的规定，履行董事职务。

就本案而言，沙振东已非全向公司董事长，而依据全向公司 2003 年度第一届董事会第七次会议作出的决议，董兵也不再担任董事长的职务，那么在全向公司尚未破产的正常经营行为中，由谁来代行董事长即公司法定代表人的职权呢？鉴于全向公司是在董兵主要任董事长职务期间经营出现恶化、已濒临破产的特殊背景，且工商行政部门登记的全向公司的董事长仍为董兵，因此，应由董兵继续担任全向公司董事长，并作为法定代表人主要负责处理全向公司的对外债务及经营事务，符合法理及具体的公司法精神。

案例6 会议主持人身份的瑕疵与会议本身的效力关系

——王延祥与毕派克兴业物业管理有限责任公司董事会
决议效力确认纠纷案[1]

（一）案例简介

上诉人王延祥因与被上诉人北京毕派克兴业物业管理有限责任公司（以下简称毕派克公司）董事会决议效力确认纠纷一案，不服北京市朝阳区人民法院（2009）朝民初字第37656号民事判决，向本院提起上诉。本案现已审理终结。

王延祥在一审中起诉称：王延祥系毕派克公司的股东、董事。2009年2月17日，毕派克公司向王延祥送达2008年12月17日的"毕派克公司董事（扩大）会议决议"，决议内容为自2008年12月12日起解除毕派克公司与王延祥的劳动合同关系。毕派克公司召开董事会会议没有提前15日通知王延祥，而且董事长高桂广已被刑事拘留，取保候审，不得召集、主持董事会会议，该董事会会议程序不合法。毕派克公司解除与王延祥的劳动合同关系，没有法律依据，故决议内容违反法律、行政法规的规定。王延祥起诉要求确认2008年12月17日毕派克公司董事（扩大）会议决议无效。

毕派克公司在一审中答辩称：在2008年12月17日，毕派克公司召开董事会会议前，曾电话通知王延祥，但王延祥没有接听电话，无故缺席会议。王延祥于2008年12月11日被人民法院判处有期徒刑10个月，缓期1年，根据法律规定，毕派克公司可以解除与王延祥的劳动合同。2008年12月17日的毕派克公司董事会（扩大）会议决议合法有据，毕派克公司不同意王延祥的诉讼请求。

一审法院审理查明：毕派克公司为有限责任公司，王延祥系毕派克公司的股东、董事，毕派克公司与王延祥签有劳动合同。毕派克公司章程规定公司董事会由3人组成；董事会会议每半年至少召开两次，董事会会议由三分之二以上（含三分之二）的董事参加方可举行。董事会会议由董事长召集和主持，董事长因故不能到会时，可以指定副董事长或其他董事代为召集和主持，董事会召开会议前10日应书面通知所有董事，并同时通知会议时间、地点、事由；

---

[1] 案例来源：北京市第二中级人民法院（2010）二中民终字第01575号民事判决书，载http://www.exam8.com/file/falvwenshu/panjueshu/201001/1841720.html，2014年1月12日访问。

经三分之一以上董事提议，可以召开临时董事会会议。2008年12月17日，毕派克公司召开董事会扩大会议，作出毕派克公司董事（扩大）会议决议，内容为提议公司于2008年12月12日起与职工王延祥解除劳动合同关系。该决议上有毕派克公司董事苏建国、高桂广的签字。2009年2月17日，毕派克公司将该决议送达给王延祥。

一审法院判决认定：根据《中华人民共和国公司法》的规定，董事会决议内容违反法律、行政法规的无效，董事会的会议召集程序违反法律、行政法规或者公司章程的，股东可以自决议作出之日起60日内，请求人民法院撤销。毕派克公司与王延祥解除劳动合同关系，并不违反法律、行政法规，王延祥主张2008年12月17日的毕派克公司董事（扩大）会议决议内容违反法律、行政法规的规定，没有根据，法院不予采信。毕派克公司没有按照法律和公司章程的规定提前15日通知王延祥召开董事会会议，是会议召集程序违反法律、行政法规或者公司章程，高桂广在取保候审时召集、主持董事会会议，也是会议召集程序问题，不是决议无效的法定理由，王延祥以毕派克公司没有提前15日通知王延祥召开会议、高桂广无权召集董事会会议为由，要求确认董事会决议无效，没有法律依据，法院不予支持。判决：驳回王延祥的诉讼请求。

王延祥不服一审法院上述民事判决，向本院提起上诉。

本院经审理查明的事实与一审法院查明的事实一致。

本院认为：《中华人民共和国公司法》第二十二条规定，公司股东会或者股东大会、董事会的决议内容违反法律、行政法规的无效。股东会或者股东大会、董事会的会议召集程序、表决方式违反法律、行政法规或者公司章程的，股东可以自决议作出之日起60日内，请求人民法院撤销。2008年12月17日，毕派克公司召开董事会扩大会议，作出毕派克公司董事（扩大）会议决议，内容为提议公司于2008年12月12日起与职工王延祥解除劳动合同关系。上述决议内容并未违反法律、行政法规的规定。

王延祥上诉主张毕派克公司于2008年12月17日召开的董事扩大会议，未按照法律和公司章程的规定提前15日以书面形式通知王延祥参加会议，程序违法。对此，本院认为，毕派克公司没有按照法律和公司章程的规定提前15日书面通知王延祥召开董事会会议，是会议召集程序违反法律、行政法规或者公司章程规定，是会议召集程序问题，不是决议无效的法定理由。王延祥可以自决议作出之日起60日内，请求人民法院撤销。现王延祥以毕派克公司没有提前15日通知其参加会议为由，要求确认董事（扩大）会议决议无效，缺乏法律依据，故本院对王延祥的上诉请求不予支持。一审法院判决认定事实清楚，适用法律正确，处理并无不当，应予维持。最后判决：驳回上诉，维持原判。

（二）争议焦点

该次会议的效力问题。

（三）法理评析

根据《中华人民共和国公司法》第二十二条公司股东会或者股东大会、董事会的决议内容违反法律、行政法规的无效。

股东会或者股东大会、董事会的会议召集程序、表决方式违反法律、行政法规或者公司章程，或者决议内容违反公司章程的，股东可以自决议作出之日起六十日内，请求人民法院撤销。就本案来说，根据法院查明的事实，毕派克公司与王延祥解除劳动合同关系，并不违反法律、行政法规，王延祥主张2008年12月17日的毕派克公司董事（扩大）会议决议内容违反法律、行政法规的规定，没有根据。毕派克公司没有按照法律和公司章程的规定提前15日通知王延祥召开董事会会议，是会议召集程序违反法律、行政法规或者公司章程，而高桂广在取保候审时能否召集、主持董事会会议，法律没有明确规定，从法理角度分析，取保候审是《中华人民共和国刑事诉讼法》规定的一种刑事强制措施。是指在刑事诉讼中公安机关、人民检察院和人民法院等司法机关对未被逮捕或逮捕后需要变更强制措施的犯罪嫌疑人、被告人，为防止其逃避侦查、起诉和审判，责令其提出保证人或者交纳保证金，并出具保证书，保证随传随到，对其不予羁押或暂时解除其羁押的一种强制措施。只要是达到"随传随到"，就满足了该制度的要求。所以，即使在取保候审期间，也不影响从事原来的工作和劳动。退一步讲，即使把高桂广在取保候审时召集、主持董事会会议这件事看作有瑕疵，也是会议召集程序问题，不是决议无效的法定理由。

总之，该次会议的效力属于可撤销而不是属于确认无效。

案例 7 董事会效力认定中的自由裁量

——娃哈哈集团有限公司与娃哈哈食品有限公司撤销董事会决议纠纷案[1]

（一）案例简介

原告杭州娃哈哈集团有限公司为与被告杭州娃哈哈食品有限公司撤销董事会决议纠纷一案，于 2007 年 7 月 30 日向本院起诉，本案现已审理终结。

经审理本院认定，被告杭州娃哈哈食品有限公司系原告杭州娃哈哈集团有限公司（"合营甲方"）与浙江娃哈哈实业股份有限公司（"合营乙方"）和新加坡金加投资有限公司（"合营丙方"）共同投资设立的中外合资经营企业。

根据《杭州娃哈哈食品有限公司章程》（以下简称公司章程）载明，合营各方协商于 1996 年 2 月 9 日签订了合资经营合同。其中公司章程第 8.2 条第（2）款规定："首届的董事长经甲方、乙方和丙方讨论后由甲方委派，首届的副董事长由丙方委派。……如首届董事长因故无法执行其职务，继任董事长将在各方董事中选举产生。"第 8.6 条规定："对下列事项可由出席董事会会议的半数或以上的董事通过批准（其中中、丙双方至少各有一名董事批准）：……（k）其他影响到合营各方重大利益的事项）。"第 8.7 条规定："对下列事项可由出席董事会会议的半数或以上的董事通过批准：……（f）合营公司在提起或解决或放弃诉讼或承认责任（对合营任何一方所进行的索偿则除外，此时，其他合营方指定的董事通过决议则视同决议得到一致通过）；……（h）其他应由董事会决定的事宜。"第 8.11 条（1）款的规定："合营公司召开董事会会议，董事长或董事长授权代表应于董事会会议实际召开日前十四天，以传真方式发出书面通知（但需以信函确认）通知各位董事。但如经中方和丙方指定的各一名或一名以上董事书面批准，董事长或董事长授权代表可发出少于十四天的开会通知。"章程第 8.11 条（2）款规定："上述会议通知应载明召开会议的时间、地点和会议议程等内容，并应就会议议程所涉及的问题提供尽量详细的资料和有关文件。除非经中方和丙方指定的各一名或一名以上董事书面同意，未列入

---

[1] 案例来源：杭州市上城区人民法院（2007）上民二初字第 381 号民事判决书，载 http://www.court.gov.cn/zgcpwsw/zj/zjshzszjrmfy/hzsscqrmfy/ms/201406/t20140620_1615635.htm，2014 年 4 月 11 日访问。

会议议程或列入会议议程但未提供相应资料和文件的事宜，不应在董事会会议上讨论和作出决定。"合资公司成立后，首届董事长由甲方委派的宗庆后担任。

2007年6月3日杭州娃哈哈集团有限公司、浙江娃哈哈实业股份有限公司向杭州娃哈哈食品有限公司等5家公司发出"更换董事通知函"一份，内容为："兹通知贵公司，我司委派的宗庆后先生、杜建英女士已辞去上述公司董事职务。我司现委派附件所列人员作为代表本公司委派至贵公司的董事。新委派的董事成员符合法律法规任职资格要求。"在后附的更换董事清单中涉及杭州娃哈哈食品有限公司的更换后的董事为黄小扬、林颐宏。

2007年6月13日，由合营丙方委派的担任杭州娃哈哈食品有限公司副董事长的范易谋向合营甲方、乙方新委派担任杭州娃哈哈食品有限公司的董事黄小杨、林颐宏发出"关于召开董事会紧急会议的通知"。该通知载明：由于原董事长的离任，本人范易谋，作为合资公司的副董事长，按公司法和章程的有关规定，现临时代为履行董事长的职务并行使有关职权，直至临时董事长由董事会选举产生。该通知列明紧急会议的召开时间和地点为2007年6月20日上午10：30，会议地点：杭州娃哈哈保健食品有限公司会议室（杭州秋涛北路128-1号）。紧急会议议程为：（1）欢迎新任的合资公司董事；（2）选举临时董事长并决定原董事长离任后的有关事项；（3）批准对合资公司财务、经营和管理等各方面开展审理工作；（4）审议合资公司目前业务、生产和销售形势，业务计划及2007年预算（包括资本性支出）；（5）审议合资公司提高资本金计划；（6）审议合资公司红利分配计划；（7）鉴于二级合资公司的某些董事辞职，批准向二级公司董事会委派董事，并决定原董事离任后的有关事项。

2007年6月20日，杭州娃哈哈食品有限公司董事会召开。合营丙方委派的董事范易谋、秦鹏、嘉柯霖，合营甲方、乙方委派的董事黄小杨、林颐宏参加了该次董事会会议。该次会议作出了关于杭州娃哈哈食品有限公司的董事会决议二份，一份内容为"选举董事长"：（a）董事会于2007年6月6日收到关于宗庆后先生及杜建英女士辞去合资公司董事的通知，该辞职于2007年6月3日生效。董事会认可该辞职，并认可宗庆后先生已于上述日期内卸去其合资公司董事长的职务。（b）董事会兹决议，根据合资公司的章程，选举范易谋先生为合资公司的董事长，立即生效。在各董事就上述决议表决的栏目下只有合营丙方委派的董事范易谋、秦鹏、嘉柯霖表示同意的签名，作为合营甲方、乙方委派的董事黄小杨、林颐宏未签名。另一份内容为"决定原董事长离任后的有关事项"：（a）董事会兹决议，确认合资公司当前的总经理继续履行其职责，并应向董事会汇报。（b）董事会兹决议，合资公司的公章、营业执照及批准证书原件应立即移交给董事长。（c）董事会兹决议，为维护合资公司的利益，董事会授权合资公司向任何侵犯合资公司权利和权益的自然人、法人或者其他法律实体采取任何法律行动和启动任何法律程序，包括但不限于提起诉讼、反诉、仲裁申请、仲裁反请求（下统称"法律行动和程序"）。（d）董事会兹决议，董事会授权范易谋先生作为合资公司合法和全权的授权代表，代表合资公司接收、签署任何及所有与上述法律行动和程序相关的文件、材料和文书，以及委托律师代表合资公司参与前述法律行动和程序。（e）董事会兹决议，董事会要求合资公司的所有管理人员（包括但不限于总经理及其他高级管理人员）就其所知悉的与上述法律行动和程序相关的任何及所有事项向范易谋先生及时报告。没有除范易谋先生给予的明确指使，任何人均不得擅自代表合资公司就任何法律行动和程序采取任何行动或措施。在各董事就上述决议表决的栏目下仍只有合营丙方委派的董事范易谋、秦鹏、嘉柯霖表示同意的签名，作为合营甲方、乙方委派的董事黄小杨、林颐宏并未签名。

2007年6月25日范易谋以合资公司董事长的名义致函杭州娃哈哈食品有限公司黄小扬总经理，要求履行有关决议内容。同年6月26日，受合资公司的股东杭州娃哈哈集团有限公司的委托，浙江天册律师事务所和北京市金杜律师事务所杭州分所联合致函合营丙方范易谋，认为以上董事会决议的表决方式、决议内容等均违反了《公司法》、《中外合资经营企业法》及合资公司章程的规定，故提出异议。同年7月16日，林颐宏以杭州娃哈哈食品有限公司董事的名义发函给范易谋，表示不了解上述董事会决议的存在，要求将决议等以传真方式提供给中方董事，同时表示要求提供传真并不表示对这些决议的接收和认可。同年7月23日范易谋以董事长身份致函林颐宏、黄小扬，并将二份董事会决议传真给了林颐宏、黄小扬。后原告杭州娃哈哈集团有限公司以杭州娃哈哈食品有限公司的副董事长范易谋于2007年6月20日召集的董事会会议以及之后所提供的决议违反法律、法规和杭州娃哈哈食品有限公司章程的规定为由，要求依法撤销相关决议。

本院认为，根据《公司法》第二十二条第二款的规定："股东会或者股东大会、董事会的会议召集程序、表决方式违反法律、行政法规或者公司章程，或者决议内容违反公司章程的，股东可以自决议作出之日起六十日内，请求人民法院撤销。"纵观本案所涉二份董事会决议，首先，本案所涉董事会会议在通知程序上违反了公司章程的规定。根据杭州娃哈哈食品有限公司章程第8.11条（1）

款的规定："公司召开董事会会议,董事长或董事长授权代表应于董事会会议实际召开日前十四天以传真方式发出书面通知(但需以信函确认)通知各位董事。但如经各方指定的各一名或一名以上董事书面批准,董事长或董事长授权代表可发出少于十四天的开会通知。"但本案所涉召集董事会会议的开会通知仅提前了七天于 2007 年 6 月 13 日才发出通知,不符合公司章程规定。并且原告委派的董事并未书面批准开会时间,亦未在董事会决议上签字确认,因此其参加董事会会议的行为仅仅是其行使董事权利的表现,而并不能表明其已经同意开会时间,故被告董事会会议通知程序违反了公司章程的规定。同时,6 月 13 日的会议通知中未附会议议程所涉及的详细资料和有关文件,亦不符合杭州娃哈哈食品有限公司章程第 8.11 条(2)款的规定。其次,本案所涉董事会会议在表决方式上不符合章程规定。根据杭州娃哈哈食品有限公司章程第 8.6 条(k)款的规定,"其他影响到合营各方重大利益的事项",应由出席董事会会议的半数或以上的董事通过批准(其中中、丙双方至少各有一名董事批准)。本案所涉董事会决议涉及到选举临时董事长并决定原董事长离任后的有关事项,应属影响到合营各方重大利益的事项,但该决议未经中方至少一名董事的批准。且决议最终选举的非临时董事长,而是董事长,会议通知的议程与决议内容不符。再次,本案所涉董事会会议在决议内容上不符合章程规定。根据杭州娃哈哈食品有限公司章程第 8.7 条的规定,合营公司在提起或解决或放弃诉讼或承认责任……等事项可由出席董事会会议的半数或以上的董事通过批准。但在本案所涉"关于决定原董事长离任后的有关事项"第(e)项中,决定"没有除范易谋先生给予的明确指使,任何人均不得擅自代表合资公司就任何法律行动和程序采取任何行动或措施"。因此该项内容明显违反了合资公司章程的规定。综上,本案所涉的杭州娃哈哈食品有限公司于 2007 年 6 月 20 日作出的两份董事会决议,无论是会议召集程序、表决方式或者决议内容均存在违反公司章程的情况,原告作为股东有权在决议作出之日起六十日内,请求人民法院予以撤销。故对原告的诉讼请求,依法予以支持。

综上,判决如下:

一、撤销被告杭州娃哈哈食品有限公司董事会于 2007 年 6 月 20 日作出的关于"选举董事长"的决议。

二、撤销被告杭州娃哈哈食品有限公司董事会于 2007 年 6 月 20 日作出的关于"决定原董事长离任后的有关事项"的决议。

（二）争议焦点

该两份董事会决议是否有效？

（三）法理评析

董事会会议程序是全体董事对公司如何进行经营管理、如何维持公司的团体性和公司利益的一种制度安排。因此，其可以由全体股东根据其利益与公司的利益，通过公司章程进行约定。那么违反董事会程序而作出的决议效力如何呢？根据《公司法》第二十二条第二款的规定："股东会或者股东大会、董事会的会议召集程序、表决方式违反法律、行政法规或者公司章程，或者决议内容违反公司章程的，股东可以自决议作出之日起六十日内，请求人民法院撤销。"

纵观本案所涉二份董事会决议，首先，本案所涉董事会会议在通知程序上违反了公司章程的规定。在有关董事会会议所有的程序规定中，会议通知程序是较为重要的，通知程序包括通知的对象、通知方式、通知内容和通知期限等。其中，通知的期限和通知对象最为重要。

根据杭州娃哈哈食品有限公司章程第 8.11 条（1）款的规定："公司召开董事会会议，董事长或董事长授权代表应于董事会会议实际召开日前十四天以传真方式发出书面通知（但需以信函确认）通知各位董事。但如经各方指定的各一名或一名以上董事书面批准，董事长或董事长授权代表可发出少于十四天的开会通知。"但本案所涉召集董事会会议的开会通知仅提前了七天于 2007 年 6 月 13 日才发出通知，不符合公司章程规定。其次，本案所涉董事会会议在表决方式上不符合章程规定。我国《公司法》对有限责任公司表决程序和议事方式未作出规定，可以由公司章程约定。

根据杭州娃哈哈食品有限公司章程第 8.6 条（k）款的规定，"其他影响到合营各方重大利益的事项"，应由出席董事会会议的半数或以上的董事通过批准（其中中、丙双方至少各有一名董事批准）。本案所涉董事会决议涉及到选举临时董事长并决定原董事长离任后的有关事项，应属影响到合营各方重大利益的事项，但该议未经中方至少一名董事的批准。综上，该两份董事会决议属于可撤销决议。

专题八：高管人员的责任与义务

一、法律知识点 [1]

（一）公司董事、监事、高级管理人员的任职资格

公司董事是指有限责任公司、股份有限公司董事会的全体董事。公司监事是指有限责任公司的监事会的全体监事或者不设监事会的有限责任公司的监事，以及股份有限公司监事会的全体监事。公司的高级管理人员是指公司的经理、副经理、财务负责人、上市公司董事会秘书和公司章程规定的其他人员。

由于董事、监事和高级管理人员对于公司的经营管理和业绩效益负有重要的责任，《公司法》对他们的任职资格有较为严格的限制性条件。根据《公司法》的规定，有下列情形之一的，不得担任公司的董事、监事、高级管理人员：

（1）无民事行为能力或者限制民事行为能力；

（2）因犯有贪污、贿赂、侵占财产、挪用财产罪或者破坏社会经济秩序罪，被判处刑罚，执行期满未逾 5 年，或者因犯罪被剥夺政治权利，执行期满未逾 5 年；

（3）担任破产清算的公司、企业的董事或者厂长、经理，并对该公司、企业的破产负有个人责任的，自该公司、企业破产清算完结之日起未逾 3 年；

（4）担任因违法被吊销营业执照、责令关闭的公司、企业的法定代表人，并负有个人责任的，自该公司、企业被吊销营业执照之日起未逾 3 年；

（5）个人所负数额较大的债务到期未清偿。

上述各项规定，适用于有限责任公司和股份有限公司的董事、监事和高级管理人员。

董事、监事、高级管理人员如果在任职期间出现上述情形的，公司应当解除其职务。

股东向公司委派董事，公司股东会或者股东大会选举董事和监事，公司董

---

[1] 此处的公司高级管理人员包括董事、监事。

事会聘任高级管理人员，均应遵守上述规定的条件。如果公司未按上述条件委派、选举董事、监事或者聘任高级管理人员，则该委派行为、选举行为和聘任行为无效。

（二）董事、监事、高级管理人员的义务和责任

董事、监事、高级管理人员对公司负有忠实义务和勤勉义务。忠实义务强调董事、监事、高级管理人员应当忠诚于公司，不得为有损公司利益的行为，勤勉义务强调董事、监事、高级管理人员应当积极履行职责，依法谋求公司利益和股东利益的最大化。

1.董事、监事、高级管理人员的共同义务。董事、监事、高级管理人员的共同性义务包括：

（1）遵守法律、行政法规，遵守公司章程，忠实履行职务，维护公司利益；

（2）不得利用在公司的地位和职权为自己牟取私利；

（3）不得利用职权收受贿赂或者其他非法收入；

（4）不得侵占公司的财产；

（5）不得泄露公司秘密。

股东会或者股东大会要求董事、监事、高级管理人员列席会议的，董事、监事、高级管理人员应当列席，并接受股东的质询。

2.董事、高级管理人员的特定性义务。董事和高级管理人员负责公司的经营决策和日常管理，其行为直接关乎公司和股东的利益，故法律对他们有更多、更为具体的规则要求，其中特别体现在对他们的禁止性规定方面。董事和高级管理人员不得有下列行为：

（1）挪用公司资金；

（2）将公司资金以其个人名义或者以其他个人名义开立账户存储；

（3）违反公司章程的规定，未经股东会、股东大会或者董事会同意，将公司资金借贷给他人或者以公司资产为他人提供担保；

（4）违反公司章程的规定或者未经股东会、股东大会同意，与本公司订立合同或者进行交易；

（5）未经股东会或者股东大会同意，利用职务之便利为自己或者他人谋取属于公司的商业机会，自营或者为他人经营与所任职公司同类的业务；

（6）接受他人与公司交易的佣金归己有；

（7）擅自披露公司秘密；

（8）违反对公司忠实义务的其他行为。

董事、高级管理人员违反上述规定所得的收入归公司所有。

二、相关案例分析

案例 1 高管人员的责任边界

——玉百大监事会、可为锋与玉百大公司控股股东损害公司利益赔偿纠纷案[1]

（一）案例简介

上诉人玉溪百货大楼有限责任公司监事会（以下简称玉百大监事会）、上诉人可为锋因与原审第三人玉溪百货大楼有限责任公司（以下简称玉百大）公司控股股东损害公司利益赔偿纠纷一案，不服云南省玉溪市中级人民法院（2009）玉中民二初字第 18 号民事判决，向本院提起上诉，本案现已审理终结。

原审法院经审理确认如下本案的法律事实：根据玉溪市委有关文件精神，玉百大前身即玉溪百货公司于 2003 年实施改制，设立有限责任公司。经云南省玉溪市永信会计师事务所有限公司审验确认，截至 2004 年 7 月 17 日止，玉百大已收到全体股东缴纳的注册资本合计 1116 万元（以下均为人民币）。2004年 7 月 24 日，玉百大召开 2004 年度第一次股东大会，选举可为锋等人为公司第一届董事会董事，任期三年，并通过玉百大公司章程，该章程第五十八条规定："有下列情形之一的，不得担任公司的董事。……2. 因为违法、犯罪被刑事拘留或被判处刑罚，执行期满未逾五年的；因犯罪被剥夺政治权利，执行期满未逾五年的……"第九十二条规定："监事会的决议应当由二分之一以上监事表决同意。监事会的表决采用举手或签名方式。"同日，公司召开第一届一次董事会，选举可为锋为公司第一届董事会董事长，并聘任其为公司总经理，任期三年。2004 年 8 月 2 日，玉百大经工商注册登记成立，公司注册资本为1116 万元，其中可为锋出资 615.8 万元，占注册资本总额的 55.1792%。为缴纳该笔出资款，可为锋向林贤平等三人借款 650 万元，除缴纳出资款外，剩余的 34.2 万元中，借给公司副经理王慧成 28 万元，6.2 万元自己使用。2004年 8 月 3 日、9 月 1 日、9 月 2 日，玉百大财务人员按可为锋的要求，分三次将650 万元资金打入昆明宏时达电器公司，对方于 2004 年 9 月 1 日开具了"收

[1] 案例来源：云南省高级人民法院（2010）云高民二终字第 205 号民事判决书，载 http://www.gy.yn.gov.cn/Article/cpws/msws/201106/23358.html，2014 年 3 月 12 日访问。

到可为锋现款"650 万元的收款收据，实际用于可为锋归还向林贤平等三人的借款。玉百大财务将该笔款项作为"其他应收款"科目挂账。2007 年 11 月 15 日，可为锋被选举为第二届董事会董事，任期三年，并选举李美玲、郑平、罗盛萍为公司第二届监事会监事，任期三年。2007 年 12 月 29 日，公司董事会审议通过可为锋担任公司总经理。2008 年 10 月 31 日，玉百大监事会通过决议，决定聘任或委托云南玉溪永信会计师事务所有限公司对公司成立之日起至 2008 年 12 月的财务报告、财务报表等进行审计。李美玲、罗盛萍作为出席会议的监事在该份决议上签名。同日，玉百大监事会向云南玉溪永信会计师事务所有限公司发出委托书，李美玲、郑平、罗盛萍在委托书上签名。2009 年 1 月 24 日，云南玉溪永信会计师事务所有限公司出具永信财会审字（2009）第 11 号审计报告：玉百大 2004 年 7 月 17 日至 2008 年 12 月 31 日累计亏损 1003698.51 元，支付股东股息 1953000 元，截止 2008 年 12 月 31 日累计未弥补亏损为 2952526.14 元。在该份审计报告第 6—7 页"可为锋借款及归还本金情况"一项内，称"贵公司于 2004 年 8 月 3 日、9 月 1 日、9 月 2 日分三笔借给昆明宏时达电器公司 650 万元，实际是可为锋个人向公司借款。2007 年 4 月 25 日归还本金 100 万元，2008 年 11 月归还了 520 万元，2008 年 12 月归还了 30 万元。截止 2008 年 12 月 31 日已全部收回。自 2004 年 8 月 3 日至 2008 年 12 月 1 日应收可为锋该项借款的利息 1660452.63 元，截止 2008 年 12 月 31 日累计已向可为锋收取借款利息 1660452.63 元"。

2009 年 3 月 13 日，玉溪市工商行政管理局作出玉工商处字（2009）第 4 号行政处罚决定书，认为可为锋在公司成立后，抽出其全部注册资金的行为，构成抽逃出资，对可为锋作出罚款 30.79 万元的行政处罚。可为锋于 2009 年 3 月 17 日缴纳了该笔罚款。

2009 年 5 月 23 日，公司部分股东向监事会提出申请，要求监事会履行职责，追究可为锋的经济及法律责任。该申请于 2009 年 5 月 26 日递交监事会后，监事会于 2009 年 5 月 26 日、6 月 3 日召开监事会第二十次、第二十一次会议，决定由监事会代表公司、代表股东向法院提起诉讼，该决议经半数以上监事表决通过。李美玲、郑平、罗盛萍三人在该份会议记录簿上签字。

2010 年 5 月 28 日，云南省玉溪市红塔区人民法院作出（2010）玉红刑初字第 131 号刑事判决书，确认 2004 年原玉溪市百货公司改制时，可为锋向林贤平等三人借款 650 万元，认购了新成立的玉百大 615.8 万元的股份，在剩余的 34.2 万元中，其将 28 万元借给公司副经理王慧成，6.2 万元自己使用。

2004 年 8 月 2 日，玉百大注册成立，可为锋利用其担任玉百大董事长兼总经理的职务便利，于 2004 年 8 月 3 日、9 月 1 日、9 月 2 日分三次从玉百大电汇 650 万元到昆明宏时达电器有限公司，用于归还其向林贤平等三人的借款。2008 年 1 月 22 日至 2008 年 12 月 4 日，可为锋先后归还了玉百大 650 万元及利息 1660452.63 元。可为锋挪用本单位资金 34.2 万元归个人使用及借贷给他人，累计时间长达三年多，其行为构成挪用资金罪，判处有期徒刑三年，缓刑五年。

另查明，2005 年 1 月至 2008 年 2 月期间，可为锋共领取股息 1077650 元（其中，2004 年领取 76975 元；2005 年领取 76975 元；2007 年领取 461850 元；2008 年领取 461850 元）。

玉百大监事会原审请求：1. 依法确认可为锋不能担任玉百大董事及董事长；2. 依法确认可为锋 2004 年 8 月 3 日至 2008 年 12 月 4 日抽逃出资期间其股权不产生增值；3. 依法收回可为锋自 2004 年 8 月 3 日至 2008 年 10 月 31 日止所分得的股息 1077649.78 元；4. 依法判令可为锋赔偿因其抽逃出资给玉百大造成的相关经济损失 1660452.63 元；5. 依法判令可为锋赔偿其挪用的 342000 元公款自 2004 年 8 月 3 日至 2008 年 12 月 4 日止的同期银行贷款利息 54018.43 元；6. 本案的相关诉讼费用由可为锋承担。原审庭审中，玉百大监事会自愿放弃第五项诉讼请求。

根据以上事实，原审法院认为：

一、依据《中华人民共和国公司法》第一百五十二条第一款规定，玉百大公司的部分股东认为可为锋的行为损害了公司利益，书面请求监事会向人民法院提起诉讼，监事会收到股东申请后，召开了两次监事会议，决定代表公司、代表股东向法院提起诉讼，该决议经半数以上监事表决通过。决议的通过符合公司章程及《中华人民共和国公司法》相关规定，故监事会代表公司提起诉讼符合法律的规定。虽然玉百大监事会有相应的诉讼主体资格，但因其主张相对人侵犯的客体是公司利益，故依诉讼能最终享有利益结果的权利主体仍只能是玉百大。

二、关于可为锋能否担任玉百大董事及董事长的问题。因在本案审理过程中，可为锋已向玉百大提出辞职，且玉百大董事会也已同意其不再担任公司董事及董事长，故该项诉讼请求已无处理的意义。

三、关于可为锋的行为是否损害了公司利益，若损害公司利益，其应承担的责任应如何界定的问题。原审法院认为，股东出资是其享有和行使股权的前提，股东瑕疵出资虽不影响其股东资格，但其享有的股东权利的前提是承担股东义务，违反出资义务，则其股权的行使应当受到限制，这亦是民法中权利与义务统一、利益与风险一致原则的具体体现。可为锋在认购玉百大股份后，在公司成立的次日即抽逃出资归还借款及挪用资金的行为损害了公司的利益，应承担相应的责任。

可为锋抽逃出资，导致其认缴出资的资金未参与公司正常经营，故其2004年至2007年取得的股息不符合公司法及公司章程的相关规定，对收回可为锋自2004年8月3日至2008年10月31日止所分的股息1077649.78元的诉讼请求，原审法院予以支持。

关于玉百大监事会要求可为锋赔偿其抽逃出资给公司造成1660452.63元损失的诉讼请求，其明确该部分损失系可为锋抽逃及挪用650万元期间的利息损失，因可为锋已向玉百大归还了该部分利息损失，故对玉百大监事会要求可为锋赔偿该部分损失的诉讼请求未予以支持。

玉百大监事会在原审庭审中自愿放弃第五项诉讼请求，原审法院依法予以准许。

综上，原审判决：一、由可为锋于本判决生效后三十日内将其分得的股息1077649.78元退还玉溪百货大楼有限责任公司；二、驳回玉溪百货大楼有限责任公司监事会的其他诉讼请求。

原审宣判后，玉百大监事会、可为锋均不服，分别向本院提起上诉。

综合各方当事人的诉辩主张，结合一审查明事实，本院认为，原审认定事实清楚，适用法律正确，实体处理得当，本院予以维持。判决如下：驳回上诉，维持原判。

（二）争议焦点

可为锋的行为是否损害了玉百大利益以及如何承担责任？

（三）法理评析

首先，可为锋的行为定性问题，即是否损害了玉百大利益。

由股东出资构成的公司资本在公司存在及营运的整个过程中扮演着极其重要的角色；对公司而言，它既是公司获取独立人格的必备要件，又是公司得以营运和发展的物质基础；对股东而言，它既是股东出资和享有相应权益的体现，又是股东对公司承担有限责任的物质基础；对债权人而言，它是公司债务的总担保，是债权人实现其债权的重要保障。在公司资本三原则中，最重要的就是资本确定原则，是指公司在设立时，必须在章程中对公司的资本总额做出明确的规定，并须由股东全部认足，否则公司就不能成立。

就本案来看，已生效的玉溪市工商行政管理局作出的玉工商处字（2009）第 4 号行政处罚决定书确认，可为锋的行为构成抽逃注册资本，可为锋也已经自动履行了该处罚决定。可为锋出资后又抽逃其出资，违反出资义务，造成玉百大实收资本同注册资本不符，侵犯了玉百大的独立财产权。

其次，可为锋如何承担责任。

从法理来说，包括侵权赔偿责任和违法所得的追缴责任。作为股东，享有分红权，即股东的股利分配请求权。股利分配请求权的性质可从抽象意义与具体意义两个层面来分析。抽象的股利分配请求权，指股东基于其公司股东的资格和地位而享有的一种股东权权能。获取股利是股东投资的主要目的，也是公司作为营利法人的本质要求。因此，抽象的股利分配请求权是股东所享有的一种固有权，不容公司章程或公司治理机构予以剥夺或限制。具体的股利分配请求权，又称股利金额支付请求权，是指当公司存有可资分红的利润时，股东根据股东大会分派股利的决议而享有的请求公司按其持股类别和比例向其支付特定股利金额的权利。

就本案的可为锋来说，抽逃出资期间的股权行使应当受到限制。股东之所以有权对公司经营所产生的利润进行分配，前提应为其实际出资参与公司经营并因此而产生经营利润。股东抽逃出资，其认缴出资未实际参与公司经营的，利润分配请求权应受到相应的限制。因此，可为锋抽逃出资期间收取的股息应1077649.78 元应当退还玉百大。

案例 2 公司高管忠实义务的认定标准

——上海 ××× 生物医药公司与毛某损害公司利益赔偿纠纷案 [1]

（一）案例简介

原告上海 ××× 生物医药有限公司诉被告毛 × 董事、监事、高级管理人员损害公司利益赔偿纠纷一案，本院于 2008 年 8 月 19 日受理，本案现已审理终结。

---

[1] 案例来源：上海市浦东新区人民法院（2008）浦民二（商）初字第 3719 号民事判决书，载 http://www.yixuefalv.com/onews.asp?id=2693，2014 年 2 月 1 日访问。

经审理查明：原告系于 2004 年 2 月 2 日成立的中外合资企业。投资方为甲方南京××医院集团有限公司、乙方××时代投资（集团）有限公司、丙方杭州××医院投资管理有限公司、丁方四川××医院管理开发集团有限责任公司、戊方上海×××医院投资管理有限公司、己方苏州××医院有限公司、庚方宁波××同仁医院、辛方美国×××有限公司和壬方陈××共 9 家单位（个人），注册资金 2240 万元。原告公司的经营范围为：艾滋病药物、抗癌药增敏剂、基因工程疫苗及生物医药中间体的研发，转让自有技术成果，并提供相关技术咨询和技术服务等。原告公司章程规定，公司设董事会，由 10 名董事组成，其中，甲、乙、丙、丁、戊、己、庚、壬方各委派一人，辛方委派三人。董事在任期届满前，董事会不得无故解除其职务。特殊原因经董事会讨论另定。董事会会议应由三分之二以上董事出席方可举行。董事会作出决议，必须经全体出席会议的董事的过半数通过。董事会应当对所议事项的决定作会议记录，出席会议的董事应当在会议记录上签字。公司设监事会，由 3 名监事组成。第一届监事会的监事组成由甲、乙、丙方产生，监事长由甲方委派。以后各届由监事会选举产生。公司董事、总经理及财务负责人不得兼任监事。公司设总经理 1 名，总经理直接对董事会负责。总经理或其他高级管理人员请求辞职时，应提前二个月向董事会提出书面报告。董事、总经理应当遵守本章程、忠实履行职务、维护公司利益，不得利用在公司的地位和职权为自己牟取私利。董事、总经理及其他高级管理人员执行公司职务时违反法律、行政法规或者本章程规定，给公司造成损失的，应承担赔偿责任。

被告于 2007 年受美国×××公司委派担任原告公司的董事。2008 年 2 月 25 日，原告公司第二届董事会第四次会议任命被告为公司总裁。在 2008 年 4 月 27 日原告公司第二届董事会第五次会议纪要中，公司董事会任命被告为公司监事长，继续担任公司生物部首席科学家，免去被告在公司"内部总裁"职务，撤销其行政职权。该份纪要仅有董事长陈××的签字和公司的公章，没有与会董事的签字。在 2008 年 5 月 27 日原告公司第二届董事会第六次会议决议中，原告董事会决定免去被告行政总裁职务，任命被告为监事长。在该决议中有 8 位董事签字，没有被告的签字。

2008 年 6 月 16 日，被告向原告提交了辞职信。同时，原告公司生物部亦有部分员工离职。

2008 年 6 月 20 日，×国 Sirtris 公司与原告签署一份协议。内容为，因为×××公司与 Sirtris 公司生物技术项目相关的生物部的大部分员工以及全部领导层的离职，Sirtris 公司特此暂停在原告的所有生物领域的活动，自 2008 年 6 月 16 日起生效。此终止通知是因与 Sirtris 公司生物领域活动相关的服务提供方严重违反了《×××公司主服务协议》而发出的。

2008 年 7 月 14 日，原告委托律师发函。律师函的主要内容如下：自即日起免去被告在原告公司的所有行政管理职务，被告无权以原告公司董事、总裁或监事长等任何名义代表原告从事任何经营、科研、管理活动。原告希望被告于 2008 年 7 月 25 日前至原告处办理离职移交手续。作为公司高管，被告和原告有竞业限制、保护商业秘密的约定和义务，故被告必须以书面形式告知原告离职后的工作及去向。离职后 18 个月内，被告不得以任何形式从事和原告业务有竞争性的商业活动，不得与原告现有客户从事任何形式的商业活动。被告的擅自离职行为已在原告公司造成重大的负面影响，对公司造成损害无可限量，必要时原告将启动司法程序追究相关责任人的所有法律责任。

2008 年 7 月 22 日，被告亦发出一封律师函。主要内容如下。2008 年 4 月下旬和 5 月 27 日形成的董事会决议明确除了监事长一职外，被告不再担任任何其他职务。从法律上，被告作为原告公司董事或总裁的职责自 2008 年 4 月底起即已终止。原告也在 6 月中旬停止支付被告工资。2008 年 6 月 16 日，被告向原告递交辞职信仅仅是对上述既存事实的明确（同时就辞去监事长一职告知原告），并非擅自离职，也不可能对原告造成重大负面影响。原、被告之间未曾签署任何劳动合同、董事服务协议，亦未达成任何口头的关于其任职终止后竞业限制的约定，原告亦未就所谓的"竞业限制约定"支付给被告任何报酬，被告不负有任何法律或合同上的竞业限制义务。

被告未按原告律师函中要求的时间与原告进行离职移交。

2008 年 8 月 14 日，××生物科技（上海）有限公司注册成立。注册地址为上海市张江高科技园区哈雷路××××号×××室，法定代表人吴×，股东为××生物科技有限公司。××公司的经营范围是生物医药技术的研发，自有研发成果的转让，并提供相关的技术咨询和技术服务。

2008 年 7 月 17 日、7 月 22 日、7 月 29 日，原告曾三次通过快递公司向被告快递文件，快递的地址即××公司的注册地址哈雷路××××号×××室。前两次由被告本人签收，第三次由吴×签收。

本院认为，我国《公司法》第一百四十八条规定，董事、监事、高级管理人员应当遵守法律、行政法规和公司的章程、对公司负有忠实义务和勤勉义务。《公司法》第一百四十九条规定，董事和高级管理人员不得违反对公司忠实义务的具体规定，包括未经股东会或者股东大会的同意，利用职务便利为自己或者他人谋取属于公司的商业机会，自营或者为他人经营与所任职公司同类的业务，董事、高级管理人员违反前款规定所得收入应当归公司所有。《公司法》第一百五十条规定，董事、监事、高级管理人员执行公司职务时违反法律、行政法规或者公司章程的规定，给公司造成损失的，应当承担赔偿责任。这是我国《公司法》对董事、监事、高级管理人员的忠实义务的主要条款，其主要规定上述人员担任公司相关职务时负有忠实义务，对于上述人员离职后没有作出规定。一般来说，上述人员离职后不存在对公司的忠实义务，可能存在竞业限制、保守公司商业秘密的问题。但是，本案中原告并未以该诉因起诉被告。

关于本案被告在原告公司中的职务问题。原告公司4月27日的董事会决议与5月27日的董事会决议中仅提到解除被告的总裁职务、给予被告监事长的职务，但并未提到解除被告的董事职务。原告公司章程中规定：公司的董事由股东委派，在任期届满前，董事会不得无故解除职务，特殊原因经董事会讨论另定；监事长由股东委派或监事会选举产生。上述两份原告董事会决议与章程中对监事长的任命程序不符。同时，被告的董事职务是否免除应该在董事会决议中明确，因为两者不能兼任。所以，本院认为，在程序上上述两份董事会决议对于任命被告监事长职务存在瑕疵，被告的董事职务亦没有免除。但被告自认为其被任命为监事长后其董事职务即免除。被告辞职后，原告所发的律师函中表明原告不再认为被告是公司的董事。

原告诉称，被告在任职期间煽动原告公司生物部员工跳槽到××公司以及被告利用原告的客户信息让原告客户×国Sirtris公司终止与原告合作转而与××公司合作。原告提交的三位证人的证词不能证明原告公司生物部员工离职后跳槽到××公司以及跳槽是受到了被告的影响。原告提交的原告与×国Sirtris公司之间的电子邮件本身的真实性无法确认，并且该电子邮件中提到的VIVA BIOTECH与被告所称的××公司是否同一家公司亦无法确认。原告提交的两份由被告签收的快递回单也不足以证明被告经营××公司。原告诉称这两节事实，本院难以确认。因此，原告称被告违反董事、监事、高级管理人员的忠实义务，本院不能确认，相应赔偿请求本院亦不能予以支持。综上所述，判决如下：

驳回原告上海×××生物医药有限公司的所有诉讼请求。

（二）争议焦点

被告是否违反忠实义务？

（三）法理评析

董事、监事、高级管理人员对公司的忠实义务是他们的基本义务，具体可从两个方面论证：一为主观性的义务，即应当在强行性法律规范与公序良俗允许的范围和程度之内，忠诚于公司利益，始终以最大的限度实现和保护公司利益作为衡量自己执行职务的标准，全心全意地为公司利益服务；二为客观性义务，即实施的与公司有关的行为必须具有公平性，必须符合公司的整体利益，在个人私利（包括与自己有利害关系的第三人的利益）与公司利益发生冲突时，必须以公司利益为先，不得利用其在公司中的优势地位为自己或与自己有利害关系的第三人谋求在常规交易中不能或很难获得的利益。

我国《公司法》从第一百四十八条到第一百五十条分别对董事、监事、高级管理人员应当如何履行忠实义务和勤勉义务及其责任承担作了具体规定，也是司法就有关问题判决的依据。就本案来说，根据谁主张谁举证的原则，原告提交的三位证人的证词不能证明原告公司生物部员工离职后跳槽到××公司以及跳槽是受到了被告的影响。原告提交的原告与×国Sirtris公司之间的电子邮件本身的真实性无法确认，并且该电子邮件中提到的VIVA BIOTECH与被告所称的××公司是否同一家公司亦无法确认。原告提交的两份由被告签收的快递回单也不足以证明被告经营××公司。因此，不能确定本案被告有违反忠实义务的问题。

案例3 公司高管竞业禁止义务的认定标准

——准噶尔税务师事务所有限责任公司与畅永生等损害公司利益纠纷案[1]

（一）案例简介

上诉人克拉玛依市准噶尔税务师事务（所）有限责任公司（以下简称准噶尔税务所）与被上诉人畅永生、曹凤翔损害公司利益责任纠纷一案，准噶尔税

---

[1] 案例来源：新疆维吾尔自治区克拉玛依市中级人民法院（2014）克中民二终字第00026号民事判决书，载http://www.court.gov.cn/zgcpwsw/xj/xjwwezzqklmyszjrmfy/ms/201404/t20140418_816645.htm，2014年4月2日访问。

务所不服克拉玛依市克拉玛依区人民法院（2013）克民二初字第207号民事判决，向本院提起上诉。本案现已审理终结。

原审判决认定：2001年9月10日，准噶尔税务所注册成立，企业类型为有限责任公司，股东为王××、金××、畅永生、刘×，法定代表人为王××。2010年5月20日，公司法定代表人变更为金××。2010年6月7日，该所任命金××为董事长，6月9日任命畅永生为总经理（所长），任期三年。2010年5月的公司章程第7条规定：王××出资金额为177000元，出资比例为35.4%，金××出资金额为126500元，出资比例为25.3%，畅永生出资金额为126500元，出资比例为25.3%，刘×出资金额为70000元，出资比例为14%；第27条规定：股东之间可以相互转让其部分或全部出资。2011年12月8日，金××、畅永生及王××签订内部股权转让协议一份，约定：三方同意以1141万元为总股本确定股份转让价格，金××及畅永生股份转让价格均为288.7万元。2011年12月16日，畅永生向原告的委托代理人闫×交接了办公室物品，12月20日，畅永生向王××交接别克车一辆。2013年1月8日，被告畅永生向原告递交新疆执业注册税务师转所申请、辞职报告、解除劳动合同证明，要求原告在上述三份证明上签字盖章。2013年1月16日，原告给畅永生邮寄送达《关于畅永生要求辞职的答复》一份，内容为：2010年6月9日，被告畅永生担任原告的总经理（所长）开始至2011年12月26日准噶尔所股东会决议免去畅永生公司经理职务期间，应详细向公司交接工作。从2011年12月26日至今作为普通职工，也要向公司做详细的交接。只有完成了上述工作才可以办理辞职手续。原告当庭认可被告畅永生于2011年12月26日之后离职，且自2012年1月不再给畅永生支付工资。畅永生当庭认可自2012年1月后在尤尼泰（克拉玛依）税务师事务所有限公司领取工资。

另查，2010年4月20日原告下发的会议纪要决定，对2010年度工作任务及调资进行安排，第三项目部经理为曹凤翔，成员为付晓玲，年收入30万元。2013年1月11日，曹凤翔因与原告准噶尔税务所劳动争议问题协商未果，将原告起诉，要求该所向其出具终止劳动合同证明书。2013年4月8日，原审法院作出（2013）克民一初字第214号民事调解书，调解结果为：一、曹凤翔与准噶尔税务所在2011年1月12日签订的劳动合同于2011年7月终止；二、准噶尔税务所向曹凤翔出具终止劳动合同证明书。2013年4月3日，准噶尔税务所向曹凤翔出具《终止劳动合同证明书》，内容为："曹凤翔与准噶尔税务所曾在 2011 年订立了从 2011 年 1 月至 2011 年 12 月为期一年的劳动合同,就在同年 7 月,准噶尔税务所根据当时情况,同意在劳动合同没有期满的情况下终止以上所订立的劳动合同,同时同意曹凤翔在尤尼泰(新疆)税务师事务所有限公司执业。特此证明。"原告准噶尔税务所自 2011 年 8 月不再给被告曹凤翔支付工资。

另查,尤尼泰(克拉玛依)税务师事务所有限公司于 2011 年 5 月 17 日注册成立,曹凤祥担任法定代表人,该公司为法人独资,股东为尤尼泰(新疆)税务师事务所有限公司。2013 年 5 月 14 日,尤尼泰税务所解散并办理注销登记。被告曹凤翔自尤尼泰税务所成立至注销,一直担任该公司法定代表人。

原审法院认定畅永生在任职期间并没有自营或与他人共营与任职公司同类的业务,其行为没有违反公司高管人员竞业禁止义务;2012 年 1 月,畅永生离职后对原告不再负有法定的竞业禁止义务。且原告与被告畅永生未签订竞业禁止协议,故其离职后在与原告同类业务的公司工作,不受竞业禁止义务的限制。原告主张被告畅永生至今仍是原告公司员工,但其确认自 2012 年 1 月后不再给畅永生发放工资,故其主张缺乏事实依据,依法不予支持。原告要求将畅永生在尤尼泰税务所的收入归原告所有的诉讼请求,于法无据,依法不予支持。原审认定曹凤翔不属于原告公司的董事、高级管理人员,故曹凤翔对原告不负有法定的竞业禁止义务。原告与曹凤翔亦未签订竞业禁止协议,故其离职后在与原告同类业务的公司工作,不受竞业禁止义务的限制。故曹凤翔不应当作为归入权的责任主体。原告要求曹凤翔在尤尼泰税务所收入归其所有的诉讼请求,于法无据,依法不予支持。

对于原告要求畅永生赔偿原告损失的诉求,虽然原告提供的证据等能够证实 2010 年、2011 年的 1 月至 5 月 10 日与原告签约的部分公司在 2011 年的 5 月 20 日至 12 月、2012 年与尤尼泰税务所签订合同,但不能证实系被告畅永生在任原告经理(所长)期间利用职务便利为尤尼泰税务所谋取属于原告公司的商业机会,从而造成原告的收入减少。故原告要求畅永生承担赔偿原告损失的诉讼请求,于法无据,该院依法不予支持。对于原告要求被告曹凤翔赔偿原告损失的诉求,因曹凤翔不是该损害赔偿请求权的责任主体,故原告的该项诉求,依法应不予支持。判决驳回原告克拉玛依市准噶尔税务师事务(所)有限责任公司的诉讼请求。

一审宣判后,上诉人(原审原告)准噶尔税务所不服,提出上诉。

经本院审理查明的事实、认定的证据与原审一致。

本院认为，竞业禁止义务有法定和约定两种方式确定。董事、高级管理人员的竞业禁止义务由《中华人民共和国公司法》第一百四十九条做出了明确规定："董事、高级管理人员不得有下列行为：……（五）未经股东会或者股东大会同意，利用职务便利为自己或者他人谋取属于公司的商业机会，自营或者为他人经营与所任职公司同类的业务；（六）接受他人与公司交易的佣金归为己有；……（八）违反对公司忠实义务的其他行为。董事、高级管理人员违反前款规定所得的收入应当归公司所有。"以上法律明确规定了公司董事、高管人员法定的竞业禁止义务。约定的竞业禁止义务是指雇主和雇员之间在签订劳动合同时附随约定在雇佣期间或离职后的一定期限内不得生产或者经营同类业务，且不得在具有竞争关系或者有其他利害关系的单位内任职的行为。本案中，被上诉人畅永生自 2010 年 6 月 9 日担任原告的总经理（所长），至 2011 年 12 月 26 日股东会决议免去其职务期间，作为上诉人的总经理（所长），畅永生对上诉人负有法定的竞业禁止义务。被上诉人畅永生在其任职期间并未自营或与他人共营与上诉人公司同类的业务，其行为并没有违反公司高管人员法定的竞业禁止义务；2012 年 1 月之后，畅永生已经从上诉人公司离职，对上诉人不再负有法定的竞业禁止义务；且上诉人与畅永生并未签订竞业禁止协议，故畅永生离职后到与上诉人同类业务的尤尼泰税务所工作，不受竞业禁止义务的限制。上诉人称畅永生是尤尼泰税务所实际控制人、从而要求畅永生在尤尼泰税务所的收入应当归其所有的上诉意见，未提交相关证据加以证实。《最高人民法院关于民事诉讼证据的若干规定》第二条明确规定，当事人对自己提出的诉讼请求所依据的事实有责任提供证据加以证明。没有证据或者证据不足以证明当事人的事实主张的，由负有举证责任的当事人承担不利后果。故本院对上诉人这一上诉意见不予支持。

关于被上诉人曹凤翔在尤尼泰税务所收入是否应当归上诉人所有的问题，因曹凤翔在上诉人公司担任项目经理，并非《公司法》规定的高级管理人员。依据《中华人民共和国公司法》第二百一十七条之规定，公司高级管理人员是指公司的经理、副经理、财务负责人、上市公司董事会秘书和公司章程规定的其他人员。本案被上诉人曹凤翔在 2010 年系上诉人的项目经理，不属于上诉人的董事、高级管理人员，曹凤翔对上诉人不负有法定的竞业禁止义务；因双方亦未签订竞业禁止协议，曹凤翔离职后在与上诉人同类业务的公司工作，不受竞业禁止义务的限制。被上诉人曹凤翔的身份不符合归入权责任主体的要求。故上诉人要求曹凤翔在尤尼泰税务所收入归其所有的上诉意见于法无据，本院依法不予支持。

关于上诉人要求被上诉人畅永生、曹凤翔赔偿其损失 1206367.05 元的诉讼请求，现有证据表明，2010 年、2011 年的 1 月至 5 月 10 日与上诉人签约的部分公司在 2011 年的 5 月 20 日至 12 月、2012 年与尤尼泰税务所签订了合同，但上诉人并未提供证据证实系畅永生在任上诉人经理（所长）期间，利用自己的职务便利为尤尼泰税务所谋取了属于上诉人的商业机会，并由此给上诉人造成经济损失。故上诉人要求畅永生赔偿其损失的上诉意见本院不予支持。关于上诉人要求曹凤翔赔偿其损失的上诉意见，因曹凤翔不是损害赔偿请求权的责任主体，原审对上诉人的该项诉求予以驳回，符合法律规定。

综上，判决如下：驳回上诉，维持原判。

（二）争议焦点

被告是否违背竞业禁止义务？

（三）法理评析

竞业禁止，又称为竞业回避、竞业避让，是用人单位对员工采取的以保护其商业秘密为目的的一种法律措施，是根据法律规定或双方约定，在劳动关系存续期间或劳动关系结束后的一定时期内，限制并禁止员工在本单位任职期间同时兼职于业务竞争单位，限制并禁止员工在离职后从事与本单位竞争的业务，包括不得在生产同类产品或经营同类业务且有竞争关系或其他利害关系的其他业务单位任职，不得到生产同类产品或经营同类业务且具有竞争关系的其他用人单位兼职或任职，也不得自己生产与原单位有竞争关系的同类产品或经营同类业务。

根据我国现行法的规定，可分为法定竞业禁止和约定竞业禁止两种。

法定竞业禁止，是基于法律的直接规定而产生的，是一种强制性竞业禁止，当事人不得协商免除。如我国《公司法》第一百四十九条规定："董事、高级管理人员不得有下列行为：……（五）未经股东会或者股东大会同意，利用职务便利为自己或者他人谋取属于公司的商业机会，自营或者为他人经营与所任职公司同类的业务；（六）接受他人与公司交易的佣金归为己有；……（八）违反对公司忠实义务的其他行为。董事、高级管理人员违反前款规定所得的收入应当归公司所有。"《劳动合同法》第二十三条规定："用人单位与劳动者可以在劳动合同中约定保守用人单位的商业秘密和与知识产权相关的保密事项。

对负有保密义务的劳动者，用人单位可以在劳动合同或者保密协议中与劳动者约定竞业限制条款，并约定在解除或者终止劳动合同后，在竞业限制期限内按月给予劳动者经济补偿。劳动者违反竞业限制约定的，应当按照约定向用人单位支付违约金。"第二十四条规定："竞业限制的人员限于用人单位的高级管理人员、高级技术人员和其他负有保密义务的人员。竞业限制的范围、地域、期限由用人单位与劳动者约定，竞业限制的约定不得违反法律、法规的规定。在解除或者终止劳动合同后，前款规定的人员到与本单位生产或者经营同类产品、从事同类业务的有竞争关系的其他用人单位，或者自己开业生产或者经营同类产品、从事同类业务的竞业限制期限，不得超过二年。"以上法律明确规定了公司董事、高管人员法定的竞业禁止义务。

约定的竞业禁止义务是指雇主和雇员之间在签订劳动合同时附随约定在雇佣期间或离职后的一定期限内不得生产或者经营同类业务，且不得在具有竞争关系或者有其他利害关系的单位内任职的行为。

本案中，畅永生自2010年6月9日担任原告的总经理（所长），至2011年12月26日股东会决议免去其职务期间，作为上诉人的总经理（所长），畅永生对上诉人负有法定的竞业禁止义务。但畅永生在其任职期间并未自营或与他人共营与上诉人公司同类的业务，其行为并没有违反公司高管人员法定的竞业禁止义务；2012年1月之后，畅永生已经从上诉人公司离职，对上诉人不再负有法定的竞业禁止义务；且上诉人与畅永生并未签订竞业禁止协议，故畅永生离职后到与上诉人同类业务的尤尼泰税务所工作，不受竞业禁止义务的限制。

案例4 公司高管违背竞业禁止义务的责任范围
——上海凯普登工业气体设备有限公司与许才林损害公司利益纠纷案 [1]

（一）案例简介

原告上海凯普登工业气体设备有限公司诉被告许才林侵权赔偿纠纷一案，本院于1999年12月15日受理，现已审理终结。

[1] 案例来源：上海市浦东新区人民法院（1999）浦经初字第4879号民事判决书，载 http://www.110.com/panli/panli_37553.html，2014年2月1日访问。

　　原告诉称，被告于1994年10月由四川空气分离设备厂调入上海市杨园压力容器制造厂（以下简称杨园厂），担任总工程师，1995年5月起受杨园厂委派担任原告的法定代表人、总经理。1997年11月起，尚在原告任职期间的被告背着原告以"上海凯普登气体设备有限公司"下岗职工的名义，申请成立了"上海凯普登气体设备有限公司"，利用原告的业务渠道和技术资料从事与原告同类的营业活动，其中转到上海浦乐东海压力容器制造厂业务约1200万元，转到上海化机一厂约300万元，使原告蒙受经济损失达45万元（利润率为2.5％），严重侵犯了原告的合法权益。被告的行为违反了公司法关于竞业禁止的规定，其违法所得依法应当归原告所有。故诉请判令被告停止违法经营活动，返还违法经营所得45万元，并承担本案诉讼费。

　　被告辩称，被告曾投资设立的"上海凯普登气体设备有限公司"名称尽管与原告名称相似，但其是依法办理了公司名称权预先登记，并经工商管理机关核准后依法登记注册设立的，并且已经变更为"上海凯普特气体设备有限公司"，被告的行为不构成对原告企业名称权的侵犯。原告以此在上海市第二中级人民法院起诉上海凯普特气体设备有限公司，双方在审理中达成调解协议，现原告又以相同的事实再次起诉被告，属于一事两诉。原告称被告利用原告的业务渠道和技术资料从事与原告同类的营业活动，造成原告重大经济损失，但未提供任何证据；且被告早在1988年3月即被撤销原告的法定代表人职务，1998年3月又转让了其在上海凯普登气体设备有限公司的全部股份，被告不是公司竞业禁止的主体，原告的诉讼请求不能成立，请求法院予以驳回。

　　根据以上证据，本院确认以下事实，被告于1994年10月由四川空气分离设备厂调入杨园厂，担任总工程师，1995年5月起受杨园厂委派担任原告的法定代表人、总经理。1997年12月9日，被告与妻虞戌缓、儿子许涛共同投资30万元设立上海凯普登气体设备有限公司，其中许才林出资21万元，占总资本的70％，虞戌缓、许涛各出资4.5万元，分别占总资本的15％。1998年3月28日，原告召开股东大会，决定撤销许才林执行董事和法定代表人职务，由陈孟德接任，并于1998年9月16日办理了法定代表人工商变更登记手续。1998年5月10日，上海凯普登气体设备有限公司召开股东会，决定将许才林的股份全部转让，其中转让给虞戌缓4.5万元，许涛16.5万元，许才林不再担任执行董事兼经理，由许涛接任，并于1998年6月26日办理了股东变更及法定代表人变更的工商登记手续。1998年9月29日，上海凯普登气体设备有限公司变更登记为上海凯普特气体设备有限公司。后原告以侵犯企业名称权为由向上海市第二中级人民法院起诉上海凯普特气体设备有限公司，要求赔偿损失414330元，双方于1999年4月6日达成调解协议，确定上海凯普特气体设备有限公司因使用上海凯普登气体设备有限公司名称的行为造成原告合法权益的侵害而向原告赔偿经济损失5万元。1999年12月，原告又以被告许才林违反公司法竞业禁止规定向本院提起诉讼。

另查明，原告的经营范围为：低温液体贮运设备、气体分离设备、化工机械、机电设备、金属材料、化工产品、家用电器、工具、建材、医疗器械、仪器仪表的销售。上海凯普登气体设备有限公司成立时经营范围为：低温液体贮运设备、气体分离设备、化工设备、机电设备、非危险品化工产品、金属材料、家用电器、五金工具、建筑材料、仪器仪表、医疗器械。

审理中，本院委托潘陈张联合会计师事务所对上海凯普特气体设备有限公司（原上海凯普登气体设备有限公司）的经营状况进行司法审计。该所于2000年6月2日出具审计报告，认定上海凯普登气体设备有限公司自1997年12月9日起，至1998年3月28日的可分配利润为亏损55360.82元，至5月10日的可分配利润为亏损76628.96元，至6月26日的可分配利润为3927.54元，至9月16日的可分配利润为44025.14元。

本院认为：（一）关于被告是否违反了竞业禁止义务的问题。根据法律规定，公司董事、监事、经理应当遵守公司章程，忠实履行职务，维护公司利益，不得利用在公司的地位和职权为自己牟取私利；董事、经理不得自营或者为他人经营与其所任公司同类的营业或者从事损害本公司利益的活动。被告在担任原告执行董事兼法定代表人期间，又与妻子和儿子三人投资兴办另一公司并担任法定代表人，经营与原公司基本相同的业务，违反了法律规定的忠诚义务和竞业禁止义务，依法应承担相应的法律责任。（二）关于侵犯企业名称权纠纷与本案是否一事两诉问题。被告投资设立上海凯普登气体设备有限公司，该公司侵犯了原告的企业名称权，被告个人也违反了竞业禁止的规定，虽然原告向上海市第二中级人民法院以侵犯企业名称权为由起诉上海凯普特气体设备有限公司请求赔偿的损失，与原告向本院以违反竞业禁止规定起诉被告许才林请求赔偿的损失计算依据相似，但由于两个案件的诉讼主体、案件事实、案由不同，且侵犯企业名称权诉讼的处理是以被告企业名称受到侵害而发生的损失作为赔偿的依据，而本案是以许才林违反竞业禁止义务的所得收入作为处理的依据，故侵犯企业名称权诉讼和本诉构成两个独立的诉讼。（三）关于被告所得收入的确定问题。根据法律规定，公司董事、经理违反竞业禁止规定，所得收入应当归公司所有。一般情形下，计算许才林的所得收入应截止到 1998 年 9 月 16 日，即原告办理法定代表人变更登记之日，但鉴于 1998 年 6 月 26 日经工商登记，许才林转让了在上海凯普登气体设备有限公司的全部股份，不再担任法定代表人，在法律上已无权作为股东分配公司此后的权益。故计算许才林违反竞业禁止行为期间的所得收入，只能截止到 1998 年 6 月 26 日。按照投资比例，许才林的可分配利润为 2749.28 元，应归原告所有。因被告已不再担任原告的法定代表人，且原告也未提供证据证明被告继续利用其原有身份从事损害原告合法权益经营行为，故原告要求被告停止违法经营活动的请求，缺乏事实根据和法律根据，不予支持。尽管被告违反竞业禁止义务获得的收入与原告的诉请金额差异较大，但鉴于被告确已构成对竞业禁止义务的违反，故对通过鉴定确定其所得收入而产生的鉴定费应由双方分担。

判决如下：

一、被告许才林应于本判决生效之日起十日内将所得收入 2749.28 元支付给原告上海凯普登工业气体设备有限公司。

二、原告上海凯普登工业气体设备有限公司的其余诉讼请求不予支持。

（二）争议焦点

被告是否违反了竞业禁止义务及如何承担法律责任？

（三）法理评析

从道义来讲，董事、监事、高管人员基于公司对其才华和个人品行的信任而被委以重任，在公司拥有崇高的社会地位，享受着公司给予的优厚待遇，理所应当对公司忠心耿耿，尽职尽责；从法律角度来看，《公司法》有明确的规定，如第一百四十八条："董事、监事、高级管理人员应当遵守法律、行政法规和公司章程，对公司负有忠实义务和勤勉义务。董事、监事、高级管理人员不得利用职权收受贿赂或者其他非法收入，不得侵占公司的财产。"

第一百四十九条："董事、高级管理人员不得有下列行为：（一）挪用公司资金；（二）将公司资金以其个人名义或者以其他个人名义开立账户存储；（三）违反公司章程的规定，未经股东会、股东大会或者董事会同意，将公司资金借贷给他人或者以公司财产为他人提供担保；（四）违反公司章程的规定或者未经股东会、股东大会同意，与本公司订立合同或者进行交易；（五）未经股东会或者股东大会同意，利用职务便利为自己或者他人谋取属于公司的商业机会，自营或者为他人经营与所任职公司同类的业务；（六）接受他人与公司交易的佣金归为己有；（七）擅自披露公司秘密；（八）违反对公司忠实义务的其他行为。董事、高级管理人员违反前款规定所得的收入应当归公司所有。"

第一百五十条："董事、监事、高级管理人员执行公司职务时违反法律、行政法规或者公司章程的规定，给公司造成损失的，应当承担赔偿责任。"

对本案来说，被告在担任原告执行董事兼法定代表人期间，又与妻子和儿子三人投资兴办另一公司并担任法定代表人，经营与原公司基本相同的业务，违反了法律规定的忠诚义务和竞业禁止义务，对其违法所得应当收归公司所有；如果因此给公司带来伤害，还要承担赔偿责任。

案例5 渎职行为在公司高管义务中的定位
——叶建民与惠州市新世纪建化有限公司财产损害赔偿纠纷案 [1]

（一）案例简介

上诉人叶建民因财产损害赔偿纠纷一案，不服惠州市惠城区人民法院（2002）惠城法民初字第 249 号民事判决，向本院提起上诉。本案现已审理终结。

原审认为，原告是经改制的有限责任公司，被告是该公司的董事长，被告在执行公司职务期间，未尽履行董事长的职责，对公司所进购的吹瓶机以及搅拌桶未进行检查，所进购的设备均为伪劣产品，亦未与供货单位签订购货合同，严重损害了公司的利益，对此，被告应承担本案的全部责任，原告分别委托了具有法定鉴定资质的惠州市产品质量监督所以及惠州市惠城区物价部门对所购买的吹瓶机和搅拌桶进行质量鉴定和物价评估，诉讼期间，原告亦未提供充足证据足以反驳，故其鉴定的结果依法应作为本案认定的依据。原告要求被告赔偿公司财产损失 46.78 万元的请求，有理有据，本院予以支持；被告辩称原告不具备诉讼主体资格，因原告是依法登记的具备法人资格的单位，其不应以法定代表人的变更而改变主体资格，故被告的辩解不予采纳。被告在执行公司职务期间，虽对购进的吹瓶机以及搅拌桶进行了股东集体讨论，但未对上述设备

---

[1] 案例来源：广东省惠州市中级人民法院（2002）惠中法民一终字第 322 号民事判决书，载 http://www.110.com/panli/panli_58947.html，2013 年 1 月访问。

的型号达成一致意见，作为法定代表人的被告，对所进购的设备属伪劣产品负有赔偿责任，被告辩称其与本案无关，理由不充足，本院不予采纳。判决如下：被告叶建民应在本判决生效后十五日内赔偿给原告财产损失 46.78 万元。本案受理费 9627 元，由被告叶建民负担。

宣判后，原审被告叶建民不服，向本院提起上诉。

经审理查明，被上诉人新世纪建化公司的前身是惠州市玻璃纤维厂。2000 年 9 月 8 日，胡德族作为惠州市玻璃纤维厂的法定代表人以玻璃厂（以下简称乙方）名义与深圳市日泰医药包装有限公司（以下简称甲方）签订了一份《合作协议书》，约定由甲方提供生产合格产品所需要的模具数套，价值约 200 万元，模具制作费用由甲方承担。乙方投入生产时，甲方委派三名以上管理生产、技术质检人员对乙方生产全过程进行管理生产技术质量指导，委派人员工资由甲方负责，乙方提供相应的吃宿待遇，费用由乙方承担等。2000 年 12 月 19 日，惠州市惠城区政府与惠州市玻璃纤维厂达成了一份《转让惠州市玻璃纤维厂产权合同》，将惠州市玻璃纤维厂改制为惠州市新世纪建化有限公司，并于 2001 年 3 月 14 日经股东大会选举产生董事会、监事会等公司经营管理机构，并开始运作。上诉人叶建民担任该公司的董事长。2001 年 3 月 26 日，新世纪建化公司召开董事扩大会议，到会人员一致同意与深圳日泰公司合作吹拉瓶机项目，总投资 20 多万元。次日，经上诉人叶建民同意，支付了 23.8 万元给深圳日泰公司。2001 年 3 月 28 日，新世纪建化公司召开董事会讨论有关金属表面处理系列产品的问题，通过了购买设备自己生产试用的方案，在会议记录中还确定了设备投资约 3 万元。2001 年 5 月 23 日，新世纪建化公司召开董事会，按多数人的意见，决定上吹拉瓶项目，先付保证金 6 万元。5 月 28 日，由董事丘如光经手支付了 6 万元给深圳日泰公司。2001 年 6 月 27 日，新世纪建化公司召开董事会决定扩大生产投资。6 月 29 日，由董事丘如光经手支付了 9.8 万元给深圳日泰公司。7 月 2 日，由董事丘如光经手支付了 2 万元给深圳日泰公司。2001 年 5 月，新世纪建化公司以 2.8 万元向山东临沂亚特有限公司购买了不锈钢搅拌桶。2001 年 11 月 6 日，新世纪建化公司召开临时股东大会，免去叶建民董事、董事长职务，选举胡德族为董事长。2002 年 4 月 15 日，工商行政管理部门将被上诉人的法定代表人变更为胡德族。

另查，2002 年 1 月 31 日，被上诉人委托惠州市产品质量监督检验所现场鉴定，确认四套 PET 吹瓶机为假冒伪劣产品。2002 年 2 月 26 日，被上诉人又委托惠州市惠城区物价局对吹瓶机 4 套（8 台）、搅拌桶一个进行价格鉴定，其鉴定结果为：塑胶吹瓶机四套合计价值人民币 26400 元、搅拌桶价值人民币 7800 元。

以上事实，有股东会议、营业执照、汇款凭证、质检报告、价格鉴定结论书，以及庭审笔录等为证。

本院认为，根据《中华人民共和国公司法》的规定，董事、监事、经理应当遵守公司的章程，忠实履行职务，维护公司利益，不得利用在公司的地位和职权为自己牟取私利；执行公司职务时违反法律、行政法规或者公司章程的规定，给公司造成损害的，应当承担赔偿责任。上诉人在担任公司董事长期间，其所在公司与深圳日泰公司和山东临沂亚特有限公司购买的机械设备虽为假冒伪劣产品或缺少税务发票，但上诉人为法定代表人的公司在为该多次行为之前分别均已经董事会讨论决定，并且经多人操作共同实施，属于公司集体的行为，而不是上诉人的个人行为；上诉人的行为又无违反法律或公司章程的情形，况且被上诉人并无证据证实上诉人在该行为中有为自己牟取私利的事实；因此，被上诉人主张应由上诉人承担损失赔偿责任没有依据。另外，被上诉人在一审提供的其委托惠州市惠城区价格事务所所作的鉴定又属单方委托，上诉人亦不予认可，故该鉴定结论不能作为公司因上述购销行为造成的损失的依据，被上诉人以该鉴定结论作为上诉人的行为给公司造成损失的计算依据也缺乏充分的理由。综上所述，一审判决支持被上诉人的主张错误，本院予以撤销。判决如下：

一、撤销惠州市惠城区人民法院（2002）惠城法民初字第 249 号民事判决。

二、驳回被上诉人惠州市新世纪建化有限公司的诉讼请求。

（二）争议焦点

被告是否有渎职行为？

（三）法理评析

信义义务是现代公司法的核心制度之一，信义义务包括注意义务和忠实义务。我国 2005 年修订的《公司法》借鉴了该制度，《公司法》第一百四十八条明文规定了董事、高管对公司负有忠实义务和勤勉义务。根据学界通说，勤勉义务就是指公司法理论中的注意义务。忠实义务，是指董事、高管必须以公司的利益为目的为其最高目标和全部期望，不得在履行职责时掺杂自己的个人私利或为第三人谋取利益，不得使个人的利益和公司的利益发生冲突的操守标准或要求。忠实义务是对董事、高管品德上的要求，他们必须尽力避免利益冲突，不得夺取公司机会。勤勉义务，是指董事、监事、高管在处理公司事务时，应尽到如同一个谨慎的人处于同等地位与情形下对其所经营的事项所给予的注意一样的谨慎义务。勤勉义务是对董事、高管能力上的要求，即董事、高管在管理公司事务时，运用自己的才能、知识、技能和经验为股东和公司创造价值。我国《公司法》第一百四十八条虽然规定了董事、监事、高管人员的勤勉义务，但是对于勤勉义务的判断标准未作具体规定，仅在《公司法》第一百五十条规定："董事、监事、高级管理人员执行公司职务时违反法律、行政法规或者公司章程的规定，给公司造成损失的，应当承担赔偿责任。"《公司法》第一百一十三条第三款规定："董事应当对董事会的决议承担责任。董事会的决议违反法律、行政法规或者公司章程、股东大会决议，致使公司遭受严重损失的，参与决议的董事对公司负赔偿责任。"上述规定是对勤勉义务的基本要求。

就本案而言，上诉人在担任公司董事长期间，其所在公司与深圳日泰公司和山东临沂亚特有限公司购买的机械设备虽为假冒伪劣产品或缺少税务发票，但上诉人为法定代表人的公司在为该多次行为之前分别均已经董事会讨论决定，并且经多人操作共同实施，属于公司集体的行为；上诉人的行为又无违反法律或公司章程的情形，况且被上诉人并无证据证实上诉人在该行为中有为自己牟取私利的事实。综上，被告没有渎职行为。

案例 6 高管法定义务与其正当权利的界分
——陈百鑫、樊桂莲损害股东利益赔偿纠纷案 [1]

（一）案例简介

原告黄保安、贾安民、陈战胜及第三人陈素贞诉被告陈百鑫、樊桂莲董事、高级管理人员损害股东利益赔偿纠纷一案，本院受理后，现已审理终结。

原告诉称，被告陈百鑫作为荥阳市北邙陵园有限公司董事长，在未经召开股东会或董事会做出决议的情况下，擅自将荥阳市北邙陵园有限公司"英烈园"以南约 15 米宽的股东共有经营区域，以及陈战胜交陈素贞开发经营的区域交

---

[1] 案例来源：河南省荥阳市人民法院（2010）荥民二初字第 140 号民事判决书，载 http://www.110.com/panli/panli_17304034.html，2013 年 3 月 12 日访问。

给荥阳市北邙陵园有限公司董事樊桂莲一人开发经营。樊桂莲在得到陈百鑫的同意后，自 2010 年 4 月份以来，不顾原告（股东）的劝阻和反对，执意对上述区域进行开发经营，严重损害了原告（股东）的利益。原告认为，陈百鑫、樊桂莲作为荥阳市北邙陵园有限公司的高级管理人员和董事，其上述行为损害了原告的利益，故请法院依法判令被告停止侵害并将擅自开发的区域恢复原状，并赔偿原告经济损失 10000 元整。

第三人陈素贞诉称，第三人陈素贞占有 6% 的股份，其请求法院依法判令被告停止侵害并将擅自开发的区域恢复原状。

被告陈百鑫辩称，陈素贞有北邙陵园的股份，但没有被登记为股东，6% 股份一直在陈战胜的名下，由陈战胜经营管理。

被告樊桂莲辩称，截止到 2010 年 5 月 4 日北邙陵园现有陈百鑫、樊桂莲、贾安民、黄保安、陈战胜五位股东。2008 年 1 月 13 日前，陈素贞与陈战胜合计拥有 26% 的股份，其中陈素贞名下有 6% 股份。2008 年 1 月 13 日该公司原股东陈战胜与樊桂莲之间签订两份转让协议，依据约定，陈战胜将 26% 的股份转让给樊桂莲，樊桂莲因继受取得方式，成为该公司股东，陈素贞丧失了股东身份资格。陈素贞不应作为有独立请求权的第三人参加诉讼。另外，北邙陵园有限公司不应有匿名股东，即使有，也应有股东名册。

根据原、被告及第三人所提供的证据及庭审陈述，本院对以下事实予以确认。

2008 年 1 月 13 日前荥阳市北邙陵园有限公司在荥阳市工商局注册登记有四位股东，分别为黄保安、贾安民、陈百鑫、陈战胜，其中陈百鑫占有 46% 的股份，贾安民占有 16% 的股份，黄保安占有 12% 的股份，陈战胜占有 26% 的股份。2008 年 1 月 13 日，原公司股东陈战胜（甲方）与被告樊桂莲（乙方）签订股权转让协议，其主要内容为："陈战胜将其在荥阳市北邙陵园 26% 的股份转让给樊桂莲，转让价格为 300 万元，该转让价款乙方分二期向甲方支付，即在本合同签订之日支付 200 万元，2008 年 7 月 16 日支付 100 万元，甲方保证对其所转让该公司的股权拥有完全的处分权（没有设置任何抵押、质押或担保等，并免遭任何第三人追索），否则，由此引发的全部责任，由甲方承担。甲方个人外债和原荥阳市北邙陵园股东的外债由甲方和原荥阳市北邙陵园股东承担，乙方不承担股份转让之前的外欠债务。"

合同签订后，被告樊桂莲先后支付陈战胜 300 万元，经股东会其他股东同意后，修改了公司章程，并于 2008 年 8 月 6 日到荥阳市工商局办理了股东变更登记，樊桂莲成为荥阳市北邙陵园有限公司股东，拥有该公司 26% 的股权。2009 年原告陈战胜受让原告黄保安 6% 的股份。2006 年 9 月 27 日，北邙陵园有限公司股东陈百鑫、陈战胜、贾安民、黄保安签订荥阳市北邙陵园内部分区承包经营协议，其主要内容为："黄保安、贾安民经营北邙陵园西南角饲马顶南（不含饲马顶）牛口峪六、七、九组土地及现有的百寿园、九九园。陈百鑫、陈战胜经营剩余的全部面积（包括已开发和未开发的园区，公共停车场及道路除外）。"2006 年 9 月 28 日，陈战胜、陈百鑫又对二人所分得的区域签订了承包经营协议书，其主要内容为："陈战胜经营管理荥阳市北邙陵园的卧龙池、树葬区、英烈区、福寿园、福贵园部分、敖岭部分（含饲马顶）、三佛园、翠薇园。陈百鑫经营管理荥阳市北邙陵园内部分区承包经营协议中协议人所分得的区域面积除去本协议第一条陈战胜经营管理的区域剩余全部区域，包括已开发的和未开发的。"

　　另查明，本案所争议的标的物在原股东陈战胜所经营开发的区域范围之内。

　　本院认为，原股东陈战胜与樊桂莲签订的股权转让协议系双方当事人的真实意思表示，又经过其他股东的追认，合法有效，本院予以确认。樊桂莲依据该协议取得该公司 26% 的股权，成为公司股东，其应享有陈战胜原享有的权利，依据 2006 年 9 月 27 日、9 月 28 日荥阳市北邙陵园内部分区经营承包协议，樊桂莲对该争议的标的物有开发经营权，且樊桂莲在开发该区域时，董事长陈百鑫也予以认可，故原告要求被告樊桂莲停止侵害将擅自开发区域恢复原状的诉讼请求，本院不予支持。原告要求被告赔偿经济损失 1 万元，原告未提供赔偿损失的依据，且被告亦无过错，故对此请求，本院不予支持。第三人陈素贞要求作为有独立请求权的第三人参加诉讼，但在工商登记中，并未显示陈素贞为该公司股东，在庭审中，陈素贞亦陈述其 6% 的股权包含在陈战胜 26% 的股权范围之内，现陈战胜 26% 股权已全部转让，陈战胜在公司原享有的权利已全部转让给樊桂莲，且陈战胜在股权转让中已约定其对转让的股份拥有完全的处分权（没有设置任何抵押、质押或担保等，并免遭任何第三人追索），陈素贞原享有的权利并未得到樊桂莲的认可，故陈素贞对本案争议的标的物并不享有独立的请求权，故对此请求，本院不予支持。判决如下：

　　一、驳回原告黄保安、贾安民、陈战胜对陈百鑫、樊桂莲的诉讼请求。

　　二、驳回陈素贞的诉讼请求。

（二）争议焦点

作为董事的被告是否违背忠实义务？

（三）法理评析

在公司法域，董事及高级管理人员的忠实义务建立在这样的推理之上：股东是公司的出资人和股利分红的对象，在性质上类似于信托结构中的信托人与受益人。而公司董事及高级管理人员是对公司财产事实意义上的管理者，但其管理公司财产不是为了自己利益的直接增进，而是为了公司的利益增进。因此，其对公司负有"信义义务"。可见，董事及高级管理人员"忠实义务"本质上是一种道德义务的法定化，关注的不是董事与高级管理人员的客观能力而是其主观道德状态。

就本案而言，原股东陈战胜与樊桂莲签订的股权转让协议系双方当事人的真实意思表示，又经过其他股东的追认，合法有效。樊桂莲依据该协议取得该公司 26% 的股权，成为公司股东，其应享有陈战胜原享有的权利，依据 2006 年 9 月 27 日、9 月 28 日荥阳市北邙陵园内部分区经营承包协议，樊桂莲对该争议的标的物有开发经营权，且樊桂莲在开发该区域时，董事长陈百鑫也予以认可。由此可知，作为董事的被告是在行使自己的合法权益，也没有违背对公司的忠实义务。

专题九：股东代表诉讼

一、法律知识点

（一）股东代表诉讼的概念和特征

1. 股东代表诉讼的概念

股东代表诉讼，又称派生诉讼、股东代位诉讼，是指当公司的合法权益受到不法侵害而公司却怠于起诉时，公司的法定股东即以自己的名义起诉，而所获赔偿归于公司的一种诉讼形态。英美法系国家以及大陆法系国家对股东的此项诉讼权利均有规定，均赋予股东提起代表诉讼的权利。

2. 股东代表诉讼的特征

（1）股东代表诉讼是基于股东所在公司的法律救济请求权而产生的，这种权利不是股东传统意义上的因其出资而享有的股权，而是由公司本身的权利而传来的，由股东行使的。因此，注意股东直接诉讼和股东代位诉讼的区别。股东直接诉讼是直接根据其出资而享有一定的起诉权，维护自身的权益，而股东代表诉讼只是股东代表公司行使一定的诉讼请求权，其获得的利益或判决的结果都只是由公司承担，而与股东私人利益并无挂钩，股东只是作为股东身份间接地享有公司获得的利益而已。

（2）股东代表诉讼的原告必须是公司的股东，一人或多人都可以提起股东代表诉讼，但并非只要是公司的股东，在任何条件下都可以提起股东代表诉讼，不同的国家对该制度有不同的限制，其旨在防止某些恶意的股东进行滥诉，如前文所述，作为原告的股东必须是有限责任公司的股东、股份有限公司连续180日以上单独或者合计持有公司1%以上股份的股东。

（3）法院判决的结果直接由公司承担。股东作为名义上的诉讼方，股东没有任何资格、权利和权益。也就是说原告股东不能取得任何权益，法院对该案的判决结果都直接归结于公司承担，这是股东代位诉讼最典型的特征，这说明股东只是代表诉讼的过程而已。

（4）股东代表诉讼发生在其怠于行使诉讼权利的情况下。也就是说，若公司不采取诉讼手段进行保护自己的合法权益时，则可能发生公司权益受损失之情形。只有在这种条件下，才可能发生股东代表诉讼。而怠于行使的情形根据《公司法》的规定，如前文所述有三种情况：为拒绝提起诉讼，或者自收到请求三十日内未提起诉讼，或者情况紧急、不立即提起诉讼将会使公司利益受到难以弥补的损害的情形下。

（二）股东代表诉讼提起的程序

根据侵权人身份的不同，提起股东代表诉讼有以下几种程序：

1. 公司董事、监事、高级管理人员的行为给公司造成损失时股东代表公司提起诉讼的程序

按照《公司法》的规定，公司董事、监事、高级管理人员执行公司职务时违反法律、行政法规或者公司章程的规定，给公司造成损失的，应当承担赔偿责任。为了确保责任者真正承担相应的赔偿责任，《公司法》对股东代表诉讼作了如下规定：

（1）公司董事、高级管理人员执行公司职务时违反法律、行政法规或者公司章程的规定的，股东通过监事会或者监事提起诉讼。公司董事、高级管理人员执行公司职务时违反法律、行政法规或者公司章程的规定，给公司造成损失的，有限责任公司的股东、股份有限公司连续 180 日以上单独或者合计持有公司 1% 以上股份的股东，可以书面请求监事会或者不设监事会的有限责任公司的监事向人民法院提起诉讼。180 日以上连续持股期间，应为股东向人民法院提起诉讼时，已期满的持股时间；规定的合计持有公司 1% 以上股份，是指两个以上股东持股份额的合计。

（2）监事执行公司职务时违反法律、行政法规或者公司章程的规定的，股东通过董事会或者董事提起诉讼。监事执行公司职务时违反法律、行政法规或者公司章程的规定，给公司造成损失的，有限责任公司的股东、股份有限公司连续 180 日以上单独或者合计持有公司 1% 以上股份的股东，可以书面请求董事会或者不设董事会的有限责任公司的执行董事向人民法院提起诉讼。

（3）股东直接提起诉讼。监事会、不设监事会的有限责任公司的监事，或者董事会、执行董事，收到有限责任公司的股东、股份有限公司连续 180 日以上单独或者合计持有公司 1% 以上股份的股东的书面请求后，拒绝提起诉讼，

或者自收到请求之日起 30 日内未提起诉讼，或者情况紧急、不立即提起诉讼将会使公司利益受到难以弥补的损害的，有限责任公司的股东、股份有限公司连续 180 日以上单独或者合计持有公司 1% 以上股份的股东，有权为了公司的利益，以自己的名义直接向人民法院提起诉讼。

2.其他人的行为给公司造成损失时股东提起诉讼的程序

公司董事、监事、高级管理人员以外的其他人侵犯公司合法权益，给公司造成损失的，有限责任公司的股东、股份有限公司连续 180 日以上单独或者合计持有公司 1% 以上股份的股东，可以通过监事会或者监事、董事会或者董事向人民法院提起诉讼，或者直接向人民法院提起诉讼。提起诉讼的具体程序，依照上述股东对公司董事、监事、高级管理人员给公司造成损失的行为提起诉讼的程序进行。

（三）股东代表诉讼与股东直接诉讼的区别：

股东代表诉讼与股东直接诉讼虽然都属于公司股东诉讼，但二者有重大的区别：

1. 依据不同

公司股东的权利按其行使目的可分为共益权与自益权两种类型。前者依据是共益权，后者依据的是自益权。在股东代表的诉讼中，原告既是股东，又是公司的代表人；在直接诉讼中，原告仅以受害的股东身份提起诉讼。

2. 提起诉讼的原因和目的不同

股东代表诉讼主要是因管理层侵犯公司利益引起的，其根本目的在于公平地保护中、小股的权益；而直接诉讼则是因侵犯股东利益引起的，目的在于保护股东合法权益。

3. 诉权不同

前者的原告仅享有形式意义上的诉权，维护的是公司的利益，实质意义上的诉权则属于公司；后者维护的是股东的利益，原告所享有的诉权包括形式上和实质上两个方面。

4. 当事人在诉讼中的地位不同

在直接诉讼中，股东为原告，公司为被告；在代表诉讼中，被告则是实施了侵权行为的董事等公司高级管理人员。而公司是否参加诉讼及在诉讼中处于何种法律地位，两大法系国家有所不同。在英美，公司是作为名义上的被告参加诉讼的，同时，公司又是代表诉讼中的真正原告。因为如果股东原告胜诉，直接受益的是公司。而根据日本商法典规定公司可以不参加诉讼。从我国现有的司法实践看，公司是被作为第三人对待的。

5. 对原告资格的要求不同

并非任何股东都有权提起代表诉讼，只有在一定时期内连续持有或当时持有若干比例股份的股东才符合原告资格。其目的是为了防止滥用代表诉讼制度而购买或受让股份。在英国，若股东参与了所诉的过错行为的话，就因其不具备"干净的手"而无资格提起代表诉讼；而直接诉讼中对原告股东一般没有限制。

6. 提起诉讼的程序要求不同

股东代表诉讼一般有前置程序限制，而直接诉讼无此要求，股东有权直接向法院提起诉讼。

7. 诉讼所得赔偿的归属不同

在代表诉讼中所获得的赔偿是归属于公司的，名义上的原告股东不能直接获赔。而直接诉讼所得赔偿属于股东享有。

8. 诉讼判决结果的约束力不同

代表诉讼的判决结果不仅约束原告股东、被告和公司，还约束其他所有的股东，其他所有股东不得就同一事项再对同一个人提起相同的代表诉讼；而直接诉讼的判决结果只对原、被告有约束力。

二、相关案例分析

案例1 股东代表诉讼的瑕疵认定
——张宝荣诉于刚等股东代表诉讼案[1]

（一）案例简介

原告诉称：1994 年 3 月，张宝荣自行投资建立了北京市朝阳区荣马吸音材料厂（以下简称荣马厂）。1996 年，荣马厂改制成为荣马公司。2004 年 2 月，

---

[1] 案例来源：北京市朝阳区人民法院（2004）朝民初字第 15966 号判决书，载 http: //sifaku. com/falvanjian/10/zadweb9f39dw.html，2013 年 5 月 12 日访问。

荣马公司法定代表人于刚将公司经营用的证照、印章和财务手续擅自取走，造成公司无法正常运营。现张宝荣经与于刚协商未果诉至法院，要求于刚返还荣马公司经营用的证照、印章和财务手续。

被告辩称：张宝荣作为荣马公司股东，在负责经营荣马公司期间，支出了大量资金，于刚作为法定代表人多次要求查账，而张宝荣拒绝配合。在此种情况下，于刚作为荣马公司法定代表人，取走荣马公司经营用的证照、印章和有关财务手续的行为，系行使法定代表人的权利，故不同意张宝荣的诉讼请求。

第三人荣马公司述称同被告于刚的答辩意见。

北京市朝阳区人民法院经公开审理查明：1996 年 10 月，荣马公司经工商部门核准登记，注册资本为 50 万元。荣马公司章程载明，张宝荣与于刚（二人系翁婿关系）作为荣马公司股东，各自出资 25 万元（现金和实物各 125000 元），执行董事为公司法定代表人，行使召集主持股东会议，检查股东会议的落实情况，代表公司签署有关文件……于刚担任荣马公司执行董事，张宝荣担任荣马公司监事。2004 年 2 月，于刚从荣马公司取走了公章、合同专用章、财务专用章、北京市纳税单位代码章（64185××）、朝地税税务计算机代码章（05906××）、张宝荣人名章（银行预留印章）、营业执照（正、副本各一，注册号为 110105224××××）、税务登记证副本（京国税朝字 1101051018×××号和地税京字 110105101869442×××号各一）、中华人民共和国组织机构代码证（NO. 984117798）、荣马公司转账支票 9 张（X□11555567—X□11555575）、荣马公司空白现金支票 19 张（X□05110282—X□05110300）、空白账册 6 本、支出凭单 2 张（2003 年 1 月 30 日和 2003 年 2 月 10 日各一），置放在于刚家中。

另查明：2004 年 2 月，张宝荣因于刚擅自将公司证、章等物品取走置于家中，到派出所报案，派出所未作处理。

北京市朝阳区人民法院根据上述事实和证据认为：于刚从荣马公司取走的荣马公司公章、合同专用章等印章和营业执照等证照，以及支票、支出凭单等财务单据，均属荣马公司所有，而非执行董事或公司股东个人所有。现于刚将上述物品取走并置放于其家中的行为，显属不当，并致使荣马公司的经营活动无法正常开展，故于刚的行为已构成对荣马公司的侵权。张宝荣作为荣马公司股东，在荣马公司利益遭受于刚不当行为损害，且穷尽了请求救济的渠道而未果的情况下，为防止荣马公司利益遭受进一步的损害，代表荣马公司提起诉讼，符合公司法法理，本院对其请求予以支持。最后作出如下判决：

于刚于本判决生效之日起 10 日内返还其掌控的北京市荣马吸音防火材料有限责任公司的涉案物品。

案件受理费 50 元，由被告于刚负担（于本判决生效之日起 7 日内交纳）。

（二）争议焦点

原告的股东代表诉讼是否有瑕疵？

（三）法理评析

股东代表诉讼，又称股东派生诉讼、股东代位诉讼，是指在公司受到公司董事会或公司的处于控制地位的多数股东行为的损害时，为了保护公司利益不受侵害，由公司股东代表公司向法庭提起诉讼，要求法庭强制董事或控制性股东对公司承担法律责任的一种诉讼制度。这项诉讼制度源于英国衡平法，最初是对少数股东权的一种衡平法上的保护。股东代表诉讼突破了原来的一套诉讼规则，为了兼顾利益平衡，对其诉讼同样有一套规则：

第一，股东代表诉讼的适用范围。《中华人民共和国公司法》第一百五十条及第一百五十二条，分别对有限责任公司和股份有限公司董事、经理、监事的忠实义务和相关主体对公司的损害赔偿责任和利益返还责任作出了规定。依上述规定，在我国能够成为股东代表诉讼追诉对象的行为，至少应包括：（1）董（监）事违反其对公司所应负的注意义务和忠实义务的行为；（2）他人侵犯公司合法权益，给公司造成损失的行为。

第二，股东代表诉讼的前置程序，是指法律在赋予股东发动代表诉讼权利的同时，又要求股东在起诉前先向公司董事会或监事会请求令公司提起直接诉讼，未获成功时方可向法院提起代表诉讼，以防止公司股东的滥诉行为。当然，例外规定是：情况紧急、不立即提起诉讼将会使公司利益受到难以弥补的损害的，法定资格的股东有权为了公司的利益以自己的名义直接向人民法院提起诉讼。

第三，股东代表诉讼的原告股东的资格限制。有限责任公司的任何股东、股份有限公司连续 180 以上单独或者合计持有公司 1% 以上股份的股东。目的是防止公司股东滥诉行为，以保障公司团体关系的稳定性。

就本案而言，在审判阶段曾存在两种不同的意见。一种意见认为，原告张宝荣未履行向荣马公司执行董事请求直接诉讼的前置程序，属于股东代表诉讼中的程序瑕疵。对其直接向法院提出的诉讼，应裁定驳回。另一种意见认为，考虑到本案的具体情况，荣马公司仅是股东二人出资设立的家族式公司（张宝荣与于刚系翁婿关系），而张宝荣曾在起诉前向国家权力机关寻求救济未果，且张宝荣要求于刚返还公司的印章、单据均属荣马公司正常经营所必需的手续，如果于刚不及时返还上述物品，将极大地影响荣马公司开展经营活动。因此，对于张宝荣为荣马公司利益而向人民法院提出的救济，应考虑最高人民法院的司法解释关于因情况紧急可排除股东代表诉讼前置程序适用的精神予以支持。综合以上事实，结合股东代表诉讼的法学理论，认定原告的股东代表诉讼没有瑕疵。

案例 2 股东代表诉讼的前置程序认定

——青岛市化学石油供销有限公司与姜常林股东代表诉讼纠纷案 [1]

（一）案例简介

上诉人青岛市化学石油供销有限责任公司（以下简称青岛化学公司）因与被上诉人姜常林、原审第三人威海亮湾置业开发有限公司（以下简称亮湾公司）、原审第三人胜利油田伊德房地产开发有限责任公司（以下简称伊德公司）、原审第三人美国环球联合工程技术有限公司（以下简称 CYC 公司）股东代表诉讼纠纷一案，不服威海市中级人民法院（2007）威民二外初字第 27 号民事判决，向本院提起诉讼。本案现已审理终结。

原审法院查明：2003 年 8 月 20 日，青岛化学公司与姜常林、伊德公司、CYC 公司签订合同，约定共同出资成立亮湾公司。2003 年 9 月 4 日，亮湾公司成立，姜常林为董事长，伊德公司委派的董事郑佳栋被任命为总经理。

由于伊德公司未实际参与公司经营，郑佳栋亦未实际履行总经理职责，2004 年 6 月 29 日，亮湾公司董事会形成决议，同意"姜常林董事长暂时兼任公司总经理，暂兼行使总经理职能，开展工作"。同年 11 月 3 日，又形成董事会决议，决定公司的公章、土地证、营业执照等重要证件，由青岛化学公司、姜常林双方共同管理，同时规定"需要盖章和使用证件时，必须由董事长和总经理（或其授权人）同时签字方可使用"。

2007 年 3 月，姜常林在对亮湾公司账目进行核查时，发现有公款私存等

---

[1]　案例来源：山东省高级人民法院关于青岛市化学石油供销有限责任公司与姜常林股东代表诉讼纠纷上诉案民事判决书，载 http://www.lvshionline.com/yewu/4089.html，2014 年 2 月 21 日访问。

情况，而与青岛化学公司发生矛盾。姜常林向公安机关报案，并将亮湾公司的公章、合同书、客户认购书、已办好的房产证、土地证、空白认购书、客户收房交接单、空白收据、空白交接单、登记簿、销控本、财务记账电脑、会计账簿凭证等取走。对于公司财务章、合同章，姜常林于 4 月 5 日在乳山市工商局申请挂失，经工商局同意，于 4 月 6 日在《经济日报》登载作废声明，并经乳山市公安局同意重新刻制了新的财务章、合同章。4 月 13 日，亮湾公司召开董事会，就发生的上述情况进行研究，但没有形成决议。4 月 17 日，青岛化学公司向原审法院提起诉讼。

青岛化学公司主张在公司经营中是由青岛化学公司法定代表人蔡国峰实际行使总经理权力、履行总经理职责，且董事会已予确认，但对此未提供证据证明。

原审法院认为：本案为股东代表诉讼纠纷，系股东代表公司追究公司高级管理人员侵害公司权利的诉讼，即属于侵权纠纷，应适用侵权行为地的法律，因此，中华人民共和国法律应作为解决本案争议所适用的法律。

本案的争议焦点在于姜常林的行为是否构成对亮湾公司权利的侵犯。虽然亮湾公司 2004 年 11 月 3 日形成的董事会决议规定公司的公章、土地证、营业执照等重要证件应由青岛化学公司、姜常林共同管理，但同时规定上述公章及文件的使用应由董事长和总经理同时签字，姜常林为公司董事长，并经董事会决议任命兼任公司总经理职务，即公司董事会已经赋予姜常林使用公司公章及文件的权利。青岛化学公司主张在公司经营中青岛化学公司法定代表人蔡国峰实际行使总经理权力、履行总经理职责。即使该事实存在，并不能改变姜常林为公司总经理的事实。因此，姜常林自行使用公司公章、文件等的行为并不构成对董事会决议的违反，亦不违反法律规定，不应认定系侵害公司利益的行为，青岛化学公司的诉讼请求无事实依据，不予支持。至于青岛化学公司主张的要求姜常林不得处置公司财产的诉讼请求，属于公司内部管理事宜，不属法院审理范围，亦应依法驳回。综上，判决：驳回青岛化学公司的诉讼请求。案件受理费 176800 元，由青岛化学公司负担。

青岛化学公司不服原审判决，向本院提起上诉。

本院经审理查明：2004 年 11 月 3 日，青岛化学公司董事长蔡国峰和姜常林签署董事会会议纪要，决定公司的公章、土地证、营业执照等重要证件，由青岛化学公司、姜常林双方共同管理；需要盖章和使用证件时，必须由董事长和总经理（或其授权人）同时签字方可使用;《用印、使用证件批准单》一式两份，双方管理人员各执一份留存。

姜常林与青岛化学公司签订《亮湾公司股份及责任义务变更协议书》，内容为，经过亮湾公司董事会研究决定：经董事会于 2004 年 11 月 12 日达成协议，对伊德公司持有的股份进行调整；亮湾公司设总经理一名，青岛化学公司委派。2006 年 4 月 10 日，亮湾公司提交《房地产开发企业信用档案企业填报表》和《外商投资企业联合年检报告书》，法定代表人签字栏有姜常林签名，并加盖了亮湾公司的公章，该两份文件均载明亮湾公司总经理为李建峰。

青岛化学公司在一审中提交了乳山市公安局就亮湾公司财务章和合同章给青岛化学公司的函，内容为："收到你公司来函，证明亮湾公司公章不存在丢失，我们将及时追究并暂扣公章。"

青岛化学公司在本案中的诉讼请求为：判令姜常林归还非法侵占的亮湾公司的公章、会计账簿凭证、销售合同、客户认购书、客户房产证与土地证、空白认购书、收款收据、客户收房交接单、销控账目、财务记账电脑等公司文件、财产；销毁姜常林非法刻制的公司财务专用章、合同专用章；判令姜常林不得单独处置亮湾公司的财产（含公司在建设银行乳山支行开立的账号为 3700170810805001××××账户内的存款 26074708.32 元）。

本院查明的其他事实与原审判决认定的事实相同。

本院认为：依照 2004 年 11 月 3 日董事会会议纪要的规定，亮湾公司的公章、土地证、营业执照等重要证件由青岛化学公司和姜常林双方共同管理，经营过程中其他股东对该双方共同管理事项未提出异议，因此亮湾公司的公章应由青岛化学公司和姜常林双方共同管理。姜常林将公章等取走，违反了董事会会议纪要关于公章等由双方共同管理的规定。会计账簿凭证、销售合同、客户认购书、客户房产证与土地证、空白认购书、收款收据、客户收房交接单、销控账目、财务记账电脑，属亮湾公司经营管理的重要证件及必需物品，应置于亮湾公司。姜常林主张上述物品在亮湾公司，但没有提交证据证明，姜常林应将包括公章等在内的上述物品归还亮湾公司。

姜常林在原有财务章和合同章未丢失的情况下虚构事实，重新刻制财务章和合同章的行为，违反了印章管理的有关规定。对印章进行管理，是行政机关的职权范围，对于姜常林刻制的财务章和合同章，乳山市公安局已经决定及时追究并暂扣印章。青岛化学公司要求法院判决销毁上述印章，于法无据，本院不予支持。

青岛化学公司在本案中未举证证明姜常林已经单独处置亮湾公司的财产，亮湾公司在建设银行乳山支行开立的 3700170810805001××××账户的存款仍在该账户内，并未被姜常林处置，也即对亮湾公司的损害尚未发生，青岛化学公司请求法院判令姜常林不得为尚未发生的行为，于法无据，本院不予支持。

青岛化学公司为亮湾公司的股东，且本案符合情况紧急、不立即提起诉讼将会使公司利益受到难以弥补的损害的情况，青岛化学公司有权就姜常林损害公司利益的行为提起诉讼，其关于判令姜常林将公章等物品归还亮湾公司的诉讼请求应予支持。青岛化学公司上诉理由部分成立，对原审判决应相应改判。经本院审判委员会研究决定，判决如下：

一、撤销威海市中级人民法院（2007）威民二外初字第27号民事判决；

二、姜常林于本判决生效之日起二十日内将威海亮湾置业开发有限公司的公章、会计账簿凭证、销售合同、客户认购书、客户房产证与土地证、空白认购书、收款收据、客户收房交接单、销控账目、财务记账电脑归还威海亮湾置业开发有限公司；

三、驳回青岛市化学石油供销有限责任公司其他诉讼请求。

（二）争议焦点

本案诉讼是否符合股东代表诉讼的要求？

（三）法理评析

股东代表诉讼源于英国衡平法，也被称为派生诉讼、衍生诉讼和传来诉讼，它是指当公司怠于通过诉讼追究给公司利益造成损害的经营者的责任以维护公司利益时，具备法定资格的股东有权以自己的名义代表公司提起诉讼，而所得赔偿归于公司的一种诉讼机制。

根据侵犯人身份的不同与具体情况的不同，提起股东代表诉讼有以下两种程序：

第一，公司董事、监事、高级管理人员的行为给公司造成损失时股东代表公司提起诉讼的程序。

第二，其他人的行为给公司造成损失时股东提起诉讼的程序。

对本案来说，依照2004年11月3日董事会会议纪要的规定，亮湾公司的公章、土地证、营业执照等重要证件由青岛化学公司和姜常林双方共同管理，经营过程中其他股东对该双方共同管理事项未提出异议，因此亮湾公司的公章应由青岛化学公司和姜常林双方共同管理。后来姜常林将公章等取走，违反了董事会会议纪要关于公章等由双方共同管理的规定。况且，会计账簿凭证、销售合同、客户认购书、客户房产证与土地证、空白认购书、收款收据、客户收房交接单、销控账目、财务记账电脑，属亮湾公司经营管理的重要证件及必需物品，对公司的经营影响重大。

而青岛化学公司为亮湾公司的股东，且本案符合情况紧急、不立即提起诉讼将会使公司利益受到难以弥补的损害的情况，所以，本案诉讼符合股东代表诉讼的要求。

案例3 特殊情况下的股东代表诉讼认定
——黄珍龙股东代表诉讼案 [1]

（一）案例简介

上诉人黄珍龙因股东损害公司利益赔偿纠纷一案不服漳州市中级人民法院（2009）漳民初字第55号民事判决，向本院提起上诉。本案现已审理终结。

原审查明，龙岩长隆公司系于2004年2月3日成立的外商投资企业，法定代表人为黄珍龙，注册资本为人民币1880000元。公司设立执行董事一人，担任公司的法定代表人，执行董事决定公司的一切重大事项。公司未设立董事会和监事会，亦未设立监事。2004年1月2日龙岩市新罗区对外贸易经济合作局以龙新外经贸(2004)1号文件批复同意成立龙岩长隆公司。同意公司章程，公司投资总额第一期为2600000元人民币，注册资本为1880000元人民币，其中杨乐出资640000元人民币，占注册资本34%，郑锦云出资620000元人民币，占注册资本33%，黄珍龙出资620000元人民币，占注册资本33%，各方以现汇投入。批复同意公司不设董事会，由黄珍龙任执行董事兼总经理。福建省人民政府于2004年1月6日以外经贸闽岩外资字（2004）0001号《中华人民共和国外商投资企业批准证书》批准成立龙岩长隆公司。该批准证书上注明投资者名称为：美国杨乐出资640000元人民币，美国郑锦云出资620000元人民币，香港黄珍龙出资620000元人民币。

2003年12月10日，在龙岩长隆公司筹建过程中，龙岩长隆公司的法定

---

[1] 案例来源：福建省高级人民法院（2010）闽民终字第117号民事判决书，载http://www.law-lib.com/cpws/cpws_view.asp?id=200401484116，2013年6月5日访问。

代表人黄珍龙与龙岩市新罗区科技园建设发展有限公司签订协议书，缴纳土地预付款 644540 元取得科技园内面积约 32.227 亩的土地使用权。2005 年 7 月至 12 月间，龙岩长隆公司出具收条，共收取龙岩市新罗区科技园建设发展有限公司退还的土地款及补偿款人民币 1864553.68 元，其中 2005 年 7 月 22 日收取 800000 元，同年 8 月 23 日收取 176000 元，同年 12 月 27 日收取 888553.68 元。付款单位依黄珍龙的指示将款项汇入黄珍龙在厦门农业银行的个人账户，账号 955998007105502×××。

2004 年 3 月至 2005 年 4 月间，被告黄珍龙累计向龙岩长隆公司投入资金 1852483.44 元。2004 年 10 月杨乐、郑锦云、黄珍龙另外在厦门设立了乐诚（厦门）塑料有限公司。

原审归纳双方当事人争议的焦点：一、原告的诉讼主体资格问题；二、原告的请求是否超过诉讼时效。并分析认定如下：

一、关于原告的诉讼主体资格问题

原告杨乐、郑锦云是龙岩长隆公司的法定股东，当公司利益遭受损害时，有权以自己的名义向法院起诉。原告具备起诉的主体资格。

被告黄珍龙认为，其提供的证据表明，龙岩长隆公司的注册资金全部系被告出资，原告并未履行出资义务，并非龙岩长隆公司真正意义上的股东，无权提起本案诉讼。

原审法院认为，外商投资企业股东及其股权份额应当根据有关审查批准机关批准证书记载的股东名称及股权份额确定。福建省人民政府外经贸闽岩外资字（2004）0001 号《中华人民共和国外商投资企业批准证书》上注明龙岩长隆公司的投资者名称为杨乐、郑锦云、黄珍龙。因此，两原告属于龙岩长隆公司的法定股东。被告黄珍龙虽然提供了涉外收入申报单和卖出外汇申请书等证据，可以证实其向龙岩长隆公司投入了资本金，但是并不能证明原告没有投入资本金，更不能证明两原告不是龙岩长隆公司的股东。退而言之，即便原告杨乐、郑锦云没有按照公司章程规定投入资本金，其应承担的民事责任也仅仅是补足资本金的责任或者向足额出资的股东承担违约责任，并不能因此否定其公司股东身份。被告提供的用以证明投资数额的证据与认定本案事实并无关联，不能证实其主张。被告认为原告不是龙岩长隆公司的股东与事实不符，亦与法相悖，不予支持。

公司董事、监事、高级管理人员执行公司职务时违反法律、行政法规或者公司章程的规定，给公司造成损失的，应当承担赔偿责任。根据龙岩长隆公司章程记载，该公司并未设监事会和监事，也未设董事会，只有一名执行董事即本案被告，因此，原告实际无法履行《中华人民共和国公司法》第一百二十五条规定的股东代表诉讼的前置程序，原告有权为了公司的利益以自己的名义直接向人民法院提起诉讼，原告的起诉符合条件。

二、关于原告的请求是否超过诉讼时效

原告杨乐、郑锦云认为，龙岩长隆公司的日常事务均由被告黄珍龙负责处理，被告将公司转让土地使用权所得款项汇入其个人账户，原告并不知情，被告亦未告知原告。直到 2009 年 4 月，双方在厦门发生纠纷诉讼时才产生怀疑，原告前往龙岩市新罗区科技园公司调查后才得知被告侵吞公司财产的事实。原告的请求没有超过诉讼时效。举证 2009 年 5 月 4 日厦门今朝律师事务所的介绍信以证明在 2009 年 5 月前往龙岩市新罗区科技园公司调查时才得知公司利益被侵害的事实。

被告黄珍龙对原告提供的介绍信真实性不予认可，认为双方当事人从 2004 年 10 月一直保持密切的合作关系，原告为了开展业务也频繁出入境，在 2005 年就应当知道龙岩长隆公司的资金运作情况，但是直到 2009 年才起诉，已经超过诉讼时效。申请法院到厦门出入境边防检查站调查杨乐、郑锦云的出入境记录以证实两原告频繁出入境，应推定其知道公司资金运作情况。

原审法院认为，本案当事人提起的诉讼为股东代表诉讼，属于侵权之诉。因此，诉讼时效应该从权利人知道或者应当知道权利被侵害时起计算。被告黄珍龙主张杨乐、郑锦云在 2005 年就知道或者应当知道公司权利受到侵害，应对此负有举证责任，即应由被告举证证明原告知道或者应当知道权利受到侵害而没有及时主张权利的事实。根据龙岩长隆公司的公司章程，公司的一切重大事项均由执行董事决定，公司财务部门的财务报表也向执行董事报告，被告黄珍龙没有证据证明其在担任执行董事管理公司期间向原告报告了公司的财务情况，没有证据证明原告知道或应当知道公司的财务情况。被告以事实推定的方式认为原告应当知道公司权利被侵害没有法律依据。因此，被告认为原告知道公司的资金运作情况，怠于行使权利的理由缺乏事实依据。原告是否频繁出入境，不能证明原告知道公司的资金使用情况。因此，被告请求法院调查取证的事项与待证事实并无关联性，其申请不予准许。原告提供的介绍信没有原件，对本案事实的认定没有影响，对此不作认定。综上，被告认为原告的请求已经超过诉讼时效的理由与事实不符，不予采纳。

综上所述，原审法院认为，本案当事人提起的诉讼为股东代表诉讼，属于侵权之诉，因侵权行为地在本院司法管辖范围内，本案应适用中华人民共和国法律，对此双方当事人亦无异议。根据《中华人民共和国公司法》规定，公司的董事、监事、高级管理人员执行公司职务时违反法律、行政法规或者公司章程的规定，给公司造成损失的，应当承担赔偿责任。本案中，被告黄珍龙为第三人龙岩长隆公司的执行董事，在执行公司职务过程中，将属于公司的土地款转入个人账户，侵害了第三人龙岩长隆公司的利益，应承担赔偿责任。因第三人龙岩长隆公司未设立董事会和监事会，也未设立监事，只有设立一名执行董事由被告黄珍龙担任，在此情况下，第三人龙岩长隆公司的股东杨乐、郑锦云有权为了公司的利益以自己的名义直接向法院提起诉讼。原告的诉讼主张合法有据，应予支持。被告认为原告并非第三人龙岩长隆公司的股东、无权提起本案诉讼的理由与事实不符；认为原告的请求超过诉讼时效的理由无事实依据，本院均不予采纳。判决：被告黄珍龙应于本判决生效之日起十日内返还给第三人龙岩长隆塑料制品有限公司款项人民币 1864553.68 元及利息。案件受理费人民币 21581 元由被告黄珍龙负担。

原审判决后，原审被告黄珍龙不服，上诉本院。

经审理查明，原审查明的属实，本院予以确认。二审中双方均未提交新证据。判决如下：

驳回上诉，维持原判。

（二）争议焦点

该股东代表诉讼是否有效？

（三）法理评析

我国《公司法》第一百五十条规定："董事、监事、高级管理人员执行公司职务时违反法律、行政法规或者公司章程的规定，给公司造成损失的，应当承担赔偿责任。"在发生该条规定的情形时，《公司法》接着在第一百五十二条规定："董事、高级管理人员有本法第一百五十条规定的情形的，有限责任公司的股东、股份有限公司连续一百八十日以上单独或者合计持有公司百分之一以上股份的股东，可以书面请求监事会或者不设监事会的有限责任公司的监事向人民法院提起诉讼；监事有本法第一百五十条规定的情形的，前述股东可以书面请求董事会或者不设董事会的有限责任公司的执行董事向人民法院提起诉讼。监事会、不设监事会的有限责任公司的监事，或者董事会、执行董事收到前款规定的股东书面请求后拒绝提起诉讼，或者自收到请求之日起三十日内未提起诉讼，或者情况紧急、不立即提起诉讼将会使公司利益受到难以弥补的损害的，前款规定的股东有权为了公司的利益以自己的名义直接向人民法院提起诉讼。"除此之外，该条还规定：他人侵犯公司合法权益，给公司造成损失的，上述股东可以依照前述规定向人民法院提起诉讼。这就是我国公司法规定的股东代表诉讼制度。

就本案而言，首先分析原告是否具备股东代表诉讼的资格。根据福建省人民政府外经贸闽岩外资字（2004）0001号《中华人民共和国外商投资企业批准证书》上注明龙岩长隆公司的投资者名称为杨乐、郑锦云、黄珍龙来看，两原告属于龙岩长隆公司的法定股东。其次分析原告进行股东代表诉讼的程序问题，因第三人龙岩长隆公司未设立董事会和监事会，也未设立监事，只设立一名执行董事由被告黄珍龙担任，在此情况下，第三人龙岩长隆公司的股东杨乐、郑锦云为了公司的利益以自己的名义直接向法院提起诉讼，符合特殊情况下的起诉要求。因此，该股东代表诉讼有效。

下篇：公司解散法律制度

专题一：公司司法解散

一、法律知识点

（一）公司司法解散的含义和特征

公司的司法解散，是指当公司的目的和行为违反法律、公共秩序和善良风俗时，可通过法院判决其解散；或者当公司经营出现显著困难、重大损害或董事、股东之间出现僵局导致公司无法继续经营时，依据股东的申请，裁判解散公司。

公司司法解散具备如下法律特征：（1）公司司法解散是非依公司意愿或股东合意，而是基于司法机关裁判而解散公司；（2）公司司法解散主要适用两种情形，其一是公司损害社会公共利益，其二是公司的经营管理出现严重困难；（3）公司司法解散的提起方一般为公司股东，特定情形下也可以为公司债权人或有关机关；（4）公司司法解散属于公司强制解散情形，其法律后果是公司进入清算程序并导致其商事主体资格消灭。

（二）我国公司司法解散的有关规定及法律适用

1. 我国《公司法》对公司司法解散的规定

我国《公司法》第一百八十三条规定，公司经营管理发生严重困难，继续存续会使股东利益受到重大损失，通过其他途径不能解决的，持有公司全部股东表决权百分之十以上的股东，可以请求人民法院解散公司。同时，《公司法》第一百八十四条还规定了公司被裁判解散后应当进行清算。根据该条规定，公司应当自司法解散之日起十五日内成立清算组，开始清算。有限责任公司的清算组由股东组成，股份有限公司的清算组由董事或者股东大会确定的人员组成。逾期不成立清算组进行清算的，债权人可以申请人民法院指定有关人员组成清算组进行清算。人民法院应当受理该申请，并及时组织清算组进行清算。

根据上述规定，我国公司司法解散的适用范围主要是公司经营管理出现重大困难，并未包括公司违背社会公共利益的情形。在公司被判令解散后的清算程序上，并未作出特殊要求。

2. 我国公司司法解散的法律适用

根据上述规定，实践中适用公司司法解散，应当满足下列条件：

第一，公司经营管理发生严重困难。即公司必须在经营上或管理上发生困难，且必须达到严重的程度，才能够启动诉讼。至于"严重"如何界定，立法尚未作进一步规定，应当由法官根据个案裁定。但从常理推断，是否发生困难及困难是否"严重"可以从以下几方面判断：（1）公司组织机构是否完善、是否依法运转；（2）公司是否开展业务或业务是否正常；（3）公司管理人员是否履行职责或是否能够依法履行职责；（4）公司是否持续或累计较长时间未向股东分配利润；（5）公司是否存在较长期间的持续亏损；（6）公司是否多次受到有关机关的处罚，或已经陷入债务危机之中。

第二，继续存续会使股东利益受到重大损失。这主要指，公司已经亏损，且预期将继续长期亏损的情形。这里的股东主要指中小股东，而损失既包括现实损失，更指向将来可能发生的损失。

第三，已经通过其他途径但不能获得解决。这是司法解散诉讼的前置程序。因为司法解散诉讼一旦启动，将可能导致公司主体资格的消灭，处理不当，可能导致社会资源浪费。因此立法以谨慎的态度对诉讼启动采取了限制，要求股东必须穷尽一切可能之途径后才能够提起诉讼。此处的其他途径，包括出让股份、协商、行政措施等。

第四，必须由持有公司全部股东表决权百分之十以上的股东提起。即公司自身、公司债权人、其他机关或未达到要求的股东皆不能提起公司司法解散之诉。至于规定中的百分之十以上表决权股份是单独持有还是合并持有并不明确，但从公司司法解散制度解救中小股东、匡扶失衡正义的目的来看，应当两种情形皆可。

（三）公司司法解散的程序规定

1. 实体上的条件限制

第一，提起主体的限制。我国新《公司法》规定，诉请解散公司的原告的持股比例确定为全部表决权的百分之十以上。这种限定是必要的，可以防止少数股东不正当的滥诉行为，避免新制度的矫枉过正。

第二，公司事务陷于僵局。公司事务陷于僵局是指股东之间丧失了基本的人身信任关系，股东间的矛盾冲突达到了不可调和的程度或股东遭受不公正的欺压，股东在公司的经营政策上发生了严重的分歧，导致公司事务无法继续进行。

第三，股东无法行使权利。即必须是股东的合理期待落空，这表现为董事或支配公司的控股股东故意损害股东法定权利，公司实际上成为大股东、董事或经理人实现个人利益的"工具"和"外衣"。

第四，公司资产正在被滥用或浪费。公司行为违反小股东的基本权利和合法期望；因公司董事或控股股东的恶意或严重不负责任，造成公司资产严重减少，从而危及公司存在、危害股东的利益。

2. 程序上的条件限制

由于公司司法解散是最后的救济措施，提起诉讼应当非常审慎。因此，规定了"其他途径已经穷尽"这一限制是十分必要的。

二、相关案例分析

案例1 公司司法解散的举证要求

——王某某与昆明某某照明器材有限公司等司法解散纠纷案 [1]

（一）案例简介

原告王某某诉被告昆明某某照明器材有限公司、被告张某公司解散纠纷一案，本院于 2009 年 7 月 16 日立案受理。本案现已审理终结。

原告诉称：原告和张某于 2008 年 1 月 28 日共同出资 100 万元成立了被告，其中张某出资 60 万元，占公司注册资本的 60%，原告出资 40 万元，占 40%。公司成立后，经营管理发生严重困难，并且张某在未经原告同意的情况下，擅自将工商登记档案上原告的股权份额变更在自己和张某的名下，原告要求转让其所持股权也遭到拒绝，这样继续存续下去会使原告的利益受到重大损失，原告在 2008 年 6 月 12 日通知张某于 7 月 4 日上午召开股东大会，商议原告股权转让及公司解散、清算事宜，但张某没有出席会议，故无法商议；原告起诉后，

---

[1] 案例来源：云南省昆明市官渡区人民法院（2010）官民二初字第 475 号民事判决书，载 http://www.66law.cn/lawwrit/7348.aspx，2014 年 6 月 6 日访问。

张某暗自转移公司财产，给原告造成严重的经济损失。现诉至法院，请求判决：1. 解散昆明某某照明器材有限公司；2. 对昆明某某照明器材有限公司进行清算，清算后将公司现有资产按原告出资比例退回原告 20 万元（此项诉请原告在 2009 年 11 月 19 日的庭审中当庭撤回）；3. 被告及第三人赔偿原告经济损失 20 万元；4. 诉讼费由被告承担。

被告辩称：公司从成立至今合法经营、依法纳税，不存在应当解散的事由，解散公司只会给股东和债权人带来不可弥补的损失，请求驳回原告的第一项诉请。根据最高人民法院的司法解释，请求驳回原告的第二项诉请。因工商登记材料中原告的股东身份与客观事实不符，实际股东为原告的弟媳杨冬梅，因此请求追加杨冬梅作为本案第三人，否定原告的股东身份。原告诉状所述的事实理由不符合《公司法》及其司法解释（二）中规定的法院应受理的公司解散案由，法院不应受理，受理后也应当驳回起诉；原告要求赔偿损失与本案属不同法律关系，不应在本案中合并审理；请求驳回原告的全部诉请。

综上所述，本院确认本案下列法律事实：被告是 2008 年 1 月 28 日登记成立的自然人出资有限责任公司，被告公司章程记载，公司注册资本为 100 万元，原告出资 40 万元，持股比例为 40%，第三人张某的出资 60 万元，持股比例为 60%，公司的经营期限为 10 年；公司章程规定，有下列情形之一的，公司清算组应当自公司清算结束之日起 30 日内向原公司登记机关申请注销登记：（1）公司被依法宣告破产；（2）公司营业期限届满或者公司章程规定的其他解散事由出现，但公司通过修改公司章程而续存的除外；（3）股东会决议解散；（4）依法被吊销营业执照、责令关闭或者被撤销；（5）人民法院依法予以解散；（6）法律、行政法规规定的其他解散情形。2009 年 7 月，被告公司进行了变更登记，原告的出资变更为 19 万元，第三人张某的出资变更为 55 万元，第三人张某的出资为 26 万元。现原告以公司经营管理发生严重困难，第三人张某在未经原告同意，擅自将工商登记档案上原告的股权份额变更在自己和第三人张某的名下，不参加股东会，暗自转移公司财产为由，诉至本院，提出前述诉讼主张。本案在审理过程中，被告申请对其提交的证据 3—7 及 14、15 中原告的签名是否是同一人所签、私章是否为同一枚印章进行鉴定；同时被告及第三人认为原告并非被告股东，案外人杨冬梅才是实际股东，申请追加杨冬梅作为第三人参加诉讼，案外人杨冬梅在庭审作证时陈述其不是被告的股东。

本院认为：我国《公司法》第一百八十三条规定，公司经营管理发生严重困难，继续存续会使股东利益受到重大损失，通过其他途径不能解决的，持有公司全部股东表决权百分之十以上的股东，可以请求人民法院解散公司。最高人民法院关于适用《中华人民共和国公司法》若干问题的规定（二）第一条规定，单独或者合计持有公司全部股东表决权百分之十以上的股东，以下列事由之一提起解散公司诉讼，并符合《公司法》第一百八十三条规定的，人民法院应予受理：（一）公司持续两年以上无法召开股东会或者股东大会，公司经营管理发生严重困难的；（二）股东表决时无法达到法定或者公司章程规定的比例，持续两年以上不能做出有效的股东会或者股东大会决议，公司经营管理发生严重困难的；（三）公司董事长期冲突，且无法通过股东会或者股东大会解决，公司经营管理发生严重困难的；（四）经营管理发生其他严重困难，公司继续存续会使股东利益受到重大损失的情形；股东以知情权、利润分配请求权等权益受到损害，或者公司亏损、财产不足以偿还全部债务，以及公司被吊销企业法人营业执照未进行清算等为由，提起解散公司诉讼的，人民法院不予受理。从上述法律及司法解释的规定可以看出，公司解散的前提条件是公司经营管理发生严重困难。本案原告所举证据不能证实出现了法律及司法解释规定的公司解散条件的事实，故本院对原告要求解散公司的诉请不予支持。原告要求被告及第三人赔偿 20 万元的诉请，因与本案审理的公司解散纠纷不属同一法律关系，不宜在本案当中处理。被告、第三人要求鉴定及追加案外人杨冬梅作为第三人的申请，因原告系记载于被告公司名册的股东，案外人杨冬梅在出庭作证时亦认为自己并非被告的股东，故本院对被告及第三人的上述申请不予准许。综上所述，本院判决如下：驳回原告王某某的诉讼请求。诉讼费 7300 元，由原告承担。

（二）争议焦点

本案是否具备司法解散的条件？

（三）法理评析

公司的司法解散又称为法院勒令解散，是指公司的目的和行为违反法律、公共秩序和善良风俗的，可通过法院判决其解散；或者当公司经营出现显著困难、重大损害或董事、股东之间出现僵局导致公司无法继续经营时，依据股东的申请，裁判解散公司。

我国《公司法》第一百八十三条规定，公司经营管理发生严重困难，继续存续会使股东利益受到重大损失，通过其他途径不能解决的，持有公司全部股东表决权百分之十以上的股东，可以请求人民法院解散公司。根据上述规定，我国公司司法解散的适用范围主要是公司经营管理出现重大困难，并未包括公司违背社会公共利益的情形。

由于公司解散是终止公司存在的最严厉的法律救济措施，其实施的社会成本高，容易纵容股东权利的滥用，所以新《公司法》对提起公司解散诉讼的条件进行了严格的限定。

一是实体上的条件限制：

第一，主体条件限制。我国新《公司法》规定，诉请解散公司的原告的持股比例确定为全部表决权的百分之十以上。这种限定是必要的，可以防止少数股东不正当的滥讼行为。

第二，客观条件限制——公司事务陷于僵局。针对这一点，最高人民法院关于适用《中华人民共和国公司法》若干问题的规定中有明确的界定。

二是程序上的条件限制——其他途径已经穷尽：

"穷尽"必须有证据，即何时用何方法表示了公司僵局的存在及如何提出解决公司僵局的方案。通过各种其他途径已经无法解决的，持有公司全部股东表决权百分之十以上的股东，可以请求人民法院解散公司。

就本案原告所举证据来看，不能证实出现了法律及司法解释规定的公司解散条件的事实。

案例 2 股东状况、股权结构等对司法解散认定的影响

——江西亿宝塑胶磁卡材料有限公司司法解散纠纷案 [1]

（一）案例简介

原告徐国宝为与被告江西亿宝塑胶磁卡材料有限公司（下称亿宝磁卡公司）、第三人饶源根公司解散纠纷一案，于 2009 年 10 月 9 日向本院提起诉讼，本案现已审理终结。

原告徐国宝诉称：原告与第三人系亿宝磁卡公司的股东，占股比例分别为51% 和 49%。双方决定由原告任执行董事，第三人任执行监事。但由于原告

---

[1] 案例来源：江西省宜丰县人民法院（2009）宜民二初字第 29 号民事判决书，载 http://www.chenglawyer.com.cn/ShowArticle.shtml?ID=2011751415571024.htm，2013 年 3 月 12 日访问。

与第三人之间性格不一，双方在管理理念、经营理念上完全不同，无法对公司进行正常的生产经营管理。自公司成立至今，公司没有分配过红利，股东只有投入而没有收益。2009年6月15日，第三人在未取得原告同意的情况下，擅自指令其提名的公司会计林冲将其对公司的债权290万元在会计账上调整为其对公司的出资。自2009年6月17日起，第三人令该会计不再来公司上班，而公司账务账册由该会计保管，公司财务印章又由该会计转交第三人亲自保管，而对外支付资金须由该会计或第三人签名，使得公司不得已从同日起即辞退了所有的员工。现公司已经完全不能运转，生产经营处于停产、瘫痪状态。并出现了严重亏损，初步估算公司债务和亏损约有900万元。由于公司发展前景渺茫，公司经营管理发生严重困难，继续存续使股东利益受到重大损失。在原告与第三人协商仍对解决公司僵局不能达成一致的情形下，为了避免股东出现更大的损失，特向法院请求依法解散公司，本案诉讼费及邮资费由被告负担。

被告亿宝磁卡公司未提出书面答辩意见，在庭审中口头辩称：原告与第三人已无法合作，公司经营管理发生严重困难，无法再继续经营下去，原告诉称属实，被告同意解散公司。

第三人饶源根述称：被告的执行董事徐国宝解散公司的目的是想逃避责任。原告没有按公司章程将310万元出资到位。2009年6月，第三人起诉原告后，原告借机停产。第三人没有参与公司的经营事务，只是按双方的补充协议履行财务监管。第三人与原告之间不存在管理理念上的差距，经营权交由原告行使，第三人并未过问，更未插手。只要原告依照公司章程将出资到位，公司还是可以正常运转，甚至恢复生机的。第三人在公司的资金除满足出资份额外仍结余200万元，原告将第三人的290万元股金转为公司的债务。公司目前出现困境处于停产状态，并不是真正意义上的公司僵局，远没有达到法定解散公司的情形，从内部救济看，也尚未穷尽内部手段，只要原告将出资义务履行到位，公司重现生机是完全可能的。故此，第三人不同意解散公司，请法院驳回原告的诉讼请求。

综上认证，本院认定本案事实如下：原告与第三人共同创立亿宝磁卡公司，该公司于2007年6月15日正式注册成立。双方签署的公司章程第六条约定：徐国宝出资额为510万元，参股比例51%，饶源根出资490万元，参股比例49%，双方均为现金出资，采取分期缴纳方式。公司章程第十八条约定：股东会会议应对所议事项作出决议，决议应当由代表二分之一以上表决权的股东表决通过，但股东会对本章程第十三条第八款（公司增加或减少注册资本）、第十款（公司合并、分立、变更公司形式、解散和清算等事项）、第十一款（修改公司章程）规定事项所作出的决定，应由代表三分之二以上表决权的股东表决通过。股东会应当对所议事项的决定作出会议记录，出席会议的股东应当在会议记录上签名。

2008 年 8 月 6 日，原告与第三人签订公司章程补充条款共十五条。依据该补充条款第二条约定，第三人提名委派了会计、原材料保管人员，原告提名委派了出纳、产品保管人员。

2009 年 3 月 25 日，第三人因财务监管问题向本院提起诉讼，后撤诉。2009 年 6 月，第三人多次要求原告补交出资 310 万元。6 月 8 日，原告以商务函回复第三人："现第二期入股注册资金不再投入，并要求第一期注册资金出股，退出公司股东。本人将到公司办理转出手续。" 6 月 15 日，第三人通过公司会计将其持有的公司部分债权 290 万元转为股权，公司财务上已作调账处理。原告对此不予承认。

原告与第三人在公司经营管理、决策等重大问题上产生分歧，加上公司出现严重亏损，2009 年 6 月 17 日，公司被迫停产歇业。同日，第三人因出资问题向本院提起诉讼，诉讼过程中，原告对第三人提起反诉。2009 年 9 月 7 日，第三人因到期债权问题向宜春市中级人民法院提起诉讼。

公司停产歇业后，所有员工被辞退，原告与第三人各自在原住所地打理自己的生意。公司已无人看管。截止 2009 年 6 月，该公司账面亏损 4328862.8 元。2009 年 9 月 15 日，原告以邮政专递形式向第三人发出了召开临时股东会议的通知，花费邮资费 21 元。同月 30 日，原告与第三人就解决公司困境问题未达成决议，第三人当场撕毁股东会会议记录。2009 年 10 月 9 日，原告向本院提起解散公司的诉讼。

原告与第三人发生纠纷期间，相关部门和领导多次出面协调，由于双方的对立情绪，调解未取得实效。诉讼过程中，本院亦多次与双方沟通和协调，做调解工作，均未奏效。

本院认为：公司解散之诉属变更之诉，并且具有相对独立性。公司作为市场经济的主体，在参与市场竞争时不仅要遵循准入规则，退出市场也要有相应的规制。

原告与第三人共同出资设立亿宝磁卡公司，因其两股东均为自然人，公司的人合性更为凸显，从股权分配的结构看，两股东在公司中势力相当，面临公司发生经营管理严重困难时彼此不愿妥协且相互对抗，人合性基础与信赖关系被打破，导致公司无法作出决议和决策，股东僵局使公司处于事实上的瘫痪状态，公司治理结构失灵，无法正常进行经营活动，公司僵局形成且呈持续状态。

公司治理有其复杂性。从公司内部看，由于原告与第三人在经营理念，管理方式，出资份额等问题上存在分歧。自 2009 年 3 月起，双方多次向法院提起诉讼，股东矛盾和利益冲突不息并呈对抗性，双方没有能力按公司章程和公司法规定的方式解决争端。从公司外部看，包括民间调解、行政调解、诉讼调解都不能化解双方的矛盾纠葛，任其下去，将使股东利益蒙受更大损失。可见，通过公司自治等方式已无法解决股东之间的僵局，从而改变公司的瘫痪状态。公司已无其他救济途径，原告也穷尽了其救济手段。

对第三人所作只要原告将出资 310 万元履行到位，公司还是可以正常运转，甚至恢复生机的陈述，不考虑公司的负债和亏损情形，该陈述只强调了公司的资合特征，而忽略了公司的人合性，原告多次以书面和口头形式表示退出公司，双方的合作和共同意志已失去基础，利益纽带被割断，仅凭法律的强制手段并不能从根本上破解股东间的利益冲突和对抗，股东僵局外化为公司僵局。必须特别指出的是，根据最高法院相关司法解释的规定，公司解散时，股东尚未缴纳的出资均应作为清算财产。这表明原告的出资义务并不随公司的解散而免责。

综上所述，亿宝磁卡公司仅有二位股东，而公司章程记载的表决事项须经三分之二以上股东同意，作为原告和第三人的任何一方股东都不可能满足这一要求。两股东间难以调和的利益冲突和对抗，导致公司成为"空转"企业，公司资产的自然消耗势必影响股东的财产权益。原告为破解公司僵局，在穷尽其救济手段后，采取极端方式请求解散公司于法有据。本院予以支持。对原告寻求解决公司僵局召开股东会的花费 21 元，属被告的合理开支，应由被告负担该费用。依照《中华人民共和国公司法》第一百八十三条、第一百八十四条、最高人民法院《关于适用〈中华人民共和国公司法〉若干问题的规定（二）》第一条第（四）项和《中华人民共和国民事诉讼法》第一百二十八条的规定，判决如下：

一、江西亿宝塑胶磁卡材料有限公司解散，由徐国宝和饶源根负责依法组成清算组进行清算，负责人由饶源根指定的清算组成员担任。

二、原告徐国宝垫付的邮资费 21 元由被告江西亿宝塑胶磁卡材料有限公司负担。

案件受理费 40900 元由被告江西亿宝塑胶磁卡材料有限公司负担。

（二）争议焦点

原告申请解散公司的事实和理由是否充足？

（三）法理评析

相对于股份公司而言，有限责任公司的人合性显得特别重要。从对外的角度来看，公司对外开展经营活动，除了公司资信状况外，大家更看重公司的"老板"是谁。比如说李嘉诚、比尔盖茨、巴菲特、马云等社会知名人士。也就是说，公司"老板"若是一个知名度高、实力雄厚、诚实守信诺的人，则对这个公司的经营非常有利。从对内的角度来看，公司对内开展管理活动，无论是经营方针和目标的制定、重大经营事项的决策、高级管理人员的选聘，还是财务、人事管理等，都需要公司股东之间的高度信任和充分合作。因此，有限责任公司"人合"的内涵，说到底就是股东在社会上的个人信用的可依赖性以及股东之间的相互信任和紧密合作。

就本案而言，两股东均为自然人，公司的人合性更为凸显；从股权结构看，两股东在公司中势力相当，面临公司发生经营管理严重困难时彼此不愿妥协且相互对抗的潜在基础。从本案查证的事实来看，由于原告与第三人在经营理念，管理方式，出资份额等问题上存在分歧。自 2009 年 3 月起，双方多次向法院提起诉讼，股东矛盾和利益冲突不断并呈对抗性，双方没有能力按公司章程和公司法规定的方式解决争端。从其他手段看，包括民间调解、行政调解、诉讼调解都不能化解双方的矛盾纠葛。可见，原告申请解散公司的事实和理由是充足的。

案例 3 司法解散认定中的形式要求与实质审查
——万成、曹继东与康县山川矿业开发公司司法解散纠纷案 [1]

（一）案例简介

上诉人万成、曹继东因公司解散纠纷一案，康县人民法院于 2009 年 7 月 6 日受理，于 2009 年 10 月 30 日作出了（2009）民二初字第 15 号民事判决，判决送达后，被告康县山川矿业开发有限公司不服向本院提出上诉，本院依法组成合议庭审理后，以原审认定事实不清，于 2010 年 4 月 13 日以（2010）陇民二终字第 02 号民事裁定，撤销康县人民法院（2009）民二初字第 15 号民事

---

[1] 案例来源：甘肃省陇南市中级人民法院（2011）陇民二终字第 44 号民事判决书，载 http://www.chinagscourt.gov.cn/zyDetail.htm?id=247309，2013 年 7 月 11 日访问。

判决,发回康县人民法院重审,康县人民法院依法另行组成合议庭重审了本案,于 2011 年 3 月 24 日重新作出了(2011)康法民重字第 01 号民事判决,送达后,万成、曹继东不服,向本院提出上诉,经本院依法组成合议庭进行审理,现已审理终结。

原审法院查明,2005 年 10 月 24 日,康县山川矿业开发有限公司成立,股东为原告万成、曹继东和第三人孙晓南,持股比例分别是 29%、21% 和 50%,孙晓南任公司执行董事兼经理,二原告任监事,公司章程规定,股东会会议由执行董事召集并主持,会议分为定期会议和临时会议,定期会议应每半年召开一次,临时会议由代表四分之一以上表决权的股东或监事提议方可召开。2006 年 4 月 24 日,二原告同意将所持 50% 股份进行转让,并委托第三人孙晓南洽谈股权转让事宜。2007 年 3 月 10 日,经股东会议决定,全权委托公司法人代表孙晓南将二原告所占 50% 股权进行转让。此后,公司再未召开股东会。因公司仅有股东即第三人孙晓南一人,也没有召开股东会的必要性。2009 年 5 月、6 月,孙晓南将二原告所持有的全部股份成功转让,并已于他人签订了股权转让协议,只是未给二原告支付股权转让费,也未到工商部门办理新股东变更登记。被告公司成立以来,公司法定代表人孙晓南多方联系业务,筹措资金,冒着极大风险和有关单位签订合作探矿协议,学房湾、吴家岩两处探矿权经甘肃省国土资源厅批准得以延续,2009 年度被告公司也经康县工商局正常年检,现公司经营活动正常,不存在公司事务处于瘫痪、公司经营陷入僵局的局面。2009 年 7 月 6 日,原告起诉,请求解散康县山川矿业开发有限公司。

原审法院认为,二原告在公司成立仅半年时间里,就委托公司法定代表人,表示要将自己所持有的股权转让,说明二原告对公司的前景没有多少信心,现二原告的股权已被成功转让,并签订了股权转让协议书,只是未办理必要的有关手续,因此,二原告仍是被告公司的股东,仍享有相应的权利。被告公司在相当困难的情况下,在公司法定代表人积极努力工作,通过多方协调联系,和他人签订了合作探矿协议,两处探矿权经有关部门批准得以有效延续,足以说明被告经营活动正常,工作正有条不紊地开展,被告公司的存在不但不会使他人利益受到损害,反而会使公司更加成长壮大,效益会逐渐提高,故而原告要求解散公司的请求缺乏有关事实,证据不足,应予驳回,遂判决:驳回二原告要求解散康县山川矿业开发有限公司的诉讼请求。案件受理费 70 元,由二原告负担。

万成、曹继东上诉称:一、原审判决认定事实有误。二、康县山川矿业开发有限公司目前的情况符合法律规定的情形，应予解散。

被上诉人康县山川矿业开发有限公司辩称：一、答辩人认为康县人民法院（2011）康法民重子第 01 号民事判决事实清楚，证据确实，二审法院应予以维持。二、被答辩人主体不适格，其不具有本案原告的资格。二被上诉人已委托公司法定代表人孙晓南转让股份，且孙晓南已在二被答辩人起诉该案前转让成功，二被答辩人已不是公司股东，在此情形下二被答辩人无实质诉权，自然无起诉请求解散公司的权利。

经二审审理，认定事实与一审认定事实一致。

本院认为，二上诉人万成、曹继东与第三人孙晓南共同出资成立康县山川矿业开发有限公司，各持有 50% 的股份，二上诉人在公司成立后仅半年时间，就书面委托公司法定代表人孙晓南将二人所持有的股权转让，现二上诉人的股权已被第三人孙晓南成功转让，并与他人签订了股权转让协议书，但未办理必要的有关手续，因此，二上诉人仍是康县山川矿业开发有限公司的股东，仍享有相应的权利。康县山川矿业开发有限公司在相当困难的情况下，在公司法定代表人孙晓南积极努力工作，通过多方协调联系，和他人签订了合作探矿协议，公司拥有的两处探矿权经有关部门批准得以有效延续，足以说明公司经营活动正常，工作正在开展，康县山川矿业开发有限公司的存在不但不会使他人利益受到损害，反而会使公司更加成长壮大，效益会逐渐提高，故二上诉人认为一审认定事实有误、公司经营管理发生严重困难、股东会不能形成有效决议、公司继续存在会使股东利益受到损失，要求解散公司的上诉理由不能成立，原审判决认定事实清楚，程序合法，判决如下：驳回上诉，维持原判。

（二）争议焦点

该案是否达到司法解散的要求？

（三）法理评析

在商法的基本原则当中，有一个重要的原则就是企业维持原则。所谓企业维持原则是指现代商法通过各种法律手段确保企业组织的稳定、协调和健康发展，维持企业的法人格，防止既存的企业因为企业在设立过程中所存在的瑕疵而无效（企业设立瑕疵不影响企业存在的理论），防止既存企业因企业人员的死亡、退出或少于法定最低人数而解散（企业法人格不受企业成员影响的理论），防止既存企业因企业成员间的矛盾而被强制性解散（企业不得经由行政命令而解散的原则）。因为企业的解散倒闭会影响众多的利益关系，包括职工利益、债权人利益、股东利益、消费者利益、甚至国家的税收利益。所以在公司的司法解散中，法律规定了严格的限制条件。

就本案来说，康县山川矿业开发有限公司在相当困难的情况下，通过公司法定代表人孙晓南积极努力工作，和他人签订了合作探矿协议，公司拥有的两处探矿权经有关部门批准得以有效延续，足以说明公司经营活动正常，工作正在开展，不存在公司陷入僵局的情况；另外，康县山川矿业开发有限公司的存在不但不会使他人利益受到损害，反而会使公司更加成长壮大，效益会逐渐提高。因此，该案没有达到司法解散的要求。

案例 4 司法解散认定中的法律规定与内部约定

——张晶等诉北京浩天海马汽车销售有限公司司法解散纠纷案[1]

（一）案例简介

原告张晶、原告北京康宏伟业投资顾问有限公司（以下简称：康宏伟业公司）与被告北京浩天海马汽车销售有限公司（以下简称：浩天海马公司）、第三人钟连成、第三人邵文阁公司解散纠纷一案，本院受理后，依法由代理审判员刘春辉独任审判，公开开庭进行了审理。本案现已审理完毕。

原告张晶、原告康宏伟业公司诉称：浩天海马公司于 2001 年成立，注册资本为 1000 万元，张晶是发起人之一，自公司成立之际即为公司股东并持股3.6%。2005 年 10 月 20 日，康宏伟业公司经受让后取得了 32% 的股权。钟连成和邵文阁均为公司股东，分别持股 61.3% 和 3.1%。自 2008 年起，因股东之间存在争议，浩天海马公司持续 2 年以上无法召开股东会，且公司股东之间长期冲突无法解决，公司经营管理发生严重困难。若浩天海马公司继续存在会使股东利益受到重大损失，故起诉要求：1. 判决解散被告浩天海马公司；2. 判令诉讼费用由被告浩天海马公司和第三人钟连成、邵文阁负担。

被告浩天海马公司辩称：不同意解散公司。二原告起诉的理由不成立，与

---

[1] 案例来源：北京市大兴区人民法院（2012）大民初字第 8269 号民事判决书，载 http：//www.legal-risk.cn/n3905c11.aspx，2014 年月 11 日访问。

事实不符。2001 年钟连成与张晶最早出资成立公司，全部委托待办公司进行注册登记，张晶在钟连成不知情的情况下冒充钟连成的签字，事实上张晶根本就没有出资，虽然公司的验资报告上有他的出资数额，但是在公司成立以后张晶以各种理由把资金借走了，海淀法院的判决书可以证明张晶的出资额根本就没有用于公司的经营，而且他也没有出资。

第三人钟连成述称：不同意二原告的诉讼请求。当初跟张晶约定好转让股份给我，但是后来张晶又出尔反尔给改了，又跟我提出股权转让款，所有的协议都没有约定股权转让款的问题，我根本就不认可张晶和康宏伟业公司是公司的股东，跟公司没有任何关系，所以不存在什么持续两年无法召开股东大会之类的问题。公司自成立到现在开过二十多次股东会，从 2008 年起张晶和康宏伟业公司不是公司股东了，其无权就是否召开股东会发表任何意见。

第三人邵文阁述称：不同意二原告提出的公司解散的诉讼请求。

本院根据上述认证查明：

2001 年浩天海马公司成立，公司注册资本 1000 万元，在 2008 年 9 月 1 日浩天海马公司办理股权工商变更之前，工商登记记载公司股东为张晶、邵文阁、钟连成、康宏伟业公司，其中记载张晶出资 36 万元，占注册资本的 3.6%，邵文阁出资 31 万元，占注册资本的 3.1%，钟连成出资 613 万元，占注册资本的 61.3%，康宏伟业公司出资 320 万元，占注册资本的 32%。

2010 年 9 月，张晶以股权转让纠纷为由将钟连成、浩天海马公司诉至本院，本院于 2010 年 12 月 7 日作出（2010）大民初字第 10426 号民事判决书，判决：一、确认浩天海马公司在北京市工商行政管理局大兴分局备案的 2008 年 9 月 1 日以张晶名义将其持有的浩天海马公司 3.6% 的股权转让给钟连成的股权转让协议无效；二、钟连成及浩天海马公司向北京市工商行政管理局大兴分局办理撤销依据本判决第一项所述股权转让协议办理的股权变更登记手续，将张晶持有的 3.6% 的股权恢复登记至张晶名下；该案已经生效。2010 年 9 月，康宏伟业公司以股权转让纠纷为由将钟连成、浩天海马公司诉至本院，本院于 2010 年 12 月 7 日作出（2010）大民初字第 10425 号民事判决书，判决：一、确认浩天海马公司在北京市工商行政管理局大兴分局备案的 2008 年 9 月 1 日以康宏伟业公司名义将其持有的浩天海马公司 32% 的股权转让给钟连成的股权转让协议无效；二、钟连成及浩天海马公司向北京市工商行政管理局大兴分局办理撤销依据本判决第一项所述股权转让协议办理的股权变更登记手续，将康宏伟业公司持有的百分之三十二的股权恢复登记至康宏伟业公司名下；该案已生效。

现张晶持有 3.6% 股权，邵文阁持有 3.1% 股权，钟连成持有 61.3% 股权，康宏伟业公司持有 32% 股权。浩天海马公司没有董事会，钟连成为公司执行董事。浩天海马公司的公司章程有以下规定：股东会由全体股东组成，是公司的权力机构，行使下列职权：对公司合并、分立、变更公司形式、解散和清算等事项作出决议。

二原告于 2012 年 5 月 25 日分别向浩天海马公司、钟连成、邵文阁邮递股东会临时会议召集通知，浩天海马公司、钟连成未收到该快递，该会议没有召开。庭审中，经本院询问，浩天海马公司不认可有经营困难的问题，浩天海马公司、钟连成、邵文阁均表示可以召开股东会。

本院认为：按照浩天海马公司的工商登记，二原告为持有浩天海马公司全部股东表决权 10% 以上的股东，因此其具有请求法院解散公司的主体资格。但根据《公司法》第一百八十三条规定二原告请求法院判决解散公司必须以通过其他途径不能解决为前提，而浩天海马公司的公司章程规定股东会的职能中包含了对公司解散事宜进行决议。二原告应以召开股东会会议的形式决议公司解散事宜，但二原告股东会议的召集通知未能送达浩天海马公司、钟连成，不能认定浩天海马公司、钟连成拒绝召开股东会临时会议；浩天海马公司未就公司解散事宜召开过股东会进行讨论，故二原告并未穷尽公司内部救济途径，不符合法院强制判令解散公司的前提条件。综上，对二原告请求解散浩天海马公司的诉讼请求，本院不予支持。据此，依照《中华人民共和国公司法》第一百八十三条、《最高人民法院关于民事诉讼证据的若干规定》第二条之规定，判决如下：

驳回原告张晶、原告北京康宏伟业投资顾问有限公司的诉讼请求。

案件受理费三十五元，由原告张晶、原告北京康宏伟业投资顾问有限公司负担（已交纳）。

（二）争议焦点

该案是否达到司法解散界限？

（三）法理评析

当公司陷入僵局时，符合条件的股东可以向人民法院提出解散公司之诉。这就是新《公司法》确立的"司法解散"制度。《公司法》第一百八十三条规定，公司经营管理发生严重困难，继续存续会使股东利益受到重大损失，通过其他途径不能解决的，持有公司全部股东表决权百分之十以上的股东，可以请求人民法院解散公司。为了防止股东恶意诉讼，必须要求股东先穷尽公司内部救济措施才可以向法院提起诉讼。所谓竭尽公司内部救济原则，指原告股东在提起诉讼之前，必须首先请求董事会采取必要措施，只有当公司明确拒绝股东请求或者对股东请求置之不理时，股东才能向法院提起诉讼。

对本案来说，浩天海马公司的公司章程规定股东会的职能中包含了对公司解散事宜进行决议。二原告应先以召开股东会会议的形式决议公司解散事宜，案件查证的事实是：二原告于2012年5月25日分别向浩天海马公司、钟连成、邵文阁邮递股东会临时会议召集通知，浩天海马公司、钟连成未收到该快递，该会议没有召开，不能认定浩天海马公司、钟连成拒绝召开股东会临时会议；浩天海马公司未就公司解散事宜召开过股东会进行讨论，故二原告并未穷尽公司内部救济途径，不符合法院强制判令解散公司的前提条件。

案例5 司法解散认定中的全面审核原则
——李卫军与温岭市聚丰鞋底有限公司司法解散纠纷案 [1]

（一）案例简介

上诉人温岭市聚丰鞋底有限公司（以下简称聚丰公司）为与被上诉人李卫军，原审第三人陈志新、陈炜、陈志良公司解散纠纷一案，不服浙江省温岭市人民法院（2012）浙台温商初字第1829号民事判决，向本院提起上诉。本院于2013年12月26日受理后，依法组成合议庭审理了本案，现已审理终结。

原审法院审理认定：原告李卫军与陈志新、陈炜、陈志良四人在2002年11月12日经工商登记成立了聚丰公司，注册资金50万元，四人的股份各为25%，经营范围为鞋底制造、加工、销售。陈志新为公司的执行董事兼总经理。在经营过程中，因股东之间产生矛盾，第三人陈炜在2007年4月30日自行离开公司，没有再参与该公司的经营与管理。2009年1月，原告李卫军也离开了公司，不再参与公司的经营管理。因公司账本遗失，2010年8月15日四投

[1] 案例来源：浙江省台州市中级人民法院（2014）浙台商终字第18号民事判决书，载http://www.court.gov.cn/zgcpwsw/zj/zjstzszjrmfy/ms/201403/t20140326_614812.htm，2014年8月30日访问。

资人邀请他人对公司账目进行结算，但因双方差距过大，无法结算。2011 年 10 月间，第三人陈志良离开公司。在被告公司的经营过程中，因公司经营困难，负债严重，第三人陈志新未经公司董事会协商，将被告公司厂房全部予以出租，对公司设备等资产予以出卖，并收取租金及转让款。2012 年 1 月 20 日，第三人陈志良与陈志新签订一份股份转让协议，约定陈志良将 25% 股权转让给陈志新，但双方至今未办理工商变更登记手续。本案双方因分歧较大，经调解无效。

原告李卫东于 2012 年 11 月 9 日，以原告与陈志新、陈炜、陈志良四人在 2002 年 11 月 12 日经工商登记成立了聚丰公司，注册资金 50 万元，四人的股份各为 25%，经营范围为鞋底制造、加工、销售，陈志新为公司的执行董事兼总经理，在经营过程中，因股东之间产生矛盾，陈炜在 2007 年 4 月 30 日离开公司，没有再参与该公司的经营与管理，2009 年 1 月，原告也离开了公司。长期以来，公司无法开展有效的经营管理，目前公司的部分财产已被陈志新擅自变卖，公司的房屋已被陈志新擅自出租给他人，公司已处于停产状态，股东间已多年无法召开股东会为由，向原审法院提起诉讼，请求判令：一、依法解散聚丰公司；二、本案诉讼费用由被告承担。

被告聚丰公司在原审中答辩称：原告诉请要求解散公司缺乏事实和法律依据，依法应予驳回。理由有：一、被告认为长期以来，公司经营管理活动正常，公司依法经营并缴纳税收。至于股东何时离开、是否参与公司具体经营活动，与公司解散无关。二、公司依法向股东追讨属于公司的财产，是公司依法维护公司股东权益的表现，不存在公司继续存在会对公司股东权益造成损害的问题。从原告提供的证据来看，看不到这方面的证据。三、直至原告起诉之时，陈志新作为公司执行董事和股东，从无接到股东要求召开公司股东会的书面通知，故原告诉请认为公司多年无法召开股东会缺乏事实依据。至于诉状中所列变卖的财产及出租的事实，没有证据，依法予以驳回。

原审第三人陈志新陈述称：一、同意被告的答辩意见。本案原告提起解散公司不符合公司法的相关规定，也没有提供相关的证据予以支持。二、原告诉称的公司没有召开股东会及陈志新作为执行董事变卖公司财产及出租房屋与事实不符，且在诉讼期间，在举证期限内也没有收到原告提供的相关证据，所以不存在该事实。三、陈志新认为在公司存续期间至今还有经营，虽然公司存续期间因个别股东离开，但陈志新一直处理公司相关事务，为此，负有相应的债务。个别的股东不顾公司的利益，领取了大额的现金。所以陈志新认为原告起诉的事实与实际情况不符，与相关的法律不符，要求依法驳回。

原审第三人陈炜陈述称：同意解散。

原审第三人陈志良陈述称：与本人无关，本人已经将股份转让给陈志新。

原审法院审理认为：本案双方争执的焦点在于被告聚丰公司是否符合解散的条件。《最高人民法院关于使用〈中华人民共和国公司法〉若干问题的规定（二）》第一条规定："单独或者合计持有公司全部股东表决权百分之十以上的股东，以下列事由之一提起解散公司诉讼，并符合《公司法》第一百八十三条规定的，人民法院应予受理。（一）公司持续两年以上无法召开股东会或者股东大会，公司经营管理发生严重困难的；（二）股东表决时无法达到法定或者公司章程规定的比例，持续两年以上不能做出有效的股东会或者股东大会决议，公司经营管理发生严重困难的；（三）公司董事长期冲突，且无法通过股东会或者股东大会解决，公司经营管理发生严重困难的；（四）经营管理发生其他严重困难，公司继续存续会使股东利益受到重大损失的情形。"上述相关法条，对司法强制解散公司作了规范，亦即主张公司解散，被要求解散的公司须存在应被解散的法定事由。本案中，聚丰公司自2010年8月15日虽经中间人调解结算，但无法作出有效的股东会决议，自此以后至今不能召开股东会、董事会。公司各股东均自行离开公司，被告公司实际上由第三人陈志新一人在经营。因公司经营困难，第三人陈志新未经公司股东会讨论，将公司资产处分，被告公司现已停止经营，上述情形符合法律规定的法定解散事由。鉴于被告公司各股东对立严重，双方已不存在继续经营的人和因素，故原告要求解散公司的主张，予以支持。该院于2013年11月8日作出如下判决：解散被告温岭市聚丰鞋底有限公司。一审案件受理费8800元，由被告温岭市聚丰鞋底有限公司负担。

上诉人聚丰公司不服原审法院上述民事判决，向本院提起上诉，请求：撤销原审判决。

被上诉人李卫军答辩称：请求驳回上诉，维持原判。

原审第三人陈志新在二审中陈述称：一审法院的判决事实认定错误，适用法律不当，请求二审法院撤销原判，驳回被上诉人的诉讼请求。

原审第三人陈炜在二审中陈述称：公司应当解散。这么多年下来，账也无法算，公司法人代表说账也没了。

原审第三人陈志良在二审中未作陈述。

二审期间，各方当事人均未提供新的证据。

本院经审理查明的事实与原审法院认定的事实一致。

本院认为，本案争议的焦点在于被上诉人申请解散聚丰公司是否符合法定情形，聚丰公司是否应当解散。根据本案查明的事实，本院认为被上诉人李卫军要求解散聚丰公司的诉讼请求应当予以支持，具体理由评析如下：首先，聚丰公司的经营管理已发生严重困难。根据《公司法》第一百八十三条和《最高人民法院关于适用〈中华人民共和国公司法〉若干问题的规定（二）》[以下简称《公司法》解释（二）] 第一条的规定，参照最高人民法院颁布的法（2012）172 号指导案例 8 号的裁判要旨，判断公司的经营管理是否出现严重困难，应当从公司的股东会、董事会或执行董事及监事会或监事的运行现状进行综合分析。"公司经营管理发生严重困难"的侧重点在于公司管理方面存有严重内部障碍，如股东会机制失灵、无法就公司的经营管理进行决策等，不应片面理解为公司资金缺乏、严重亏损等经营性困难。本案中，聚丰公司有李卫军、陈志新、陈志良、陈炜四名股东，四人各占 25% 的股份，聚丰公司章程规定：股东会一般决议须经代表过半数表决权的股东通过，重大决议必须经代表三分之二以上表决权的股东通过。因此，只要两名股东与其他股东的意见存有分歧、互不配合，就无法形成有效表决，显然影响公司的运营。从本案事实看，该公司股东自 2007 年就前期公司盈余分配协商未果后，股东陈炜、李卫东相继离开公司，聚丰公司自此从未召开股东会，无法形成有效股东会决议，也就无法通过股东会决议的方式管理公司，股东会机制已经失灵。由于聚丰公司的内部机制已无法正常运行、无法对公司的经营作出决策，且该公司目前已处于停产状态，仅靠出租厂房维系，股东李卫军和陈炜明确表示要求解散公司，故该公司的经营管理已发生严重困难的事实应当予以认定。其次，由于聚丰公司的内部运营机制早已失灵，被上诉人李卫军、原审第三人陈炜的股东权长期处于无法行使的状态，其投资聚丰公司的目的无法实现，如该公司此种状态继续存续，将使得上述两位股东的股东权益受到重大损失。从聚丰公司股东自行协商以及仲裁机构、人民法院就股东争议调解未果的事实看，聚丰公司的僵局通过其他途径长期无法解决，《公司法》解释（二）第五条明确规定了"当事人不能协商一致使公司存续的，人民法院应当及时判决"，据此，原审法院判决解散聚丰公司并无不当。此外，被上诉人李卫军持有聚丰公司 25% 的股份，也符合《公司法》关于提起公司解散诉讼的股东须持有公司 10% 以上股份的条件。综上所述，被上诉人李卫军的诉请符合《公司法》及《公司法》解释（二）所规定的股东提起解散公司之诉的条件，从充分保护股东合法权益，合理规范公司治理结构，促进市场经济健康有序发展的角度出发，被上诉人李卫军要求解散聚丰公司的诉讼请求应当予以支持。综上，原审判决认定事实清楚，适用法律正确，判处得当，应当予以维持。判决如下：驳回上诉，维持原判。

（二）争议焦点

聚丰公司是否满足了司法解散的条件？

（三）法理评析

我国《公司法》第一百八十三条确立了公司的司法解散制度。按照该条的规定，公司经营管理发生严重困难，继续存续会使股东利益受到重大损失，通过其他途径不能解决的，持有公司全部股东表决权百分之十以上的股东，可以请求人民法院解散公司。由此可以将我国司法解散的适用条件概括为：一是原告为单独或者合计持有公司全部股权表决权百分之十以上的股东；二是公司经营管理发生了困难。指的是公司内部股东、董事之间发生矛盾，使得公司无法正常经营管理。三是公司继续存续会使股东利益受到重大损失。在司法实践中，一般把股东权利无法行使，投资公司目的无法实现作为"股东利益受到重大损失"的依据。四是通过其他途径不能解决。法律规定"通过其他途径不能解决"作为司法解散公司的一个条件，是因为司法解散公司影响非常大，可能损坏第三人的利益，涉及到劳动就业、税收、资源有效利用等许多方面。如果有其他方式可以解决纠纷，改变僵局，法院应该使用其他方式，比如通过调解使一方同意退出公司，另外一方以合理价格购买对方股权等等，实在没有其他方式的时候才能判决解散公司。

就本案查明的事实，第一，该公司股东自 2007 年就前期公司盈余分配协商未果后，股东陈炜、李卫东相继离开公司，聚丰公司自此从未召开股东会，股东会机制已经失灵。由于聚丰公司的内部机制已无法正常运行、无法对公司的经营作出决策，且该公司目前已处于停产状态，仅靠出租厂房维系，故该公司的经营管理已发生严重困难的事实应当予以认定。第二，由于聚丰公司的内部运营机制早已失灵，被上诉人李卫军、原审第三人陈炜的股东权长期处于无法行使的状态，其投资聚丰公司的目的无法实现，如该公司此种状态继续存续，将使得上述两位股东的股东权益受到重大损失。第三，从聚丰公司股东自行协商以及仲裁机构、人民法院就股东争议调解未果的事实看，聚丰公司的僵局解决已穷尽了其他手段。第四，被上诉人李卫军持有聚丰公司 25% 的股份，符合《公司法》关于提起公司解散诉讼的股东须持有公司 10% 以上股份的条件。所以，聚丰公司满足了司法解散的条件。

案例6 司法解散审查中的自由裁量权

——上海衡成电子有限公司司法解散纠纷案[1]

（一）案例简介

上诉人上海衡成电子有限公司（以下简称"衡成公司"）因公司解散纠纷一案,不服上海市青浦区人民法院（2013）青民二（商）重字第S1号民事判决,向本院提起上诉。本案现已审理终结。

原审法院经审理查明：1.衡成公司于2004年6月16日登记设立,注册资本为人民币50万元。现股东为黄治浩与潘平,各持有公司50%股权。潘平任法定代表人及执行董事,黄治浩任监事。

2.衡成公司章程规定：股东会会议由股东按照出资比例行使表决权。股东会会议作出修改公司章程、增加或减少注册资本的决议,以及公司合并、分立、解散或者变更公司形式的决议,必须经代表三分之二以上表决权的股东通过,股东会会议作出前款以外事项的决议,须经代表二分之一以上表决权的股东通过。衡成公司自2009年至今未能召开股东会。黄治浩于2012年6月向上海市打浦路271弄乙弄2号及衡成公司住所地寄送召集临时股东会通知,收件人均为潘平,分别因地址不详及查无此人而退件。

3.2011年7月14日,上海紫江国际贸易有限公司（以下简称"紫江公司"）与衡成公司作为转让人,潘平作为受让人,签订了《债权债务转让协议》,约定：鉴于衡成公司和紫江公司于2006年3月23日签署了一份代理协议,衡成公司委托紫江公司负责衡成公司的产品运输和客户收款工作,衡成公司于2009年7月至2010年9月期间将产品销售给美国的AC国际公司（以下简称"AC公司",由黄治浩控股）,AC公司仍有货款822080.50美元未付,导致紫江公司也无法向衡成公司支付该笔款项,衡成公司和紫江公司欲根据向AC公司出具的发票收取全部欠款余额,转让人欲将发票项下的债权转让给受让人,受让人支付收款金额的1%作为对价,转让两方平均分配该对价。

4.衡成公司自2011年起停止经营,现无经营场所,无员工,除拥有一项迷你电子秤的外观设计专利及对AC公司的应收账款外,无其他财产。对于前

---

[1] 案例来源：中华人民共和国上海市第二中级人民法院（2014）沪二中民四（商）终字第S453号民事判决书,载http://www.shezfy.com/view/cpws.html?id=98271,2014年8月15日访问。

述外观设计的权属，黄治浩和潘平存在争议；对于应收账款，先以衡成公司的名义在美国起诉 AC 公司，后撤诉，衡成公司将债权转让给潘平，又以潘平的名义起诉 AC 公司，尚未审结。

5. 2013 年 2 月，原审法院受理潘平、金莉洁诉黄治浩股权转让纠纷一案，在该案一审和二审审理过程中，原审法院针对潘平、黄治浩之间的矛盾进行调解，但分歧一直很大，调解无果。

黄治浩认为衡成公司处于不再经营的状况，股权构成先天不足，股东矛盾不可调和，经营管理发生严重困难，陷入僵局，故诉至原审法院，请求判令解散衡成公司。

原审法院认为，黄治浩系持有美国护照的自然人，本案系涉外商事案件。庭审中，黄治浩、衡成公司及潘平共同选择适用我国法律，符合法律规定，故本案应适用我国法律进行审理。

本案争议焦点为是否应解散衡成公司，对此原审法院认为：第一，黄治浩持有衡成公司 50% 的股份，符合《中华人民共和国公司法》(以下简称 "公司法") 关于提起公司解散诉讼的股东需持有公司 10% 以上股份的条件。第二，衡成公司的经营管理已发生严重困难。判断公司的经营管理是否出现严重困难，应当从公司的股东会、董事会或执行董事及监事会或监事的运行现状进行综合分析，侧重点在于公司管理方面存在严重内部障碍，如股东会机制失灵、无法就公司的经营管理进行决策等，而非公司是否经营，是否盈利等。本案中，衡成公司仅有黄志浩和潘平两名股东，两人各占 50% 的股份，公司章程规定股东会的决议须经代表二分之一以上表决权的股东通过。因此，只要两名股东的意见存有分歧、互不配合，就无法形成有效表决，显然影响公司的运营。衡成公司已持续 4 年未召开股东会，无法形成有效股东会决议，也就无法通过股东会决议的方式管理公司，股东会机制已经失灵。潘平作为互有矛盾的两名股东之一，其作为法定代表人和执行董事管理公司的行为，已无法贯彻股东会的决议。黄志浩作为公司监事不能正常行使监事职权，无法发挥监督作用。由于衡成公司的内部机制已无法正常运行、无法对公司的经营作出决策，即使潘平在美国的诉讼能够追回债权，也不能改变该公司的经营管理已发生严重困难的事实。第三，由于衡成公司的内部运营机制早已失灵，黄治浩的股东权、监事权长期处于无法行使的状态，其投资衡成公司的目的无法实现，利益受到重大损失，且衡成公司的僵局通过其他途径长期无法得到解决。目前衡成公司除了诉讼活动，没有经营行为，无场所、无人员，两名股东无法直接联系，且对衡成公司仅有的财产（外观设计、对 AC 公司的债权）争议很大。在本案（发回重审前的）原审一审和二审审理中，在另案（2013）青民二（商）初字第 S494 号案件的一审和二审审理中，法院多次组织当事人进行调解，但股东之间互不信任，分歧一直很大。在本案审理过程中，双方仍然分歧很大，无法达成一致意见。

综上所述，衡成公司已符合公司法及司法解释所规定的股东提起解散公司之诉的条件，在目前无其他救济途径解决公司僵局的情况下，黄治浩请求解散公司的诉讼请求具有事实和法律依据，原审法院予以支持。本案经原审法院审判委员会讨论决定，作出判决：准许解散衡成公司。本案受理费 5500 元，由衡成公司负担。

原审判决后，上诉人衡成公司不服，向本院提起上诉请求：撤销原审判决，改判驳回黄治浩的原审诉讼请求；一审、二审案件受理费由黄治浩承担。

被上诉人黄治浩答辩称：原审认定事实清楚，适用法律正确，请求：驳回上诉，维持原判。

原审第三人潘平陈述：同意衡成公司的上诉请求，不同意黄治浩的主张。

本院经审理查明，原审查明事实属实，本院予以确认。

本院另查明以下事实：1. 2012 年 6 月黄治浩向上海市打浦路 271 弄乙弄 2 号寄送召集临时股东会通知，上述地址为衡成公司工商档案资料中"企业投资人名录"上所记载的潘平的住所地址。对此，衡成公司表示，该地址应当是潘平提供的，但是不清楚潘平为什么提供该地址。潘平表示其从未在该地址居住过。

2. 衡成公司的工商档案机读材料中显示，该公司的营业期限为 2004 年 6 月 16 日至 2014 年 6 月 15 日。对此，衡成公司表示其会向工商部门申请延期，如未获批准，再考虑解散问题；黄治浩表示其不同意申请延长衡成公司的营业期限。

3. 黄治浩主张，基于衡成公司的股权结构（黄治浩与潘平各占衡成公司 50% 股份），上述两人不能配合就不能形成决议，容易形成公司僵局。对此，衡成公司确认，依照上述股权结构和公司章程，"确实可能存在无法达到表决一致的情况，但双方没有召开过股东会，因此是否会无法达成一致是不确定的"。

本院结合以上事实和相关法律，最终判决：驳回上诉，维持原判。

（二）争议焦点

衡成公司是否应当予以解散？

（三）法理评析

第一，黄治浩作为占有衡成公司 50% 股份的股东提起本案诉讼，符合提起诉讼的主体条件。第二，黄治浩与潘平各占有衡成公司 50% 股份，而黄治浩亦明确表示其与潘平在经营理念及方式均存在严重分歧。况且，自 2009 年至今未召开股东会、未形成决议，表明了潘平作为衡成公司的法定代表人和执行董事，其管理公司的行为无法贯彻股东会的决议，也表明了黄治浩无法正常行使监事职权，公司陷入僵局。第三，该公司如此不顺畅的运作必然影响其经营活动和经营业绩，最终影响股东利益。第四，在本案的各个审理阶段，和另案（2013）青民二（商）初字第 S494 号案件的一审和二审审理中，法院均多次组织当事人进行调解，但股东之间互不信任，始终无法达成一致意见。表明解决该公司僵局的前置手段已经用尽。因此，衡成公司应当予以解散。

案例 7 公司僵局产生的原因与司法解散的关系
——富钧新型复合材料（太仓）有限公司司法解散纠纷案[1]

（一）案例简介

上诉人富钧新型复合材料（太仓）有限公司（以下简称富钧公司）因与被上诉人仕丰科技有限公司（以下简称仕丰公司）、原审第三人永利集团有限公司（以下简称永利公司）公司解散纠纷一案，不服江苏省高级人民法院于2011 年 5 月 26 日作出的（2007）苏民三初字第 3 号民事判决，向本院提起上诉。本案现已审理终结。

原审法院经审理查明：2002 年 11 月 27 日，萨摩亚 PEREZ LIMITED 有限公司发起设立外商独资企业贝克莱新型复合材料（太仓）有限公司（以下简称贝克莱公司），注册资本 105 万美元。2004 年 4 月 28 日，贝克莱公司因股东资本金没有到位，通过董事会决议决定将该公司所有股份转让给永利公司，并接纳仕丰公司作为贝克莱公司投资者并追加投资；重新任命黄崇胜为贝克莱公司董事长，郑素兰、张博钦为贝克莱公司董事；同时要求进行章程变更并经投

---

[1] 案例来源：中华人民共和国最高人民法院（2011）民四终字第 29 号民事判决书，载 http://www.court.gov.cn/zgcpwsw/zgrmfy/ms/201311/t20131121_169351.htm，2013 年 6 月 6 日访问。

资方确认通过后，报原审批部门审批登记。

贝克莱公司工商登记中 2004 年 4 月 28 日的公司章程载明：永利公司与仕丰公司共同投资贝克莱公司并追加投资。追加投资后公司注册资本 1000 万美元，其中永利公司出资额 400 万美元（现汇 40 万美元，机器设备折价 360 万美元），占 40% 的出资比例，仕丰公司出资额 600 万美元（现汇 60 万美元，机器设备折价 540 万美元），占 60% 的出资比例。章程第十七条规定公司设立董事会，董事会是公司的最高权力机构。第二十一条规定董事会由三名董事组成，仕丰公司委派两名，永利公司委派一名，董事长由永利公司委派。第二十三条规定董事会实行例行会议及临时会议制度，例行会议在年度结束以内举行，临时会议在认为必要的时候举行。第二十四条规定董事会会议由董事长召集并主持，当董事长缺席时可由其委托人主持。第二十五条规定董事会会议必须由全体董事出席。董事因故不能出席董事会会议，可以书面委托代理人出席。第二十六条规定董事会会议每年召开一次，经三分之一董事提议可召开临时会议。董事会书面决议和董事会的议事记录由出席会议的董事全体签名，并由公司保存。第二十七条规定公司设经营管理机构，下设生产、技术、销售、财务、行政等部门，并设总经理一名，由仕丰公司推荐。总经理执行董事会的各项决议，行使公司日常经营管理业务。时任仕丰公司法定代表人郑素兰在章程上签字并加盖印章，永利公司法定代表人黄崇胜在章程上签字。

2004 年 5 月 12 日，太仓市对外贸易经济合作局批复同意贝克莱公司股东变更、增资、董事会变更和章程变更。贝克莱公司办理了相应的工商变更登记手续，黄崇胜担任贝克莱公司董事长，郑素兰、张博钦担任董事，聘请张博钦担任总经理。仕丰公司否认郑素兰在公司章程等上的签名及签章，同时称不知道公司董事会成员的组成结构。

贝克莱公司工商登记手续变更后，张博钦担任总经理并负责贝克莱公司的筹建和生产经营。2004 年 8 月 1 日，怡球金属（太仓）有限公司（以下简称怡球公司）与贝克莱公司签署厂房租赁合同一份，约定贝克莱公司租赁怡球公司厂房 4700 平方米，每月租金人民币 79900 元。同日签订的补充协议约定，贝克莱公司分五年每季度向怡球公司支付电力开户增容费人民币 6 万元，共计支付人民币 120 万元。2004 年 10 月，贝克莱公司正式投产运营，并经董事会决议，报太仓市对外贸易经济合作局批复同意后，于 2004 年 11 月 23 日经工商机关变更名称，贝克莱公司更名为富钧公司。

2005 年 4 月 7 日，仕丰公司和永利公司因对富钧公司治理结构、专利技术归属、关联交易等方面发生争议，总经理张博钦离开富钧公司，此后富钧公司由董事长黄崇胜进行经营管理至今。富钧公司总经理张博钦离职后，为了解决富钧公司经营管理问题，仕丰公司和永利公司及富钧公司通过各自律师进行大量函件往来，沟通召开董事会事宜，最终于 2006 年 3 月 31 日召开了富钧公司第一次临时董事会，黄崇胜、张博钦（同时代理郑素兰）参加会议，但董事会未形成决议。此后仕丰公司和永利公司对富钧公司的治理等问题进行书面函件交流，但未能达成一致意见，董事会也未能再次召开。

2005 年 4 月 15 日，怡球公司以富钧公司拖欠租金、水电费、电力增容费为由诉至江苏省太仓市人民法院。2005 年 5 月 9 日，江苏省太仓市人民法院以（2005）太民一初字第 0745 号民事判决判令富钧公司向怡球公司支付相关费用及逾期利息共计人民币 399904.73 元。

2004 年 7 月 28 日，COMPOS 国际股份有限公司成立外商独资企业同镒公司，张博钦任公司董事长兼总经理。该公司生产产品与富钧公司相同。2008 年 3 月，富钧公司以张博钦、同镒公司为被告向山东省济南市中级人民法院提起损害公司利益赔偿纠纷案，该案尚未审结。

在审理本案过程中，原审法院以维持富钧公司存续为目标进行了多轮调解工作，首先要求三方当事人围绕改进和重构富钧公司治理结构进行磋商，力求建立各方均能接受的公司经营管理的方式。虽然三方当事人提出了许多建设性意见，但因无法建立信任关系而未能达成共同经营管理公司的方案。其次要求三方当事人围绕单方股东退出公司进行磋商，因股权收购的价格无法达成一致，未能实现单方股东转让股权、退出公司经营管理的目标。

原审法院审理认为：（一）关于富钧公司是否符合《公司法》第一百八十三条规定的司法解散公司条件。首先，仕丰公司具备提起解散公司诉讼的主体资格。《公司法》第一百八十三条规定持有公司全部股东表决权百分之十以上的股东才具有提起解散公司诉讼的主体资格。本案中仕丰公司占有富钧公司 60% 股权，其单独股东表决权已经超过了全部股东表决权的百分之十。

其次，富钧公司经营管理确实发生严重困难。经营管理严重困难是有限责任公司陷入僵局的第一个要件。所谓公司僵局，是指在公司内部治理过程中，公司因股东间或公司管理人员之间的利益冲突和矛盾，一切决策和管理机制均陷入瘫痪，股东大会或董事会由于对方的拒绝参加而无法召集，任何一方的提议都不被其他方接受或认可，或者即使能够举行会议，也因各方成员持有不同的见解，而无法通过任何决议的一种状态。本案中，富钧公司经营管理已经发生严重困难。一是富钧公司的最高权力机构董事会长期无法履行职能。自2005年4月7日富钧公司总经理张博钦离开公司之后，富钧公司仅于2006年3月31日召开过一次未能做出决议的临时董事会，董事会在长达六年多时间内未能履行章程规定的职能。二是公司董事冲突长期无法解决。富钧公司董事、总经理张博钦因在公司治理结构、关联交易等方面与董事长黄崇胜发生争议，自行离开公司后，数年来富钧公司三个董事均通过律师进行函件往来，但并未能就解除公司经营管理的分歧达成一致，冲突始终存在。同时张博钦就任同镒公司法定代表人后，又引发富钧公司诉张博钦损害公司利益诉讼，使得各方的冲突加剧。三是公司章程规定的公司经营管理模式成为空设。富钧公司章程中规定总经理执行董事会的各项决议，行使公司的日常经营管理业务。张博钦作为富钧公司聘用的总经理长期不进行公司经营管理，公司由一方股东委派的董事长一人进行管理，使公司章程规定的公司治理结构成为空设。

第三，公司继续存续会使公司股东权益受到重大损失。一方面从富钧公司的经营状况来看，股东的投资长期未能获得回报。富钧公司自成立开始至今一直处于亏损状态，虽然在黄崇胜长达六年的单方经营管理中，富钧公司的亏损在逐年减少，但始终未能实现扭亏为盈，已经造成股东经济利益的重大损失。另一方面从富钧公司的管理来看，现代公司治理结构未能发挥有效作用。由于双方股东的冲突始终不能得到解决，富钧公司一直由永利公司委派的董事长单方进行管理，作为公司的大股东仕丰公司却游离于公司之外，不能基于其投资享有适当的公司经营决策、管理和监督的股东权利，其股东权益受到重大损失。

第四，经过多方努力无法解决公司僵局。富钧公司股东间发生冲突后，双方股东均通过多种途径力图化解纠纷，但均未能成功。一方面股东双方自行进行沟通协调。股东双方均委托律师参与双方纠纷的处理，在长达两年多的时间里，进行了十多次往来函件的沟通，并且召开了一次临时董事会，但对分歧事项未能达成共识。另一方面在提起诉讼之后，在人民法院的主持下，三方进行了多轮的调解，从重新建立富钧公司新的公司治理结构到股东转让股权单方退出，股东各方均提出解决方案，但均未能达成意见一致的调解协议。

第五，富钧公司、永利公司抗辩事由不能成立。1.关于股东之间的矛盾是由仕丰公司引起，富钧公司不能解散的抗辩事由。有限责任公司除资合性特征之外还具有较强的人合性，股东通常既是公司的投资者又是公司的经营管理者，股东之间的信任与合作是公司正常经营的重要基础。从有限责任制度产生以来，为确保公司稳健经营，公司运行始终体现资本民主的"股份多数决"原则。当股东之间丧失了彼此间的信任发生公司僵局时，一方股东控制着公司的经营权和财产权，对其他股东存在事实上的强制和严重的不公平，事实上剥夺了其他股东基于投资股份所享有的合法经营管理权利，是公司符合司法解散的条件之一。富钧公司的僵局起始于 2005 年 4 月 7 日张博钦离开公司，原因是股东双方在公司治理结构的安排、专利权归属、公司关联交易等问题发生分歧后，股东双方之间逐步丧失了共同经营管理公司的信任基础，从而产生了公司僵局。仕丰公司认为永利公司伪造董事会决议修改公司章程从而占据公司董事长位置，理由是公司章程上签名和签章非其法定代表人所为，但在公司章程修订后，仕丰公司委派的张博钦长期担任贝克莱公司总经理负责经营管理，并修改章程将公司名称变更为富钧公司，故仕丰公司的单方否认还不足以证明永利公司伪造董事会决议章程的事实。虽然仕丰公司对永利公司产生不信任的理由不一定成立，但公司是否能够解散取决于公司是否存在僵局，而不取决于僵局产生的原因和责任。因此，富钧公司、永利公司关于矛盾由仕丰公司引起而不能解散公司的抗辩理由缺乏法律依据，该院不予采纳。2. 关于仕丰公司恶意诉讼，企图独占市场，不应解散公司的抗辩事由。同镒公司是由 COMPOS 国际股份有限公司成立的外商独资企业，富钧公司、永利公司未能举证证明同镒公司与仕丰公司存在关联关系。张博钦虽然是仕丰公司委派到富钧公司的董事，但在缺乏其他证据印证的情形下，张博钦到同镒公司担任董事长并不能当然视为代表仕丰公司。因此，富钧公司、永利公司关于仕丰公司恶意诉讼、企图独占市场的抗辩主张缺乏事实依据，该院不予采信。至于张博钦作为富钧公司高管人员是否应当承担损害公司权益的责任，应当在富钧公司诉张博钦、同镒公司损害公司利益赔偿纠纷案中处理，本案对此不予理涉。即使本案依法判决富钧公司解散，也不影响其在该案中的诉讼主体资格。

综上，富钧公司经营管理发生严重困难，继续存续会使股东利益受到重大损失，且通过其他途径也无法解决，故对持有公司全部股东表决权 60% 的仕丰公司提出解散富钧公司的请求，依法予以准许。判决解散富钧公司，一审案件受理费人民币 422865 元由富钧公司负担。

富钧公司不服原审判决，向本院提起上诉。

二审期间，富钧公司提交了山东省济南市中级人民法院（2008）济民四初字第 19 号民事判决和山东省高级人民法院（2011）鲁民四终字第 181 号民事判决，各方当事人对上述判决的真实性没有异议，本院予以确认。

原审查明事实属实，本院予以确认。

本院另查明：山东省济南市中级人民法院于 2011 年 7 月 6 日对富钧公司诉张博钦、同镒公司损害公司权益纠纷一案作出（2008）济民四初字第 19 号民事判决，认定同镒公司与富钧公司主要产品相同，属同类经营，张博钦系富钧公司高级管理人员，其担任同镒公司执行董事、法定代表人和总经理职务，构成对富钧公司竞业禁止义务的违反，富钧公司有权行使公司归入权，判决：一、张博钦、同镒公司于判决生效之日起两个月内到工商管理机关办理张博钦不再担任同镒公司执行董事、法定代表人、总经理职务的工商登记变更手续；二、张博钦于判决生效之日起十日内赔偿富钧公司经济损失人民币 10 万元；三、驳回富钧公司其他诉讼请求。张博钦不服上述判决，向山东省高级人民法院提起上诉，山东省高级人民法院于 2012 年 2 月 24 日作出（2011）鲁民四终字第 181 号民事判决，驳回上诉，维持原判。

本院结合以上事实和相关法律，最终判决：驳回上诉，维持原判。

（二）争议焦点

司法解散是否应当考虑公司僵局产生的原因及过错？

（三）法理评析

公司的司法解散作为一种制度，其立法价值在于它是当公司内部发生股东之间的纠纷，出现公司僵局时，在穷尽其他处理手段仍不能平息矛盾时，赋予少数股东请求司法机关介入以终止投资合同，解散企业，恢复各方权利，最终使基于共同投资所产生的社会冲突得以解决的可选择的一种救济方式。股东出资设立公司的目的，就是要利用公司这一外壳和载体，谋求和实现自身利益的最大化。若公司长期陷入经营僵局，不但公司股东的利益受到损害，而且也是对社会整体资源的一种浪费，大量的人力、物力和财力处于闲置状态，无法得到有效和合理的利用。

富钧公司上诉认为，仕丰公司委派的董事张博钦擅自离职，不参加董事会会议，人为制造公司僵局，损害富钧公司利益，法院不应支持仕丰公司具有恶意目的的诉讼。我们认为，公司能否解散取决于公司是否存在僵局以及是否符合《公司法》第一百八十三条规定的实质条件，而不取决于公司僵局产生的原因和责任。《公司法》第一百八十三条没有限制过错方股东解散公司，因此即使一方股东对公司僵局的产生具有过错，其仍然有权依据该条规定，请求解散公司。只是对其过错给公司或其他利益主体造成损害时应该承担责任罢了，这是两个法律关系问题，不应牵扯到一块。

案例8 公司在存续的任何阶段都可以实施司法解散吗

——陈时华与如皋市外贸荣华针织制衣有限公司等司法解散纠纷案[1]

（一）案例简介

上诉人陈时华与被上诉人如皋市外贸荣华针织制衣有限公司（以下简称荣华公司）、原审第三人何新荣公司解散纠纷一案，不服如皋市人民法院（2013）皋商初字第0690号民事判决，向本院提起上诉。本案现已审理终结。

陈时华一审诉称，陈时华、何新荣、如皋市对外贸易公司（以下简称外贸公司）于1999年3月出资设立荣华公司，后外贸公司将其股权转让给陈时华，2001年公司增资至350万元，其中陈时华共投资180万元，何新荣投资170万元。荣华公司由何新荣担任法定代表人，陈时华担任公司监事。荣华公司财务及会计人员均由何新荣负责聘用管理。由于何新荣利用职务之便，侵占公司财产数额巨大，致一直盈利的公司无法正常经营，公司两股东发生矛盾，且逾期不申报年检，于2007年11月被工商部门吊销营业执照。2008年9月何新荣伪造股东会决议独自至税务部门办理了税务注销手续。自2007年以来荣华公司已五年未召开股东会议，公司因经营管理严重困难已五年停止经营。鉴于荣华公司上述情况，荣华公司存续必然使陈时华的利益受到重大损失。故要求解散荣华公司并由荣华公司承担本案诉讼费用。

荣华公司、何新荣一审共同辩称，法院应当驳回陈时华起诉，陈时华主体不适格，其出资额仅10万元，且已抽回5万元，实际出资额5万元仅占公司股份1%多一点，远达不到10%的出资比例。且根据《最高人民法院关于适用〈中华人民共和国公司法〉若干问题的规定（二）》第一条第二款的规定，股东以公司被吊销企业法人营业执照未进行清算为由提起解散公司诉讼的，人民法院不予受理。荣华公司已于2007年11月23日被工商行政部门吊销了营业执照。

---

[1] 江苏省南通市中级人民法院（2014）通中商终字第0130号民事判决书，载http://www.court.gov.cn/zgcpwsw/jiangsu/jssntszjrmfy/ms/201403/t20140321_576592.htm，2014年8月15日访问。

根据《中华人民共和国公司法》第一百八十三条之规定，提起公司解散的主要原因是公司僵局且无法通过其他途径解决的，而本案已出现法定解散事由，故陈时华的起诉应予驳回。

原审法院经审理查明，荣华公司于1999年3月设立，陈时华和何新荣为公司股东。2007年11月23日如皋市工商行政管理局作出皋工商案监字（2007）第4002-01行政处罚决定书，吊销荣华公司营业执照。

原审法院认为，公司解散是指引起公司人格消灭的法律事实。公司解散可分为自愿解散和强制解散。自愿解散是指公司发起人或股东约定或决议公司解散；强制解散是指因行政机关决定或法院裁判而解散，因主体不同又可分为行政解散和司法解散。《中华人民共和国公司法》第一百八十一条规定："公司因下列原因解散：……（四）依法被吊销营业执照、责令关闭或者被撤销。"由此可见，被吊销营业执照是公司解散的一种法律事实。而吊销营业执照是指工商行政管理机关对违反工商管理法律、法规，情节严重的企业，依法取消其生产经营资格的一种行政处罚，它属于行政解散。本案中，荣华公司已于2007年11月23日被工商部门吊销营业执照，故该公司已经解散。关于陈时华主张根据《公司法》第一百八十三条解散公司，该条规定公司经营管理发生严重困难，继续存续会使股东利益受到重大损失，通过其他途径不能解决的，持有公司全部股东表决权百分之十以上的股东，可以请求人民法院解散公司。而该条是在排除了不存在自愿解散和行政解散之外才可向法院申请强制解散。因此陈时华虽为公司股东，其起诉符合《中华人民共和国民事诉讼法》第一百一十九条的起诉条件，但主张法院对已经解散的公司再次通过判决解散，于法无据。荣华公司、何新荣共同辩称应当驳回陈时华起诉，法院亦难支持。判决：驳回陈时华的诉讼请求。案件受理费80元，由陈时华负担。

上诉人陈时华不服原审判决，向本院提起上诉称，荣华公司被工商行政部门吊销营业执照不是企业权利、义务的终结，该企业仍然存在。何新荣利用担任公司法定代表人之便控制公司、排除陈时华的权利，荣华公司继续存续必然损害陈时华的利益，应当根据《公司法》第一百八十三条的规定判决解散公司。陈时华是荣华公司拥有51%股权的股东，该事实有充分证据证明，请求改判支持陈时华的诉讼请求。

被上诉人荣华公司未答辩。

原审第三人何新荣未陈述意见。

本院经审理查明，原审法院查明的基本事实清楚，本院予以确认。

本案争议焦点为陈时华是否可依据《公司法》第一百八十三的规定要求解散荣华公司。

本院认为，根据《公司法》第一百八十一条的规定，公司因营业期限届满或公司章程规定的其他解散事由出现、股东会或股东大会决议解散、因公司合并或分立需要解散、依法被吊销营业执照、责令关闭或者被撤销、人民法院依照《公司法》第一百八十三条的规定予以解散而解散。其中依法被吊销营业执照是公司解散的法定事由，该事由的出现可直接导致公司解散的法律后果。本案中已经出现该法定事由，故原审法院认定荣华公司已经解散正确，陈时华再要求根据《公司法》第一百八十三条的规定解散公司不能成立。公司解散后应当进行清算，至于各股东的出资、公司经营期间的盈亏、公司是否有剩余财产、各股东如何分配剩余财产等问题，均应通过公司清算程序解决，这些问题不是本案应当审理查明的内容。荣华公司已解散，股东应当及时成立清算组对公司自行清算，股东也可根据公司法及其司法解释的规定申请人民法院指定清算组对公司进行清算。陈时华要求根据《公司法》第一百八十三条的规定解散公司不能成立。原审法院查明事实清楚，处理正确，应予维持。判决如下：

驳回上诉，维持原判决。

（二）争议焦点

公司被吊销营业执照后是否还可以申请司法解散？

（三）法理评析

公司解散是指公司因发生法律或章程规定的解散事由而停止业务活动，并进行清算，最后使公司终止的一项法律活动。因解散的原因不同，解散可以分为两类：

一是任意解散：是指依公司章程或股东决议而解散。这种解散与外在意志无关，而取决于公司股东的意志，股东可以选择解散或者不解公司。

任意解散原因包括：①公司章程规定的营业期限届满，公司未形成延长营业期限的决议。②公司章程规定的其他解散事由出现。解散事由一般是公司章程相对必要记载的事项，股东在制定公司章程时，可以预先约定公司的各种解散事由。③股东会或者股东大会决议解散。有限责任公司经持有2/3以上表决权的股东通过；股份有限公司经出席股东大会的股东所持表决权的2/3通过，股东会或股东大会可以作出解散公司的决议。④因公司合并或者分立需要解散。

当公司吸收合并时，吸收方存续，被吸收方解散；当公司新设合并时，合并各方均解散。

二是强制解散：强制解散是指因政府有关机关决定或法院判决而发生的解散。强制解决原因包括：①依法被吊销营业执照、责令关闭或者被撤销。公司一旦受到吊销营业执照、责令关闭或者被撤销等行政处罚时，必然引起公司解散。在程序上，公司应当停止经营活动，依法进行清算，并于清算结束后办理注销登记。②人民法院依照本法第一百八十三条的规定予以解散。这个规定是司法解散。

由此可知，依法被吊销营业执照是公司解散的法定事由之一，该事由的出现可直接导致公司解散的法律后果。本案中已经出现该法定事由，故原审法院认定荣华公司已经解散正确，根据《公司法》第一百八十三条的规定，陈时华再要求解散公司不能成立。

专题二：公司清算

一、法律知识点

（一）公司清算的概念

公司的清算，是指在公司解散时，为终结公司作为当事人的各种法律关系，使公司的法人资格归于消灭，而对公司未了结的业务、财产及债权债务关系等进行清理、处分的行为和程序。

公司的清算是负有公司清算义务的主体按照法律规定的方式、程序而为的行为。在公司的清算中，明确公司清算的义务主体尤为重要。公司的清算主体应为基于对公司的资产享有权益的义务主体。

中国公司法即规定有限责任公司的清算组由股东组成，股份有限公司的清算组由董事或者股东大会确定的人员组成。

（二）公司清算的分类

1. 破产清算

（1）破产清算的含义

是指在公司不能清偿到期债务的情况下，依照破产法的规定所进行的清算。《中华人民共和国公司法》第一百九十一条规定："公司被依法宣告破产的，依照有关企业破产的法律实施破产清算。"根据《中华人民共和国企业破产法》规定，在企业法人不能清偿到期债务，并且资产不足以清偿全部债务或者明显缺乏清偿能力的情况下，债务人或债权人均可以向人民法院提出破产清算申请。人民法院应当自收到破产申请之日起十五日内裁定是否受理。人民法院在裁定受理破产申请的同时，指定破产企业管理人。

（2）破产清算的程序

第一，破产宣告。

破产宣告由自人民法院裁定作出之日起五日内送达债务人和管理人，自裁定作出之日起十日内通知已知债权人，并予以公告。

第二，破产财产变价方案。

破产财产变价方案由管理人拟订并提交债权人会议讨论通过。管理人按照债权人会议通过的或者人民法院裁定的破产财产变价方案，通过拍卖变价出售破产财产。债权人会议另有决议的除外。

第三，清偿。

破产财产依照下列顺序清偿，破产财产不足以清偿同一顺序清偿要求的，按照比例分配。

①破产费用和共益债务；

②破产人所欠职工的工资和医疗、伤残补助、抚恤费用，所欠的应当划入职工个人账户的基本养老保险、基本医疗保险费用，以及法律、行政法规规定应当支付给职工的补偿金。破产企业的董事、监事和高级管理人员的工资按照该企业职工的平均工资计算；

③破产人欠缴的除前项规定以外的社会保险费用和破产人所欠税款；

④普通破产债权。

第四，终结。

公司无财产可供分配或最后分配完结后，管理人提请人民法院裁定终结破产程序。人民法院裁定终结破产程序的，应当予以公告。

管理人自破产程序终结之日起十日内，持人民法院终结破产程序的裁定，向破产人的原登记机关办理注销登记。

2．非破产清算

（1）非破产清算的含义

非破产清算是指在公司解散时，在财产足以偿还债务的情况下，依照公司法的规定所进行的清算。

（2）非破产清算的法律规定

根据《中华人民共和国公司法》第一百八十一条至第一百八十四条规定："公司因下列情形而解散的，应当在解散事由出现之日起十五日内成立清算组，开始清算。

（一）公司章程规定的营业期限届满或者公司章程规定的其他解散事由出现；

（二）股东会或者股东大会决议解散；

（三）依法被吊销营业执照、责令关闭或者被撤销；

（四）公司经营管理发生严重困难，继续存续会使股东利益受到重大损失，通过其他途径不能解决的，持有公司全部股东表决权百分之十以上的股东请求人民法院解散公司。"

有限责任公司的清算组由股东组成，股份有限公司的清算组由董事或者股东大会确定的人员组成。逾期不成立清算组进行清算的，债权人可以申请人民法院指定有关人员组成清算组进行清算。

《中华人民共和国公司法》第一百八十八条规定："清算组在清理公司财产、编制资产负债表和财产清单后，发现公司财产不足清偿债务的，应当依法向人民法院申请宣告破产。"这时，公司清算就由非破产清算程序转入破产清算程序。

（3）非破产清算的程序

第一，清算公司财产、制订清算方案。

①调查和清理公司财产。清算组根据债权人的申报和调查清理公司财产的情况编制公司资产负债表、财产清单和债权、债务目录。

②制订清算方案。编制公司财务会计报告之后，清算组应当制订清算方案，提出收取债权和清偿债务的具体安排。

③将公司的清算方案提交股东会通过或者报主管机关确认。股份有限公司应将清算方案提交股东大会通过；有限责任公司应交股东会通过。因违法而解散清算的公司，清算方案还要提交有关主管机关确认。

④如果清算组在清理公司财产、编制资产负债表和财产清单时，发现公司财产不足清偿债务的，清算组有责任立即向有管辖权的人民法院申请宣告破产。经人民法院裁定宣告破产后，清算组应当将清算事务移交人民法院。

第二，了结公司债权、债务。

①处理公司未了结的业务。清算期间，公司不得开展新的经营活动。但是，清算组为了清算的目的，有权处理公司尚未了结的业务。

②收取公司债权。清算组应当及时向公司债务人要求清偿已经到期的公司债权。对于未到期的公司债权，应当尽可能要求债务人提前清偿，如果债务人不同意提前清偿的，清算组可以通过转让债权等方法变相清偿。

③清偿公司债务。清算组通过清理公司财产、编制资产负债表和财产清单后，确认公司现有的财产和债权大于所欠债务，并且足以偿还公司全部债务时，应当按照法定的顺序向债权人清偿债务。首先，应当支付公司清算费用，包括公司财产的评估、保管、变卖和分配等所需的费用，公告费用，清算组成员的

报酬，委托注册会计师、律师的费用，以及诉讼费用等；其次，支付职工的工资、社会保险费用和法定补偿金；再次，缴纳所欠税款；最后是偿还其他公司债务。

第三，分配公司剩余财产。

根据《中华人民共和国公司法》第一百八十七条，对于清偿了全部公司债务之后公司的剩余财产，有限责任公司按照股东的出资比例分配，股份有限公司按照股东持有的股份比例分配取得公司剩余财产的分配权，是公司股东权益的一项重要内容，是公司股东的基本权利。

二、相关案例分析

案例 1　清算阶段的股东代表诉讼
——曹 A 与汪 A、李 A、张 A 军清算组成员责任纠纷案 [1]

（一）案例简介

上诉人曹 A 因与被上诉人汪 A、李 A、张 A 军清算组成员责任纠纷一案，不服北京市海淀区人民法院（2008）海民初字第 16611 号民事判决，向本院提起上诉。本案现已审理终结。

一审法院审理查明：2000 年 7 月 7 日，兴达公司申请由集体所有制改组为有限责任公司，经上级主管单位北京市海淀区玉渊潭农工商总公司（以下简称农工商总公司）同意予以批复后，改组为 ×× 公司，兴达公司的净资产 14950.15 元归农工商总公司所有。同日，农工商总公司将其对兴达公司的 14950.15 元净资产转让给汪 A。改制后，×× 公司由浦长立、王静禹、曹 A、付蕴生、汪长宝、李 A、张 A 军、刘开亮、王宝群、王京凯、耿玉成、冉彦君、袁献红和汪 A 共 14 位自然人股东组成。注册资本共 50 万元，曹 A 以货币形式出资 5000 元。北京裕宝商贸中心（以下简称裕宝中心）委托 ×× 公司对其所有的位于北京市海淀区阜成路 44 号 3560 平方米的房屋进行物业管理，时间

---

[1]　案例来源：北京市第一中级人民法院（2008）一中民终字第 13015 号民事判决书，载 http://www.lawtime.cn/info/gongsi/gsqs/2010121480983.html，2013 年 4 月 2 日访问。

从 2000 年 7 月 1 日起至 2021 年 7 月 1 日止。

2006 年 8 月 25 日，曹 A 向 ×× 公司递交申请书，写明其愿意收回 ×× 公司所持有的股金，从此与该公司不发生任何经济关系。

2006 年 11 月 12 日，×× 公司向北京市工商行政管理局提出注销申请。

2006 年 11 月 15 日，×× 公司召开第二届第三次股东会并形成股东会决议，公司成立由汪 A、张 A 军、李 A 组成的清算组，清算组负责人为汪 A，待清算后报股东会确认。清算组成立后，在北京市工商行政管理局海淀分局进行了备案。2006 年 12 月 5 日，×× 公司的营业执照被收缴。

2006 年 11 月 17 日，清算小组出具清算报告，内容为：×× 公司债权债务已清理完毕，公司债权为 2298659.75 元，债务 2021131.89 元，所有者权益为 517595.35 元；各项税款、职工工资已经结清；并于 2006 年 11 月 14 日在《京华时报》发布了注销公告。清算报告上汪 A 签字是真实的，张 A 军、李 A 签字时清算报告上没有债权债务的数额，李 A 在股东签名栏内未签名。

2006 年 12 月 4 日，北京市工商行政管理局作出京工商海注册企许字（06）0050285 号注销登记通知书，核准 ×× 公司注销。

另查，2002 年 10 月 22 日，北京市房山区人民法院作出（2002）房民初字第 5432 号民事判决书，就兴达公司与北京市长沟房地产开发有限责任公司（以下简称长沟公司）发生在兴达公司改组为 ×× 公司前的建设工程施工合同进行了审理，后判决长沟公司给付 ×× 公司 735000 元并支付相应的利息。

2007 年 11 月 20 日，北京市第一中级人民法院作出（2007）一中民终字第 12910 号民事调解书，就上诉人张 A 军、汪 A、李 A 与被上诉人北京泰克尼环保设备有限公司（以下简称泰克尼公司）清算纠纷一案作出调解，内容为张 A 军、汪 A、李 A 于 2008 年 4 月 30 日前给付泰克尼公司货款 45365 元。

一审法院判决认定：清算组成员责任纠纷是指清算组成员在清算期间内，因侵占公司财产或者因故意、重大过失给公司、债权人造成损失而承担赔偿责任的纠纷。案中，曹 A 为公司股东，显然不能成为清算组成员责任纠纷的原告，故该院对曹 A 的诉请进行分解来具体分析。

曹 A 主张的第一项诉请即 20000 元赔偿责任包括 15000 元的精神损失和 5000 元的物质损失，而精神损害赔偿仅限于人身损害赔偿领域，在商事领域的财产纠纷中并不存在精神损害赔偿，故对曹 A 要求精神损失的诉请不予支持。对于 5000 元的物质损失，曹 A 在庭审中主张其是一种正当的投资回报，但曹 A 并未向法院提交计算该损失的依据，即使是指曹 A5000 元的出资，但该出资其亦已收回，因而该部分诉请亦无法律和事实上的依据，该院不予支持。

对于曹A按照出资比例依法分配公司剩余财产的诉请，该院认为股东按出资比例分配公司剩余财产是按照正常的清算程序进行清算后仍有剩余的情况下，可按照出资比例分配。案中，曹A否认其在清算报告上面签字的真实性，李A、张A军在签字时清算报告上并无相应的数额，清算程序确实有瑕疵。曹A要求按出资比例分配公司剩余财产的请求正是建立在其认为清算程序存在瑕疵而否认清算程序之上，此时进行主张尚无依据。××公司清算程序违法，相应股东应通过重新清算另行解决公司剩余财产的分配问题。

综上，判决：驳回曹A的诉讼请求。

曹A不服一审法院上述判决，向本院提起上诉。

本院经审理查明的事实与一审法院查明的事实一致。

本院认为，在公司清算过程中，清算组成员在从事清算事务时，因故意或重大过失给公司造成损失的，应当承担赔偿责任。而依据《中华人民共和国公司法》第一百五十二条第三款之规定，在公司怠于向清算组成员主张权利的，股东有权以自己的名义提起股东代表诉讼。本案中，××公司已经清算并注销，××公司不可能再以公司的名义向清算组提起诉讼，因此，在××公司的股东认为清算组成员存在故意或者重大过失行为并造成公司财产损失时，要求公司以提起诉讼的方式予以救济已经无法实现，股东此时应有权参照股东代表诉讼的规定提起诉讼。依据《最高人民法院关于适用〈中华人民共和国公司法〉若干问题的规定（二）》第二十三条之规定，一审法院关于公司股东不能成为清算组成员责任纠纷原告的认定，于法无据，本院予以纠正。曹A关于一审法院认定其主体不适格，属适用法律错误的上诉理由，本院予以支持。

一审法院根据曹A否认清算报告上面签字的真实性，李A、张A军在签字时清算报告上并无相应数额的事实，认定××公司的清算程序确有瑕疵，并无不当。清算组成员对此应承担各自相应的责任，但清算组成员承担责任的前提是清算组成员的行为给公司（亦即公司全体股东）造成了损失。但本案现有证据尚不足以证明清算程序的瑕疵给全体股东造成了何种财产损失及损失的数额。故曹A在一审期间主张的物质损失，证据不足，本院不予支持。

因曹A是基于股东权提起的关于清算组成员责任的诉讼，该诉讼适用《中华人民共和国公司法》予以调整，针对的是清算组成员造成公司（亦或公司全体股东）财产损失的行为，故曹A在一审期间主张的精神损害赔偿，不属于本案审理范围，本院不予支持。曹A主张的分配剩余资产的诉讼请求，因曹A

提交的现有证据不足以证明 ×× 公司在清算报告之外尚有其他剩余财产，故曹 A 此项诉讼请求证据不足，本院亦不予支持。若相应股东另行发现 ×× 公司尚有其他剩余财产，可另行解决。

另，一审法院在法院认为部分关于曹 A 的出资亦已收回的表述不准确，曹 A 确表示要收回出资但并未实际收到其出资款项，本院对此予以明确。

综上，一审法院判决对本案的处理结果并无不当，应予维持。判决如下：驳回上诉，维持原判。

（二）争议焦点

在清算阶段能否提起股东代表诉讼？

（三）法理评析

我国《公司法》第一百五十二条规定，董事、高级管理人员有本法第一百五十条规定的情形的，有限责任公司的股东、股份有限公司连续一百八十日以上单独或者合计持有公司百分之一以上股份的股东，可以书面请求监事会或者不设监事会的有限责任公司的监事向人民法院提起诉讼；监事有本法第一百五十条规定的情形的，前述股东可以书面请求董事会或者不设董事会的有限责任公司的执行董事向人民法院提起诉讼。

监事会、不设监事会的有限责任公司的监事，或者董事会、执行董事收到前款规定的股东书面请求后拒绝提起诉讼，或者自收到请求之日起三十日内未提起诉讼，或者情况紧急、不立即提起诉讼将会使公司利益受到难以弥补的损害的，前款规定的股东有权为了公司的利益以自己的名义直接向人民法院提起诉讼。

他人侵犯公司合法权益，给公司造成损失的，本条第一款规定的股东可以依照前两款的规定向人民法院提起诉讼。其中，该条第三款的"他人"就包括清算组成员，并且公司清算过程也属于公司整个经营过程的一部分，所以，依据《中华人民共和国公司法》第一百五十二条第三款之规定，在公司怠于向清算组成员主张权利的，股东有权以自己的名义提起股东代表诉讼。本案中，×× 公司已经清算并注销，×× 公司不可能再以公司的名义向清算组提起诉讼，因此，在 ×× 公司的股东认为清算组成员存在故意或者重大过失行为并造成公司财产损失时，要求公司以提起诉讼的方式予以救济已经无法实现，股东此时应有权参照股东代表诉讼的规定提起诉讼。

案例 2　清算阶段的劳动法律关系诉讼

——张华与蒙阴县物资总公司破产清算组劳动争议案[1]

（一）案例简介

原告张华与被告蒙阴县物资总公司破产清算组劳动争议纠纷一案，本院受理后，依法由审判员公茂省适用简易程序公开开庭进行了审理。本案现已审理终结。

原告张华诉称，原告于 1996 年 10 月与蒙阴县物资总公司签订招工合同，并经蒙阴县劳动局确认，后由于该公司经营困难，原告一直待岗在家。2006 年 10 月物资总公司进入破产程序，并于 2013 年 1 月 25 日进行了公示，准备发放给原告等人生活费。在公示过程中，个别职工在不明事实的情况下，夸大事实，使被告误下结论，停发了原告应享有的破产待遇。为此，诉至法院，请求确认劳动关系，并判令被告支付生活费 34513.5 元，经济补偿金 6880 元，失业保险金 13449.6 元，并兑付各项社会保险金。

被告蒙阴县物资总公司破产清算组辩称，被告曾于 2013 年 1 月 25 日对原告等人进行公示，准备发放给原告生活费。但部分老职工提出异议，认为原告是挂靠人员，不应当享受破产待遇。为慎重处理此事，被告暂缓发放原告生活费，请法院依法作出公正判决。

通过庭审及对以上证据的分析，能够认定如下事实：

原告于 1997 年 11 月通过蒙阴县劳动局招工，被蒙阴县物资总公司招用为本单位职工，于当月到蒙阴县物资总公司报到。当时物资总公司经营情况困难，让原告回家等通知上班。1998 年蒙阴县物资总公司开始进行企业改制，但除了下属的机电公司和化轻公司改制较为成功外，物资总公司的改制未达到预期效果。至 2006 年公司进入破产程序后，一直无法正常经营，其他下属公司都已关门停业，原告一直待岗在家，自谋生路，这期间，原、被告双方均未提出与对方解除用工关系。2013 年 1 月 25 日，蒙阴县物资总公司破产组将原告及其他职工的名单公示，准备发放生活费，因部分老职工提出异议，认为原告等二十名人员是挂靠人员，不应参入破产分配，物资总公司破产组随即停止对原告等人发放生活费。双方为此发生纠纷，原告于 2013 年 3 月 22 日向蒙阴县劳动人事争议仲裁委员会申请仲

---

[1]　案例来源：山东省蒙阴县人民法院（2013）蒙民初字第 2410 号民事判决书，载 http://www.court.gov.cn/zgcpwsw/sd/sdslyszjrmfy/myxrmfy/ms/201403/t20140314_522273.htm，2014 年 5 月 12 日访问。

裁，被以超过仲裁时效为由驳回申请。原告又于2013年4月2日向本院提起诉讼，要求确认与蒙阴县物资总公司存在劳动关系，判令被告支付生活费34513.5元，经济补偿金6880元，失业保险金13449.6元，并兑付各项社会保险。

同时查明，蒙阴县物资总公司下属的分公司有蒙阴县机电公司、化轻公司、金属回收公司、石材公司、物资商场、商贸汽配城等单位，均独立经营，发放职工工资和福利，但职工招收、管理属于总公司，场地设备属于总公司所有。至2006年物资总公司进入破产程序，除机电公司和化轻公司外，其余分公司均停产停业，财产、设备、场地及人员已被总公司接管。

本院认为，原告张华于1997年11月通过蒙阴县劳动局招工，成为蒙阴县物资总公司职工，不存在挂名挂靠的情况，应当认定蒙阴县物资总公司对原告存在用工行为；蒙阴县物资总公司于1998年进行企业改制，至2006年进入破产程序时，原告多次要求上班，但因企业长期停产停业，一直未有机会参加该公司的工作，且双方均未提出解除用工关系，参照《劳动和社会保障部关于确立劳动关系有关事项的通知》第一条、第二条的规定，应当认定双方存在劳动关系。因此，原告要求确认与蒙阴县物资总公司的劳动关系，本院应予以支持；原告要求被告蒙阴县物资总公司破产清算组支付生活费、经济补偿金，因企业已进入破产程序，该诉求不属本案处理范围，本院不予支持，原告应依据《中华人民共和国企业破产法》的相关规定参入破产分配，实现自己的诉求；原告要求的社会保险金，参照国务院《社会保险费征收暂行条例》第二十三条、第二十六条的规定，不属劳动争议处理范畴，本院不予支持。判决如下：一、原告张华与蒙阴县物资总公司存在劳动关系。二、驳回原告张华的其他诉讼请求。

（二）争议焦点

双方是否存在劳动关系？

（三）法理评析

劳动关系，是指用人单位招用劳动者为其成员，劳动者在用人单位的管理下提供有报酬的劳动而产生的权利义务关系。从广义上讲，生活在城市和农村的任何劳动者与任何性质的用人单位之间因从事劳动而结成的社会关系都属于劳动关系的范畴。从狭义上讲，现实经济生活中的劳动关系是指依照国家劳动法律法规规范的劳动法律关系，即双方当事人是被一定的劳动法律规范所规定和确认的权利和义务联系在一起的，其权利和义务的实现，是由国家强制力来保障的。劳动法律关系的一方（劳动者）必须加入某一个用人单位，成为该单位的一员，并参加单位的生产劳动，遵守单位内部的劳动规则；而另一方（用人单位）则必须按照劳动者的劳动数量或质量给付其报酬，提供工作条件，并不断改进劳动者的物质文化生活。

《劳动法》中所规范的劳动关系，主要包括以下三个法律特征：1. 劳动关系是在现实劳动过程中所发生的关系，与劳动者有着直接的联系。2. 劳动关系的双方当事人，一方是劳动者，另一方是提供生产资料的劳动者所在单。3. 劳动关系的一方劳动者，要成为另一方所在单位的成员，要遵守单位内部的劳动规则以及有关制度。

就本案而言，张华于1997年11月通过蒙阴县劳动局招工，成为蒙阴县物资总公司职工，应当认定蒙阴县物资总公司对原告存在用工行为；蒙阴县物资总公司于1998年进行企业改制，至2006年进入破产程序时，原告多次要求上班，但因企业长期停产停业，一直未有机会参加该公司的工作，但双方均未提出解除用工关系，参照劳动法的相关规定，双方存在劳动关系。

案例3 劳务关系与劳动关系的认定标准

——河南达昌机械厂破产清算组与高喜荣等五人劳动争议纠纷案 [1]

（一）案例简介

上诉人河南省达昌机械厂破产清算组（以下简称达昌清算组）与被上诉人高喜荣、孙书琴、唐书华、燕静和徐枝劳动争议纠纷一案，五名被上诉人于2008年7月15日提起诉讼，鲁山县法院作出（2008）鲁民不字第04号民事裁定，不予受理。五被上诉人不服提起上诉，本院作出（2008）平立终字第5号民事裁定，撤消了（2008）鲁民不字第04号民事裁定，指令鲁山县人民法院立案受理。鲁山县人民法院于2008年10月15日作出（2008）鲁民初字第1811号民事判决，达昌清算组不服，向本院提起上诉。本院于2009年1月14日受理后，依法组成合议庭进行了审理。本案现已审理终结。

---

[1] 案例来源：（2009）平民二终字第267号，载 http://lawyer.legaldaily.com.cn/judgment/default/detail/uuid/95008673490855224，2013年7月1日访问。

原审查明，河南省达昌机械厂（曾用名国营达昌机械厂）系军工企业，军工代号9679，原来隶属河南省国防科工委。高喜荣等5人均系河南省达昌机械厂职工家属。1987年间，高喜荣等五人先后到河南省达昌机械厂后勤科从事厂区的清洁卫生工作，至2006年由该厂后勤科每月向每人支付工资100元（2005年改为200元）。2004年4月20日，河南省国防科工委与平顶山市人民政府达成《关于河南省达昌机械厂划转移交平顶山市人民政府管理的协议》，该协议第二条第（二）项约定："以2003年底在册职工人数为准（包括离退休人员）劳资关系，组织人事档案等关系全部移交，享受当地市属企业职工同等待遇。"2006年4月6日，河南省达昌机械厂被平顶山市中级人民法院裁定宣告进入破产还债程序。高喜荣、燕静、唐书华、孙书琴四人继续在该厂从事清洁工作至今（月工资为200元）。因高喜荣等五人与河南省达昌机械厂未签订书面劳动合同，其名字亦不在该厂的破产企业职工名单之中，引起其五人于2008年7月14日向鲁山县劳动争议仲裁委员会申请劳动仲裁，该仲裁委员会当天作出（2008）不受字第26号不予受理申诉通知书，以已超过劳动法调整的劳动年龄，不符合立案条件为由不予受理，遂引起高喜荣等五人诉讼。

原审认为，高喜荣等五人自1987年间开始在河南省达昌机械厂从事厂区清洁卫生等工作已逾18年，虽然双方未签订书面的劳动合同，但实际已存在事实上的劳动关系。现高喜荣等五人已接近、达到或已超过法定的退休年龄而主张达昌清算组为其办理退休手续，因该项请求不属人民法院的受理范围，无法支持。原审法院根据《中华人民共和国劳动法》第二条第一款、第三条、第四条、第七十八条以及《最高人民法院关于审理劳动争议案件适用法律若干问题的解释》第一条之规定，判决：一、河南省达昌机械厂与高喜荣、孙书琴、唐书华、燕静、徐枝存在劳动关系；二、驳回高喜荣、孙书琴、唐书华、燕静、徐枝的其他诉讼请求。案件受理费10元，由河南省达昌机械厂破产清算组负担。

达昌清算组上诉称，五被上诉人和原河南省达昌机械厂并不是劳动关系，只是劳务关系。原河南省达昌机械厂后勤科和被上诉人协商，由被上诉人承揽厂区打扫道路卫生，报酬为每人每月100元左右，到2005年劳务报酬为每人每月200元左右。原达昌机械厂与五被上诉人没有签订劳动合同，双方并非管理被管理的关系。而且，依据劳动法和国务院颁布的退职退休办法的规定，对女年满55周岁，应该退休。五被上诉人已超过退休年龄，不是法律规定的劳动主体。退一步讲，即使劳动关系存在，被上诉人申请仲裁时，早已超过了法定的仲裁时效。五被上诉人是2008年7月14日提起劳动仲裁的，其知道没有被列入破产职工名单是 2006 年 4 月 6 日，应当知道其权利受到侵害，即为劳动争议发生之日。《劳动法》第八十二条规定，提出仲裁要求的一方应当自劳动争议发生之日起 60 日向劳动仲裁委员会提出书面申请。因此，五被上诉人提起本案劳动仲裁时超过了法定的仲裁时效，依法应驳回其诉讼请求。所以，上诉人请求二审法院撤销原判，驳回五被上诉人的诉讼请求。

五被上诉人答辩称，五被上诉人自 1983 年招入原河南省达昌机械厂后一直为厂里劳动，除徐枝在该厂进入破产程序后因病在家治病外，其他四人一直还在劳动，且发着工资。因此，双方存在劳动关系是客观的，且五被上诉人提起劳动仲裁并不超过仲裁时效。原审认定事实清楚，处理结果正确，请求二审法院驳回上诉，维持原判。

二审查明的事实与原审判决认定的事实相一致。

本院认为，五被上诉人在 1987 年间先后进入原河南省达昌机械厂，具体作清扫卫生工作，至本案纠纷提起劳动仲裁，除被上诉人徐枝在该厂进入破产程序后因病在家治病外，其他四人一直未间断工作。对此事实，上诉人达昌清算组认可，应当予以认定。原河南省达昌机械厂系《中华人民共和国劳动法》所述的"用人单位"，且五被上诉人在该单位实际从事清扫卫生工作长达 18 年之久，该厂也对五被上诉人支付了相应劳动报酬。因此，达昌清算组上诉称双方是劳务关系的理由不能成立，本院不予支持。关于本案的仲裁时效问题，五被上诉人主张的是与原河南省达昌机械厂存在劳动关系，并非是享受破产职工待遇，因此，达昌清算组上诉所称，五被上诉人知道其没有被列入破产职工名单是 2006 年 4 月 6 日，即该日为本案劳动争议发生之日，2008 年 7 月 14 日提起劳动仲裁，超过仲裁时效的理由也不能成立，本院亦不予支持。原审判决认定事实清楚，适用法律正确，处理结果得当。故，依照《中华人民共和国民事诉讼法》第一百五十三条第一款第（一）项之规定，判决如下：

驳回上诉，维持原判。

（二）争议焦点

本案是劳务关系还是劳动关系？

（三）法理评析

劳动关系是指劳动力所有者（即劳动者）与劳动力使用者（即用人单位）之间在实现劳动过程中发生的社会关系。劳务关系是指平等主体之间就劳务事项进行等价交换而形成的一种经济关系。二者的具体区别是：

一是主体不同。劳动关系的主体特定为职工与用人单位，并要求具备法律、法规规定的主体资格。其中，劳动力的提供者须具有劳动者资格，用人单位必须具有用工资格。而劳务关系则不限于单位和自然人之间，还可以是单位之间、自然人之间，并且可能是两个以上的主体。劳务关系的主体在法律上仅要求具有普通民事主体资格，而不要求具有劳动者资格或用工资格。

二是关系的性质不同。劳动关系的当事人之间存在管理与被管理的隶属关系，劳动者除提供劳动外，还要接受用人单位的管理、服从其安排，遵守其规章制度。劳动关系的当事人之间除了存在财产关系外，还存在特殊的身份关系，即劳动者是用人单位的成员。

而劳务关系属普通民事关系，只存在财产关系，双方当事人之间无特殊身份关系，无须一方是另一单位中的成员，双方当事人之间不存在管理与被管理的隶属关系。

三是劳动主体的待遇不同。劳动关系中劳动者的待遇除了劳动报酬外，还包括社会保险、福利等待遇。而劳务关系中劳动者只有劳动报酬，不涉及社会保险。

四是适用的法律不同。劳动关系适用劳动法，而劳务关系适用普通民法。例如：在劳动合同中，用人单位必须严格按照《劳动法》和国家有关规定合理安排劳动者的工作时间和休息休假，目的在于维护劳动者的身心健康，否则相关条款应当认定为无效。对于劳务合同而言，劳务提供者的主要义务是在约定期限内提供劳务或者成果。除非双方另有约定，劳务提供者可以自行安排提供劳务的时间。

就本案而言，五名被上诉人在 1987 年间先后进入原河南省达昌机械厂，具体作清扫卫生工作，至本案纠纷提起劳动仲裁，除被上诉人徐枝在该厂进入破产程序后因病在家治病外，其他四人一直未间断工作。原河南省达昌机械厂系《中华人民共和国劳动法》所述的"用人单位"，且五名被上诉人在该单位实际从事清扫卫生工作长达 18 年之久，该厂也对五名被上诉人支付了相应劳动报酬。显然，五被上诉人与该单位是劳动关系。因此，应该按劳动法的相关规定享受待遇。

案例4 企业法人营业执照的属性认定

——重庆三峰电器有限公司与重庆市公安局江北区分局行政纠纷案 [1]

（一）案例简介

上诉人重庆市公安局江北区分局不服重庆市高级人民法院（1998）渝高法行提初字第2号行政判决，向本院提起上诉。本院依法组成合议庭，对本案进行了审理，现已审理终结。

经审理查明：重庆三峰电器有限公司（以下简称三峰公司）系1993年10月18日由国家工商局登记注册的中外合资企业。公司董事长兼总经理为美籍华人何澜，周建忠为副总经理（1993年9月26日，何澜曾委托周建忠"为本人在中国发展及合资公司全权代理一切事务处理"。1996年4月23日，该公司变更登记后，董事长仍为何澜，副董事长及总经理为甘志炎）。公司经营范围是生产销售高、低压电器产品及配件，研究和开发高、低压电器新产品。该公司成立的当月，何澜等人即以三峰公司的名义向成都市人民政府外事办公室（以下简称市外事办）提出组团赴美考察的申请。1994年2月，市外事办等有关部门批准了三峰公司提出的由江北区副区长何宗玮等五人组团赴美进行商务考察的申请。在办理公务出国护照时，周建忠等人将早已准备好的另外四人照片偷换在出国人员登记卡上，冒名顶替了已被批准的五人中的四人（除何宗玮外）。在领取了五人的护照并办理签证后，于同年5月4日由何澜带领偷渡者冒名从上海虹桥国际机场偷渡出境赴美。同年6月2日，重庆市公安局江北区分局（以下简称江北区分局）将周建忠收容审查。同月6日，江北区分局将三峰公司在交通银行重庆市分行解放碑分理处的存款60万人民币及在重庆市解放碑城市信用社的存款52159元人民币予以冻结。1995年2月27日，江北区分局依据《全国人大常委会关于严惩组织、运送他人偷越国（边）境犯罪的补充规定》第七条的规定，决定没收何澜、周建忠倒卖护照非法所得款475000元。1995年3月2日，江北区分局将三峰公司在交通银行重庆市分行解放碑分理处的存款475000元予以"扣押"、"没收"，未制作、送达决定书，未告知当事人诉权和起诉期限。同年12月25日，江北区分局将罚没收据送达给周建忠。

[1] 案例来源：中华人民共和国最高人民法院行政判决书（1998）行终字第8号，载 http://sifaku.com/falvanjian/6/za85c99eeabp.html，2014年8月8日访问。

1996 年 2 月 13 日，江北区人民法院认定周建忠犯组织他人偷越国境罪，作出（1996）江行初字第 93 号刑事判决书，判处周建忠有期徒刑三年，并处罚金人民币 15 万元。

1996 年 12 月 22 日，周建忠以三峰公司的名义向重庆市中级人民法院提起行政诉讼，请求法院判令江北区分局返还其"扣押"、"没收"的三峰公司的业务款。重庆市中级人民法院于 1997 年 1 月 2 日立案受理。1997 年 12 月 23 日，重庆市工商行政管理局以公告的形式吊销了三峰公司的营业执照。

1998 年 4 月 24 日，重庆市高级人民法院根据《中华人民共和国行政诉讼法》第十五条、第二十三条第一款的规定，作出（1998）渝高法行初提字第 2 号提审决定书，决定提审三峰公司诉江北区分局扣押财产一案，并于 1998 年 5 月 14 日立案受理。1998 年 4 月 27 日，江北区分局以三峰公司及公司法定代表人何澜涉嫌组织他人偷越国境为由，决定对三峰公司及其法定代表人何澜立案侦查。同日，江北区分局对三峰公司作出"继续扣押原扣划存款的通知书"，称原案侦查中所扣划的 475000 元公司存款涉嫌与案件有关，该局决定继续予以扣押，待案件查清结案后再做处理。次日，江北区分局又以"所扣划存款涉嫌与案件有关需继续扣押查证"为由，对三峰公司作出"撤销没收决定通知书"。

重庆市高级人民法院经审理认为：江北区分局在未经法定程序认定三峰公司构成法人犯罪的情况下，以没收何澜、周建忠倒卖护照非法所得款为由，将三峰公司业务款 475000 元予以"扣押"、"没收"的具体行政行为，属主要证据不足，适用法律错误。三峰公司诉请撤销该具体行政行为并退还公司业务款的理由成立，予以支持。但要求退还"扣押"、"没收"期间业务款利息的诉讼请求无法律依据。据此，判决撤销江北区分局 1995 年 3 月 2 日"扣押"、"没收"三峰公司业务款 475000 元的具体行政行为，由江北区分局返还三峰公司业务款 475000 元。

1998 年 7 月 28 日，原三峰公司董事会成员根据公司章程和公司合同召开董事会，成立了三峰公司财产清算小组。

江北区分局对原审判决不服，于 1998 年 7 月 29 日向我院提起上诉，请求撤销原判决。其主要理由是：（1）三峰公司已于 1997 年 12 月 23 日被重庆市工商局公告吊销营业执照，法人资格已丧失，其诉讼活动应当终止。（2）江北区分局对三峰公司的财产采取"扣押"、"没收"等具体行政行为虽未制作、送达决定书，未告知当事人诉权，但我局将三峰公司存款 475000 元予以"扣押"、"没收"是在 1995 年 3 月 2 日，根据法律及有关司法解释的规定，三峰公司的起诉超过了法定期限。

被上诉人三峰公司财产清算小组答辩认为：根据有关法律规定，企业的物权并不因企业撤销变更而终止，三峰公司财产受到侵害后，其仍可主张实体权利；江北区分局"扣押"、"没收"三峰公司的业务款没有作出决定书，其于1995年12月25日才将1995年2月27日的罚没收据交给周建忠，三峰公司于1996年12月22日向法院起诉未超过起诉期限；原审法院判决正确，但未考虑返还扣押款的利息，故请求判决江北区分局返还扣押款及利息。

本院认为：《全国人大常委会关于严惩组织、运送他人偷越国（边）境犯罪的补充规定》并未授予公安机关没收财产的权力，江北区分局作出"没收倒卖护照非法所得款"的行为缺乏法律依据，属于超越职权的违法行政行为。原审法院依据《中华人民共和国行政诉讼法》第五十四条第（二）项第1目、第2目的规定判决撤销该具体行政行为，属于适用法律错误。一审审理期间，江北区分局决定对三峰公司及其法定代表人立案侦查，并作出"继续扣押原扣划存款通知书"。原审法院在江北区分局所"扣押"的存款的性质尚未确定的情况下，判决将被"扣押"的存款全部返还三峰公司，属于认定事实不清、证据不足。本案在重庆市中级人民法院审理期间，三峰公司虽被工商机关吊销营业执照，但其财产权利和诉讼权利并未因此而丧失。江北区分局1995年3月2日将三峰公司存款予以"扣押"、"没收"，但罚没收据1995年12月25日才送达给周建忠。依照有关法律和司法解释的规定，三峰公司的起诉并未超过法定期限。故上诉人认为被上诉人丧失主体资格、逾期起诉的理由不能成立。被上诉人关于返还扣押款及利息的请求亦不予支持。依据《中华人民共和国行政诉讼法》第五十四条第（二）项第4目、第六十一条第（三）项的规定，判决如下：

一、撤销重庆市高级人民法院（1998）渝高法行提初字第2号判决；

二、撤销重庆市公安局江北区分局对重庆市三峰电器有限公司475000元存款予以没收的具体行政行为。

本案一审诉讼费11635元，二审诉讼费9635元由上诉人与被上诉人各自承担50%。

本判决为终审判决。

（二）争议焦点

公司被吊销营业执照，是否意味着法人资格丧失？

（三）法理评析

企业法人被吊销营业执照后的法律地位如何呢？法学理论界和实务界存在着两种不同的观点：一种认为企业法人被吊销营业执照后只丧失经营资格，并不丧失法人资格；另一种认为企业法人被吊销营业执照后，同时丧失其经营资格和法人资格。

首先看实物部门的纷争：国家工商总局认为企业法人被吊销营业执照后就丧失法人资格。1999 年 6 月 29 日，国家工商局发布了《关于企业登记管理若干问题的执行意见》（工商企字 1999 第 173 号），第十条规定："企业被吊销营业执照的，其法人资格或经营资格终止。"2002 年 5 月 8 日，国家工商局发布了《关于企业法人被吊销营业执照后法人资格问题的答复》（工商企字 [2002] 第 106 号）规定："根据《公司登记管理条例》第三条和《企业法人登记管理条例》第三条和第二十五条的规定，企业法人营业执照是企业法人凭证，申请人经登记主管机关依法核准登记，领取企业法人营业执照，取得法人资格。因此，企业法人营业执照被登记主管机关吊销，企业法人资格随之消亡。"

最高院通过司法解释认定被吊销营业执照后的企业法人仍然具有诉讼主体资格，间接确认了其法人资格的存在。2000 年 1 月 29 日，最高人民法院发布法经（2000）24 号函，即《关于企业法人营业执照被吊销后，其民事诉讼地位如何确定的复函》，规定：吊销企业法人营业执照，是工商行政管理机关依照国家工商行政法规对违法的企业法人作出的一种行政处罚。企业法人被吊销营业执照后，应当依法进行清算，清算程序结束并办理工商注销登记后，该企业法人才归于消灭。因此，企业法人被吊销营业执照后至被注销登记前，该企业法人仍应视为存续，可以自己的名义进行诉讼活动。如果该企业法人组成人员下落不明，无法通知参加诉讼，债权人以被吊销营业执照企业的开办单位为被告起诉的，人民法院也应予以准许。该开办单位对被吊销营业执照的企业法人，如果不存在投资不足或者转移资产逃避债务情形的，仅应作为企业清算人参加诉讼，承担清算责任。

其次，来分析一下企业法人营业执照的法律性质及被吊销的法律后果。

企业法人是指具有符合国家法律规定的资金数额、企业名称、组织章程、组织机构、住所等法定条件，能够独立承担民事责任，经主管机关核准登记取得法人资格的社会经济组织。公司作为法人企业的代表，根据我国现行《公司法》第二十三条规定："设立有限责任公司，应当具备下列条件：（一）股东符合法定人数；（二）股东共同制定公司章程；（三）有公司名称，建立符合有限责任公司要求的组织机构；（四）有公司住所。"第六条规定："依法设立的公司，由公司登记机关发给公司营业执照。公司营业执照签发日期为公司成立日期。"《中华人民共和国公司登记管理条例》第三条规定："公司经公司登记机关依法登记，领取《企业法人营业执照》，方取得企业法人资格。"第二十五条规定："公司凭公司登记机关核发的《企业法人营业执照》刻制印章，开立银行账户，申请纳税登记。"2000年12月修订的《企业法人登记管理条例施行细则》第三十七条规定："登记主管机关核发的《企业法人营业执照》是企业取得法人资格和合法经营权的凭证。"

至此，我们已经明白营业执照是公司、企业对外证明其法定资格的一个凭证或标志，具有营业执照，就具有法定的经营资格，没有营业执照，就不能开展正常的经营活动。所以，最高院的司法解释更有道理。